スタンダード 法人税法

Corporate Income Taxation

第3版

渡辺徹也
Tetsuya Watanabe

著

弘文堂

第3版はしがき

　本書は、法人税法を初めて本格的に勉強しようと思っている方を主たる対象とした学習書です。本書のねらいや使い方については、「初版はしがき」をご覧下さい。

　はやいもので第2版の刊行から4年が経ちました。その間に、受講生（大学院生・学部生）を中心に多くの読者の方から有益な指摘を頂くことができました。ありがとうございます。

　第3版では、次の箇所を中心に第2版に変更を加えています。

　　第1に、授業その他で使ってみて不十分と思われる部分を修正し、また、一部の項目と図を追加しました。

　　第2に、第2版以降の法改正に関する記述を追加しました。改正の結果、既存の条文にも修正が施されたため、本書においてもそれを反映させる記述としました。特に、連結納税制度の見直しとしてのグループ通算制度の導入には相応の頁を割きました。

　　連結納税制度は、グループ通算制度と同じく選択制であり、かつ非常に複雑な制度であったため、初版および第2版では取り上げていませんでした。第3版において連結納税制度の後継にあたるグループ通算制度をどう扱うべきか迷ったのですが、組織再編税制との整合性も考えて作られた制度ということもあり、その重要性に鑑みて取り上げることにしました。ただし、連結納税制度ほどではないにしても複雑な制度であることに変わりはないため、できるだけ骨子のみを説明することにつとめました。

　　第3に、令和5年度改正について税制改正大綱等を参照しつつ、必要と思われる部分を本文に織り込むことにしました。

　　第4に、裁判例としてすでに取り上げているものを整理・補強し、かつ新しい裁判例を追加しました。その一部は、判決等の内容についてもやや詳しく解説しています。

　本書の改訂作業は、現在、早稲田大学法学研究科で租税法を学んでいる院生の方たちに手伝ってもらいました。私1人では気づけない多くの点を指摘し

てくれたことに心より感謝いたします。また、弘文堂編集部の北川陽子さんには、初版刊行から継続して大変お世話になりました。北川さんの叱咤激励がなければ、第3版の刊行はもっと先になっていたことでしょう。心よりお礼を申し上げます。

　世の中が変われば、法人税法も変化していくことになります。本書の内容も時代に遅れないように進化していくことを目指します。

　2023年2月　西早稲田の研究室にて

渡辺　徹也

第2版はしがき

　本書は、法人税法を初めて本格的に勉強しようと思っている方を主たる対象とした学習書です。本書のねらいや使い方については、次頁以降の初版「はしがき」をご覧下さい。

　昨年3月の初版刊行後、受講生（大学院生・学部生）を中心に多くの読者の方から有益な指摘を頂くことができました。心より感謝申し上げます。そこでこの第2版では、次の箇所を中心に初版に変更を加えることにしました。

　第1に、授業で使ってみて不十分と思われる部分を修正し、また、一部の項目と図を追加しました。

　第2に、平成30年度改正に関する記述を追加しました。特に法人税法22条の2（収益認識に関する会計基準への対応）は重要な改正なので、相応の頁を割いて説明しています。また、同条の改正の結果、既存の条文にも修正が施されたので、本書においてもそれを反映させる記述としました。

　第3に、平成31年度改正についても『平成31年度税制改正の大綱（平成30年12月21日閣議決定）』を参照しつつ、可能な限り本文に織り込むことにしました。

　第4に、裁判例として上げられているものを整理・補強し、かつ新しいものを追加しました。

　第5に、巻末に学習のための簡単な文献ガイドを付しました。

　本書の校正は、初版同様に、早稲田大学法学研究科修了生および在学生、そして九州大学法学研究科修了生の有志諸君に手伝ってもらいました。ありがとうございます。また、弘文堂編集部の北川陽子さんには、初版刊行後から継続して大変お世話になりました。心よりお礼を申し上げます。

　法人税法は、今後も変化を続けていくことが予想されます。それにあわせて本書も進化・発展していけるように今後もつとめていきたいと思います。

　　2019年2月　西早稲田の研究室にて

渡辺　徹也

はしがき

　本書は法人税法を学ぶ方のための学習書であり、その根底にあるのは、法人税法の「おもしろさ」を何とかして読者に伝えたいという思いです。現代におけるビジネスの多くは、何らかのかたちで法人税法と関係するといってよいでしょう。これから実社会に出て行く学生諸君に（あるいは既に出ている社会人の方々にも）、「法人税法を学ぶとこんないいことがある」とか、「法人税法を知らないでビジネスをするのは危ない」といったことに気付いて欲しいのです。

　執筆にあたっては、学習書という性格上、学部や大学院の授業で使用されることを念頭に置きつつも、資格試験等の勉強をする方にとってもできるだけ有用であるように心がけました。ここでいう学部とは、法学部に限らず、経済学部、商学部、社会科学部などを含みます。それは法人税法が学部横断的な学問だからです。同様に大学院には、法科大学院だけでなく、法学研究科、会計研究科、経営学研究科等が含まれます。そして、その先にある司法試験、公認会計士試験、税理士試験等の学習も視野に入れています。

　記述において意識したのは、法人税法に関する各規定、すなわち課税ルールの「背後」あるいは「土台」にある考え方を、どうやってわかりやすく説明するかということです。他の租税法と同じように、法人税法という法律も頻繁に改正されます。したがって、条文の一字一句を覚えるのは、あまり効率的な学習法とはいえません。むしろ重要なのは、「現行法にはなぜそのような課税ルールが存在するのか」とか、「法改正の本当の理由は何か」といったことに興味を持ち、それらを自分の頭で理解しようとすることです。これは、どの法分野でも基本的には同じですが、ビジネスとの結びつきが深く、頻繁に法改正があり、かつ経済政策と密接に関連する法人税法という学問の習得には、とりわけ重要なことです。本書における各記述は、そのような学習に役立つことを目指しており、理解を深めるために具体的な事例や図表を多く使用することにしました（主要な事例には網かけを施して目立つようにしています）。また、重要と思われる裁判例の解説には、比較的多くの紙幅を割いています。

　本書の主たる対象は、法人税を初めて本格的に勉強しようと思っている方で

す。大学によっては、所得税法を学んだ後に法人税法の授業があるところも多いでしょう。したがって、本書では所得税法との違いを意識した部分があります。しかし、これは所得税法を知らないと本書の内容が理解できないということでは決してありません。所得税法のことは、補充的な内容と割り切って、読み飛ばしてもらっても、説明の大枠は外さないように書いているので、心配する必要はありません。もし、どうしても気になるなら、所得税法の簡単な基本書を斜め読みした後で、先に進むという方法をとってもよいでしょう。これは、所得税法だけでなく、簿記や会計学あるいは経済学等に関する知識についても同じです。

　本書の骨格になっているのは、有斐閣アルマシリーズの『ベーシック税法』（岡村忠生京都大学教授、髙橋祐介名古屋大学教授との共著）という本において、私が担当した「企業への所得課税」という部分であり、そこで採用した「株主と会社との取引や組織再編成など会社への課税に固有の問題」（同書の「はしがき」より）に力点を置くというスタンスです。『ベーシック税法』は初学者に対する入門書としての性質を持っていましたが、本書は、（私がその後に考えたことや書いてきたことなどを整理して付け加えるかたちで）その内容を一歩進めて、「スタンダード」と呼べるところにまでしています。

　以下、各章の構成について、少し具体的に述べてみます。本書は全部で5つの章（Chapter）から構成されています。1章の「法人税法の基礎」と2章の「益金および損金」そして5章の「事業体の種類と課税」は、どちらかといえば伝統的な法人税法のテキストでも扱われてきた内容です。このうち「事業体の種類と課税」は、本来なら1章のすぐ後に続く項目（あるいは1章の一部を構成する項目）です。しかし、これまで学部および大学院で教えてきた経験からいうと、「事業体の種類と課税」の授業に時間を取られて、「益金および損金」に十分な時間を使えなかったこと、「事業体の種類と課税」を後回しにしても、「益金および損金」の授業にそれほど支障が出ないと考えられることから、実験的にあえて5章という位置に移してみました。

　これら3つの章と比べて、3章「出資と分配」と4章「グループ法人税制と組織再編税制」は、新しい法人税法の体系を意識しています。そのなかでは、3章が総論、4章が各論という位置づけです。これら2つの章はどちらも、主として「株主法人間取引」という概念に軸足を置いて法人税法の体系を捉え

直しています。それが本書の特徴であり、かつ上に示した本書のスタンスでもあります。なぜなら、これからの日本の法人税法は、「株主法人間取引」という切り口において理解され、発展していくものと考えているからです。

次に、各章を通じた構成についていうと、本書は **Lecture** と **Next Step** という大きく2段階の構造から成っています。前者で基礎的な説明を行い、後者でどちらかといえば応用的な項目あるいは少し細かい項目を取り扱うことにしています。前者と後者で、書き方（前者が「ですます」調・後者が「である」調）や字体等も変えています。学習法としては、まず **Lecture** の部分を最初から最後まで通読して、法人税法の全体像をいったん頭に入れた後で、**Next Step** を読むとよいでしょう。また、**Next Step** のうちタイトルに色の付いている項目が、**Lecture** の次に読むべきところとなります（その意味では3段階の構造です）。なお、コラムでは、やや専門的なことや周辺的なことを取り上げているので、細部まで理解することに拘るというより、眺める程度に読み流すだけでもよいと思います。

本書の執筆にあたっては、多くの方々にお世話になりました。既に少し触れましたが、『ベーシック税法』（および博士論文）の作成を通じて、岡村忠生先生から教えて頂いたことが、本書の原点になっています。佐藤英明先生（慶應義塾大学教授）およびそのご家族には、いろいろな場面でご助言と励ましを頂きました。佐藤先生からは、**Lecture** と **Next Step** に分けて説明するという手法を含めて、ご著書である『スタンダード所得税法』におけるアイデアの多くを、直接学ぶことができました。それ以外にも、研究会等において日頃からお世話になっている多くの先生方に、この場を借りて感謝申し上げたいと思います。なお、本来なら、真っ先に恩師である清永敬次先生（元京都大学教授）に本書の刊行をご報告すべきなのに、私の遅筆によりそれができなくなってしまったことが残念でなりません。

本書の校正は、早稲田大学法学研究科修了生および在学生、九州大学法学研究科修了生、同法学部租税法ゼミ OB、そして若手弁護士のそれぞれ有志諸君に手伝ってもらいました。本当にありがとうございます。また、弘文堂編集部の北川陽子さんには、企画の段階から大変お世話になりました。『租税法演習ノート』の初版刊行直後から、法人税法のテキストを2色刷りで書いてみないかというご依頼を何度も頂きながら、結局、ここまでお待たせしてしまいま

したが、最終的には「小さく産んで大きく育てましょう」という一言に背中を押され、何とか書き上げることができました。その言葉のとおり、本書の内容は未熟でまだ発展段階にあると自覚しております。最後に、執筆にあたり数々のサポートをしてくれた妻に感謝します。

　2018 年 1 月　西早稲田の研究室にて

渡辺 徹也

凡　例

Ⅰ．法人税法については、原則として条項番号のみを示す。同様に法人税法
　施行令は「令」（場合によっては「施行令」）と表記する。

Ⅱ．上記以外の表記については以下の例によるほか慣例にならった。

1. 法令

所法	所得税法
所令	所得税法施行令
相法	相続税法
税通	国税通則法
租特	租税特別措置法
租令	租税特別措置法施行令
会	会社法
資産流動化法	資産の流動化に関する法律
投資信託法	投資信託及び投資法人に関する法律

2. 通達

法基通	法人税基本通達
所基通	所得税基本通達

3. 判例・判例集

最判	最高裁判所判決
最決	最高裁判所決定
高判	高等裁判所判決
地判	地方裁判所判決

民集	最高裁判所民事判例集
刑集	最高裁判所刑事判例集
行集	行政事件裁判例集
集民	最高裁判所裁判集民事
高民集	高等裁判所民事判例集
訟月	訟務月報
判時	判例時報
判タ	判例タイムズ

税資　　税務訴訟資料
判自　　判例地方自治

Chapter ❷　益 金 お よ び 損 金‥‥‥‥‥63

Ⅰ 益金
64

II グループ通算制度 　245

Chapter ❺ 事業体の種類と課税 ······330

Chapter

1

法人税法の基礎

Ⅰ　企業課税と個人課税

1. 法人税とは

Lecture

（1）所得課税としての法人税
（ⅰ）法人の所得に対する租税

　法人税とは、ごく簡単に一言でいえば法人の所得に対して課される租税であり、法人税法という法律により規律されています。そして、その5条には、「内国法人に対しては、各事業年度の所得について、各事業年度の所得に対する法人税を課する」とあり、21条には、「内国法人に対して課する各事業年度の所得に対する法人税の課税標準は、各事業年度の所得の金額とする」と規定されています。

　細かいことは、まだ覚えなくて構いませんから、ここでは、**法人税とは、所得税と同じように、所得に課される租税であること、ただし、個人ではなく、法人に課される租税であること**をまず理解して下さい。

　所得税には、10種類の所得分類があります。個人が獲得した所得が、10種類のうちのどれに分類されるかというのは、所得税の勉強では必ずやらなければならない（時として頭の痛い）問題です。しかし、うれしいことに**法人税法には、所得税のような所得分類は原則としてありません。**したがって、雑所得だと損益通算が制限されるとか、給与所得なら（必要経費ではなく）給与所得控除額が収入金額から控除されるというような、所得分類を前提とした勉強をする必要がありません。あえて所得税のルールに基づいて述べるとすれば、法人税における所得の種類は事業所得だけです。それは、法人が営利活動をするために存在するからです。

　もっとも、「法人の中には公益活動をするために存在するものもあるはずだ」という反論があるかもしれません。たしかに、法人税法には公益法人等（2条6号）という分類がありますが（☞公益法人課税・p.362）、それらは法人税法にお

いてはむしろ例外であって、これから本書で扱う内容のほとんどは、株式会社に代表される営利法人を前提にしています。

　なお、法人税法上は、①「各事業年度の所得に対する法人税」（2編第1章）だけでなく、②「退職年金等積立金に対する法人税」（2編第2章）や③「外国法人の法人税」（3編）といったものがありますが、量的にも質的にも、最も重要なのは①なので、本書でも①を中心に扱うことにします。

（ⅱ）なぜ所得課税か

　法人税法が、法人の所得に課税する構造になっていることはわかったとしても、そもそもなぜ法人の所得に課税するのでしょうか。現在でも多くの先進国は、法人の所得に対する租税として、法人税を課しています。しかし、国家が、法人を納税義務者として何らかの租税を課すことを決定したとしても、その対象が法人の「所得」でなければならない論理必然性が果たしてあるのかと問われると、答えはそれほど簡単ではありません（☞ **Column** 外形標準課税・p.12）。

　法人に対する所得課税となる主な理由は、個人事業との比較に求めることができます。個人が商売等で利益（簡単に「儲け」と考えてもらって構いません）を獲得すれば所得税がかかるのですから、法人の場合でも、事業において利益が上がれば、当然それには法人税がかかるというわけです。例えば、個人で青果店をやっているaさんが、事業を法人化して株式会社A青果（A社）を設立したとしても、やっている事業に変わりがなければ、公平性の観点から、その利益には当然課税されるべきだということになります。また、法人であっても、国から公共サービスを受けているのだから、その対価としての法人税を支払うべきだと主張する人もいます。

　しかし、個人所得税の根拠とされる包括的所得概念の根底には、所得とは突き詰めれば心理的満足（psychic income）であるという考え方がありますが、これをそのまま法人の所得概念に持ってくることはできません。なぜなら、**法人には心理的な満足がないからです**。例えば、ご馳走を食べてうれしいといった喜びの感情などが法人にはありません。別の言い方をすれば、**法人は消費をすることができない**ため、「所得＝消費＋貯蓄」という包括的所得概念に関する公式において、消費部分に基づく所得を観念することができないのです（これは所得税と法人税を理論的に区別する重要な要素なので、これからも必要に応じて説

明することにします）。

　一方で、包括的所得概念を純資産増加という側面から捉えるならば、一定期間における純資産の増加を法人の所得と観念することは、（概念としてはともかく）少なくとも計算技術的には可能です。そして、企業利益の計算は、従前より企業会計や会社法（商法）が扱ってきた分野なので、そこで利益とされる数値を法人の所得計算にも利用するために、企業会計原則や会社計算規則（商法施行規則）という利益計算のルールが重視されてきました（☞法人税法が企業会計に依拠する理由・p.35）。

　したがって、ここでは、次の二点をまず確認しておきたいと思います。すなわち、法人所得に課税するということが、個人所得課税における包括的所得概念との関係から、論理必然的に導かれるわけではないこと、しかし、実際には、法人が獲得した利益に対して、企業会計や会社法会計を利用して、多くの国が伝統的に法人税を課してきた（そして現在の日本もそうである）ということです。

(2) 法人とは法が作ったフィクション
(ⅰ) 君は法人をみたことがあるか

　自分の好きな芸能人の名前を聞けば、その人の顔や姿を具体的に思い浮かべることができると思います。テレビ等を通じて、その人をみることができるからです。親、兄弟、友人などであれば、みるだけでなく、もっと身近に接することもできます。しかし、法人の場合はどうでしょうか。

　例えば、トヨタという会社（正式名称は「トヨタ自動車株式会社」）をみたり、会社に触れたりすることはできるでしょうか。トヨタと聞いて、おそらく皆さんが思い浮かべるのは、プリウスやカローラといったトヨタが作っている車であり、芸能人が出演しているトヨタのコマーシャルであり、会社案内等に載っている社長や本社ビルの写真だったりするのではないでしょうか。しかし、それらはどれもトヨタという会社そのものではありません（自然人そのものをみているのとは違います）。

　実は、法人税の納税義務者である法人そのものを物理的にみたり、それに触れたりすることは、できないのです。なぜなら、法人とは、法が作り出したフィクションであり、法によって人格を認められた存在だからです。所得税の納

トヨタ自動車東京本社とプリウス（トヨタ自動車 HP より）

税義務者である個人と異なって、法人が消費できないというのも、このことと大きく関係します。フィクションである法人は、自然人のように食べたり飲んだりすることはできません。会社のお金で飲み食いする人をみたことがあるかもしれませんが、そうやって楽しむことができるのは、法人ではなく、法人の役員や従業員たち（法人ではなく自然人であって、法人税ではなく所得税の納税義務者）ということになります。

　フィクションである法人は、消費活動を行うことができないのと同様に、本来的な意味で租税を負担することもできません。既に述べたように、包括的所得概念において、所得とはそもそも心理的満足でした（「効用」と言い換えてもよいでしょう）。所得課税とは、その心理的満足の一部を国家に納めること（心理的満足の減殺）だとすれば、その性質上、心理的満足を感じることができない法人は、（減殺すべき心理的満足をそもそも有していないから）租税を最終的に負担することはできないのです。つまり、所得を享受できない者には、所得に対する租税を負うこともできないということです。ここが個人（自然人）との決定的な違いです。

（ⅱ）法人税を実質的に負担しているのは誰か

　法人が実質的には法人税を負担できないと考えるなら、たとえ法律で法人税の納税義務を課したとしても、法人はその負担を自分以外の誰かに転嫁する

（押しつける）ことになります。

　もし、法人税を支払った分だけ、株主への配当が減ることになれば、**法人税は株主が負担していることになります**。それは、本来なら株主が配当という形で利益を得たときに、株主に対して行うべき課税を、**法人が利益を獲得した段階で「前取り」**していることになります。つまり、法人税は株主に対する所得税の前取りというわけです。シャウプ勧告（昭和24年の「シャウプ使節団日本税制報告書」）はこの立場をとりました。

　法人税の負担者が株主であるとすれば、配当に対する課税は二重課税の問題を引き起こします。なぜなら、法人が利益を獲得した段階で法人税を課しておきながら、その法人税を支払った残りの利益（税引後利益）から行う配当に対して、株主段階でもう1回、配当所得（所法24条等）としての所得税を課すからです。そのため法人税と所得税を統合することで、加重された税負担を緩和する方法が提唱されることがありますが、この問題については別の箇所で扱います（☞現行法における統合・p.21）（☞現行法以外の統合の方式・p.23）。ここでは、法人税は所得税の前取りであるという前提に基づいて二重課税を排除することを「法人税と所得税の統合」（あるいはたんに「統合」）と呼ぶということだけ、まず頭出ししておきます（以下、本書では、法人段階と株主段階におけるこのような二重課税を原則として「二段階課税」（☞二段階課税・p.16）と呼ぶことにします）。

1-1　【法人段階と株主段階における二段階課税】

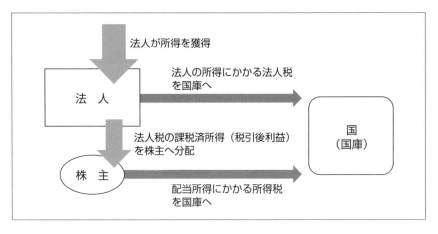

もっとも、法人税が課せられると、法人はその負担を、賃金を下げるという方法で、**労働者に転嫁**するかもしれません。あるいは、仕入価格を下げるという形で、**取引先に転嫁**するかもしれないし、製品の販売価格を上げるという方法で、**消費者に転嫁**することも考えられます。

1-2　【法人税の転嫁】

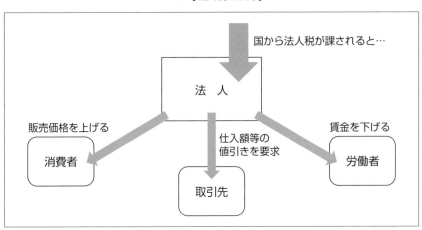

　もしそうだとすれば、法人税は、株主への所得税の前取りではなくなります。転嫁先が労働者や消費者である場合、法人税が**賃金税**あるいは**消費税**の性質を帯びることになります。

　一方で、法人税は、少なくとも短期的には転嫁されず、株主によって負担されると主張する論者もいます。しかし、実際に法人税を負担しているのは誰なのか（法人が誰に税負担を転嫁しているのか）ということを証明することは、きわめて困難だといわれています。この点について、現行法は、法人税の少なくとも一部は株主が負担している（法人税は株主に対する所得税の前取りである）という前提をとっているようです（☞現行法における統合・p.21）。

(3) 法人数の内訳

　国税庁「令和2年分会社標本調査」によれば、日本の法人数は280万4371社であり、そこから連結子法人の数（1万3811社）を差し引いた279万560社の内訳は、特定同族会社3411社（0.1%）、同族会社268万6862社（96.3%）、

非同族会社9万8464社（3.5%）となっています。また、同族会社のうち資本金の額が1000万円以下であるものは235万3098社です（一方で、非同族会社のうち資本金の額が5億円超であるものが2284社あります）。つまり、法人の数だけでみれば、法人のほとんどは同族会社であり、かつ資本金の額が1000万円以下ということができます。

　同じ調査によれば、上記279万560社のうち、62.3%にあたる173万9778社が欠損法人（所得金額が負である法人）とされています。この数値をさらに資本金で区別すれば、資本金が500万円以下の法人のうち64.3%が欠損法人ですが、資本金が5億円超になると、欠損法人は27.7%しかありません。したがって、ごく簡単にいえば、規模の小さな法人にはいわゆる赤字法人が多く、法人税を相対的に多く納めているのは大企業ということになります。

Next Step

▶内国法人と事業年度の定義

　Lectureで述べた「内国法人」とは、国内に本店または主たる事務所を有する法人（2条3号）のことである。内国法人以外の法人が、外国法人である（2条4号）。

　事業年度とは、法人の会計期間（財産および損益の計算の単位となる期間）のことで、通常は、法令または定款等で定められているものをいう（13条1項）。だいたい1月1日～同年12月31日とか、4月1日～翌年3月31日といった具合に1年間で設定することが多い。したがって、内国法人が1年間に獲得した所得については、法人税法に基づいて法人税という租税が課されることになる。

　ただ、少し細かいことをいうと、事業年度は1年に限られないし（13条）、外国法人にも法人税は課されうる。また、法人の一定の所得（法人が支払を受ける利子等）には、法人税ではなく所得税が課されることもある（利子等に関する所法174条等）。

▶法人税が存在する理由──利益への対価

　二段階課税を正当化する根拠（株主に対する所得税の前取りという根拠）とは別に、法人税という租税が独自に存在する根拠として、利益（benefit）への対価という考え方がある。法人という事業形態をとることで、個人事業では認められない次のような利益（あるいは特権）が与えられるとして、法人税をそのような利益への対価と考えるのである。

　利益の第1は、**有限責任性**である。法人が倒産しても、株主は出資額以上の損失を

被ることはない。出資者が有限責任となることで、投資に対するインセンティブも上がることになる。国は制度としてこのような有限責任を認めているのであるから、その対価として法人税を課してもよいということになる。

第2の利益としては、株式流動性（liquidity）がありえる。安定した証券市場が存在することで、株主の投資に関する種々のコストが減額され、株主はそうでない場合よりも多くの利益（超過利潤）を得ることができる。そのような市場を政府が維持・管理するための対価として、法人税が課されていると考えるのである。

第3の利益としては、各株主の利害を調整するという意味におけるエージェンシー・コスト（agency cost）の減少が考えられる。仮に法人税がなく、組合方式のように（☞現行法以外の統合の方式・p.23）株主が直接課税されるとしたら、法人の利益獲得活動に対する個々の株主の立場が異なるため、それぞれの利害が対立する可能性がある（例えば、既に多くの所得を得ていて限界税率が高い株主、繰越損失を有している株主、非課税の立場にある株主間では、税負担に対する考え方がそれぞれ異なるから、法人の収益獲得活動に対しても意見が食い違う場合がある）。法人税はそのような対立を回避する利益の対価と捉えるのである。

しかし、上記のどの利益も法人税の存在を完全に正当化することはできない。例えば、有限責任事業組合は第1の利益を得ているのに法人税が課せられない。閉鎖会社の株主は第2の利益を得ていないのに、会社は法人税を課せられる。一方で、市場で取引されている社債は第2の利益を得ているのに、発行会社は社債に関する法人税を負担しない（支払配当とは異なって、支払利息は法人利益から控除されるからである（☞資金調達に関する「負債」対「株式」の問題・p.17））。第3の利益については、法人の利益が株主へ渡る段階で、個々の株主の課税上の立場が異なれば、結局エージェンシー・コストが発生する（例えば、限界税率の高い株主は、今以上の利益分配を望まないかもしれないが、既に損失を有している株主なら、当該損失と相殺するために法人による利益の分配を求めるであろう）。

上記のような利益に基づく法人税の課税を正当化できなくても、法人という事業体が世の中に数多く存在することは紛れもない事実である。二段階の課税を受けても法人形態で事業を行う何らかの利益がなければ、法人という手段（vehicle）を使って事業を行う者はいなくなる（一段階の課税ですむ事業体の方を選択する）はずである。しかし、現実にはそうならない以上、そこには何らかの利益（あるいは理由）が存在することは確かである。たとえ、その利益が何であるかを特定することが困難であるとしても、その事実（法人税があっても法人という事業形態が存在し続けるという事実）そのものに、法人税に関する担税力を見出すことは不可能ではないであろう。

▶法人税の負担者

　法人段階と株主段階における二段階課税という前提自体を疑ってみることは、十分に可能である。仮に、法人税の税率が30％から40％に上がったとする。つまり、法人の所得を100とすると、これまで30だった税負担が今後は40になるのである。その場合、増加分の10は誰が負担するのだろうか。株主に対する将来の配当が必ず10減少する（すなわち、増加分の法人税は必ず株主が負担する）とは限らないであろう。

　Lecture においても少し触れたが、例えば、その法人が製造業を行っているとして、仕入先に対して強い立場にあるならば、値引きを迫るという形で、増加した法人税の一部あるいは全部を仕入先に転嫁してしまうことが考えられる。マーケットにおける当該法人の地位が強ければ、製品の価格を上げることで、法人税を消費者に負担させることもありえるだろう。あるいは、債権者に支払利息の減額（契約の変更）を要求するかもしれないし、さらには、当該法人で働く労働者の賃金を低くすることで、法人税を転嫁するかもしれない。

　誰にどれだけの法人税が転嫁されるか（別の見方をすれば、当事者にどのようなインセンティブやディスインセンティブが働き、それに基づいた行動が実行に移されるのかどうか）は、上記のように当該法人とその関係者の置かれている状況によって左右される。法人の思惑通りにはいかず、仕入先や債権者は新たな取引を拒絶するかもしれないし、消費者は似たような別の商品を購入するかもしれない。これは株主においても同様であり、配当が減るのであれば、投資先を株式以外の金融商品に変えたり、不動産等に投資したりするかもしれない。つまり、他に選択肢のある者（取引の代替が可能な当事者）は、法人からの法人税の転嫁を回避することができる。

　その反対に、逃げ場のない者は転嫁に甘んじるしかない。取引先、債権者、消費者、株主、労働者（企業の従業員）を比較した場合、一般的にいうと取引に関する代替性あるいは弾力性が最も小さいのは、労働者である可能性が高い。賃金が下がったからといって、食べていかねばならない以上、働くことをやめてしまうことは難しいからである（課税によって手取りの賃金が下がり、それを補うためにこれまでより多く働く者が増えれば、そのことによって労働力の供給が増え、結果として労働力の取引価格が下がることに繋がる可能性もある）。また、取引先、投資先などを国外に求めることは比較的容易であるが、働く場所を変えること（税率の低い国へ移住すること）は、種々の手続が煩瑣であるというだけでなく、言語、治安、医療サービス、社会保障、家族との離別等の問題があって、決して簡単ではない。

　その意味で、法人税を主として負担しているのは労働者であるという考え方が、近時は有力に主張されるようになった。もしそうであるなら、法人税は、賃金税の性質を強く帯びていることになる。その場合、（上の例とは反対に）法人税率を下げれば、その恩恵は、少なくとも短期的には、主として労働者が受けるということになろう。

以上のように、法人税の実際の負担者が株主でないとすれば、これまでいわれてきたような形での**法人税と所得税の統合は必要がない**ということになる。そして、もし労働者が法人税の主たる負担者であるのなら、賃金税としての法人税の課税と給与所得に対する所得税の課税という２回課税について、調整を検討すべきことになろう。

　もっとも、**法人税の負担者**（incidence of corporate income tax）が誰かということを証明するのは非常に困難である。仮に、労働者がその主な負担者であったとしても、具体的にどのようにどれくらいが転嫁されているのか、今後の調査・研究に委ねられている部分がある。その際には、**法人間の株式の持合いや多国籍企業**（multinational enterprise）の存在についても、注意を払う必要があろう。

▶給与支給額の増加と法人税額の控除（賃上げ促進税制）

　平成24年度改正で、法人税の税率を30％から25.5％に引き下げた（☞法人税率の推移・p.57）が、その目的の１つは雇用の拡大であった。その意味では、法人税を労働者が（少なくとも部分的に）負担していることを前提とした改正であったといえなくもない。

　しかし、法人税率を下げても、期待された雇用増や賃金増といった経済的効果は十分に生じなかった。そこで、さらに平成25年度改正では、企業による雇用・労働分配（給与等支給）を拡大するための税制措置（所得拡大促進税制）が期限付きで創設された。この制度は平成30年度改正を経て、令和４年度からは賃上げ促進税制となり現在に至っている。一言でいえば、支給する給与額を増やした法人の法人税負担を軽減する制度（法人の継続雇用者給与等支給額が増加した場合に、雇用者給与等支給額の増加額に対して税額控除を認める制度）である（租特42条の12の5）。

　もし、法人税の実際の負担者が労働者（雇用者）であるならば、法人税率の引下げに伴って、賃金は自然と上昇するはずである。しかし、現実には、減税分の利益を企業が内部に留保したままで、賃金や配当に廻さない場合も多い（企業にとっては、いったん賃金を上げると下げにくいから、上げたくないというバイアスが働くこともある）。そういう場合でも、法人に所有権のある金銭等の強制的な処分（賃金や配当の支払）を法律で決めることは、かなり難しい（同様に、内部留保へ課税する制度の導入も、法人税の二重課税を引き起こす問題等があり容易ではない）。

　そもそも利益を法人内部に留保するか、配当や賃金として支払うかは、コーポレート・ガバナンスあるいは市場の問題であって、法律で強制すべきことではない。また、内部留保額とは計算上の数値であり、同額の金銭等が常に法人内部に存在しているとは限らない（例えば、内部留保金で大型機械を購入すれば、金銭等は減少するかもしれないが、それだけ内部留保額が減少するわけではない）。そこで、景気を刺激するため、あるいは企業の継続的な成長を実現するための特別措置として、利益を給与の支給に廻した法人に税額控除を認める法改正を行ってきたのである。租税政策としては、ムチ（留保金課税）

よりアメ（租税優遇）を選択したとみることもできる。

　したがって、これら所得拡大促進税制や賃上げ促進税制を例にとって、法人税の負担者が労働者であることを正面から説明することは難しい。租税特別措置法による時限的な景気対策と考えるべきであろう。それでも、平成24年度および同30年度改正による税率引下げを視野に入れるなら、法人税の負担者が労働者である可能性を考えさせる制度であるとはいえよう。なお、その後、法人税率はさらに下がって、平成30年4月1日以後に開始する事業年度からは23.2％となり（66条1項）、所得拡大促進税制も平成30年度改正において、税額控除の割合が拡大するなどその内容が拡充されることになった。

▶ Column　外形標準課税

　平成15年度の地方税法改正によって、法人事業税（道府県税）に外形標準課税が導入された（地税72条1号・2号・72条の2等）。国税と比較すれば、地方税には応益課税の論理がより妥当するので、行政サービスを提供している自治体としては、たとえ赤字法人であっても納税して欲しいと考える傾向にある。平成15年度改正の前まで、法人事業税の課税標準は（国税である法人税と同様に）法人の所得であったが、所得以外のものを課税標準に取り込むことで、赤字法人にも法人事業税を課すことが可能となった。

　ここで外形標準として使用されるのは、付加価値と資本である。付加価値割の課税標準は、収益配分額（報酬給与額＋純支払利子＋純支払賃借料）に単年度損益を加えたもの（地税72条の14）、資本割の課税標準は、原則として資本金等の額とされている（地税72条の12第2号）。

　対象となるのは、資本金額（または出資金額）が1億円を超える法人だけであり（地税72条の2第1項）、その場合でも、法人事業税のうち全体の8分の5が外形標準課税で、残り8分の3が所得課税（所得割）である。資本金額が1億円超の法人だけを対象としたのは、中小企業への配慮である。平成27年度改正前は全体の4分の1だけが外形標準課税であったが、平成27年度および同28年度改正により所得割部分が縮小された。

　この制度が導入される前であるが、東京都が、資本金量5兆円以上の銀行等に対して、業務粗利益等という外形標準に基づく法人事業税の課税を行い、これら大手銀行との間で訴訟になった（東京地判平成14年3月26日判時1787号42頁、東京高判平成15年1月30日判時1814号44頁）。この争いは、最終的には当事者の和解という形で終了した（関連して、神奈川県の臨時特例企業税に関する最判平成25年3月21日民集67巻3号438頁も併せて参照）。

　ただし、制度導入後の現行法のもとで、資本金額が1億円超の法人に対して、都道府県が条例により、独自の外形標準課税を行うこと（上に示した方法とは別の課税標準を使用すること）は、原則として許されないと解すべきである（地税72条の24の4）。なお、資本金を減少させることで、外形標準課税の対象外となる事例が生じているため、令和5年度与党税制改正大綱（令和4年12月16日）では、「対象から外れている実質的に大規模な法人を対象に、制度の見直しを検討する」とある（☞大法

人の中小企業化―資本金基準は合理的か・p.234）。

2. 個人所得税との違い――法人税の特色

Lecture

（1）所得分類と税率

（ⅰ）所得分類がない

　既に述べましたが、法人税法には、所得分類がありません。所得税に則していうなら事業所得一本ということになります。したがって、それぞれの所得間における損益通算（所法69条）について考える必要がありません。

　少し細かいことをいえば、公益法人等または人格のない社団等については、収益事業を行う場合に限って、法人税の納税義務が生じることになっていますから（4条1項・6条）、収益事業から生じた所得かどうかという意味での「所得分類」が存在します（☞法人の種類および納税義務の範囲・税率・p.53）。そして、公益法人等については、収益事業と公益目的事業の間で、損益通算に似た損金算入制度があります（37条5項、令77条の3☞課税される範囲と税率・p.325）。しかし、所得税法のような10種類に及ぶ分類とそれを前提とした損益通算のようなものはありません。また、本書が主に扱う普通法人については、このような公益法人等への特例を考える必要はありません。

（ⅱ）比例税率

　法人税の税率は、原則として比例税率です。例外として、中小企業等に対する軽減税率の特例がありますが（66条2項、租特42条の3の2第1項）、少なくとも所得税法のような累進税率ではありません。本書が主に扱う普通法人は、その資本金が1億円超の場合、23.2%の比例税率となっています（66条1項☞法人の種類および納税義務の範囲・税率・p.53）。

　法人には心理的満足がなく、消費ができないのですから、個人のように垂直的公平を求めて累進税率を採用する必要はないといえます。所得の大きな法人が、小さな法人に比べて豊かであるとか、再配分が必要であるとか、個人と

同じレベルでいうことはできないのです。仮に小さな法人 100 社が合併して 1 つの大法人になって所得が増えたとしても、実質は変わらず、合併前より 100 倍豊かになったとは到底いえないでしょう。

　また、仮に累進税率を採用したとしても、所得の多い法人は、子会社をたくさん作って自らを分割することで、簡単に高い累進税率を回避することが可能です。例えば、A 社には全国に 100 の支店があったとして、これらの支店をすべて A 社の子会社にすることで、A 社（親会社）の所得は大幅に減少します。したがって、法人税法において、（所得税のように）一方で累進税率を採用し、他方で所得の分割を防止する制度を採用する意味は、あまりないということになります。

(2) 役員との取引

　上に述べたように、比例税率を採用する法人税法では、所得税法とは異なって、累進税率を前提とした所得の分割を防止する必要はないのですが、では、所得税法 56 条（事業から対価を受ける親族がある場合、当該対価の必要経費算入を制限する規定）のような規定は要らないのかといえば、そうともいえないのです。36 条（過大な使用人給与の損金不算入）は、役員の家族等である使用人に対して支払われる給与のうち、不相当に高額な部分の損金算入を否定します。つまり、給与を身内に支払うことで、法人の所得を減額する行為を防止する規定です（☞不相当に高額な役員給与等・p.144）。また、法人税の税率が比例税率であっても、役員や使用人の税率は累進税率ですから、一種の所得分割が可能になる場合があります。その意味において 36 条は、所得税法 56 条に似ています。

　ただし、36 条と同じように支払給与の損金算入を制限する 34 条（役員給与の損金不算入）は、所得税法にはありません（☞法人税法 34 条の大まかな構造・p.141）。個人事業には役員というものがなく、事業主が自分で自分に給与を支払うことができない（役員給与というものを観念できない）からです。

　役員は、法人の意思決定を行うことができるのに、法人とは異なる人格です。したがって、法人が、役員を媒介として、各事業年度における法人の所得額を調整することがありえます。34 条はそれを防止するための規定です。このような法人と役員の取引に関する規定は、所得税法にはない法人税法特有のものといえます。なお、34 条によって法人側で損金算入が否定された給与でも、

それを受け取った役員側は通常の給与と同様に所得税の課税があります（所法28条）。

（3）消費と必要経費等を区別する規定がない

　個人は消費を行いますから、所得税法の場合は、どうしても消費と必要経費等を区別するという面倒な問題に直面します。純資産が減少しても、それが消費によってもたらされているのであれば、（消費は包括的所得概念において所得ですから）収入金額から控除できないのです。

　そのような控除制限の典型例が、家事費・家事関連費に関する必要経費算入制限（所法45条1項1号）ですが、法人税法にはこれに相当する規定がありません。また、棚卸資産等の自家消費（所法39条）に相当する規定もありません。法人は、棚卸資産等を「家事のために消費」することがないからです。

　34条について、（役員は法人が自分に支払う給与を自ら決めうるから）棚卸資産等の自家消費（所法39条）の規定に似ていると感じる人がいるかもしれません。しかし、所得税法39条は、自分の棚卸資産を自分で消費したことから生じる帰属所得に対して課税する規定です。上に述べたように法人と役員は別人格であり、かつ法人は消費することができないので、34条は帰属所得に対する課税規定ではなく、所得税法39条とは異なる内容の規定と捉えるべきでしょう（☞役員との取引・p.14）。

（4）株主および株式の存在（法人と株主の関係）
（i）株主法人間取引

　講学上の法人税法の世界で、最も強く意識されるべき領域とは、法人税に特化する問題領域だと考えられます。換言すれば、法人というエンティティ（事業体）が存在することで、はじめて生じてくる課税問題を扱う分野です（☞事業体課税を受けるエンティティ・p.334）。その代表が、「株主法人間取引」です。株主というのは、法人にとって特別な存在であり、その株主と法人との間で行われる取引は、法人税法上、所得税法とは異なる特別のルールによって規律されています。

　株主法人間取引の典型は、出資と分配です。これらは、ごく簡単にいうと、株主から法人へ（出資）、あるいは法人から株主へ（分配）、金銭その他の資産

が移転される行為となります。法人の設立から清算に至るまで、すなわち「法人の一生」の間に起こりうる出資と分配に関する課税ルールは、所得税法とは異なる法人税法に特化した領域です。例えば、設立、配当、自己株式の取得、清算、合併、分割などがこれに該当します。

（ii）二段階課税

　法人税の性質を法人と株主の関係から捉える方法があります。これは先に述べた法人税の負担者とも関係する論点です。この点については、大きく２つの考え方があるといわれます。

　１つ目は、**法人を個人の集合体と捉える**ものです。すなわち、事業を行っている各個人（法人の構成員）が集まり、法人という１つの器（事業体）を作っていると考えるのです。したがって、法人税はそのような事業から生じた利益への課税となります（☞法人課税の特色・p.335）。

　法人の典型である株式会社という事業体の構成員は株主です。法人が獲得した利益は、通常は配当という形で株主に分配されます。法人が利益を獲得した段階で課税されるのですから、法人税は、株主の利益への課税を法人の段階で前取りしていることになります。この考え方に基づけば、法人の獲得した利益（配当の原資）に対して既に法人税が課されているわけですから、配当の段階で株主に所得税を課すことは、同じ利益に対して２回課税されるという意味での二段階課税（一種の二重課税）となります。したがって、法人税と所得税を統合（integration）して、このような二段階課税を排除する必要性が説かれるわけです。

　２つ目は、株主の存在とは関係なく、**法人自体に法人税の担税力を見出す**ものです。すなわち、法人税は、所得税の前取りではなく、法人自体が負担していると考えるのです。この考え方に基づけば、二段階課税は、それぞれ法人と株主に対する独立した別々の課税であって、そこに排除されるべき二重課税は存在せず、法人税と所得税を統合する必要はありません。また、法人を（自然人たる個人と同様）あたかも実在しているかのように扱うのですから、法人間の公平を論じ、個人所得税のような累進税率を法人税に採用することも、立法政策としては十分可能になります。

　しかし、既に述べた通り、法人とは法が作ったフィクションであり、独自に租税を負担することはできません。一方で、株主を含めて、実際に誰が法人税

を負担しているかを一般化することは困難です。

　この点について現行法はどうしているかというと、所得税法92条は、個人株主が受け取る配当に税額控除を認めることで（すなわち、受取配当を他の所得よりも軽く課税することで）、部分的な統合（不完全な統合）を行っています（☞現行法における統合・p.21）。したがって、株主が法人税を負担しているという前提を多少なりとも採用していることは、おそらく間違いないと思われます。

　もっとも、完全統合（完全な二重課税の排除）までを行わず、部分的な統合となっている理論上の根拠がどこにあるのかは、必ずしも明確ではありません。現行法の扱いは、法人税の性質に関する理論を打ち立てて、それに忠実に従った結果ではなく、むしろ政策上の理由（株式市場によい影響を与える必要性等）から、配当を軽課しているに過ぎないと考えることもできます。

(iii) 資金調達に関する「負債」対「株式」の問題

　法人が資金調達を行う方法（法人の資本構成）は、大きく分けて、借入、すなわち負債（debt）によるか、それとも株式（equity）を発行するかの2つです。そして、将来的には、前者の場合、債権者に対して元本の返還と利息の支払を、後者の場合、株主に対して配当を行うことになります。

　ただし、利息と配当では、法人税法上の扱いが異なります。**支払利息は通常は損金になりますが**（22条3項2号）、**配当は資本等取引**（☞資本等取引と株主法人間取引・p.186）に該当するため損金算入できません（22条5項）。このような租税法上の差異は、「負債」対「株式」（debt vs equity）の問題として扱われることがありますが、これも所得税にはない法人税特有の問題です。

　支払利息が損金として控除できるため、税負担のことだけを考えると、株式発行よりも借入の方が有利となります。したがって、法人は、一般に最初は借入による資金調達を好みますが、負債の割合が増えるにつれて、債務不履行のリスクを考えるようになります。負債比率が大きくなり過ぎると、債務の履行が困難となり、倒産可能性が高まるからです。そこで、一定のところで借入から株式発行へと資金調達の方法がシフトすることになります（この考え方は、倒産可能性を理由としたトレード・オフ理論と呼ばれています）。

（5）関連当事者の存在

（ⅰ）法人は容易に関連当事者を作ることができる

　法人の関係者として、まず考えなければならないのは、既に述べた通り個人株主であり、次は役員です。しかし、法人税法では、それ以外にも関連当事者が存在します。これら関連当事者間の取引は、それ以外の取引とは別に扱われることがあります。ここでは、それら法人税に特有な関連当事者間取引について述べます。

　所得税法でも、生計を一にする親族とか配偶者といった関係者がいて、課税上、特別の扱いを受けることがあります。一方で、法人は結婚することも、親族を持つこともできませんから、親族や配偶者に関する規定（例えば、扶養義務を履行するため給付される金品に関する所得税法 9 条 1 項 15 号や配偶者控除に関する所得税法 83 条等）は、法人税法にはありません。

　たしかに、法人には家族といったものはありませんが、しかし個人とは違った形で、いわゆる「身内」や「ファミリー」を作ることができます。自然人でない以上、法人は出産を通じて子や孫を持つことはありませんが、分割の一形態である分社化によって、子会社や孫会社を作ることはできます。結婚はできませんが、合併はできます。

　しかも、そのような身内の形成は、考えようによっては、個人よりずっと容易で、ずっと大規模に行うことが可能です。自分の子供が 100 人もいる人間はまずいないと思いますが、子会社を 100 社以上有している大企業は多く存在します。個人は、当然ながら 1 人の人としか結婚できませんが、法人は 3 社以上で合併することもできれば、合併した後で、また別の会社と合併することもできます（個人だと結婚した後、離婚しないままで重ねて結婚すると重婚になってしまいます）。個人が結婚や離婚を何度も繰り返すことは、それほど多くはありませんが、企業が合併や分割を繰り返しながら成長していくことは十分にありえます（企業が海外進出する場合に、現地法人として子会社を設立するのはよくあることです）。

　つまり、法人は、およそ自然人ではできないような形で、身の回りに自分と近い関係にある人格を増やしたり減らしたりすることができるのです。あたかも忍者や宇宙人が分身の術を使っているようです。しかも、人間のように肉体の老化や寿命を考える必要もありません。いったん子会社化などを通じて法人をグループ化してしまうと、その後は、グループ内で親子会社間取引のような

グループ法人間の取引が始まります。つまり、そういった意味での関連当事者間取引が発生するわけです。

（ⅱ）関連当事者間取引

　関連当事者間取引は、①グループを形成する取引（計算を含む）、②形成されたグループ内部で行われる取引、③形成されたグループを再編する取引の３つに分けることが可能です。現行法人税法では、主に①と③に関して組織再編税制（☞組織再編税制・p.265）、②に関してグループ法人税制（☞グループ法人税制・p.226）という特別のルールが関係します（なお、②に関してグループ通算制度（☞グループ通算制度・p.245）があります）。

　組織再編税制は平成13年度改正（連結納税は平成14年度改正）、グループ法人税制は平成22年度改正（グループ通算制度は令和２年度改正）で導入されました。したがって、どれも比較的新しい改正といえます。このことからもわかるように、関連当事者間取引の領域について、法人税法はどんどん進化してきているのです。

　それは、会社法の改正によって、**M&A**（Mergers and Acquisitions）が行いやすくなったこと、企業が自らの競争力を高めるために積極的に事業の再編を行うようになったこととも大きく関係します。そして、税制としては、これら企業の活動を阻害しないことが求められる一方で、税負担を不当に回避する行為に有効に対処できるようにしておかねばなりません（特に国際課税の領域で近年この問題が顕在化しています）。これは大変難しいことですが、現代の先進国における税制が避けて通れない課題です。

　以下では、これからの学習の頭出しとして、組織再編税制とグループ法人税制のごく簡単な概要だけ触れておきます。それでも、ここは現在の法人税法における先端分野に該当するので、少し難しいかもしれません。したがって、細かいことは気にせず、大枠を捉えるつもりで気軽に読んで下さい。

（ⅲ）組織再編税制概略

　まず、組織再編税制について述べます。法人による組織再編取引の典型は合併です。今、Ａ社とＴ社が事業上の必要性から合併することを考えているとします。Ａ社がＴ社を吸収合併した場合、Ｔ社の保有していた全資産がＡ社に移転し、Ｔ社株主はそれまで保有していたＴ社株式を手放して、合併対価としてのＡ社株式を受け取ることになります。合併の時点でＴ社の資産や

T社株主の保有するT社株式に含み益が生じていた場合、通常の課税ルール（62条1項、所法25条1項1号等）が適用されると、T社とT社株主の双方に課税がありえます。

しかし、合併の前後を通じて、T社の資産はA社の中でそのままの形で保有されているし、T社株主もかつてのT社株式と同じ価値のA社株式を保有しているという意味では、実質に大きな変化はありません。少なくとも、T社の資産やT社株式を第三者に売却した行為とは大きく異なります。そもそも、法人が合併すると当該法人とその株主の双方が課税されるということであれば、多くの企業は税制を理由に合併することを躊躇うことになるでしょう（企業にとっては合併時の課税こそが大きな問題点なのです）。そこで、組織再編税制では、一定の要件を満たした合併を適格合併（2条12号の8）として扱い（☞適格要件・p.277）、法人にも株主にも組織再編成の段階で課税しないようなルール（62条の2第1項、所法25条1項1号カッコ書等）を設定しているのです。

(ⅳ) グループ法人税制概略

次は、グループ法人税制です。例えば、親会社が、その株式のすべてを保有する100％子会社に対して含み益のある資産の移転を行ったとします。100％子会社ですから、その実質は、本支店間の取引と非常に似ています。本店と支店は、1つの法人における各部門に過ぎず、それぞれ法人格を持っているわけではありません。したがって、本支店間の資産の移転に課税されることはありません。個人に例えるとすれば、右手に持っている資産を左手に持ち替えるようなものです。同一人格内部における資産移転ですから、譲渡ではありません。

一方で、親子会社間の取引となると、少し事情が異なります。たとえ100％の株式保有により親会社から完全に支配されている場合であっても、子会社には法人格があります。つまり、ある人格から別の人格へと資産が移転しているわけですから、普通に考えれば、それは資産の譲渡です。したがって、通常の課税ルール（22条2項・3項）が適用されれば、この資産移転により含み益に課税があります。

しかし、親子会社を1つのグループとしてみた場合、資産はグループ内に止まっており、グループ全体としての利益はゼロです。実質的には本支店間の取引と同じであるにもかかわらず、このような100％グループ内の資産譲渡が常

に課税されるとなると、グループ企業はグループ内部における取引を行えなくなり、グループとしての強みを発揮できなくなります。そこで、グループ法人税制では、一定の要件を満たしたグループ法人間における資産の譲渡については、譲渡の段階で課税しないようなルール（61条の11第1項）を設定したのです（☞グループ内における資産の譲渡・p.234）（同じような発想を持つ制度として、令和2年に導入されたグループ通算制度（☞グループ通算制度・p.245）がありますが、利用するかどうかは納税者の選択に委ねられています）。

　グループ法人税制には、この他にも、グループ法人間における寄附金の損金不算入や受贈益の益金不算入、大法人の100％子法人に関する中小企業特例の不適用などがありますが、この段階では、**一定のグループ間の資産譲渡について課税されない扱いが法人税法のなかに存在する**といった程度のことが、頭に入っておきさえすればよいでしょう。

Next Step

▶**現行法における統合**

（ⅰ）配当控除

　所得税法92条1項は、個人株主が法人から剰余金の配当等を受けた場合、以下のように、当該個人のその年の課税総所得金額を基準として、受取配当の10％または5％が税額控除される。①課税総所得金額が1000万円以下の場合、適用される控除率は10％である。②配当所得を含めなくても課税総所得金額が1000万円超の場合、控除率は5％である。③配当所得を含めて初めて課税総所得金額が1000万円を超える場合、配当所得のうち、課税総所得金額から1000万円を控除した金額に達するまでの金額に5％、それ以外の部分については10％の控除率が適用される。これらの控除を配当控除（または配当税額控除）という。

（ⅱ）不完全な統合

　配当所得は、配当控除のもとでたしかに軽課されているが、以下の簡単な事例が示すように、これはきわめて不完全な統合である。例えば、法人の所得が1000で、法人税が課税されたあとの残額をすべて配当にまわしたとする。なお、法人税率は25％、便宜上、株主は1人で、その株主の限界税率は20％であると仮定する（モデルとしての計算なので租税特別措置法等は考慮しない）。法人税額が250となるから、株主への配当額は750となる（この750が株主の配当所得の金額になる）。

　配当を受けた個人株主の限界税率が25％以上であればともかく、この事例では20％なのだから、税率25％の法人税の段階で、株主にとっては既に「取られ過ぎ」の

状態となる。法人を作らず個人で事業をしていれば、1000の利益に対して200しか課税されないからである。したがって、完全統合を目指すなら、差額の50（250-200）部分について、株主への還付を認める必要がある（そうすることで、この個人株主の税負担率は20%になる）。しかし、現行法では、そのような計算方法による還付は認められていない。株主が受領した配当に対して、配当所得として所得税を課し、その上で10%あるいは5%の税額控除を認めるという方式なのである。

　この株主の限界税率は20%という設定であるから、ここでは課税総所得金額が1000万円以下であると想定することにする（所法89条1項参照）。そうすると、認められる税額控除の額は750の10%である75になるであろう。一方で、750の配当所得についても20%の限界税率で課税されるから、150（750×20%）の所得税額について75の税額控除が認められ、税額は差し引き75となる。つまり、上記の「取られ過ぎ」の状態から、（軽課されているとはいえ）さらに所得税の納税義務を負うことになるのである。このように現行法における配当控除制度は、とりわけ限界税率の低い株主にとって、二段階課税排除にはほとんど貢献していないことになる。

　設定を少し変えて、この株主の限界税率を50%、認められる税額控除の割合を5%にしてみるとどうなるであろうか。完全統合を前提にすれば、法人の段階で既に250が課税されているので、株主の段階であと250（500-250）が課税されればよいことになる。この株主については、750の配当所得について、375（750×50%）の所得税が課せられ、37.5（750×5%）の税額控除が認められる。差し引き337.5が所得税の税額となるが、これでは、完全統合の場合に想定された250より、87.5も取り過ぎている。この場合でも、やはり二段階課税が解消されず、一部残ったままになっていることになる。

(iii) 簡便性と申告不要制度

　このように現行の配当控除制度は、きわめて不完全な統合しか行っていない。ただし、この制度は、二段階課税の調整を配当のときに株主段階だけで行う（配当の有無が法人段階の所得計算に影響を与えない）ものであり、そのときの株主における受取配当の額と課税総所得金額さえわかれば、簡単に税額控除の計算ができるという意味で、簡便性に優れるという長所がある。

　また、租税特別措置法までを視野に入れるならば、配当所得については、同法8条の5第1項に規定する申告不要制度があり、他の所得と比べて優遇的な扱いを受けていることも事実である。例えば、1つの法人から年間計算で10万円以下に相当する配当しか受け取らないような少額配当の場合、株主は確定申告する必要がない（租特8条の5第1項1号）。さらに、一定の上場株式等の配当等の場合、15%の申告分離課税の制度が採用されている（租特8条の4・9条の3）。したがって、高額所得者ほど、この制度から恩恵を受けることになる。

▶現行法以外の統合の方式

　統合の方式には、大きく分けて、完全統合と不完全統合がある。以下では、代表的な方式を取り上げて、簡単に説明する。

（ⅰ）組合方式

　組合方式とは、法人が利益を獲得した段階で、それを各株主の持分等に応じて配賦（allocation）し、当該配賦された金額に応じて、所得税を課す方法である。ここでいう「配賦」とは、現実に金銭等が分配されるか否かにかかわらず、各構成員（株主や組合員）の所得の計算上、組合の損益の額が各構成員に割り当てられることをいう。その意味で、組合から各構成員に対して、現実に金銭等の移転がある分配（distribution）とは異なる。

　組合方式では、損失についても、利益と同じように配賦される。法人税を課さず、各株主は、自らの限界税率において所得税が課税されるので、これは完全統合の一種であり、課税は1回限りで終了する。

　以下に、具体例をあげる。A社には2人の個人株主aとbがいて、各人の持分はそれぞれ50％で等しい。限界税率は、aが10％、bが40％である。当期、法人が1000の所得を獲得したが、配当は行わなかった。法人が所得を獲得した段階で、配当の有無にかかわらず、aとbは500の所得を獲得したことになり、aに50、bに200の納税義務が生じる（所得を配賦する方法以外にも、益金と損金をそのまま配賦する方法もある）。A社に対する課税はない。すなわち、法人段階での課税はない。

　以上に示した通り、組合方式のもとでは、法人が配当をせずに利益を内部に留保しても、株主段階での課税が繰り延べられることはない。その一方で、株主は、実際に配当があると否とにかかわりなく、法人の所得獲得時に課税される（現金等が株主の手元に来ていないのに課税される）ため、納税資金等の問題が起こる。

　また、多数の株主が存在する大企業において、組合方式を採用するとすれば、税収確保の観点から、法人の所得獲得時に個人の所得税を法人に源泉徴収させる方法がとられる可能性が高い。すなわち、個々の株主が申告しない場合がありえるので（特に法人が所得を獲得しても配当しない場合など）、法人段階で所得税を徴収させようとするのである。しかし、適用される税率は株主ごとに異なるから、法人としては多額の執行コストがかかることになる。

　さらに、法人間で株式の持合いがある場合、種類株式が発行された場合、あるいは株主が外国人であった場合には、別の執行上の問題が発生することになる。したがって、この方式は規模の小さい閉鎖会社のような法人にのみ有効であって、上場会社のような法人に対して導入するには無理がある（☞分配利益損金算入型とパス・スルー型・p.340）。

(ⅱ) インピュテーション方式（法人税株主帰属方式）

インピュテーション方式とは、株主が配当を受け取る段階で、その配当について法人が既に支払った法人税を加算（グロス・アップ）し、その金額を株主に帰属させる形で、株主の限界税率を適用して仮の税額を出し、そこから上記で加算した法人税額を控除して、最終的な株主の所得税額を計算する方法である。

例えば、法人が100の利益を獲得し、30の法人税（法人税率30％）を支払い、残額のすべて（70）を株主に配当したとする。配当の段階で株主が支払うべき税額を計算するためには、まず配当額70に対して、既に支払った法人税30をグロス・アップして合計100とする。この株主に適用される限界税率が、仮に40％であった場合、株主が全体として負担する税額は40（100×40％）であり、そこから既に法人が支払った30を控除することによって、配当の段階で株主が支払うべき税額10が算出されることになる。

もし、この株主が個人で事業を行っていたとしたら、支払うべき税額は40であるが、法人形態で事業を行ったために既に法人税30が先取りされているから、株主としては、配当にあたり残額の10を支払えばよいと考えるのである。

仮に、この株主に適用される限界税率が20％であった場合、株主が全体として負担すべき税額は20（100×20％）であるから、法人が支払った法人税30を控除すると、マイナス10が算出される。つまり、控除できないこの10は、法人税の払い過ぎということになるから、100％インピュテーション方式（完全統合方式の1つ）であれば、この部分は株主に還付されることになる。

ただし、この方式の下では、配当された部分に限って、統合が行われる。いいかえれば、配当されない部分については統合がなされず、株主段階における課税繰延（☞配当等をしないことによる課税繰延・p.24）が生じうる。そこが組合方式とは大きく異なる部分である。また、実際に実定法においてこの方式が採用される場合、税収減や国際課税上の理由等から、100％ではなく、部分的なインピュテーション方式（不完全統合方式）を採用する国が多い。

(ⅲ) その他の方式

他にも、不完全統合の種類としては、支払配当を損金に算入する方式（支払配当損金算入方式）、配当に充てた部分に対して、通常より低い法人税率を適用する方式（二重税率方式）などがある。後者の方式は、昭和36年から平成2年まで、実際にわが国でも採用されていた。

▶配当等をしないことによる課税繰延

事業を個人で営めば課税は1回であるが、同じ事業を法人形態で行えば（すなわち、法人成りを行えば）、法人段階と株主段階で2回の課税を受けるという制度のもとでも、

法人形態を選択することが、常に課税上不利になるわけではない。株主段階課税は、配当分配や清算分配を行わない限り行われない。換言すれば、分配をするまで課税は繰り延べられる。

個人に適用される所得税の限界税率が法人税率より高ければ、分配を先送りすることで高い所得税率を回避することができる（現行の個人最高税率は、45％（所法89条1項）、法人税率は23.2％（66条1項）である）。個人事業が法人成りする理由の1つはここにある。所有と経営が分離していない同族会社であれば、配当を遅らせることは比較的たやすい。そうすることで、オーナー社長等に課される所得税の回避が可能となる。

もっとも、無制限にそのような行為ができるわけではなく、同族会社の留保金に対する課税制度（67条）による制限がある（☞特定同族会社の特別税率（留保金課税）・p.56）。しかし、資本金または出資金の額が1億円以下の法人は、この留保金課税の対象から除かれている（67条1項）。なお、既述の通り日本の法人のうち96.3％は同族会社であり、資本金の額が1000万円以下であるものが、全同族会社のうちの87％を占める（☞法人数の内訳・p.7）。

できるだけ留保金を維持したままで、オーナー社長が死亡した場合、相続の対象となるのは、法人の財産そのものではなく、被相続人が保有していた法人の株式である。株式で相続する場合は、法人の財産そのものを相続した場合に比して、評価額が低く算定される傾向にあり、法人を作る別の旨味の1つといえる（なお、一般社団法人等を利用した相続税回避に対して、平成30年度改正により相続税法66条の2が創設された）。

これに類似した課税繰延の利益は、（実際には難しいが）理論上は上場会社でも存在しうる。もし、所得税の最高税率が適用される個人が株式投資を行い、法人が分配を可能な限り遅らせれば、同様に高い所得税率を回避できる。非同族会社であれば留保金課税制度の適用もない。

さらに、上場株式の譲渡については、15％の税率が適用されるから（租特37条の11第1項）、法人が配当をせず株主が株式譲渡を行えば（すなわち、配当利益をキャピタル・ゲインへ転換することで）、株価の変動を考慮しない単純計算でも、法人税率23.2％と併せて38.2％の課税で済むことになる（個人所得税の最高税率である45％より低くなる）。ただし、これはどちらかといえば、課税繰延というよりも、配当とキャピタル・ゲインに関する課税のあり方の問題である（なお、現行法においても、納税者が総合課税を選択しなければ、受取配当に対する税率は15％（復興特別所得税を除く）である（租特8条の4・9条の3））。

▶配当する理由（配当パズルとシグナリング理論）

完全統合が行われていない制度のもとでは、法人段階と株主段階における二段階課税によって二重課税となる部分が生じてしまう。しかし、それは配当を行えば株主段階

で課税されるということであって、配当しなければ二段階課税は起こらない。そうであれば、企業はなぜ課税されてまでも配当を行う必要があるのかという疑問（配当パズル）が生じる。

ただし、配当によって課税を受けるのは、企業ではなく株主であるため、例えば、受取配当が益金不算入の対象となる法人株主の場合（☞受取配当の益金不算入─法人税法23条・p.120）などは、配当を受領することは必ずしも不利にならない。しかし、そうでない株主の場合、二段階課税を前提とすれば、企業が配当することで新たな税負担が発生する。それでも企業が配当を行うのはなぜか。

配当パズルに対する答えの1つとして、シグナリング理論がある。企業が税制上不利であるにもかかわらず配当をするのは、自らがそれだけ高い収益性を持つ将来有望な企業であることを投資家に信用させることにつながり、そのことによって株価の上昇が期待できるからである。

企業内からキャッシュ・フローが流出する配当は、資金調達とは反対方向の行為であり、したがって資金を必要とする企業が配当するのは矛盾するようにみえるが、その配当という行動自体が、将来の収益性に関する投資家へのシグナリングとなり、うまくいけば、高い株価による資金調達が可能になる。ただし、このような行動については、マネー・バーニング（自分が金持ちであることを示すために無意味に紙幣を燃やすたとえ）に繋がるという批判もある。

> ▶ **Column　MM 理論**
>
> 　法人の資本における debt と equity の割合について、Modigliani と Miller は、企業の価値はその資本構成に左右されないと説いた（これは MM 理論と呼ばれる）。すなわち、効率的な市場が存在し、租税、倒産可能性および情報の非対称性が存在しないと仮定した場合、資金を debt で調達するか equity で調達するかによって、企業の価値が変わらないことを示したのである（Franco Modigliani and Merton Miller, The Cost of Capital, Corporation Finance and the Theory of Investment, 48 American Economic Review 261（1958））。
>
> 　MM 理論について、むしろ租税法の立場から注意すべきなのは、debt と equity の選択は常に問題にならないということではなくて、当該理論の前提が崩れる場合、つまり、租税、倒産可能性および情報の非対称性のどれかが存在した場合には、debt と equity の区別が重要となりうるということであろう。

▶情報の非対称性と資金調達方法の選択

株式による資金調達を根拠づける考え方として、**Lecture** で触れた倒産可能性を理由としたトレード・オフ理論の他に、情報の非対称性に基づくエージェンシー理論がある。

経営者は、本来、株主の利益のために行動すべきである。しかし、株主によるモニタリングが不十分である場合、経営者は、株主のためではなく、自らの帝国の建設（empire building）のために会社のリソースを使おうとする。株主に十分な情報が与えられない場合、配当すべき利益があっても配当せず、経営者は自らの私的利益を優先させることが可能になる。その意味で、株式による資金調達は経営者に有利となる。

　これを防ぐためには、負債による資金調達を増やすことで、経営者の自由になるキャッシュ・フローを減らさねばならない。負債に係る利子の控除を認める法人税の存在は、それに一役買うことになろう。

　情報の非対称性は、常に株式による資金調達を促進するわけではない。経営者と投資家において、情報が非対称的である（経営者の方が会社の内部事情を知っている）場合、投資家は正当に事業の収益性を判断できない。したがって、経営者の方は、真に収益性のある事業を行おうとしているにもかかわらず、投資家の方が、株式で資金集めをする企業は事業の収益性を誇張しているおそれがあると考えるため、新株発行にはコストがかかってしまう（正当な価格で株式が発行できない）のである。この考え方によれば、法人税のことを別にしても、経営者にとって、株式よりは負債による資金調達の方がやりやすいことになる。

　たしかに、負債についても、情報の非対称性はあるが（経営者の方が債権者より企業内部の情報を持っているが）、リターンが完全に会社のパフォーマンス（収益性）に影響される株式投資に比べれば、利率が固定されている負債の方が、情報の非対称性から生じるコストは小さいといえる。

▶負債と株式の相対化

（ⅰ）パッケージ理論とその脆弱さ

　負債と株式の定義は実定法には存在しない。ただし、伝統的な負債の特徴として、以下のものをあげることができる。すなわち、①リターンがあらかじめ確定している（固定利率）、②債務の返済日および利息の支払日が確定している（期日確定）、③倒産の場合を含めた債権者としての権利が存する、④株主よりも優先的に支払を受ける権利が存する、⑤議決権がない、あるいは債権者としての地位を保全する以外に支配権を及ぼさないことである。

　これとは反対に、伝統的な株式の特徴としては、①法人事業の成功に応じてリターンが変わりうる（変動利率）、②リターンの支払日は（株式の払戻しを含めて）未確定であり実行されないこともありえる（期日未定）、③債権者としての権利は存しない、④支払に関して債権者に劣後する、⑤議決権などを通じて会社をコントロールする権利を有することがあげられる。

　歴史的には、これら双方に顕著と思われる各特徴をパッケージとして捉え、負債と

株式を区別することが行われてきた。しかし、このようなパッケージによる区別（パッケージ理論）を前提としても、**負債と株式の両方の性質を併せ持つ有価証券**（financial instrument）は存在する。古典的な例は、いわゆる優先株式であろう（会社法上は種類株式（会108条1項）の一種とされる）。一般的に優先株式は、配当に対して優先的な権利を持っている反面、議決権が制限されることが多いからである。

　さらに現代では、優先株式に限らず、上記パッケージ理論の各要素を組み合わせた証券を発行することも可能である。例えば、議決権がなく、配当や残余財産についても他に劣後する株式や、利率の変動する社債を発行することは、一般には禁止されていない。どのように組み合わせるかは、原則として当事者たちの自由である。

（ⅱ）オプション

　オプションの存在は、上記パッケージ理論の脆弱さや負債と株式の相対化をより顕著に示すことになる。そのような例として、新株予約権付社債（転換社債型）をあげることができる。社債の保有者は、社債の発行後に株価が上がり、株式から生じると予想される利益が社債の利率を超えたと判断できる場合、（そのときに転換に関する条件が満たされていれば）転換に踏み切るだろう。このような株価上昇局面において、社債のリターンは、実質的には株価に連動しているといえる。同様のことは、会社の配当政策が変わり、配当性向が高まった場合にも起こりうる。つまり、転換オプションは、負債の固定利率を変動利率に変化させていることになる。

　問題は、オプションの行使が確定していないので、実際には変動金利であるにもかかわらず、あるいは株式に近い要素を持っているのに（すなわち、伝統的な社債の性質とは異なっているのに）、転換するまでは社債として扱われるということである。その一方で、社債保有者は、株価の下落局面では、転換をせずに社債としての利息を受け取るであろうから、株価下落のリスクを負っていない。その意味では、通常の株主とも異なる。

（ⅲ）当事者による選択の容易さ

　一般的には、企業は、証券の命名（○○債と○○株のどちらの呼び名にするか）から始まって、当該証券にどのような経済的性質を与えるか、さらにはオプションを利用するかどうかまでを含めて、原則として自由に選ぶことができる。その結果、負債と株式の区別は相対化する。

　もっとも、法人税法等で負債および株式に関する一般的な定義付けを行うことは、必ずしも容易ではない。実際、現行法人税法にはそのような定義は存在しない。したがって、具体的な課税の場面では、証券等の性質決定（characterization）を行うにあたって基準が必要となる。

　その1つとして、22条4項を根拠に、会計上の扱いを法人税法上の判断基準にすることが考えられる。ただし、ケース・バイ・ケースの対応にならざるをえない。ま

た、22条4項に丸投げするとなれば、課税要件法定主義との関係で問題となりうるが、22条4項の解釈上、会計上の基準が法人税法の独自の観点から採用されない場合もありえると思われる（☞企業会計と租税法会計の乖離（公正処理基準の現代的意義）・p.45）。

Key Points 1−I

- 法人税は法人の所得に対する租税である。所得税と比較した場合、所得分類がない、比例税率である、消費と必要経費等を区別する規定がないといった点で、法人税法は所得税法と異なる。
- 法人の所得に課税することは、個人に関する包括的所得概念から、論理必然的に導かれるものではない。しかし、歴史的には多くの国が、法人が獲得した利益に対して、企業会計や会社法会計を利用して、法人税を課してきた。
- 法人とは法が作ったフィクションであり、消費を行うことができないから、理論的には法人は法人税を負担することはできない。したがって、他の誰かに法人税を転嫁しているはずである。しかし、実際に法人税を負担しているのが誰なのかは明らかではない。
- 現行法は、法人税を所得税の前取りと考えて、法人税と所得税の統合を行っている。ただし、それは部分的な統合（不完全な統合）であり、二段階課税の結果として二重課税となる部分が生じている。
- 法人が獲得した利益は、法人段階で1回、株主段階でもう1回という二段階課税を受けるが、もし配当しなければ、その限りで配当課税は先送りされ、課税繰延が起こる。
- 法人税法を理論的に考える上で重要なのは、株主法人間取引、関連当事者間取引である。

II 法人所得の計算

1. 法人所得の意義

Lecture

(1) 法人の所得は益金マイナス損金

　22条1項は、内国法人の各事業年度の所得の金額は「当該事業年度の益金の額から当該事業年度の損金の額を控除した金額とする」と規定しています。つまり、端的にいうなら、法人の所得とは「益金」マイナス「損金」をさすことになります。所得税法と照らし合わせると、益金は収入金額（所法36条）、損金は必要経費（所法37条）に相当する概念です。しかし、**益金と収入金額、損金と必要経費はそれぞれ別物です**。益金・損金の具体的な内容については、後で詳しくみていくことにして、ここでは本章第I節からの続きとして、所得税法との主たる相違点について、簡単に触れておくことにします。

　まず、収入金額は、所得税法36条1項が「収入すべき金額」と規定しているように、経済的価値の流入を前提としています。無償で資産を移転した場合（タダで物をあげた場合）、移転した側（移転された側ではありません）に経済的価値の流入はありません。そこで、原則として収入金額が生じることはなく、無償取引に対する課税規定として、所得税法59条1項（みなし譲渡）のような一種の別段の定めが用意されていると考えることが可能です。

　一方で、益金の場合は、22条2項が「有償又は無償による資産の譲渡又は役務の提供」と規定していますから、別段の定めがなくても、無償による資産の譲渡や役務提供から益金が生じます。つまり、**法人は、タダで物をあげたりサービスを提供したりしても、原則として課税されることになります**。その詳しいメカニズムは後ほど説明します（☞無償取引・p.70）。

　次に、必要経費とは、個人の所得を算出するために収入金額から控除する項目ですが、条文上、必要経費が控除できる所得は、不動産所得（所法26条2項）、事業所得（所法27条2項）、山林所得（所法32条3項）、雑所得（所法35条2項2

号）に限られていて、それ以外の所得は、所得税法で認められた項目、例えば、給与所得における給与所得控除額（所法28条2項）や特定支出の額（所法57条の2第1項）、一時所得における収入を得るために支出した金額（所法34条2項）などしか、控除できません。所得税法では、さらに損失の控除も制限されていて、所得税法51条や同法72条のような損失控除のための規定の適用がなければ、損失は原則として控除できない建て付けとなっています。

　これに対して法人税法における損金には、所得税法のような控除に関する制限はありません。22条3項は、原価、費用、損失であれば、損金として益金から控除できるという作りとなっています。そういう意味では、法人の純資産が減少すれば、原則として損金算入ができるようになっているといってもよいでしょう。そのように扱われる理由は、法人が消費を行えず、原則として営利活動（事業活動）だけを行うからです。

(2) 法人税法22条の構造
(i) 益金・損金と別段の定め

　22条は、1項で所得、2項で益金、3項で損金について、それぞれ定義をしています。ここまでは、既に述べたように「所得＝益金－損金」にある3つの項目について、それぞれの定義を示していることになります。ただし、2項の益金、3項の損金には、どちらも「別段の定めがあるものを除き」という留保が付けられています。つまり、22条2項と3項は、益金と損金に関する原則的な定めをした規定であって、別段の定めがあるときは、そちらが優先するという作りになっています。

　その意味で、別段の定めとは、文字通り特別で例外的な扱いを示したものといえそうです。しかし、実はこの「例外」が意外にも多いのです。一般的には、22条のすぐ後の22条の2から64条の14までの各規定は、益金および損金に関する別段の定めと考えられています。詳しい内容は後ほど個別にみていきますが、法人税法を学習する上で、これら別段の定めは非常に重要な存在です。

　ところで、22条はここで終わらず、その先に4項と5項があります。以下では、この2つの項について、ごく簡単に概略を説明しておきます。

(ii) 公正処理基準と資本等取引

　まず、22条4項からです。4項は、益金と損金の額が「一般に公正妥当と

認められる会計処理の基準に従って計算される」ことを規定します。つまり、法人税の計算は、公正妥当と認められる会計処理の基準（公正処理基準）にいったんは従うのです。そして、別段の定めと公正処理基準が食い違った場合、別段の定めが優先されることになります。

　もっとも、別段の定めの中には、公正処理基準を確認する内容（例えば、25条に規定する資産の評価益の益金不算入など）や公正処理基準の範囲内にある1つの基準を示すもの（例えば、31条の減価償却に関する規定など）もあり、**別段の定めのすべてが、公正処理基準と対立するわけではありません。**

　また、具体的な事例や訴訟においては、何が「一般に公正妥当と認められる会計処理の基準」といえるかを判断しなければならない場合があります。例えば、ある取引について、複数の会計処理が考えられる場合、あるいは会計処理の基準自体が複数存在する場合に、この判断が必要となります。伝統的には、企業会計原則（企業会計の実務のなかに慣習として発達したもののなかから、一般に公正と認められたところを要約したもの）や会社法に基づく会社計算規則（会社法制定以前は商法に基づく商法施行規則）等が、公正処理基準を構成するとされてきました。しかし、現在における公正処理基準の範囲は、これらに限られないと考えられています（☞企業会計と租税法会計の乖離（公正処理基準の現代的意義）・p.45）。

　次に、22条5項について述べます。2項は、益金の額に「資本等取引以外のものに係る……収益の額」という縛りを、同様に3項3号は損金となる損失の額に「資本等取引以外の取引に係るもの」という縛りをかけています。つまり、**資本等取引に該当すれば、益金にも損金に算入されないことになります。** そして、5項は資本等取引の定義として、①法人の「資本金等の額の増加又は減少を生ずる取引」並びに②法人が行う「利益又は剰余金の分配」および③「残余財産の分配又は引渡し」をあげています。したがって、例えば、出資や資本の払戻し（①に該当）、配当（②に該当）、清算時における残余財産の分配（③に該当）などが、資本等取引にあたります。

▶出資と支払配当

　22条5項について、これまで学習してきたこととの関係で注意を要するのは、配当が資本等取引に該当するということである。すなわち、法人は、配当を支払うことで純資産が減少するにもかかわらず、その支払額を損金として、法人所得の計算上、控除することができないのである。

　一方で、商品を売り上げるために仕入を行った場合は、その仕入額は控除できるし（22条3項1号）、既に述べたように、支払利息や使用人等への給与も（別段の定めで制限されない限り）控除することが可能である（同項2号）。

　仕入や給与が控除できるのは、事業を行う上で、むしろ当然の扱いだと考える者が多いであろう。なぜなら、それらは利益、すなわち「儲け」を得るための元本いわば「元手」だからである。本章第Ⅰ節で述べた通り（☞なぜ所得課税か・p.3）、個人で青果店をやっているaさんが、事業を法人化してA社になっても、やっている事業に変わりがなければ、利益は課税されるべきであるが、その利益を計算する過程で、儲けを得るための元手は、当然控除されなければならない。

　では、支払配当が控除できないのはなぜだろうか。ここで、まず気づくことは、所得税の世界、つまりaさんが個人事業を営んでいる段階では、そもそも配当というのは存在せず、A社となってはじめて、配当という項目について考えなければならなくなったということである。

　見方を変えると、法人化した場合、利益を得た後にそれを株主に分配（配当）するという、個人事業では想定されていない取引が新たに出現することになる（☞株主法人間取引・p.15）。そして、配当の支払が控除されないということは、支払配当が（支払利息や支払給与とは異なって）儲けるための元手ではなく、儲けそのものの分配であることを意味する。

　では、法人税法において元手を出したのは誰か。それも株主である。だから、株主からの出資により、法人の純資産が増えているにもかかわらず、資本等取引として益金の対象から除外されていると説明することが可能になる。

　この考え方に基づけば、出資や配当は、法人と株主との間の元手や儲けの移転に過ぎないということになる。配当を例に取れば、A社がA社の株主に配当する行為は、aさんが自分で自分に利益を渡す行為と同じだから控除できないことになる（同様に、出資による純資産の増加は、法人の儲けとして扱われない）。この意味において、法人は株主と同視されている、つまり、法人＝株主とされていることになる（ただし、A社の株主は、配当をもらえば課税されるが、それをどう扱うかは、既に述べた二段階課税および統合の問題なので、これ以上は触れず（☞二段階課税・p.16・p.121）、ここでは資本等取引という法

人側の扱いに関する説明だけに止めておく）。

　出資や配当などが、資本等取引として法人税の課税対象から除外されていることを捉えて、現行法人税の課税標準（課税ベース）は「株主の目からみて生じるリターンとして構成されている」と説明されることがある。

▶ Column　法人税法 65 条は別段の定めか

　65 条は、「第二款から前款まで（所得の金額の計算）に定めるもののほか、各事業年度の所得の金額の計算に関し必要な事項は、政令で定める」と規定する。ここでいう「第二款」を構成するのは 22 条のみであり、「前款」とは「第十一款」のことなので、64 条の 5 ～ 64 条の 14 のことである。そして 65 条は単独で「第十二款」を構成する。

　そこで、もし 65 条が別段の定めに該当するとすれば、この規定による委任を根拠として、22 条の 2 から 64 条の 14 の定め以外にも、政令によって、22 条の通則に対する別段の定めをすることができることになる。しかし、そのような解釈は、別段の定めとしての 22 条の 2 から 64 条の 14 の存在価値を著しく減じることになる。これら 22 条の 2 から 64 条の 14 の規定がなくても、65 条に基づいて、政令でいかようにも規定できるからである。そして、そのような政令委任の方法には、租税法律主義違反の可能性がある。

　通説は、この点に関して、65 条は補足的な定めを政令に委任する規定と解している（少なくとも、22 条の 2 から 64 条の 14 の規定とは異なる性質を有した規定という理解である）。この見解に従うならば、65 条を根拠として、益金・損金に関する新たな定めをすることは、租税法律主義に反するため無効ということになろう。

　大阪高判平成 21 年 10 月 16 日訟月 57 巻 2 号 318 頁［使用人未払賞与事件］（22 条の 2 が創設される前の事例）は、もし（課税庁の主張のように）65 条を別段の定めと解するならば、「法 65 条の委任によって、法 23 条ないし法 64 条の定め以外にも、政令によって、法 22 条の通則に対する別段の定めをすることができることになるが、それでは、法人税の課税標準である所得の金額を計算するための二大要素である益金と損金について、政令によって通則である法 22 条 2、3 項に対する別段の定めをすることができることになり、その結果は法人税の税額に直ちに影響するものである上、法 22 条 2、3 項の各柱書の『別段の定め』については何らの限定がないことをも併せ考慮すれば、このような政令への委任は租税法律主義に反する」と述べている（使用人未払賞与事件については ☞使用人賞与と債務確定・p.100）。

2. 企業会計と租税法会計――公正処理基準

Lecture

(1) 法人税法が企業会計に依拠する理由

　益金および損金の額の計算は、上で述べたように公正処理基準に従います。法人税とは、法人の所得に対する租税ですから、法人、すなわち企業がまず存在しなければ、法人税は本来その意味をなしえません。いうまでもなく、歴史的には、企業は法人税がある前から存在していました。そして、企業の利益を計算するために、企業会計が発達してきたのです。そこで、法人の所得を計算する租税法会計（租税会計）においても、この企業会計を利用することにしたと考えることができます。

　もっとも、法人税法が企業会計に依拠する理由は、論理必然的に導かれるというわけではなく、むしろ二度手間を省くためといった実利的なところ（すなわち簡便性あるいは簡素性）に求められます。法人の「所得」と企業の「利益」は、類似した概念であるために、一方で、企業会計等で扱う企業の利益計算を行いつつ、他方で、全く別の方法によって法人所得を算出するとすれば、コストがかかってしまうからです。

　ただし、法人の所得と企業の利益は、たしかに似た概念ではありますが、同一ではありません。したがって、たとえコストをかけても、適正課税という法人税法の目的から、企業会計とは別の計算をすべき場合は、その旨の規定、すなわち「別段の定め」が法人税法の中に置かれることになります（実務においても、まず企業会計に基づいて企業の利益を計算した上で、別段の定めに基づいてそれを修正しながら法人の所得を計算するといった方法がとられてきました）。実際、そのような別段の定めは相当な数にのぼり、法人の所得を計算するために、企業会計に基づく計算はあらゆるところで修正を受けていることになります。この観点からみれば、法人税法とは別段の定めの集合体であるといっても、決して過言ではありません。

　そうなると法人税法における問題は、いかなる場合に、どのような「別段の定め」をするかということになります。すなわち、法人税法の目的から、企業

会計上は収益になるのに法人の益金にならない項目（益金不算入項目）、またその反対に、企業会計上は費用や損失になるのに、法人の損金にならない項目（損金不算入項目）とは、いったい何かということが、法人税法を理解する上では重要なのです。

　なお、公正処理基準のなかに会社法会計も含まれると解するなら、同様のことは租税法会計と会社法会計の関係にもあてはまります（企業会計と会社法会計を併せて「広義の企業会計」と述べる論者もいます）。

(2) 確定決算主義と会計の三重構造
(i) 確定した決算と法人の意思

　内国法人は、各事業年度終了の日の翌日から2月以内に、税務署長に対して、「確定した決算」に基づいて申告書を提出しなければならないとされています（74条1項）。これを確定決算主義（あるいは確定決算基準）と呼びます。そして確定した決算とは、一般には、株主総会の承認（会438条2項）を受けた決算と考えられてきました。つまり、租税法会計は、ここでも会社法会計と繋がっているのです。

　この確定決算主義において重要なのは、まず「確定した決算」という手続を重視する基準であるということです。法人所得の計算において、確定決算主義が手続的なルールであるのとは対称的に、22条4項にいう公正処理基準は実体的なルールといえます。つまり、法人税法における所得計算（租税法会計）は、実体と手続の双方から企業会計や会社法会計と結びついているのです。

　次に、法人の所得計算について、「確定した決算」で示された法人の意思（どのような会計処理を行ったかなど）が尊重されるということも、確定決算主義を理解する上で重要です。これを反対からみれば、会社法上の手続において示された法人の意思は、法人所得の計算においても、当該法人を拘束する（会社法と法人税法とで異なる計算をすることが制限される）ということになります。つまり、決算で示した内容と異なる計算を課税所得の計算において主張することが制限されます。

　ただし、上記のように確定決算主義の趣旨は、決算における法人の意思の尊重にあると考えられるので、仮に株主総会の承認を受けていなくても、そのことに相当の理由があり、かつ確定申告において法人の意思をみることができ

るのであれば、確定決算主義を満たすとされてもよいでしょう。同様に、総会承認を得ていないことを理由として、法人が決算とは異なる内容を申告において主張することも、原則として認められないことになります（福岡高判平成19年6月19日訟月53巻9号2728頁、大阪高判昭和53年6月29日行集29巻6号1230頁、大阪地判昭和62年9月16日税資159号638頁）。

　そもそも株主総会における承認は、課税のことまでを考えて行われているわけではないので、**総会承認を得たからといって、課税所得計算の適法性が確保されたとまで考えることはできません**（このことは、特に中小企業にあてはまります）。確定決算主義とは、**課税において依拠すべき法人の意思を「確定した決算」という手続においてみている**のであって、株主総会に適正課税のチェック機能を持たせているわけではないのです。

（ⅱ）損金経理

　実際に確定決算主義が問題となる場合の多くは、**損金経理**と関わります。損金経理とは、「法人がその確定した決算において費用又は損失として経理すること」と定義されています（2条25号）。例えば、減価償却資産（☞償却費・p.96）について、その償却費として22条3項により損金算入をするためには、31条1項に基づいて、まず損金経理をしておかねばなりません（その上で、さらに同項の「償却限度額」の縛りを受けます）。したがって、法人がもし損金経理をし忘れた場合、減価償却費は一切損金算入できないことになってしまいます。

　所得税法には、このような制限はなく、強制的に償却費が計上されるので（所法49条1項）、このような損金経理要件は、法人税法の持つ特徴の1つといえるでしょう。法人税法上、損金算入に関して損金経理が要求されるのは、減価償却費以外にも、繰延資産の償却費（32条）、資産の評価損（33条）、圧縮記帳（42条等）、引当金（52条）などがあります。

（ⅲ）会計の三重構造ないしトライアングル体制

　既述のように、租税法会計は、実体的に企業会計（および会社法会計）と手続的に会社法会計と結びついているのですが、実は企業会計と会社法会計も、**相互に密接な関係があります**。会社の計算に関する会社法431条には、「株式会社の会計は、一般に公正妥当と認められる企業会計の慣行に従うものとする」と規定されているからです。そこで、企業会計、会社法会計、租税法会計の関係について、「会計の三重構造」と表されることがあります。これは、

企業会計の上に会社法会計があり、その上に租税法会計があるということを前提にしている理解です。一方で、租税法会計は22条4項を通じて、実体的に企業会計（および会社法会計）とも結びついていますから、三重構造というよりは、「トライアングル体制」と表現した方が適切かもしれません。

1-3 【三重構造とトライアングル体制】

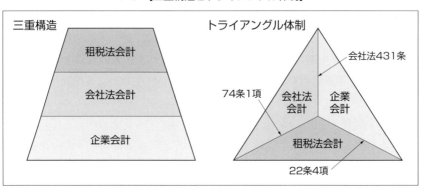

　ただし、ここで注意すべきは、これら3つの会計は、それぞれ目的とするところが異なるということです。したがって、相互に齟齬ないし衝突が出てくる場合がありえます。すなわち、投資家に正しい情報を提供するために**適正な期間損益計算を目指している企業会計、株主と債権者の利害を調整しながら、株主への分配可能限度額の計算を行う会社法会計**と、適正な課税のための租税法会計とでは、その目的とするところが異なるわけですから、法人税法が完全に企業会計や会社法会計に依拠できないのは、むしろ当然のことだといった方がよいでしょう。

　法人税法における別段の定めは、そのような齟齬や衝突を課税計算において解消するために存在するともいえるのです。ただし、別段の定めが存しない場合、特に法人所得の計算に関する実体的側面においては、22条4項にいう公正処理基準の解釈が重要になります。

（ⅳ）逆基準性

　既に述べた通り、租税法会計は、法律の規定の上では（22条4項と74条1項を通して）、企業会計および会社法会計に依拠しています。しかし、実際には、

租税法会計の方が、企業会計や会社法会計に影響を与えることも多いのです。本来なら、企業会計や会社法会計が租税法会計の基準であるはずなのに、実際には逆の関係になってしまう（租税法会計が企業会計や会社法会計の基準になってしまう）ことを捉えて、「逆基準性」と呼ぶことがあります。つまり、租税法会計が企業会計や会社法会計に影響を及ぼすのです。

　所得が増えれば、法人税はそれだけ重たくなりますから、法人は、課税庁に対して所得をできるだけ小さくみせたいと考えます。しかし、その一方で、株主や投資家に報告する利益は、できるだけ大きくみせたいという反対方向のバイアスが働きます。その意味で、租税法会計と企業会計・会社法会計は互いに緊張関係にあるといえます。双方が互いに打ち消し合うことで、一方の暴走を防ぐという利点がある（双方の中間地点に着地する）ようにもみえますが、そのようにして算出された数値（所得あるいは利益）は、結局、いずれの会計からみても情報としての正確性を欠くことになってしまいます。

　もし、会計の三重構造において、納税義務軽減というインセンティブが強ければ、租税法会計が他の2つの会計を凌駕してしまうことになります。したがって、企業会計や会社法会計からは、租税法会計の逆基準性が問題視されることになるのです（☞逆基準性の原因と解決法・p.44）。

1-4 【三重構造と逆基準性】

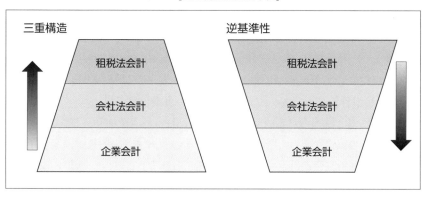

　また、法人税法には、損金経理をしなければ損金算入できない項目があることについては、既に触れました。例えば、減価償却費（☞償却費・p.96）や貸

倒引当金（☞引当金・p.95）がこれにあたります（31条1項・52条1項）。損金経理を前提にして、法人税の軽減だけを考えるなら、企業会計や会社法会計の観点からは必要な減価償却であっても、租税法で容認される範囲までしか償却費を計上しなかったり、反対に、必要のない貸倒引当金であっても、損金算入を目的として、租税法の限度額ぎりぎりまで繰入額を計上したりすることが起こりえます（また、欠損金が生じる可能性のある場合、その年度に計上すべき減価償却費について、あえて損金経理をせずに、次の年度以降の損金にすることで、繰越欠損金（☞繰越欠損金・p.180）の利用期間を実質的に延長することも考えられます）。もっとも、そのような処理は、企業会計や会社法会計からみれば、不必要で合理性がないことになります。

（3）公正処理基準と課税のタイミング（権利確定基準）

　22条4項により、法人の所得計算における収益や費用等の額は公正処理基準に従って計算されることになっていますが、それに関して問題が生じるのは、具体的にはどのようなケースであり、またそこでいう「公正妥当な会計処理の基準」の中身とは、一体どのようなものなのでしょうか。

　ここでは、典型例としての課税のタイミングの問題を例にとって考えてみることにしましょう。法人税法では、所得税法のような形で所得分類を考える必要はありませんが、課税のタイミングの問題は（所得税法と同様に）重要です。費用については、22条3項2号が、原則的な扱いとして債務確定基準（☞販売費および一般管理費と債務確定・p.95）を定めていますが、収益については（平成30年まで）明文の規定がありませんでした（今は22条の2があります）。

　この点について最高裁は、最判平成5年11月25日民集47巻9号5278頁 [**大竹貿易事件**] において、「ある収益をどの事業年度に計上すべきかは、一般に公正妥当と認められる会計処理の基準に従うべきであり、これによれば、収益は、その実現があった時、すなわち、その収入すべき権利が確定したときの属する年度の益金に計上すべきものと考えられる」と述べています。

　したがって、法人税法においても、所得税法と同様、原則として**権利確定基**準が妥当すると考えられます。そして、判決はその根拠を22条4項（公正処理基準）に求めているのです（したがって、根拠の求め方は所得税法とは異なることになります）。また、ここでは、権利の確定が収益の実現と同義に使われているこ

とにも、注意すべきでしょう（しかし、最高裁は「実現」の具体的な内容についてまでは説明はしていないことにも注意すべきです）。

　続いて、22条4項については、「現に法人のした利益計算が**法人税法の企図する公平な所得計算という要請に反するものでない限り**、課税所得の計算上もこれを是認するのが相当であるとの見地から、収益を一般に公正妥当と認められる会計処理の基準に従って計上すべきものと定めたものと解される」としています。

　大竹貿易事件では、輸出取引による収益の計上について、船積日基準（商品を船積みした時に収益を計上する基準）と、為替取組日基準（船積み後、荷為替手形を組んで、それを銀行に買い取ってもらう時に収益を計上する基準）という2つの会計処理のうち、どちらが公正処理基準といえるかが争点となりました。一般に、船積日基準の方が、為替取組日基準より、課税のタイミングとしては早くなります。

　結論において最高裁は、船積日基準の方を選択するのですが、為替取組日基準を排斥する理由として「為替取組日基準は……収益計上時期を人為的に操作する余地を生じさせる点において、一般に公正妥当と認められる会計処理の基準に適合するものとはいえない」、「このような処理による企業の利益計算は、法人税法の企図する公平な所得計算の要請という観点からも是認し難い」と述べています。この部分は、実現している収益の計上時期を人為的に操作することは、**公平な所得計算（公平課税）という法人税法の目的**（法人税法の企図）に反すると、最高裁が考えているようにも読めます。また、最高裁は、結論を述べるにあたり、「船積日基準」が実務上広く一般的に採用されていることにも着目しています。

Next Step

▶確定申告書の提出期限と会社法

　確定決算主義においては、事業年度終了日の翌日から2月以内に申告書の提出が要求されるが、会社法上は、権利行使の基準日を定めた場合、そこから3月以内に定時株主総会を開催することになっている（会296条1項・124条2項）。企業実務では、この基準日を決算日に一致させている例が多いので、例えば、3月期決算の法人は、その年の

6月末までに株主総会を開催することになる。

しかし、確定した決算が、総会承認を受けた決算であるならば、申告期限が5月末となるから、株主総会はその前に開催しなければならないことになる。つまり、会社法における上記3月以内という期限は、法人税法上の確定決算主義によって、実質的に1月間短縮されてしまう（もっとも、災害その他やむをえない理由により決算が確定しない場合には、申請により提出期限を延長するという特例が存する（75条1項））。

そこで、①定款等の定めまたは②その法人に特別の事情があることにより、その事業年度以後の各事業年度終了の日の翌日から2月以内にその各事業年度の決算についての定時総会が招集されない常況にあると認められる場合、税務署長は、法人の申請に基づき、各事業年度の確定申告書の提出期限を1月間延長することができるとされている（75条の2第1項）。

また、会計監査人を置いている場合で、かつ、定款等の定めにより各事業年度終了の日の翌日から3月以内に決算についての定時総会が招集されない常況にあると認められる場合には、その定めの内容を勘案して4月を超えない範囲内において税務署長が指定する月数の期間まで確定申告書の提出期限の延長を認めることにした（75条の2第1項1号）。そして、上記②にいう特別の事情があることにより、事業年度終了日の翌日から3月以内に決算についての定時総会が招集されない常況にあることその他やむをえない事情があると認められる場合は、税務署長が指定する月数の期間延長することができるとされている（同項2号）。

なお、平成30年度改正により、資本金の額が1億円を超える法人等について電子申告が義務化された（75条の4）。ただし、電子的な提出が困難と認められる一定の事由があるときは、税務署長の承認に基づき、例外的に書面による申告書等の提出が可能とされている（75条の5）。

▶申告調整と法人の意思
（i）任意的調整事項と必須的調整事項

減価償却費などを損金算入するためには、確定決算において損金経理をする必要があるため、これらは決算調整事項（あるいは決算調整項目）と呼ばれる。一方で、（確定した決算上の調整ではなく）申告書の上だけで調整する事項を申告調整事項（あるいは申告調整項目）と呼ぶ。

申告調整事項には、任意的調整事項と必須的調整事項がある。任意的調整事項とは、確定した決算における会計処理とは関係なく、法人が選択により申告書において調整を行った場合にのみ認められる税務上の扱いである。任意的調整事項としては、受取配当等の益金不算入（23条7項）、外国子会社から受ける配当等の益金不算入（23の2第5項）、所得税額の控除（68条4項）、外国税額の控除（69条25項）等がある。

他方で、必須的調整事項とは、法人の意思とは無関係に要求される調整事項（申告において当然に調整をしなければならない事項）である。したがって、仮に法人が申告調整を行わなくても、課税庁による減額更正や増額更正等の対象となる。必須的申告調整事項としては、資産の評価益の益金不算入（25条）、還付金等の益金不算入（26条）、資産の評価損の損金不算入（33条）、役員給与の損金不算入（34条）、過大な使用人給与の損金不算入（36条）、寄附金の損金不算入（37条）、法人税額の損金不算入（38条）、外国子会社から受ける配当金等に係る外国源泉税等の損金不算入（39条の2）、法人税から控除する所得税額の損金不算入（40条）、不正行為等に係る費用等の損金不算入（55条）などがある。

（ⅱ）申告書に示された法人の意思と更正の請求

ここで、「法人の意思」に注目して、①決算調整事項、②任意的申告調整事項、③必須的申告調整事項を説明すると、次のようになる。①と②はどちらも課税上の扱いにおいて法人の意思が尊重される。ただし、意思を示す段階が異なり、①は確定した決算において、②は申告調整において、それが行われる。どちらの場合も、法人は、いったん示した自らの意思と異なる主張を課税上行うことが原則としてできない。これに対して③は、法人の意思とは無関係に課税上の扱いが決まる。例えば、減価償却費における損金経理要件は①であるが、償却限度額を超えた部分は③となり、損金経理という法人の意思とは関係なく、自動的に損金不算入となる（31条1項）。

また、利子および配当等に対して法人に課された所得税額の法人税からの控除（68条1項・4項）は②に該当するから、法人は申告書等においてその意思を示さなければ、税額控除を受けることができない。この場合、税額控除は、選択して初めて適用される制度であって、原則は損金算入の方であると考えられる（40条）。

かつては、損金算入ではなく税額控除の方を選択するという意思を当初の申告書において示しておけば、たとえ控除される税額の計算を間違えて申告したとしても、後に更正の請求（税通23条1項1号）を行うことが許された。このように解しても、更正の請求が税額控除制度の適用を受ける範囲を追加的に拡張することにはならないから、当初申告要件の趣旨には反しない（最判平成21年7月10日民集63巻6号1092頁[南九州コカコーラボトリング株式会社事件]）。

この考え方は、外国税額の控除の場合にも、同様にあてはまる（福岡高判平成19年5月9日税資257号順号10708）。現行法は（平成23年12月改正によって）この考え方をさらに進めて、当初申告要件を廃止し、修正申告書や更正請求書等において、控除を受けるべき金額およびその計算に関する明細を記載した書類の添付がある場合にも、税額控除を認めている（68条4項・69条25項）。

所得税の事件であるが、最判昭和62年11月10日訟月34巻4号861頁も、同じような観点から捉えることが可能であろう。この判決では、納税者が、当時の租税特

別措置法 26 条の概算経費控除方法を選択した場合、実際に要した経費の額が概算経費額を超える場合においても、更正の請求をすることはできないとされた。なぜなら、納税者は、租税特別措置法の規定に従って計算に誤りなく申告している以上、仮に実際に要した経費の額が右概算による控除額を超えているとしても、国税通則法 23 条 1 項にいう「国税に関する法律の規定に従っていなかつたこと」または「当該計算に誤りがあつたこと」のいずれにも該当しないからである（ただし、（更正の請求ではなく）修正申告を行うに際して、概算控除から実額控除への変更を認めた最判平成 2 年 6 月 5 日民集 44 巻 4 号 612 頁がある）。また、所得拡大促進税制における法人税額の特別控除を受けるにあたり、（平成 27 年度改正前の）租税特別措置法 42 条の 12 の 4 第 1 項に規定する雇用者給与等支給増加額等を実際よりも少額に記載した明細書を確定申告において添付していた場合に、同項の規定の文言を重視して、国税通則法 23 条 1 項 1 号にいう「当該計算に誤りがあったこと」には該当しないとした東京地判平成 31 年 1 月 25 日判タ 1482 号 187 頁がある。平成 23 年（12 月）改正後にできた規定でも、本件の租税特別措置法のようにわざわざ当初申告要件を入れたと考えられるものがある。更正の請求の期間が同じく平成 23 年（12 月）改正で 5 年に延長されたことが、間接的に影響しているようにも思える。なお、同改正において、証明書類の添付義務の明確化（税通令 6 条 2 項）、内容虚偽の処罰規定の創設（税通 128 条 1 号）が行われている。

▶逆基準性の原因と解決法

逆基準性の問題が生じる原因は、主に①強制力の強さと②規律密度の違いにあると思われる。租税法は、法律でない会計慣行はもとより、法律である会社法と比べても、課税庁による課税処分および徴収処分までを視野に入れて考えるならば、**強制力**の点において 3 つの会計のうちで最も強い。

納税者としての法人は、租税法に基づかない申告をすることで、課税庁と対立することを（投資家、債権者、株主等といった利害関係人から会計処理について批判されることよりも）一般的に怖れる。この傾向は、（利害関係人の種類と数が大企業より限られている）中小企業においてより顕著である。

また、所得計算のための租税法会計の規定は、法律、政令、省令さらには通達までを含めると、会社法や企業会計とは比べものにならないくらい多く、内容も詳細であり、かつ社会の変化に敏感に反応して、臨機応変に改正されている。つまり、それだけ租税法の方が、**規律密度**が高いために、これら法人税に関する諸規定が、企業会計や会社法会計の隙間を埋めるべく機能することになるのである（【図表 1-4】〔☞ p.39〕の台形が逆になっているのは、租税法の規律密度の高さを示している）。

もっとも、租税法の基準が、企業会計や会社法会計からみても適正であるなら、特に

逆基準性を問題視する必要はないであろう。したがって、問題になるのは、そうでない場合ということになる。これは会計監査のあり方とも関係する。監査役が適正な会計の監査を行っていれば、逆基準性の問題はある適度解決されるはずである。

それでも、この問題が解決されない場合はどうすべきか。租税法会計が、企業会計や会社法会計に依拠するのは、二度手間を省くという簡便性に求められるのであるから、それぞれの会計に悪影響を及ぼすのであれば、**簡便性を犠牲にしても、確定決算主義や損金経理の要件を廃止するという方法**（立法論）が考えられないわけではない。また、パソコンソフトが発達・普及した現在においては、それぞれの会計に基づいて計算を別々に行ったとしても、かつてに比べてそれほど簡便性が害されることはないと思われる。

▶企業会計と租税法会計の乖離（公正処理基準の現代的意義）

（ⅰ）大竹貿易事件からビックカメラ事件へ

近年、公正処理基準に関する捉え方・考え方は新たな局面を迎えつつある。その傾向を端的に言うなら、租税法会計の企業会計からの乖離である。

大竹貿易事件において、最高裁は、納税者が依拠した為替取組日基準による収益計上を排斥する観点として、「法人税法の企図する公平な所得計算の要請」をあげている。公正妥当と認められる会計処理の基準に該当するか否かの判断において、公平な所得計算という法人税法（固有）の目的が根拠の1つとされたのである。

この考え方をさらに拡張させたと思われるのが、東京高判平成25年7月19日訟月60巻5号1089頁［ビックカメラ事件］である。この事件では、法人がいわゆる不動産の流動化を行い、当該不動産の信託に係る受益権を特別目的会社に譲渡した場合に、不動産流動化実務指針（「特別目的会社を活用した不動産の流動化に係る譲渡人の会計処理に関する実務指針」）に基づく金融取引としての処理（当該譲渡に係る収益の実現があったとしない扱い）が、公正処理基準に合致するかどうかが争われた。

原審である東京地判平成25年2月25日訟月60巻5号1103頁は、大竹貿易事件の最高裁判決を引用しつつ22条4項について、「同項は、同法における所得の金額の計算に係る規定及び制度を簡素なものとすることを旨として設けられた規定であり、現に法人のした収益等の額の計算が、適正な課税及び納税義務の履行の確保を目的（同法1条参照）とする同法の公平な所得計算という要請に反するものでない限り、法人税の課税標準である所得の金額の計算上もこれを是認するのが相当であるとの見地から定められたものと解され……法人が収益等の額の計算に当たって採った会計処理の基準がそこにいう『一般に公正妥当と認められる会計処理の基準』（税会計処理基準）に該当するといえるか否かについては、上記に述べたところを目的とする同法の独自の観点から判断されるものであって、企業会計上の公正妥当な会計処理の基準

（公正会計基準）とされるものと常に一致することを前提とするものではない」として
いる。

　控訴審判決もほぼ同じであり、「法人が収益等の額の計算に当たって採った会計処
理の基準がそこにいう『一般に公正妥当と認められる会計処理の基準』（税会計処理
基準）に該当するといえるか否かについては、上記目的を有する同法固有の観点から
判断される」と述べている。「法人税法の独自の観点」と「法人税法固有の観点」と
いう僅かな文言上の差異はあるが、その意味することは同じだと思われる。

（ⅱ）税会計処理基準と法人税法の独自の観点

　ビックカメラ事件判決は、上記のように22条4項にいう公正処理基準を「税会計
処理基準」と位置づけ、法人が収益等の額の計算にあたってとった会計処理の基準
が税会計処理基準に該当するといえるか否かについては、適正な課税および納税義
務の履行の確保（1条）を目的とする法人税法の独自の観点から判断されるのであっ
て、「企業会計上の公正妥当な会計処理の基準（公正会計基準）」と常に一致すること
を（22条4項が）規定するものではないとした（なお、原審判決が、「〔法人税〕法、商
法及び企業会計原則の三者の会計処理において、近年、それらの間の差異を縮小する調整
よりも、それらの各会計処理それぞれの独自性が強調され、三者間のかい離が進んでいる
旨の指摘」を重視していたことにも注意する必要があろう）。

　すなわち、納税者の採用した「信託財産の譲渡を金融取引として取り扱う会計処
理」を否認する根拠として、税会計処理基準が使われたのである。その際に1条が
参照されたことにも注意を要する（このような形で1条に依拠することの当否について
は検討の余地がある）。

　もっとも、税会計処理基準に関する具体的な内容は明らかではない。少なくとも、
ここでいう税会計処理基準とは、企業会計原則や会社計算規則あるいは（この事件で
納税者が引用した）不動産流動化実務指針のように明文化されたものではない。税会
計処理基準とは、結局、法人税法の独自の観点（ないし法人税法固有の観点）とほ
ぼ同義であり、22条4項に基づいて企業会計とは異なる観点から判断が下されうる
ことを示した判決だと思われる。

　これまで公正処理基準とは、（企業会計原則や商法・会社法等の計算規定に代表され
る）財務諸表の作成上の指針あるいは制約事項として、企業会計実務の中に慣習とし
て発達具体化した会計原則をいうものであって、経営者に恣意的な会計方法の選択を
許すものではなく、一般社会通念に照らして公正かつ妥当であると評価されうる会計
処理の基準を意味するものであると解されてきた（神戸地判平成14年9月12日訟月
50巻3号1096頁、東京地判昭和52年12月26日判時909号110頁）。しかし、ビックカ
メラ事件判決は、明らかにこのような理解とは一線を画している。

(iii) 法人の選択した基準を是認したオリックス事件

　一方で、（金融商品会計実務指針と公正処理基準の関係が問題となった）東京高判平成26年8月29日税資264号順号12523［オリックス事件］は、法人が「取引の経済的実態からみて合理的なものとみられる収益計上の基準の中から、特定の基準を選択し、継続してその基準によって収益を計上している場合には、法人税法上もその会計処理を正当なものとして是認すべきである」という前提のもと、「本件各劣後受益権につき、金融商品会計実務指針105項と同様の会計処理をし、継続して同様の処理基準により収益を計上したことが、取引の経済的実態からみて合理的なものである場合には、これにより会計処理をすることも許容される、いいかえれば、金融商品会計実務指針105項を類推適用した場合と同様の会計処理することは、法人税法上も正当なものとして是認される」としている。

　もっとも、金融商品会計実務指針105項は、金融取引の観点からは合理性があるとしても、法人税法の観点からは、公正妥当な会計処理の基準とは言い難いという意見がある。また、法律ではない実務指針を「類推適用」するという言い回しに疑問がないわけではない。しかし、判決が重視したのは納税者の行った会計処理の中身であって、法律と実務指針を同視したわけではないと思われる。さらに、そもそも何が公正処理基準に該当するかどうかは、大竹貿易最高裁判決において2人の裁判官が反対意見を述べたことからもわかるように、非常に微妙な問題であることが指摘されている。

(iv) 法人税法の独自の観点の具体的な内容こそが重要

　公正処理基準の内容を法人税法の独自の観点から判断すべきとする見解の背景には、適正な法人税の課税のために企業会計の基準に従うのだから、そのような法人税法の目的からみて当該基準に従えない場合は当然にありえるといった発想があるように思える。すなわち、そもそも法規でもない会計基準に法人税法が盲目的に依拠することなどできるはずもなく（22条4項は課税要件を企業会計に丸投げしているわけではない）、会計基準に依拠するのは、二度手間省きといった簡便性のために法人税法が会計処理基準を利用しているだけであり、その意味で法人税法のための会計基準であって、その逆ではない（法人所得の計算に悪影響を与える会計基準であればそれを利用することはない）という考え方である。

　ただし、仮に今後、公正処理基準該当性の判断を法人税法の独自の観点から行うという傾向が裁判例の主流となっていくとしても、そこでいう「法人税法の独自の観点」や「法人税法固有の観点」の具体的な内容が何かということについては、事例ごとに検証される必要性があろう。これらの内容が明確でなければ、22条4項に、一般的否認規定として機能する危険性が潜むことにもなる。これは、課税要件法定主義や課税要件明確主義とも密接に関連する問題である。

▶前期損益修正と公正処理基準

（ⅰ）過去の費用等の計上漏れ

　「法人税法の独自の観点」に関する近年の裁判例として、東京地判平成27年9月25日税資265号順号12725［過年度原価計上漏事件］がある。この事件では、過年度分の外注費（売上原価）について、当該過年度の損金に計上されなかった（計上漏れがあった）場合、前期損益修正として計上漏れが発覚した事業年度の損金に算入できるか否かが争われた。なお、前期損益修正は、企業会計原則（第二の六・同注解12(2)）に明記された会計処理の方法である。

　東京地裁は、ビックカメラ事件判決と全く同じ論理を用いて、法人が採用した会計処理が公正処理基準に該当するかどうかは「法人税法の独自の観点から判断される」とした上で、前期損益修正という企業会計上の慣行については、「過去の財務諸表を遡って修正処理することになれば、利害調整の基盤が揺らぐことになるという企業会計固有の問題に基づくもの」とした。

　そして、「ある事業年度に損金として算入すべきであったのにそれを失念し、それを後の事業年度に発見したという単なる計上漏れのような場合において、企業会計上行われている前期損益修正の処理を法人税法上も是認し、後の事業年度で計上することを認めると、本来計上すべきであった事業年度で計上することができるほか、計上漏れを発見した事業年度においても計上することが可能となり、同一の費用や損失を複数の事業年度において計上することができることになる。こうした事態は、恣意の介在する余地が生じることとなり、事実に即して合理的に計算されているともいえず、公平な所得計算を行うべきであるという法人税法上の要請に反するものといわざるを得ないのであって、法人税法がそのような事態を容認しているとは解されない」と述べている。

　「法人税法の独自の観点」については、今後もこのような傾向の裁判例が続くと予想される。ただし、会計基準に基づいて行われた取引に関する課税上の効果が、取引後において「法人税法の独自の観点」から否定されるとすれば、それが納税者である法人にとって不意打ちとならないように、当該観点の内容は取引前において予測できていなければならない。この判決では、さしあたり「恣意の介在する余地」が法人税法上の要請に反するとして懸念されたと捉えることは可能であろう。

（ⅱ）前期損益修正に関する2つの裁判例

　会社更生法の適用を受けた法人（旧武富士）が、かつて受領した制限超過利息等に対する過年度の法人税額について、更正の請求を通じて還付を求めた東京地判平成25年10月30日判時2223号3頁［TFK事件］（控訴審：東京高判平成26年4月23日訟月60巻12号2655頁）では、ビックカメラ事件と同じく、公正処理基準該当性は「〔法人税〕法の独自の観点から判断される」とされたにもかかわらず、「前期損益修

正の処理は、法人税法 22 条 4 項に定める公正処理基準に該当する」と判断され、その結果、更正の請求は認められなかった。

したがって、同じ「法人税法の独自の観点」から判断したにもかかわらず、前期損益修正が公正処理基準に該当する場合（TFK 事件）と、そうでない場合（過年度原価計上漏事件）が存することになり、両者の区別をどこに求めるかといった問題が生じることになる。これを別の角度からみれば、**前期損益修正によって当期の損益とすべきか、それとも更正の請求によって遡って損益が修正されるべきなのかという問題**に置き換えることもできる。

過年度原価計上漏事件の場合、外注費の損金算入は、当該外注費が発生した事業年度において行われるべきであった。換言すれば、当該過年度の段階でわかりえたのに、それに気付かずに計上漏れとなってしまった。したがって、更正の請求によって計上漏れの年度に遡って修正されるべきであったと考えることができる。ここで前期損益修正の扱いを法人税法において認めれば、計上漏れ以降の複数の年度において損金算入が可能となり、恣意の介在する余地が生じるからである。

これに対して、TFK 事件は、当初の利息受領時において、その一部が後に制限超過利息等となって返還しなければならなくなること（TFK にとって過払金債務になること）は、わかりえなかった。したがって、それが判明した（すなわち損失が確定した）事業年度において、前期損益修正に基づく損金になると考えられる。この扱いは所得税法 51 条 2 項とも整合的であるが、ただし、所得税法施行令 141 条 3 号にいう「経済的成果が……失われ」たといえるかどうかと同種の問題が、TFK 事件ではなお残されているともいえる。

もっとも、TFK 事件と同種の問題を扱った大阪高判平成 30 年 10 月 19 日判タ 1458 号 124 頁［クラヴィス事件］は、少なくとも破産管財人による更正の請求が行われたというような場面においては、破産債権者に対する現実の配当を要することなく、過払金返還請求権が破産債権者表に記載されたことをもって、経済的成果が失われるかまたはこれと同視できる状態に至ったと解するのが相当とした。さらにこの判決は、①破産会社には継続企業の公準が妥当しないこと、②破産会社に前期損益修正の処理等に係る会社法の規定の適用がないこと、③破産会社の場合、過年度の確定決算の修正に伴う弊害は認められないこと、④破産管財人が各事業年度の決算を修正する会計処理を行うことは破産手続の目的に照らして合理的であること等を理由に、更正の請求の要件を充足すると判断した。

しかし、上告審である最判令和 2 年 7 月 2 日民集 74 巻 4 号 1030 頁は高裁判決を破棄し、前期損益修正による処理が公正処理基準に合致する旨を示すことで、クラヴィス事件と TFK 事件という結論の異なる 2 つの高裁判決に関する矛盾を解消した。TFK 事件は更生会社の事案であったが、クラヴィス事件最高裁判決によれば、破産

会社と更生会社に差異はなく、どちらの法人においても、過去に遡って益金の額を減額する計算は認められないことになり、それ以外の法人の場合と同様に、前期損益修正に基づく処理を行うべきことになろう。さらに、この最高裁判決が、「法人税法の独自の観点」や「法人税法固有の観点」といった表現を一切使っていないことにも注目しておきたい。

(iii) 取引時にわかりえたか否かという基準

　当初の取引時にわかりえないことについて、それがわかった段階で前期損益修正に基づく扱いを法人税法において認めても、過年度原価計上漏事件判決が懸念するような恣意性の問題は起こらない（TFK 事件に似て、契約時に遡らず契約解除の年度の損金となるという判断が示された横浜地判昭和 60 年 7 月 3 日行集 36 巻 7 = 8 号 1081 頁［大元密教本部事件］においても、論点を恣意性に限れば同様のことがいえる）。そのような区別に関する基準（取引時にわかりえたかどうかで前期損益修正と更正の請求を区別する基準）を設定しても、平成 23 年（12 月）改正により更正の請求の期間が 5 年に延びた現行国税通則法 23 条 1 項に照らせば、納税者が不当に不利に扱われる場合は限られるように思われる。

　また、恣意性の防止という考え方からすれば、更正の請求の期間内の場合でも、前期損益修正による損金算入は認められず、さらに修正申告の場合も、更正の請求と同様とする（すなわち、取引時にわかりえないことは前期損益修正、わかりえたが処理し忘れたものは修正申告とする）ことが、理論的には首尾一貫した扱いということになろう（なお、過大徴収電気料金の返還と収益の計上時期が問題となった最判平成 4 年 10 月 29 日訟月 39 巻 8 号 1591 頁［相栄産業事件］にこの基準をあてはめても、電気料金の過大徴収が当初の取引時にわかりえなかったのであるから、それがわかった事業年度で修正することが相当であって、過年度に遡って修正すべきではないことになるが、この結論は判決の多数意見とも一致する）。

　ただし、上記基準の設定は、前期損益修正に関する 2 つの裁判例について整合性を持って理解するために試みたものであって、更正の請求が問題となるあらゆる場面で妥当するかどうかに関してはさらに検討が必要である。また、取引時に「わかりえた」かどうかの判断が難しい場面も、当然に生じてくるであろう。

　ところで、過年度原価計上漏事件の判決文は明文で更正の請求には触れていないが、「法人税法上、修正申告や更正の制度があり、後に修正すべきことが発覚した場合、過去の事業年度に遡って修正することが予定されている」としている。仮に、ここでいう「更正の制度」に「更正の請求の制度」が含まれるのであれば、前期損益修正が公正処理基準に該当しない理由として、判決は更正の請求の排他性に単純に依拠したと解することもできる。ただし、判決文としては、いかにもわかりにくいので「更正の請求」と明記すべきであったといえよう（控訴審判決（東京高判平成 28 年

3月23日税資266号順号12830）は更正の請求の排他性に依拠していたように読める）。なお、納税者の会計能力の不足から発生した過年度における費用の計上漏れについて扱った宇都宮地判平成10年7月23日税資237号837頁は、恣意性の排除をあげつつ、更正の請求の排他性から、納税者の主張した前期損益修正に基づく損金算入を否定している。

▶脱税のための経費と公正処理基準
（ⅰ）法人税法22条3項2号および3号該当性

　脱税工作支出金（脱税工作のための支出金）に関する損金算入の可否は、公正処理基準との関係で、興味深い問題を幾つか提供してくれる。

　架空の経費を計上して所得を秘匿するといった脱税行為は、法人税の存在自体を危うくするものであり、これが奨励されない行為であることに疑いはない。したがって、脱税工作支出金が損金に算入できないという結論は、多くの人にとって受け入れやすいものであろう（損金算入を許せば、脱税額の減少（および刑罰の軽減）、共犯者間における利益分配の是認、法人税法の自己否定に繋がる）。だだし、問題はその根拠をどこに求めるかである。そのための規定があればよいが、それがなければ、どう対処すべきであろうか。

　その場合は、まず22条3項の解釈が問題になるであろう（脱税工作支出金が同項1号の原価を構成することは考えられないから、問題となるのは同項2号および3号ということになろう）。例えば、協力者に架空の納品書や請求書等を作成してもらうための対価は、脱税工作支出金の典型であるが、そのような対価は、架空の経費計上を行って損金の額を増大させ、もって法人の所得を減少させるために必要な支出と捉えることが可能である。つまり、架空の請求書等は、脱税のために必要な経費というわけである（ただし、脱税が課税庁から見破られずに成功した場合、すなわち架空の経費計上が是認されてしまった場合、脱税工作支出金の存在は（所得と同様に）秘匿されたままで表に出てくることはないとすれば、その損金算入の可否が問題となるのは、常に脱税が失敗したときということになる。つまり、脱税を成功させるための経費ではなく、失敗した脱税の経費として損金算入できるか否かを問うていることになる）。

　もし、この理解が可能なら、脱税工作支出金は、22条3項2号の費用に該当することになる。一方で、脱税工作支出金は、法人の事業活動と直接の関連性がなく、したがって収益（所得ではない）を獲得するために必要な経費とはいえないという解釈が成り立つのであれば、同号による損金算入は否定される。しかし、別段の定めがなければ、脱税工作支出金のような違法な支出金であっても、それに対する役務の提供（請求書等の発行）を受けて、それに見合う対価を支払った場合、同項2号該当性を正面から否定することは困難である。

また、仮に22条3項2号該当性が否定されたとしても、22条3項3号該当性の問題が残る。脱税工作のための支出によって、現実に法人の純資産が減少している以上、それが2号の経費に該当しないのであれば、3号の損失として損金に算入できる可能性が出てくるからである（☞法人の所得は益金マイナス損金・p.30）。ここでも、3号の解釈において、文言にはない何らかの縛り（臨時的ないし予想困難な外的要因から生じる純資産の減少のみを同号の「損失」として扱うというような縛り）をかけない限り、損金該当性を否定することが困難となる。

（ii）最高裁の見解——SVC事件

　このような問題について、最決平成6年9月16日刑集48巻6号357頁［SVC事件］は、第一審および原審で展開された22条3項には一切言及することなく、「架空の経費を計上して所得を秘匿することは、事実に反する会計処理であり、公正処理基準に照らして否定されるべきものであるところ、右手数料は、架空の経費を計上するという会計処理に協力したことに対する対価として支出されたものであって、公正処理基準に反する処理により法人税を免れるための費用というべきであるから、このような支出を費用又は損失として損金の額に算入する会計処理もまた、公正処理基準に従ったものであるということはできないと解するのが相当である」として、専ら同条4項の解釈により結論を導いている。

　しかし、具体的に脱税工作支出金の費用性や損失性を否定するような会計基準の存在に依拠したのではない（原審は、企業会計原則が公正妥当な基準として実質的に機能しているとしたが、企業会計原則や会社計算規則が、明文で脱税工作支出金の費用性等を否定しているわけではない）。仮に、法人としては、現実に支出した金額である以上、その善悪は別として、費用・損失としてその会計処理をせざるをえないという前提をとるならば、最高裁の見解は、公正処理基準該当性の判断において、法人税法の独自の観点を持ち込む考え方に近いといえる。すなわち、22条3項2号および3号の解釈では、脱税工作支出金の損金算入をうまく阻止できないから、同条4項を持ち出し、法人税法の独自の観点から解釈を行ったと考えることもできそうである。

　一方で、公序に反する違法支出の損金性は否認されるべきとする「公序の理論（public policy）」を最高裁が採用したと（少なくとも今の段階では）考えるべきではないであろう。明文に依拠せず損金算入を否定するこの理論は、アメリカの判例法において主に発展してきた。しかし、アメリカと比べるなら、わが国には裁判例の十分な蓄積があるとは言い難く、その内容についても必ずしも明確とはいえない。最高裁は、22条4項の解釈を行ったのであって、明文にはない公序の理論に依拠して損金算入を否認したのではない。

　なお、脱税工作支出金や賄賂の支払については、平成18年度改正で55条が制定されたので、SVC事件のような問題は、一応、立法的には解決をみた。当該事件に

おける脱税工作のための手数料支払は、同条1項に規定される「隠蔽仮装行為に要する費用の額」等に該当するからである。

しかし、脱税工作支出金や賄賂等以外の違法支出については、引き続き解釈上の問題が残されている（最高裁は、違法支出一般について、損金該当性を判断したわけではない）。したがって、SVC事件判決の射程は、解釈問題として依然として重要である。これは、仮に公序の理論が導入されたとしても、具体的に「公序に反する支出とは何か」という問題が存在するのと同じである。その意味でも、最高裁が、公正処理基準に基づきながら、違法支出のうち脱税工作支出金の損金性（だけ）を否定したことには、先例としての意義があると思われる。判決の射程を広く捉えると、それだけ損金算入が否定される違法所得が増えることになるからである。

なお、資産を売却することで裏金作りをしていた法人の所得について、当該法人が買主の買取価格を正しく認識している限り、たとえ最終的に取得する金額がその一部にとどまっていようと、当該価格の全体が法人の益金に算入されるという前提のもと、「現実に取得することのなかった部分は、法人税法55条1項の隠蔽仮装行為に要する費用の額として（平成18年法律第10号による当該規定の制定前は法人税法22条4項の解釈により）、所得の額の計算上、損金の額に算入することはできない」とした裁判例（東京地判平成29年1月13日税資267号順号12953）がある。同判決は、一方で、そのように益金算入するためには、買主が実際に支払った代金額そのものが、正しく法人に伝えられ、法人がこれを売却価格として認識すべき状況にあったことを要求した。つまり、益金算入について、法人（納税者）の認識の有無を重視し、当該認識が及んでいない部分にまで55条1項を適用することはできないという判断を示したものと考えられる。

3. 法人税の納税義務者および税率

Lecture

(1) 法人の種類および納税義務の範囲・税率

法人は、一般に法人税の納税義務を負うとされていますが、その納税義務の範囲（課税ベース）や税率は、それぞれ法人の種類によって異なります。法人は、まず内国法人（2条3号）と外国法人（同条4号）に分けられます。前者は、所得の源泉地を問わず、すべての所得について納税義務を負い（4条1項・5条）、

後者は、国内源泉所得（138条）についてのみ納税義務を負う（4条3項・8条）ことになります。以下では、内国法人を主に扱います。

内国法人は、①公共法人（地方公共団体など）、②公益法人等、③協同組合等（農業協同組合、信用金庫など）、④人格のない社団等（法人でない社団または財団で代表者または管理者の定めのあるもの）、⑤普通法人（①〜④のいずれにも属さない法人）に区別されます（2条5〜9号）。さらに②は、②-1 一般社団法人等（別表第2に掲げる非営利型の一般社団法人および一般財団法人、公益社団法人、公益財団法人）と②-2 一般社団法人等以外の公益法人等に分かれ、⑤は、⑤-1 中小法人と⑤-2 中小法人以外の普通法人に分かれます。⑤-1は、普通法人のうち各事業年度終了の時において資本金の額もしくは出資金の額が1億円以下であるもの（もしくは資本もしくは出資を有しないもの）をさします（66条2項、もっとも、同条5項が規定する一定の例外があります）。本書における法人税法の学習では、特に断らない限り⑤の普通法人に関する部分が中心になります。ただし、公益法人については別途項目を立てて扱います（☞公益法人課税・p.362）。

①〜⑤までの法人等について、納税義務の範囲と適用される税率の内容は、おおむね次の通りです。①は、その公共性の高さゆえ、そもそも法人税を納める義務がありません（4条2項）。②は、収益事業から生じた所得のみが課税対象とされます（4条1項・6条）。その場合、②のなかの②-1については、23.2%の基本税率が適用されますが（66条1項）、それ以外の公益法人等が課税される場合には、19%の軽減税率が適用されます（同条3項）。③は、全所得が課税対象ですが、19%の軽減税率が適用されます（同項）。④は、②と同様、収益事業から生じた所得のみが課税対象とされ（4条1項・6条）、適用される税率は②-1と同じです（66条1項）。⑤は、全所得が課税対象で、適用される税率も23.2%の基本税率です（同項）。

上記の19%の軽減税率とは別に、年間800万円以下の所得に対しては19%の軽減税率が適用されるものがあり、②-1、④、⑤-1がこれに該当します（66条2項）。これらの内容についてまとめると、次頁の表のようになります。

なお、④の人格のない社団等は、「法人でない社団又は財団で代表者又は管理人の定めがあるもの」（2条8号）のことであり、法人税法上は法人とみなされます（3条）。この概念は、いわゆる権利能力のない社団または財団という私法上の概念と同義であると考えられています（また、福岡高判平成2年7月18日訟

1-5 【法人の区分と税率】

法人の区分		所得年 800 万円超の部分	所得年 800 万円以下の部分
中小法人以外の普通法人	(⑤-2)	23.2%	23.2%
中小法人 一般社団法人等 人格のない社団等	(⑤-1) (②-1) (④)	23.2%	19% (15%)
一般社団法人等以外の公益法人等 協同組合等	(②-2) (③)	19%	19% (15%)
公共法人	(①)	0%	

- ・「平成 28 年度税制改正の解説」（財務省 HP）296 頁および国税庁 HP をもとに作成
- ・　　　　　（②-1、②-2、④）は、収益事業から生じた所得のみが課税対象
- ・括弧内の税率は、租税特別措置法において中小企業者等の法人税率（軽減税率）の特例として規定されている平成 24 年 4 月 1 日から令和 5 年 3 月 31 日までの間に開始する各事業年度の所得の金額に適用される税率（租特 42 条の 3 の 2 第 1 項）であり、令和 5 年度改正でさらに 2 年延長される予定
- ・一般社団法人および一般財団法人のうち非営利型でないものは、中小法人（普通法人）として扱われる

月 37 巻 6 号 1092 頁［ネズミ講第 1 事件控訴審］では、「税法上、人格なき社団として課税の客体となり得るか否かも実体法上の問題ではあるが、その社団性が肯認されることが前提であり、その判断においては、法的安定性の点からも社団性の概念は民事実体法と一義的に解釈されるのが相当である」とされています）。

　最高裁によると、権利能力のない社団というためには、(ⅰ)団体としての組織をそなえ、(ⅱ)多数決の原則が行なわれ、(ⅲ)構成員の変更にもかかわらず団体そのものが存続し、(ⅳ)組織によって代表の方法、総会の運営、財産の管理その他団体としての主要な点が確定しているものでなければならないとされます（最判昭和 39 年 10 月 15 日民集 18 巻 8 号 1671 頁）。また、構成員の総和としての団体意思が、特定の個人の意思によって左右されない構造となっていることを（人格のない社団というための）不可欠の要件とした裁判例もあります（福岡高判平成 11 年 4 月 27 日訟月 46 巻 12 号 4319 頁［ネズミ講第 2 事件控訴審]）（マンション管理組合が法人税法上の人格のない社団等にあたるとした事例として、東京地判平成 30 年 3 月 13 日訟月 65 巻 8 号 1228 頁（控訴審：東京高判平成 30 年 10 月 31 日訟月 65 巻 8 号 1267 頁）がある）。

⑤の普通法人の典型は株式会社です。持分会社のうち、合名会社（会576条2項）や合資会社（同条3項）も普通法人となります。合同会社（同条4項）は、平成18年の制度導入時において日本版 LLC（Limited Liability Company）とも呼ばれたため、当時は課税上の扱いが注目されましたが、無限責任社員の存する合名・合資会社でさえ課税されるということからも、有限責任社員のみである合同会社は、法人税の納税義務者とすべきであるとの意見が強く、結局、普通法人として課税されることになりました。

(2) 特定同族会社の特別税率（留保金課税）

特定同族会社は、特殊な法人形態であることから、課税上特別の扱いを受けます。特定同族会社とは、簡単にいうと、1人の株主並びに当該1人の株主と政令で定める特殊の関係のある個人および法人が、**発行済株式総数の50%を超える部分を保有しているような会社のこと**で（67条2項）、ここでいう「政令で定める特殊の関係のある個人」とは、(i)株主等の親族、(ii)株主等と婚姻の届出をしていないが事実上婚姻関係と同様の事情にある者、(iii)株主等の使用人、(iv)株主等から受ける金銭その他の資産によって生計を維持している者などをいいます（令139条の7第1項）（なお「政令で定める特殊の関係のある法人」については、同条2項に規定されています）。

要するに、特定同族会社とは、発行済株式の50%超を1つの株主グループによって支配されているような会社のことです。その実態は、個人企業の法人成りが多く、所有と経営が分離していないため、それ以外の会社と比べて、税負担を軽減するためだけの行為が実行されやすいといえます（☞同族会社の行為計算否認規定・p.335）。

例えば、現行の個人最高税率は45%（所法89条1項）、法人税率は23.2%（66条1項）ですから、配当を先送りすることで、**高い所得税率を回避することが可能**となります。つまり、利益を法人内部に留保することで、**配当課税の繰延**（二段階課税の回避）が行えるのです。

このような行為に対処するために、特定同族会社の有する一定の**留保金額**（各事業年度の留保金額が留保控除額を超える部分）については、10%、15%、20%という**三段階の超過累進税率**（年3000万円以下の金額に10%、年3000万円超1億円以下の金額に15%、年1億円超の金額に20%）で、通常とは別の法人税が加

算して課税されます（67条1項）。いわゆる「留保金課税」です。超過累進税率が採用されているのは、高い所得税率の回避という意味での「所得税の回避」を問題視しているからです。

　この課税の目的について、配当回避という一種の租税回避行為を防止するためと捉えることも不可能ではありません。しかし、留保金課税は配当とみなして（配当があったと引き直して）課税しているわけではないので、課税後の留保金から、後日、現実に配当が行われたからといって、過去の留保金課税を取り戻すような調整が行われているわけではありません。留保金課税には、実際の配当を促す効果はあると思われますが、この課税の性質は、特定同族会社が配当をしないことに対する一種のペナルティとみるべきでしょう。

　ただし、平成19年度改正で、資本金または出資金の額が1億円以下の会社は、この留保金課税の適用対象から除外されました。これは、産業競争力を高め、中小企業の財務基盤の強化を図る観点からの見直しであり、外部からの資金調達が難しい状況にあるといった中小企業の特性を踏まえた改正であるとされています。

　もっとも、その後の平成22年度改正で、資本金の額または出資金の額が5億円以上の大法人等との間に、当該大法人等による完全支配関係（☞子法人に対する中小企業向け特例措置の不適用・p.232）がある会社については、たとえ資本金または出資金の額が1億円以下であっても、留保金課税の適用対象から除外されないことになりました（67条1項カッコ書）。グループとしての完全支配関係を保ちながら、適格分割等の方法によってグループ内の子会社を分割し、資本金の額等を1億円以下にすることで、留保金課税を回避する行為等への対処だと思われます。

Next Step

▶法人税率の推移

　法人税の税率は、昭和の終わりから現在に至るまで、一貫して引き下げ傾向にある。昭和59年度には43.3％あった基本税率は、同62年度に42％、平成元年度に40％、同2年度に37.5％、同10年度に34.5％、同11年度に30％、同24年度に25.5％、同27年度に23.9％、同28年度に23.4％まで引き下げられ、そして同30年4月1日以後開始事業年度に対しては23.2％が適用されている（66条1項）（次頁の【図表1-6】参照）。

1-6 【法人税率の推移】

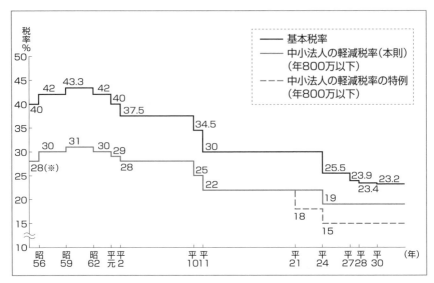

· 財務省 HP［https://www.mof.go.jp/tax_policy/summary/corporation/082.pdf］ より

これまで、法人税率の引下げが行われたときは、税率引下げによる税収減を防ぐため、その都度、課税ベースの拡大が模索・実行されてきたが、いつまでもそれを続けられるわけではない。しかし、引下げ圧力は恒常的に存在する。

税率引下げには、経済のグローバル化と他国の法人税率の動向が大きく関係している。諸外国に比べて高い日本の法人税率をこのまま維持すると、海外からの投資を呼び込めないだけでなく、国内の企業が海外へ移転する可能性が生じるからである。財務省のHP「諸外国における法人実効税率の国際比較」によれば、日本の法人税実効税率（2022年1月現在）は、ドイツに次いで高いとされている（次頁の【図表1-7】参照）。

▶底辺への競争

今や先進国が、市場の利益を囲い込むあるいは呼び込むために、法人税の引下げ競争（それに加えて様々な税制上の優遇措置の導入）を行っている。このような現象は「底辺への競争（race to the bottom）」と呼ばれ、最終的には法人税率がゼロ付近になるまで続けられるのではないかと懸念されている。一方で、「税源浸食と利益移転（Base Erosion and Profit Shifting（BEPS））」の問題あるいは「パナマ文書」等によって巻き起こされた懸念から、国際的租税回避の防止が叫ばれている。日本をはじめ各国政府は、様々な方法で国際的租税回避を阻止する方策を導入してくるであろうが、それに対応す

1-7 【諸外国における法人実効税率の国際比較】

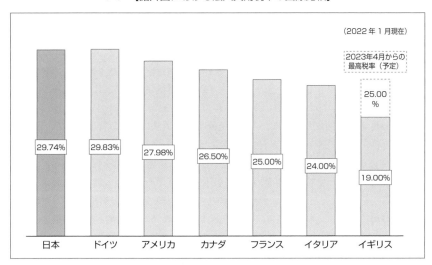

（2022 年 1 月現在）

2023年4月からの
最高税率（予定）

25.00％

29.74%	29.83%	27.98%	26.50%	25.00%	24.00%	19.00%
日本	ドイツ	アメリカ	カナダ	フランス	イタリア	イギリス

・財務省 HP［https://www.mof.go.jp/tax_policy/summary/corporation/084.pdf］より

る企業の事務負担も相当程度増加するであろう。

　法人税率の引下げ（課税緩和）と国際的租税回避防止（課税強化）の関係は、矛盾するようにみえるが、企業の国外移転防止および誘致という意味での税収源の確保、雇用の確保という自国利益優先という点で、実は同じ方向を向いているといえる。しかし、これは他国の犠牲のもとに成り立つ論理である。皆が自国の利益だけを追求して、底辺への競争を続ければ、各国は結果として税収を大きく失い、国家は成り立たなくなる可能性がある。結局、誰も勝者とならず、全国家が損をする危険性を孕んでいるのである。

　したがって、国家間の協調こそが、現状を打破する有益な解決策の1つということになろう。とりわけ膨大な財政赤字を抱えながら、大幅な消費増税ができないなかで、法人税率の引下げを続けてきた日本の現状に鑑みれば、底辺への競争への対応は喫緊の課題である。

　この点に関しては 2021 年 10 月に大きな動きがあった。OECD/G20「BEPS 包摂的枠組（Inclusive Framework on BEPS）」において、経済のデジタル化に伴う課税上の課題への解決策に関する国際的な合意がまとまったのである。当該合意は、第1の柱（市場国に対し適切に課税所得を配分するためのルールの見直し）と第2の柱（税率15％のグローバル・ミニマム課税の導入）からなるが、税率との関係で特に重要なのは後者である。令和5年度与党税制改正大綱は、第2の柱について、「法人税の引下げ競争に歯止めをかけるとともに、わが国企業の国際競争力の維持及び向上にもつながるものであり、わが

国においても導入を進める」とあり、令和5年度税制改正における法制化が予定されている。

▶中小法人に関する資本金基準

普通法人のうち中小法人以外の法人に対する基本税率の引下げと同様に、中小法人の軽減税率の特例（年800万円以下）についても、昭和59年度には31％であったものが、徐々に引き下げられていき、平成24年度には19％にまでなっている（66条2項）。この軽減税率の特例については、さらに租税特別措置法における特則として、平成24年4月1日から令和5年3月31日までの間に開始する各事業年度は15％とされており（租特42条の3の2第1項）、令和5年度改正でさらに2年延長される予定である。

中小法人の要件として、資本金の額等が1億円以下であるという資本金基準が用いられている。そして中小法人には、軽減税率の適用や留保金課税の適用除外だけでなく、交際費等の損金不算入制度における定額控除制度（租特61条の4第2項）、欠損金の繰戻しによる還付制度（租特66条の12第1項1号）、繰越欠損金の損金算入限度額の緩和（57条11項1号）、貸倒引当金の繰入れ（52条2項、租特57条の9第1項）等の適用がある。これら中小法人に対する特例は、（留保金課税の適用除外と同様に）**中小法人の脆弱な資金調達能力や零細な事業規模に対する政策的な配慮により設けられている**。したがって、そのような配慮の必要がない大企業の子会社（資本金の額が5億円以上である大会社の100％子会社）には、軽減税率等の適用を排除するような改正（平成22年度改正）が行われたのである（☞大法人の中小企業化─資本金基準は合理的か・p.234）。

さらに平成29年度改正では、中小企業向け租税特別措置の適用を受けるための要件として、平均所得金額（前3事業年度の所得金額の平均）が年15億円以下であることが加えられた（租特42条の4第19項8号）。多額の所得を得ていて財務状況が脆弱とは認められない中小企業が、特別措置の恩恵を受ける事態が見受けられたからである。ただし、この改正の対象は、原則として租税特別措置法における中小企業向け優遇措置のみであって、法人税法本法に規定される欠損金の繰越控除や地方税法に規定される外形標準課税については、従来通りで変更がないとされている。なお、15億円という基準は、資本金1億円超の大企業の過去10年間の平均所得金額をもとに設定された。

▶ Column　退職年金等積立金に対する法人税

　退職年金業務等を行う内国法人に対しては、退職年金等積立金に対して、特別の法人税が課される（7条・83条以下）。これは形式的には法人に対する課税であるが、実質的には、個人の所得（利子に相当する部分）に対する課税を、法人というエンティティ段階で便宜的に行っているに過ぎない。

　この構図をごく簡単に説明すると、次のようになる。企業が、その従業員のために、一定の条件を満たす退職年金等の掛金を支払った場合、当該支払額は、従業員に対する一種の現物給与であるにもかかわらず、実際に従業員が年金を受け取るまで課税されないことになっている（所令64条1項）。従業員は、年金を受け取った段階で、公的年金等（雑所得）として課税される（所法35条3項、所令82条の2）。

　その効果は、従業員に対する所得課税の繰延であり、当該従業員に対して、課税前所得からの投資を認めることに等しい（なお、掛金を支払った企業の方は、施行令135条に基づいて、支出時に損金として処理できる）。そこで、他の所得との公平をはかるために、退職年金等積立金のうち、課税が繰り延べられている部分について、1％の税率で法人税を課してきたのである（83条・84条・87条）。

　このような課税方法については、年金受給者に個人所得税を課すかわりに、積立金の段階でみなし収益率を擬制し、ラフな形で運用益特別税を課しているという見方もできる。すなわち、年金取得段階では、金銭の時間的価値基準を反映した課税方法がとられているわけではないため、本来、従業員の所得とされるべき掛金部分は、所得税の課税を受けることなく運用されて、年金が支払われるまで運用益が生じ続けることになる。したがって、運用益に対する課税が必要になるという考え方である。

　なお、平成27年度改正において、国家公務員共済組合法21条2項2号ハに規定する退職等年金給付積立金の積立て等の業務等が、84条1項の「退職年金業務等」に追加された。被用者年金制度の一元化と併せて共済年金の職域部分が廃止され、新たな公務員制度の一環としての年金払い退職給付制度が創設されたことへの対処とされる。

　ただし、今のところ、平成11年4月1日から令和5年3月末までに開始する事業年度について、退職年金等積立金に対する法人税の課税は停止されている（租特68条の5）。そして、令和5年度税制改正の大綱は、当該課税に関する停止措置の適用期限を3年延長するとしている。なお、退職年金等積立金に対する課税の廃止または擁護の議論においては、金銭の時間的価値に関する共通の理解が必要であるという指摘がある。

- 内国法人の各事業年度の所得の金額は、当該事業年度の益金の額マイナス損金の額である。
- 益金と収入金額、損金と必要経費・損失はそれぞれ類似する概念ではあるが別物である。所得税の場合と異なり、法人税では、タダで物をあげたりサービスを提供したりしても、益金が生じて課税される可能性がある。一方で、法人税法における損金には、所得税法のような厳しい控除制限がない。
- 益金および損金に関する別段の定めは、22条2項および3項に優先する。法人税法には、そのような「別段の定めの集合体」という側面がある。
- 租税法会計は、実体と手続の双方において企業会計や会社法会計と結びついている。
- 益金および損金の額の計算は、公正処理基準に従う。しかし、具体的な事例においては、何が公正処理基準に該当するかに関する判断が難しい場合がある。
- 納税義務の範囲や税率は、法人の種類ごとに異なる。内国法人は、公共法人、公益法人等、協同組合等、人格のない社団等、普通法人に分けられるが、法人税法の学習の中心は普通法人（そのなかでも株式会社）である。
- 特定同族会社は、特殊な法人形態であることから、通常の法人税とは別に一定の留保金額に対する特別税率が適用される。

Chapter

2

益金および損金

Ⅰ 益金

1. 法人税法 22 条 2 項の構造

Lecture

(1) 資産の販売

　22条2項は、益金に関する一般規定です。規定の文言をみると、①益金の額に算入すべき金額に「資産の販売、有償又は無償による資産の譲渡又は役務の提供、無償による資産の譲受け」が含まれること、②資本等取引からは益金が生じないこと、③取引に係る収益の額を益金とするという内容なので、所得税法と同様に実現主義を採用し、未実現の利得は課税の対象外に置かれていること、④これらのことは、別段の定めによって修正されうることがわかります。

　このうち①の部分は、さらに(ⅰ)「資産の販売」、(ⅱ)「有償又は無償による資産の譲渡又は役務の提供」、(ⅲ)「無償による資産の譲受け」に分かれます。そのなかで、最も理解しやすいのは(ⅰ)でしょう。資産を販売することは、営利企業の典型的な利益獲得の行為であり、そこから益金が生じることに違和感を覚える人は少ないはずです。

　例えば、食品販売業を営んでいる A 社が、700 円で仕入れた商品を 1000 円で売却したとします（これを【事例 2-1】とします）。

　この場合、22条2項が適用されて、売上額の1000円が益金の額として計上されます（一方で、仕入額の700円は、同条3項1号にいう損金の額となり、差し引き300円が所得（22条1項）として課税されることになります）。

　ただし、(ⅱ)のなかに「有償……による資産の譲渡」という部分があります。そうすると、資産の販売は、有償による資産の譲渡とどこが異なるのかという疑問を持つ人もでてくるのではないでしょうか。これについては2つの考え方があります。すなわち、(a)資産の販売は有償による資産の譲渡の例示であるとする考え方と、(b)両者は区別すべきとする考え方です。このうち(b)の考え方に

ついては、商品のような棚卸資産（2条20号）の販売益と、土地のような固定資産（同条22号）の売却等によるキャピタル・ゲイン（資産の値上がり益）とを区別するために、それぞれ別の文言が用いられたと説明することが可能です。

　例えば、上記の A 社が、7000 万円で購入した土地を購入から 2 年後に 1 億円で他者に売却した（購入金額、売却金額はともに時価）とします（これを【事例 2-2】とします）。

　この場合、22 条 2 項により 1 億円の益金、同条 3 項 1 号により 7000 万円の損金がそれぞれ計上される結果、3000 万円のキャピタル・ゲインに対して課税が及ぶことになります。つまり、(b)の考え方において、有償による資産の譲渡の内容は【事例 2-2】のような取引であって、【事例 2-1】のような棚卸資産の販売は含まれないことになります。

　しかし、棚卸資産も資産の一種であり、かつ販売は有償譲渡の典型例なのだから、「有償による資産の譲渡」のなかに「資産の販売」が含まれると解する(a)の考え方の方が、「有償による資産の譲渡」にいう「資産」には、棚卸資産が含まれないと解する(b)の考え方より、文言に忠実な解釈といえます。

　さらに、(ii)では「無償による資産の譲渡」からも益金が生じることが明示されていますが、そのなかには棚卸資産を無償で譲渡した場合も含まれます（これは所得税法 40 条と同じ扱いです）。もし、(b)のように考えるなら、棚卸資産を贈与した場合に、贈与した法人に課税されないという不都合が起こってしまいます。したがって、本書では(a)の考え方をとることにします。

(2) 益金として条文に明示された部分とそれ以外の部分

　上記(ii)の構成要素は「有償又は無償」と「資産の譲渡又は役務の提供」なので、これらに従って(ii)の部分を分解すると、「有償による資産の譲渡」、「有償による役務の提供」、「無償による資産の譲渡」、「無償による役務の提供」の 4 つに整理できます。これらに、(iii)の「無償による資産の譲受け」を加えた 5 つが、22 条 2 項が明示している益金部分です（既に述べたように(i)は「有償による資産の譲渡」の例示なので、独立してカウントしません）。

　この 5 つを分ける基準は 3 つに整理できます。すなわち、資産(a)か役務(b)か、譲渡（①）か譲受け（②）か、有償（A）か無償（B）かです。この基準に基づいて、22 条 2 項により益金と明示されている部分を〇で表したのが以

下の図になります。「役務」とは、要するにサービスのことです。なお、役務の譲受けとしての(b)(②)部分は、用語としてわかりやすいように、役務の「享受」と表示することにしました。また、ここでいう「無償」の意義については、通説に従って、対価を伴わないという意味で使っています。

2-1 【22条2項により益金が明示されている部分】

		有償（A）	無償（B）
資 産 (a)	譲渡 （①）	○	○
	譲受け （②）		○
役 務 (b)	提供 （①）	○	○
	享受 （②）（譲受け）		

　では、上記表の空欄部分（○の付いてない部分）はどのように理解すべきでしょうか。まず、有償による資産の譲受け（(a)(②)(A)）と有償による役務の享受（(b)(②)(A)）は、金銭で対価を払って、資産や役務（サービス）を購入した場合を考えるとよいでしょう。例えば、10万円を払って、時価10万円の資産やサービスを購入したとします。これらの取引を行うことで、通常、法人が課税されることはありません。だから条文上も、益金の計上が要求されていないと考えることが一応可能です（「有償による資産の譲渡」と「有償による資産の譲受け」は、立場の違いだけであるから、22条2項では、後者を規定していないという捉え方もあります ☞有償による資産の譲受け等（対価が金銭でない場合）・p.68）。

　次に、無償による役務の享受（(b)(②)(B)）の場合は、それだけ支払うべき費用（有償の場合なら支払う対価）が減少しているため、益金を計上しなくても、結果としてその事業年度の課税所得が増えているから、さらに益金を認識する必要がない（仮に、費用の支払と受贈益の双方を計上したとしても、結局は相殺されて課税はない）といわれています。

　例えば、対価10万円を払うべきサービス（10万円分の法律相談料など）を無償で享受したとします。その場合、本来なら支払うべき10万円分だけ（損金が少なく計上されることになり、結果として）所得が多く計上されることになる（無

償で受けたサービス分の課税は行われることになる）ので、さらに益金10万円の計上を要求する必要はないということです（☞役務等を享受した側の課税・p.75）。

Next Step

▶金銭は法人税法22条2項における「資産」なのか

　22条2項における「有償による資産の譲渡」にいう「資産」には金銭（現金）が含まれるだろうか（ただし、外貨や古銭を除く）。「有償による資産の譲渡」から益金が生じると規定する主たる目的は、資産の含み益（キャピタル・ゲイン）に課税することにあるから、帳簿価額が常に時価であって含み益の生じる可能性がない金銭は、そこにいう資産に入らないと考えることが可能である。この考え方は、特に金銭の無償譲渡（金銭の贈与）を行った法人について、益金が生じないことを説明する場合に便利である（なお、棚卸資産は譲渡によって所得が生じうるから、この見解でも「資産」に含まれると解することが可能である）。

　一方で、資産という文言の通常の意味からすると、金銭を資産でないということは難しい。貸借対照表上も現金は流動資産に分類され（企業会計原則第三の四(一)(A)）、金融商品会計においても現金預金は金融資産の1つとされる（金融商品に関する会計基準第4項）。

　また、22条2項にいう「無償による資産の譲受け」には、明らかに金銭の譲受けが含まれる。そう解さなければ、金銭の贈与を受けたときに益金算入ができないことになってしまう。したがって、「資産」には金銭が含まれると考える方が、文言により忠実な解釈ということになる。換言すれば、22条2項という1つの規定のなかにある「資産」という同一の文言を、それぞれ別の意味で捉えることには、無理があると考えるのである。実際、法人税法上には、「金銭その他の資産」という文言が数多く置かれていることからしても、金銭は資産に含まれることが前提であるようにみえる。

　もっとも、そのように解したところで、有償により金銭を譲渡した場合は、益金と損金が同額計上されるので、結局は課税されないことになり、金銭を「資産」に含めない場合と同じ結果となる（この同額計上は、無償による金銭の譲渡の場合も同じである（☞二段階取引への引直し—説明のための二段階論・p.71））。つまり、どちらの考え方をとっても、課税上の差は生じないことになる。なお、有償による金銭の譲渡とは、一般には金銭による資産の購入のことであり、それは「有償による資産の譲受け」に該当するから、益金が生じないと解する方法も考えられるが、これについてはこのすぐ後で触れる。

▶有償による資産の譲受け等（対価が金銭でない場合）

Lecture では、有償による資産の譲受けと役務の享受に益金計上がない（課税されない）ことを説明するために、金銭対価を支払って資産や役務を購入する例をあげた。しかし、対価は金銭でない場合もありえる。その場合、**Lecture** における叙述が厳密な意味では成り立たなくなる可能性が出てくるので、以下で少し詳しく説明する。

説明においては、便宜的に、金銭以外の資産を「現物」と表現する。つまり、あらゆる資産は金銭か現物に区別されるという意味で、「資産＝金銭＋現物」ということになる。あらかじめ注意すべき点を述べておくと、金銭には含み益（および含み損）がなく、現物にはそれがありえるということである。

上に述べた対価が金銭でない場合とは、すなわち現物で資産やサービスを購入する場合である。例えば、A社が取得価額80万円、時価100万円の現物（甲）を対価として、時価100万円の現物（乙）を取得した場合、有償による資産（乙）の譲受けに該当するが、その場合、A社には現物（甲）を手放したことにより、益金100万円が計上される。つまり、有償による資産の譲受けから益金が生じているのである（なお、この取引は現物（甲）と現物（乙）の交換とみることもできるが、50条の交換特例に該当しなければ、交換取引からは益金が生じることになる）。

上記の不都合を解決する方法の1つは、有償による資産の譲受けとは、金銭による資産の購入だけを意味すると捉えることである。しかし、それは「有償」の文言からは離れた解釈となる。そこでもう1つの解決策として、「有償による資産の譲渡」と「有償による資産の譲受け」は、立場の違いだけであるから、22条2項では、後者を規定していないと捉える方法がある。上記の例でいえば、A社の行った取引は、「有償による資産（乙）の譲受け」であるが、見方を変えれば、「有償による資産（甲）の譲渡」にも該当する。したがって、益金100万円が計上されても、条文解釈としては問題ないと考えるのである。

このような扱いは、含み益課税において、納税者が手放す資産（納税者の手元から出て行く資産）が着目されることとも親和性がある。含み益を有しているのは、納税者がこれまで保有していた資産であって、これから取得する資産ではないからである。つまり、上記の例でいうと、A社の取引において注目すべきは、手放す資産である甲であって乙ではない。したがって、22条2項のあてはめにおいて、この取引は「有償による資産（乙）の譲受け」ではなく、「有償による資産（甲）の譲渡」と考えるのである。

同様に、対価が金銭ではなくサービスの場合（自らのサービスを対価として、資産や別のサービスを買う場合）でも、「有償による資産又は役務の譲受け」は、「有償による役務の提供」と捉えることで、益金計上が可能となる。なお、金銭が「資産」に含まれるとすると、金銭を対価とする現物の購入は、有償による現物の譲受けとなり、それは有償による金銭の譲渡となるが、損益が相殺されて課税されないことは、既に述べた通り

である。

▶実現主義および権利確定基準の例外

　法人税法は、一般に実現主義や権利確定基準を採用していると考えられるが、重要な例外がいくつかある。その代表例が、売買目的有価証券における評価益または評価損の益金または損金への算入である（61条の3第1項・2項）。評価益または評価損とされた部分は、翌事業年度に損金または益金に算入するかたちで調整される（同条4項、令119条の15）。また、短期売買商品（短期的な価格の変動を利用して利益を得る目的で取得した資産（有価証券を除く））についても、時価評価益または評価損が、益金または損金に算入される（61条2項・3項）（翌事業年度の調整について施行令118条の9）。

　どのような資産を時価評価課税の対象とするかは、立法政策の問題であるが、容易に時価評価をすることができる資産については、評価損益を課税の対象にする方が、法人の現在の純資産状態（そういう意味での担税力）を正確に反映することになる。対象資産に関して十分な規模の市場が存在する場合は、この条件が満たされるといえよう。さらに、市場を通じて、資産を容易に現金化できるので、納税資金の問題もそれだけ少なくなる。

　また、収益および費用に関する権利確定基準の例外としては、リース譲渡に係る延払基準（63条）、長期大規模工事等の請負に係る工事進行基準（64条）といったものがある。

　暗号資産（仮想通貨）については、令和元年度改正によって一定の課税関係が整備され、法人が暗号資産の譲渡をした場合には、その譲渡損益はその譲渡に係る契約をした日の属する事業年度の益金の額または損金の額に算入されることとなったが（61条1項）、さらに、法人が事業年度末に有する暗号資産のうち、活発な市場が存在するものの評価額は、時価法により評価した金額（時価評価金額）とされ（同条2項、令118条の7）、その評価益または評価損を当該事業年度の益金の額または損金の額に算入することとなった（61条3項）。また、法人が暗号資産の信用取引を行った場合において、事業年度終了の時において決済されていないものがあるときは、その時においてその信用取引を決済したものとみなして算出した利益の額または損失の額を、当該事業年度の益金の額または損金の額に算入することになった（同条8項）。

　なお、令和5年度税制改正の大綱によると、暗号資産の評価方法等に関する主な改正として、①法人が事業年度末において有する暗号資産のうち時価評価により評価損益を計上するものの範囲から、自己が発行した暗号資産でその発行の時から継続して保有しているもの等が除外される、②自己が発行した暗号資産について、その取得価額を発行に要した費用の額とするといったものなどが予定されている。

2. 無償取引

(1) 資産譲渡等をした側の課税

(ⅰ) 法人税法22条2項

　有償で資産の譲渡をしたときの収益あるいは有償で役務の提供をしたときの収益が、益金として法人税の課税対象になることに、違和感を持つ人は少ないでしょう。しかし、無償取引（対価を伴わない取引）となると話は別です。

　そのうち、無償による資産の譲受け(a)(②)(B) の場合、資産を譲り受けた法人はそれだけ得をするわけであり、当該譲受けに係る収益が益金になることは、比較的理解しやすいと思われます。法人が資産の贈与を受けた場合は、個人間の贈与のように贈与税が課されることはなく、受贈益の部分（当該資産の時価）が22条2項によって益金とされ、法人税の課税対象とされます（東京高判平成3年2月5日行集42巻2号199頁）。

　一方で、22条2項において益金が生じると明示されている無償取引のうち(a)(②)(B) 以外の2つ、すなわち、無償による資産の譲渡(a)(①)(B) と役務の提供(b)(①)(B) の場合から益金が生じることを説明するのは、それほど簡単ではありません。無償で資産を譲渡あるいは役務を提供した場合、資産や役務を「もらった側」はともかく、「あげた側」に益金が発生するのはなぜか、という疑問が生じるからです（(a)(①)(B) と(a)(②)(B) を一緒に眺めるとわかるように、法人間で資産の贈与があった場合、贈与した法人と贈与を受けた法人の両方に益金が生じることになります）。

　さらにいえば、無償による資産の譲渡と役務の提供は、企業会計や会社法会計においても利益が生じる取引とはされていません。つまり、これは租税法会計だけの特異な扱いといえます。

(ⅱ) 通説——適正所得算出説

　無償取引の一例として以下の事例を想定します。

　A社は保有する甲土地（時価1億円）をB社に対して無償で譲渡しました。甲土地のA社における取得価額は7000万円です（これを**【事例2-3】**とします）。

【事例 2-3】の取引を 22 条 2 項にあてはめると、A 社には益金が計上されることになります。

22 条 2 項について、通説は「正常な対価で取引を行った者との間の負担の公平を維持し、同時に法人間の競争中立性を確保するために、無償取引からも収益が生ずることを擬制した創設規定と解すべき」であると説明します。したがって、益金となる金額は正常な対価（通常は時価）となり、【事例 2-3】でいえば、A 社には益金が 1 億円計上されることになります。つまり、この規定によって、収益の発生が擬制されているのです。規定なしに収益を擬制することは、一般には許されませんから、22 条 2 項は創設規定ということになります。この考え方は、適正所得算出説と呼ばれます。

法人は営利を目的とする存在ですから、無償取引を行う場合には、その法人の立場からみれば、何らかの経済的理由があるといえるでしょう。しかし、その場合に、相互に関係のない**独立当事者間の取引**において通常成立するはずの対価相当額を収益に加算しなければ、正常な対価で取引を行った他の法人との対比において、**税負担の公平や競争中立性**を確保することが困難になります。したがって、無償取引からも益金が生じるとして扱い、適正な所得が算出されることで、公平の維持や競争中立性の確保がもたらされると（通説は）考えるわけです。

また、最高裁は、南西通商事件（最判平成 7 年 12 月 19 日民集 49 巻 10 号 3121 頁）において、「この規定〔22 条 2 項〕は、法人が資産を他に譲渡する場合には、その譲渡が代金の受入れその他資産の増加を来すべき反対給付を伴わないものであっても、譲渡時における資産の適正な価額に相当する収益があると認識すべきものであることを明らかにしたものと解される」と判示しています。

(iii) 二段階取引への引直し──説明のための二段階論

無償取引については、これを有償取引と無償移転（贈与）という**二段階の取引へと引き直す**ことで、益金の計上が説明されることがあります。【事例 2-3】でいうと、① A 社が B 社に甲土地を 1 億円で譲渡して、B 社からいったん対価である 1 億円を受け取り、②その 1 億円を B 社に贈与した取引と構成し直すのです。

このように考えることが可能なのであれば、たしかに①の段階で、A 社に 1 億円の益金（および 7000 万円の損金）が生じることになります。また、②の段階

で、現金1億円がA社の手元に残らず（B社に戻ってくる）、1億円の寄附金に関する損金算入制限を受けることになります（☞寄附金の損金不算入・p.158）。なお、この二段階取引への引直しをB社側にあてはめると、対価を支払った①（有償による資産の譲受け）の段階で甲土地の取得価額が1億円になり、贈与を受けた②の段階で1億円の益金が生じるという説明が可能になります。

では、無償による役務の提供の場合はどうなるのでしょうか。例えば、清掃業を営む法人が無料で掃除や窓拭きのサービスを提供する、テーマパークを営む法人がジェットコースターや観覧車の料金を無料にするといったことが、無償による役務の提供になりえます。

以下では、無利息貸付の事例を使って、二段階取引への引直しについて考えてみることにしますが、その前に、無利息貸付が無償による役務の提供になりうることを確認しておきましょう。一般にお金を借りるためには利息を支払わねばなりません。つまり、法人が金銭を借りる見返りとして利息を支払うのは、一定の期間にわたって当該金銭を自由に使わせてもらうという役務の対価だと考えることができるのです（もちろん、期限までには同額を返さねばなりませんが、当該一定の期間は金銭を自由に使えるという利益を享受できます）。無利息貸付の一例として以下の事例を想定します。

A社がB社に対して1億円を無利息で貸し付けました。1億円を貸し付けた場合の通常の利息は年1000万円です（これを【事例2-4】とします）。

【事例2-4】を二段階に引き直すとすれば、①A社がB社に1億円を貸し付けて、利息1000万円を受領した後で、②その1000万円をB社に贈与した取引ということになり、①の段階で、益金1000万円が生じることになります。そして、②の段階で、現金1000万円がA社の手元に残らずB社に移転し、A社は寄附金に関する損金算入制限を受けることになります。

このような二段階取引への引直しは、適正所得算出説によって無償取引から益金が生じること、および無償取引を行った法人の手元に対価が残らないことを説明するために使われるものであって、無償取引への課税を根拠づける（あるいは正当化する）ようなものではありません（後述する「有償取引同視説」とは別物です ☞同一価値移転説と有償取引同視説（二段階説）・p.80）。そこで、この二段階取引への引直しのことを、便宜的に「説明のための二段階論」と呼ぶことにします。

この方法によって、一応、正しい結論（条文操作）に辿り着くことはできます。しかし、「説明のための二段階論」によって、益金の発生を一応説明できたとしても、真に問われるべきは、**何のためにそのような引直しを行うのか**、あるいはなぜそのような引直しが許されるのか、ということになります。規定なしに引直し課税をするとなれば、**規定なしに租税回避否認を認めることと同じ結果を招来する**ことになりかねません（規定なしに租税回避を否認することは、予測可能性・法的安定性を害するとして学説が批判してきたことです）。

たしかに、22条2項が存在するのですから、正面から「規定なし」とはいえません。もっとも、22条2項の文言そのものは、引直し課税について何も述べてはおらず、この規定を根拠として、あらゆる無償取引が常に課税対象となるのかどうかについては議論があります（☞寄附金を考慮に入れた考察─限定説と無限定説・p.81）。通説である適正所得算出説に立つ場合でも、個々の場合における「適正な所得」の内容あるいは「公平の維持や競争中立性の確保」（二段階取引への引直しによって達成されるもの）の具体的な中身が問われているわけです。

（ⅳ）低額譲渡は有償譲渡か無償譲渡か

22条2項の文言は、**低額による資産の譲渡や役務の提供について何ら規定していません**。したがって、これら低額取引については解釈に委ねられているということになります。

例えば、A社が、取得価額4000万円、時価1億円の土地を取得価額と同額の4000万円でB社に譲渡したとします。そして、4000万円で譲渡しなければならない合理的理由は特になかったと仮定しましょう（これを**【事例2-5】**とします）。

この取引には、対価（4000万円）があるので、22条2項を文言通りストレートに解釈すれば、**有償取引**となります（既に述べたように、無償とは対価を伴わないという意味ですから、対価があれば有償となります）。しかし、このままだとA社には22条2項による益金が対価である4000万円しか生じません。そして、同条3項による損金も取得価額である4000万円となるので、結果としてこの土地の譲渡からA社に所得が生じないことになってしまいますが、これは妥当な結果とはいえません。無償譲渡の場合と同様、税負担の公平や競争中立性に反するからです。

そこで、**対価のある取引であるにもかかわらず、無償取引と解釈して、1億円を益金に算入すべきだ**という考え方が出てきます（ここで説明のための二段階論を使うとすれば、① A社がB社に土地を1億円で譲渡して、B社からいったん対価である1億円を受け取り、②1億円と譲渡対価である4000万円との差額である6000万円をB社に贈与した取引に構成し直すということになりそうです）。

　結果そのものとしては、4000万円ではなく1億円の益金算入とする方が妥当です。しかし、その結果を導くために、**22条2項の「無償」という文言を拡張解釈してよいかという問題があります**（22条2項に関するこのような解釈上の問題に比して、寄附金（☞寄附金の損金不算入・p.158）に関する37条8項は、資産の低額譲渡や役務の低額提供の場合に、対価の額と時価との差額のうち「実質的に贈与又は無償の供与をしたと認められる金額」が寄附金の額に含まれるとして、立法上の手当がなされているといえるでしょう）。

　では、【**事例2-5**】の取引を対価4000万円の譲渡と6000万円の贈与とに再構成すればどうでしょうか。こうすれば、22条2項の益金は、有償譲渡部分から4000万円、無償取引（贈与）部分から6000万円、合計で1億円が計上されるので、この土地を無償で譲渡した場合（および時価で譲渡した場合）と同じ益金の額になります。もっとも、**当事者の行った実際の取引を勝手に再構成することが常に許されるわけではありません**。それは**安易な租税回避の否認を容認することと同じ危険性を持つ**からです。

（ⅴ）低額譲渡に対する裁判所の判断

　このような低額譲渡に関する解釈問題に関して、前述の南西通商事件の第一審判決（宮崎地判平成5年9月17日行集44巻8=9号792頁）は、22条2項の「無償譲渡には時価より低い価額による取引が含まれる」と解しました（この判決は、そう解する根拠を、22条2項の趣旨および37条8項が資産の低額譲渡の場合に譲渡価額と時価との差額を寄附金に含めていることに求めています）。そして、控訴審判決（福岡高宮崎支判平成6年2月28日民集49巻10号3159頁）は、第一審判決をほぼ全面的に認めています。

　一方、南西通商事件の最高裁（前掲最判平成7年12月19日）は、「譲渡時における適正な価額より低い対価をもってする資産の低額譲渡は、法人税法二二条二項にいう有償による資産の譲渡に当たることはいうまでもない」として、**低額譲渡を有償による資産の譲渡とします**。そして、「たまたま現実に収受し

た対価がそのうちの一部のみであるからといって適正な価額との差額部分の収益が認識され得ないものとすれば……無償譲渡の場合との間の公平を欠くことになる」とした（すなわち、無償譲渡と低額譲渡との公平を重視した）上で、「益金の額に算入すべき収益の額には、当該資産の譲渡の対価の額のほか、これと右資産の譲渡時における適正な価額との差額も含まれる」と解して、**低額譲渡の場合でも、資産の時価までの益金算入ができることを示しました**（さらに、「このように解することは、同法三七条七項〔現行8項〕が、資産の低額譲渡の場合に、当該譲渡の対価の額と当該資産の譲渡時における価額との差額のうち実質的に贈与をしたと認められる金額が寄付金の額に含まれるものとしていることとも対応する」としています）。

　したがって、有償か無償かに関する条文操作は異なりますが、結局、第一審および控訴審判決と同じ課税上の結果（資産の時価までの益金算入）が生じることになります。このような最高裁（そして第一審や控訴審）の解釈方法は、22条2項の趣旨が適正所得の算出、すなわち正常な対価で取引を行った者との間の公平の確保等にあるという、通説（適正所得算出説）の考え方と同一線上にあるといえるでしょう。その意味では、同項の解釈・適用において、低額譲渡の性質は無償取引に近いのですが、文言上は、低額とはいえ対価がある以上、有償取引と解さざるをえないと考えたため、相反する命題の調整をしなければならなくなったところに、最高裁の苦労があったように思われます（低額譲渡に関する近時の裁判例として、東京地判令和元年6月27日税資269号順号13287がある）。

(2) 役務等を享受した側の課税
(i) 両建方式と相殺方式

　無償による役務の享受の場合に益金が計上されない理由については、本来なら支出すべき費用が減少するからだと既に説明しました。ただし、この論理が成り立つためには、「本来なら支出すべき費用」が実際に支払われた場合、その支払が損金に算入される性質のものでなければなりません。例えば、無利息貸付ではなく有利息貸付であれば、支払利息は損金算入されるから、それだけ課税対象となる所得が減額されるということができるのです。

　一方で、無償による役務の享受部分（無利息とされる部分）を益金としながら、通常であれば支払う費用（通常なら支払う利息）部分を損金とする方法（両建方

式）をとっても結果は同じです。例えば、子会社（B社）が親会社（A社）から有利息貸付を受け、親会社に対してまず利息を支払い（この段階でB社は損金算入）、親会社は利息として受け取った金額をそのまま子会社へ贈与した（この段階でB社は益金算入）と考えるわけです（☞損失と債権の両建・p.110）。

ただし、現行法はこのような両建方式をとらず、既に述べたように益金と損金の両方を計上しない方式（相殺方式）を採用していると考えられます（もっとも、グループ法人税制の導入に際して新設された基本通達4-2-6は、無償の役務提供を受けた法人に益金が生じるということを前提にした上で、完全支配関係がある法人間の経済的利益の供与について受贈益を益金不算入にするという立場なので、相殺方式をとっていないと考えられますが、この問題については後述します（☞グループ内における寄附・p.239））。

（ii）無償による役務の享受と資産の譲受けの対比

無償による資産の譲受けに該当する場合は、相殺方式がとられることはなく、資産の時価相当額が益金として計上されます。なぜ、無償による役務の享受のように、「本来なら支出すべき費用が減少している」といえないのでしょうか。

資産は将来的にはすべて費用化される（資産とは将来費用の集合体）と考えることができるのであれば、資産を費用化する過程で部分的に「無償による役務の享受」と同じことが起きます。例えば、機械を贈与されると、無償による資産の譲受けとして、その事業年度の所得の計算上、機械の時価が益金に算入されますが、同時に、機械の減価償却費が損金に算入されます（22条3項2号）。ただし、その事業年度の益金と損金の額は同額ではありません（減価償却費は機械の時価と同額にはなりません）。したがって、相殺方式をとることができないのです。

相殺方式は、益金と損金が同額になるからこそとれる方式です。別の言い方をすれば、無償で提供された役務における相殺方式は、受入側がその利益をその事業年度に使い切るからこそ成り立つのです。

一方で、製造用の機械や配達用の車などを贈与された場合（無償による資産の譲受けの場合）、その資産から受ける利益がその年度だけでなく、**翌年度以降**にまで及ぶことになります。したがって、いったん資産として認識しつつ（益金を計上しつつ）、減価償却計算等を通じて費用化していく（損金を計上する）方

式、すなわち両建方式をとる必要があるのです。

さらにいうと、減価償却しない資産（例えば土地）の場合は、時間が経過しても償却費という損金が生じてこないので、相殺方式をとることはそもそも不可能であり、無償で譲り受けた段階で、益金が計上されるだけになります。もっとも、資産の取得価額は、22条2項に基づく課税によって時価になると考えられるので（☞二段階取引への引直し—説明のための二段階論・p.71）、この資産を他に譲渡するときは、取得価額を損金として控除することができます（なお、基本通達7-3-16の2および施行令54条1項6号も参照）。

(3) 無償取引に関する立法論── 一段階説

無償取引に代表される対価が適正価額でない取引に関して、解釈論でうまく対応できない部分があることを前提に、立法論が提唱されることがあります。その代表的なものとして、無償取引を別の一段階の有償取引に擬制するというもの（一段階説）があります。

前述した通り、適正所得算出説は（有償取引＋寄附という）二段階取引への引直しによって説明されるのですが、それはあくまでも22条2項の解釈論の枠内に留まるもの（適正所得算出説による課税を正当化するための説明）です。一方で、立法論としての一段階説は、無償取引があった場合に、**通常の対価相当額による取引のみがあった**という擬制に基づいて、取引の両当事者を通じて一貫した調整措置を定める方法といえます。

具体的な処理として、まず、資産を無償で譲渡した**【事例2-3】**を使って考えてみましょう。**【事例2-3】**の場合、A社は1億円を益金に算入するのですが、1億円の寄附をしたとしては扱いません。すなわち、寄附金に関して損金算入は一切できない（現行37条が認める限度額内での損金算入はできない）ことになります。この取引から、A社が損金算入できるのは、（譲渡費用等を無視すれば）取得価額である7000万円だけです。B社については、時価で甲土地を取得したものとして扱われます。したがって、B社における甲土地の取得価額は1億円となります。ただし、現行法のような受贈益課税も行われません。要するに、A社とB社の間で**時価による取引**（一段階の取引）があったと擬制して課税を行っているのです。

次に、役務の無償提供としての**【事例2-4】**の場合、A社は1000万円を益

金に算入しますが、寄附金とすることはできません。B社は1000万円の利息を支払ったとして、同額を損金に算入します。すなわち、A社とB社の間で、適正な利息額が支払われる取引（一段階の取引）があったと擬制されているのです。

　そして、このような一段階の取引への擬制は、上記のような無償取引だけでなく、低額取引および高額取引でも行われることになります。実際に当事者が行った取引を別の取引へと引き直すのですから、当然、法律の根拠が必要となります。ゆえに一段階説は立法論と呼ばれるわけです。

　なお、適正所得算出説の目的は、正常な対価で取引を行った者との間の負担の公平の維持、法人間の競争中立性の確保であったのですから、無償取引等を適正な取引に擬制する一段階説は、適正所得算出説の考え方にも沿うものといえるでしょう。

Next Step

▶無償で取得した資産の取得価額

　法人税法は、個人間の贈与に関する所得税法60条1項のような規定がないため、資産の贈与を受けた法人側で当該資産の取得価額が引き継がれるということはない。一方で、所得税法60条4項のような明文の規定もない。受贈者は、無償で資産を取得しているのだから、その取得価額はゼロになるようにもみえる。

　しかし、22条4項および施行令32条1項3号イ（棚卸資産の場合）・54条1項6号イ（減価償却資産の場合）を適用することで、資産の取得価額は取得時の時価になると考えるべきである。土地のような非減価償却資産については、施行令54条1項6号イを類推適用することで同様の結果となる。また、既に述べた説明のための二段階論からも、（有償取引として扱われた段階で）取得価額は時価となる。

　この点に関して、東京高判平成3年2月5日行集42巻2号199頁は、「法人の遺贈による土地の取得は法人税法二二条二項所定の『無償による資産の譲受け』に当たり、その取得価額の算定は、同条四項に従い一般に公正妥当な会計処理の基準に照らし、減価償却資産の取得価額の評価に関する法人税法施行令五四条一項七号［現行六号］イを類推適用して『その取得の時における当該資産の取得のために通常要する価額』によるべきであるところ、右の『通常要する価額』とは通常の取引がされた場合に成立すると認められる客観的価額と解される」としている。

　上記のように考えることは、法人税の二重課税を防ぐことにもなる。無償による資産

の譲渡の場合、22条2項によって、贈与者の保有期間中の含み益は譲渡時に当該贈与者において課税されるから、もし、受贈者において取得価額をゼロとすれば、受贈者が資産を譲渡した段階で、贈与者の保有期間中の含み益について、法人税の二重課税が起こることになってしまう。

▶適正所得算出説以外の諸説と昭和40年の法人税法改正

（i）昭和40年の法人税法改正前

　22条2項における無償取引への課税を説明する考え方としては、通説である適正所得算出説以外にも、①実体的利益存在説（キャピタル・ゲイン課税説）、②同一価値移転説、③有償取引同視説（二段階説）、といったものがある。適正所得算出説が、昭和40年の法人税法全文改正によって22条2項が創設されたことを重視しているのに対して、これら①～③の諸説は、昭和40年改正前から既に主張されていた。

　昭和40年改正前の法人税法は、無償取引について特に規定を置かず、現行22条1項が、法人の所得の意義について「益金の額から損金の額を控除した金額」としている部分を「総益金から総損金を控除した金額」（昭和40年改正前の9条1項）と定めるに過ぎず、しかも、そこでいう総益金および総損金の意義についての法令（現行22条2項および3項）が存在しなかった。したがって、無償取引への課税（総益金の意義）は、解釈に委ねられていたのである。以下では、①～③の諸説について簡単に説明する。

（ii）実体的利益存在説（キャピタル・ゲイン課税説）

　①は、特に資産の無償譲渡について説かれる考え方であるが、22条2項を所得税法40条および同59条に対応する規定と捉え、既に発生している利益（キャピタル・ゲイン）等を譲渡に際していわば顕在化させるための規定と考える説であり、（所得税における）譲渡所得に関する清算課税説（最判昭和43年10月31日訟月14巻12号1442頁）を法人税に応用したような考え方である。

　ただし、所得税法40条が対象とする収入金額部分も範囲に含まれるので、法人が棚卸資産を販売したとしたら得られたであろう利益も22条2項により課税対象となる。このいわば「得べかりし利益」も、既に発生していると考えられるので、キャピタル・ゲイン課税説というよりは、実体的利益存在説の方が名称としては正確かもしれない。いずれにしても、既に発生している利益に課税するのであって、利益のないところに収益の発生を擬制していると考えているわけではない。

　昭和40年改正前の法人税法が適用された最判昭和41年6月24日民集20巻5号1146頁［相互タクシー事件］において、既に最高裁は「未計上の資産の社外流出は、その流出の限度において隠れていた資産価値を表現することであるから、右社外流出にあたって、これに適正な価額を付して同社の資産に計上し、流出すべき資産価値の

存在とその価額とを確定することは、同社の資産の増減を明確に把握するため当然必要な借置であり、このような隠れていた資産価値の計上は、当該事業年度において資産を増加し、その増加資産額に相当する益金を顕現するものといわなければならない。そしてこのことは、社外流出の資産に対し代金の受入れその他資産の増加をきたすべき反対給付を伴なうと否とにかかわらない」として、実体的利益存在説に基づくと思われる意見を述べている。

　もっとも、①の説によって、上記のように資産の無償譲渡に課税ができる説明はできたとしても、**役務の無償提供について説明することは困難である場合がほとんど**である。例えば、無利息貸付（無償による役務提供）の段階で、既に実体的利益が発生していたとは言い難いであろう。無償による役務提供に対する課税がうまく説明できないことは、①の説の大きな欠陥である。

(iii) 同一価値移転説と有償取引同視説（二段階説）

　②は、ある額の価値を一方の法人が他方の法人から受け取ったとするならば、同一の価値が当該他方の法人に事前に存在していなければならず、そういえるためには、そのような同一の価値が、当該他方の法人に収益として発生しているとしなければならないという説である。

　これは、**無償取引の相手方が受け取る利益ないし価値の大きさから問題をみようとする考え方**である。無利息貸付でいえば、利息相当分が貸主から借主に移転するといえるためには、それに見合う利息収益が既に貸主の側に存在していなければならないと考えるのである。大阪高判昭和53年3月30日高民集31巻1号63頁［清水惣事件控訴審判決］では、「〔金銭〕を他人に貸付けた場合には、借主の方においてこれを利用しうる期間内における〔金銭について生ずる通常の〕果実相当額の利益を享受しうるに至るのであるから、ここに、貸主から借主への右利益の移転があつたものと考えられる」と述べられている。

　最後に、③については、上記清水惣事件控訴審判決が、「資産の無償譲渡、役務の無償提供は、実質的にみた場合、資産の有償譲渡、役務の有償提供によって得た代償を無償で給付したのと同じであるところから、担税力を示すものとみて、法22条2項はこれを収益発生事由として規定したものと考えられる」と述べているように、**有償取引を行った後で、その対価を無償で給付する取引と等しいと考えて、無償取引への課税を説明する説**である。

(iv) 昭和40年の法人税法改正

　清水惣事件における係争年度は昭和38年度〜39年度と昭和39年度〜40年度の2年度であり、先の年度には昭和40年改正前の法人税法（この項目において以下、「旧法」という）の適用、後の年度に昭和40年改正後の法人税法の適用があったのであるが、控訴審判決は、この2つを区別することなく、「旧法は、各事業年度の所得を

法人税の課税の対象とし（八条）、右所得の金額は『各事業年度の総益金から総損金を控除した金額による』（九条一項）と規定し、また、寄付金の損金不算入に関する規定をおいている（九条三項）けれども、旧法には、法二二条二項、三七条五項〔現行 8 項〕のような規定はなかつた。しかし、本件に適用されるべき法条に関する法の規定は、旧法の解釈上も妥当と考えられていたところを法文化したものであり、それによつて従来の法人税法の所得計算の変更が意図されているものではないと解されるのであつて、旧法の関係規定について、右に述べたところと別異に解釈すべき根拠は見出しがたいところである」と述べている。

　これら①〜③の諸説は昭和 40 年の改正前（22 条 2 項が規定される以前）より存在することは既に述べた。そこで、もし旧法下においても、無償取引から益金が生じるという解釈が可能であったとするならば、22 条 2 項は確認規定ということになる。したがって、①〜③の考え方は、昭和 40 年改正の前後を通じて、同じように使用できる。

　これに対して通説は、旧法のもとで、無償譲渡や無利息貸付その他の無償取引から益金が生じると解することは無理であり、22 条 2 項は創設規定であると位置づける。すなわち、無償取引への課税は、22 条 2 項の創設によってはじめて可能になったと考えるのである。

　そうだとすると、①〜③の諸説は、通説にとっては過去の説ということになり、無償取引への課税を正当化するための根拠というよりは、課税の結果を説明するための便宜に過ぎないともいえる。例えば、③の考え方は、無償取引を二段階の取引へ引き直した場合と同視して、課税の結果を説明しているだけであり、そのように同視する根拠として、公平の維持や競争中立性の確保（そのために適正所得を算出すること）が説かれるのである。つまり、先に述べた「説明のための二段階論」と③の説との差は、後者が無償取引への課税の根拠として、昭和 40 年改正の前後を通じて、変わらず主張されるのに対し、前者は同改正を受けて登場した適正所得算出説による課税の結果を説明する理屈に過ぎないという点にある。

　ただし、個々のケースにおいて、算出されるべき適正所得の内容あるいは公平や中立性の具体的な中身が問われることは、既に述べた通りである。また、仮に創設規定という考え方をとったとしても、通説とは異なって、22 条 2 項による益金計上の根拠を①〜③の説に（改めて）求めることは可能であり、その場合、①〜③には、現行法下でも意義があるということになる。

▶寄附金を考慮に入れた考察——限定説と無限定説

　法人が無償取引を行った場合、原則として常に 22 条 2 項の対象になるのか、それとも無償取引に関する 22 条の適用には一定の限定が付されていると解するのかについて、2 つの考え方がある。前者は無限定説（通説）、後者は限定説と呼ばれる。

限定説にも幾つかのバリエーションがあるように思えるが、企業会計において無償取引からは収益が生じないこと、および寄附金に関する 37 条の規定が存在することと関連づけて、22 条 2 項を解釈するところに特色がある。限定説に関する代表的な論者は、まず 37 条 7 項が、「寄附金の額は……内国法人が金銭その他の資産又は経済的な利益の贈与又は無償の供与……をした場合における当該金銭の額若しくは金銭以外の資産のその贈与の時における価額又は当該経済的な利益のその供与の時における価額によるものとする」と規定している部分を取り上げ、寄附金の額は「贈与の時」あるいは「経済的な利益のその供与の時」における「価額」、すなわち時価であることに着目する。

　次に、寄附金の額が時価だとすると、例えば、法人が取得価額 1 億円、時価 3 億円の資産を無償で譲渡した場合、寄附金の額は 3 億円になる。取得価額 1 億円の資産がなくなっているので、22 条 3 項にいう損金の額は 1 億円である。そうだとすると、差額の 2 億円をどうにかしなければ辻褄が合わない（仕訳でいえば、借方に寄附金 3 億円、貸方に資産 1 億円が計上されているので、このままだと貸方が 2 億円不足することになる）。そのために 22 条 2 項が存在する（無償による資産の譲渡について益金を計上して辻褄合わせをしている）と、限定説は理解する。すなわち、22 条 2 項は、寄附金の額が贈与時の時価とされていることを前提とした「計算上の調整規定」に過ぎないのであって、所得を擬制するような規定ではないということになる。

　この考え方は、実体的利益存在説に似るが、無償取引を寄附金の側からみるところに特色がある。時価で評価される寄附金の存在を前提とした上で、その調整勘定として、益金側を考えるため、**役務の無償提供についても説明が可能**になる。例えば、通常なら1000 万円の利息を受け取るべき資金を無利息で貸し付けた場合、損金側（借方）に1000 万円の寄附金が生じるのであれば、調整勘定として益金側（貸方）にも 1000 万円が計上されると考えるのである。

　このように限定説は、寄附金の存在を前提に益金の計上を説明するため、無償取引であっても、37 条の適用がなければ、22 条 2 項の適用もないことになる。限定説に関して別の論者は、企業会計において無償による資産の譲渡や役務の提供から、時価相当額の対価を得たときと同じ収益を認識することが一般に認められていないこと（企業会計審議会特別会「税法と企業会計との調整に関する意見書（昭和 41 年 10 月 17 日）」総論三(7)、各論四 3）、および公正処理基準が無償取引にも及んでいることを前提に、無償取引による収益は、別段の定めがあって初めて課税の対象になると説明する。そして、そのような別段の定めとして、37 条の寄附金に関する規定をあげる。

　このような限定説の主張に対して、通説である無限定説は、無償による取引に係る収益も益金に含まれるという規定が、法人所得の計算に関する最も重要な条文である 22条の益金の意義に関する定めのなかにわざわざ置かれていること、みなし規定を置くことは立法論として不合理であるとはいえないこと、同条 2 項は「収益」という総額（グ

ロス）の概念を用いており時価相当額と取得価額との差額という純額（ネット）の概念を用いていないこと等を理由に、同項は確認規定ではなく、無償取引の場合にも通常の対価相当額の収益が生じることを擬制した一種のみなし規定であり、創設規定であるとする。

▶合理的な経済目的の存在

　清水惣事件控訴審判決は、無利息貸付に関する利息相当額について、無利息貸付を行った法人が「営利法人としてこれを受けることなく右利息相当額の利益を手離することを首肯するに足る何らかの合理的な経済目的等のために……これを無償で供与したものであると認められないかぎり、寄付金として取扱われるべきものであり……寄付金の損金不算入の限度で……益金として計上されるべきこととなる」と述べて、（清水惣事件の事実とは異なるが）合理的な経済目的がある場合は利息相当額の収益が認識されないことが示唆されている。

　この部分をどう理解すべきだろうか。合理的な経済目的があれば、37条は適用されない、したがって、22条2項の適用もないという意味にとれば、限定説の内容に近い。そもそも清水惣事件控訴審判決は、22条2項を確認規定と捉えていること（したがって、係争年度である昭和39事業年度と同40事業年度を分けて議論していない）、グロスではなくネット計算を容認しているように読めること（利息相当額について、寄附金の損金不算入の限度で益金とする一種の相殺計算を示している）から、通説の考え方とは異なっている。

　また清水惣事件控訴審判決の影響を受けたといわれる現行基本通達9-4-2は、「無利息貸付け等をしたことについて相当な理由があると認められるときは、その無利息貸付け等により供与する経済的利益の額は、寄附金の額に該当しないものとする」と規定する。

　この通達について、東京地判昭和61年9月29日税資153号839頁は、「合理的な理由に基づく低利又は無利息貸付けについては税務上も正常な取引条件に従って行われたものとして取り扱い、寄付金としての課税をしない旨を明らかにしたものである」とする（実際、この判決当時の基本通達9-4-2は、「無償又は低い利率で貸付けたことについて相当の理由があると認められるときは、その貸付は正常な取引条件に従って行われたものとする」という内容であった）。

　この意味するところが、合理的な理由等があるなら、正常取引であるため、無利息貸付であっても22条2項による益金の計上を要求しないということなのであれば、解釈によって同条2項（ないし37条）を適用する際の要件に「合理的な経済目的」、「相当な理由」、「合理的な理由」といった部分を加えたことになる。反対に、22条2項の文言からは、そのような要件を読み取ることはできないとするならば、この通達等は、同項

の内容を正しく示していないことになる。

あるいは、現行通達にいう「寄附金の額に該当しない」ということの効果を、22条3項により経済的利益が損金に算入できることだと理解するならば、無利息貸付の場合、合理的な理由等があったとしても、同条2項による益金計上は行われるが、同時に同条3項によって損金算入があるので、経済的利益の額が相殺されて課税されないということになる。これは、益金側と損金側を分けて考え、無償取引があれば原則として時価までの益金計上を要求する通説的な理解と一致する（通説は、無利息貸付その他の無償取引が投資を保全するために真にやむをえなかったと認められる場合には、利息相当額その他の対価相当額は、損金面において、寄附金勘定ではなく、投資保全費用勘定とも呼ぶべきものを設定しそれに算入することが認められてしかるべきとしている）。

一方で、限定説の立場からは、（通達の内容を無視する場合は別として）合理的な理由があれば寄附金に該当しないのであるから、22条2項の適用もないという意味で、通達を理解することになろう。

つまり、通説と限定説のどちらであっても、合理的な理由等のある場合、最終的に損益が生じないという結論は同じであるが、論理の組み立てとしては、益金と損金の両方が計上されるか、損金と益金の両方が計上されないかという違いが生じてくることになろう。

▶ 低額譲受け

（ⅰ）裁判例

法人が別の法人へ資産の低額譲渡を行った場合、22条2項に基づいて、譲渡を行った法人（譲渡法人）に益金が生じることは既に述べたが、相手方の法人、すなわち資産を低額で譲り受けた（譲受法人）に対する課税はどうなるだろうか。資産の時価と実際に支払った対価との差額、すなわち受贈益に相当する額については、益金として扱うべきであるようにみえる。

裁判例のなかには、受贈益が「無償による資産の譲受けに係るもの」（東京地判平成22年3月5日税資260号順号11392［三菱商事事件］（控訴審：東京高判平成22年12月15日税資260号順号11571）、東京地判平成27年9月29日判タ1429号181頁［神鋼商事事件］（控訴審：東京高判平成28年3月24日税資266号順号12832））、あるいは「無償による資産の譲受けに類するもの」（東京地判平成27年3月27日税資265号順号12643［株式低額譲渡事件］（控訴審：東京高判平成28年4月21日税資266号順号12848））として、22条2項の収益の額を構成すると解するものがある。これらの裁判例は、低額譲受けを無償取引あるいは無償取引に類する取引と解しているようである。

しかし、この理解は、南西通商事件最高裁判決との衝突を生ぜしめる可能性がある。1つの取引が、当事者の一方の側で有償、他方の側で無償ということは通常はあ

りえない。したがって、南西通商事件判決が低額譲渡を有償取引に該当するとしたことを受け入れるならば、当該資産の譲受法人にとっても、資産の低額譲受けは有償取引ということにならざるをえないであろう。

　一方で、南西通商事件判決は、既述の通り、無償譲渡と低額譲渡との公平を重視していた。同じことは低額譲受けにも妥当する（低額譲受けには低額譲渡と同様に無償取引の要素があるからである）。対価が低額であることで、無償譲受けの場合と異なり、受贈益部分の収益が認識されないことになれば、南西通商事件判決のいう公平性を欠くことになろう。したがって、低額譲受けが有償による資産の譲受けであっても、同判決の考え方からは、受贈益部分を譲受法人の益金に算入すべきことになる。

　ただし、南西通商事件で問題となった資産の譲渡については、22条2項に「有償又は無償による資産の譲渡」という文言があるから、同項の趣旨をはっきりさせてしまえば、低額譲渡が有償譲渡と無償譲渡のどちらに該当しようとも、同じ結論を出すことは可能であった（実際、第一審判決と控訴審判決は無償譲渡としながら、益金に算入するという結論は最高裁判決と同じであった）。ところが、**資産の譲受けの場合、22条2項の文言には無償による譲受けしか存在しない**。したがって、低額譲受けを無償譲受けとしないのであれば、どうやって有償譲受けを同項の射程に取り込むかという、条文操作における解決困難な問題が生じることになる。

（ii）条文操作

　そこで、少し無理をすることを承知の上で、幾つかの解決可能性について考えてみる。第1は、22条2項の問題ではなく、22条4項の問題として捉えるという方法である。すなわち、同条2項が「有償による資産の譲受け」について規定していないのは、その取引から益金が生じないという意味ではなく、「公正処理基準に委ねた」と解するのである。もし、そのような解釈が可能であるならば、受贈益部分は、企業会計においても収益を構成するから、法人税法においても益金となるということができる。

　あるいは、受贈益部分を益金に算入しない会計処理は、法人税法の独自の観点から公正妥当なものとはいえないとして益金算入するという方法も考えられる（☞企業会計と租税法会計の乖離（公正処理基準の現代的意義）・p.45）。

　第2は、低額譲受けが22条2項にいう「その他の取引」に該当するという解釈である。その他の取引に該当するとすれば、無償取引とならなくても、益金算入することができる。ただし、その場合には、その他の取引に該当する根拠が必要になる。それは結局、同項の趣旨に求めることになろう。具体的には、低額譲受けと無償譲受けにおける公平が重視されること、あるいは適正所得算出説にいう「正常な対価で取引を行った者との間の負担の公平を維持し、同時に法人間の競争中立性を確保する」ことである（さらには、同条4項を介して、その他の取引に係る収益の額が受贈益の額とな

る処理が、公正処理基準の内容として導かれるとする考え方もある)。

　裁判例のなかには、22条2項の文言および趣旨から「資産の販売、有償又は無償による資産の譲渡又は役務の提供、無償による資産の譲受け」が「資本等取引以外の取引の例示」であるという前提のもと、低額譲受けの場合でも、「譲受けの時点において、資産の適正な価額相当額の経済的価値の実現が認められることは無償譲受けの場合と同様であるから、この価値を収益としてその額を益金の額に算入すべきである」としたものがある(東京高判平成28年4月21日税資266号順号12848(前記東京地判平成27年3月27日の控訴審))。

　この裁判例は、低額譲受けを無償譲受けの場合と「同様」としつつも、正面から無償取引に該当するとしているわけではない(ただし、判決文における「たまたまその一部のみを対価として現実に支払ったからといって、無償譲受けの場合と異なり、時価相当額との差額部分の収益が認識され得ないものとすることは、公平を欠くこととなる」という部分には、南西通商事件判決の強い影響をみることができる)。むしろ、「資本等取引以外の取引の例示」という部分からは、低額譲受けが22条2項にいう「その他の取引」に該当するという立場をとっているように捉えることが可能である(なお、判決のいう「資産の適正な価額相当額の経済的価値」とは、受贈益相当額と捉えるべきなのであろう)。

　第3は、少々乱暴かもしれないが、南西通商事件の判決理由から、有償譲渡該当性の部分を外すという方法が考えられる(すなわち、前提自体を変えて、条文操作における困難の原因を作った南西通商事件判決の縛りそのものを緩和するのである)。同判決について、①資産の低額譲渡が有償による資産の譲渡に該当すること、②低額譲渡と無償譲渡の公平性を重視すること、という2つを比較すれば、より重要な部分は②である。それに比べて①は、文言解釈として据わりをよくしただけといえなくもない(実際、同判決は、低額譲渡が有償取引に該当するということから、益金算入という結論を直接導いたのではない)。

　もし、南西通商事件判決に従うとしても、低額譲受けを有償取引としなくてもよい(有償取引とする拘束を受けない)ということがいえるのであれば、低額譲受けを「無償による資産の譲受け」あるいは「無償による資産の譲受けに類するもの」とする解釈(前記裁判例が示した解釈)も可能となろう。また、低額譲受けについて、有償あるいは無償取引であることを明示せずに、22条2項の趣旨から、無償譲受けとの公平を欠くことを理由として、益金算入を認めた裁判例(東京地判平成27年11月19日税資265号順号12756)や、南西通商事件判決を強く意識しながらも、低額譲受けが有償と無償のどちらに該当するかという問題に直接触れることなく、22条2項の趣旨から、資産の譲受けの対価の額と同資産の譲受時における適正な価額との差額が益金に算入されるとした近時の裁判例(東京地判令和3年10月29日判例集未登載)があ

る。

　なお、受贈益を益金に算入するという結果（上記第1から第3までの各解釈からもたらされる課税上の結果）そのものは、棚卸資産や減価償却資産に関する取得価額の算定方法からも支持されうる。前述した無償による資産の取得の場合と同様に、低額譲渡を受けたこれら資産の取得価額は、22条4項および施行令32条1項3号イ（棚卸資産の場合）あるいは施行令54条1項6号イ（減価償却資産の場合）を適用または類推適用することで、資産取得時の時価になると考えられるが、そのような取得価額の決定は、受贈益部分について受贈者が課税されることを前提に成り立っていると理解すべきである（説明のための二段階論からもそのようにいえる）。当該部分に課税されないまま取得価額を時価まで引き上げる（非課税で取得価額のステップ・アップを認める）ことは、受贈者への課税が抜け落ちるため妥当とはいえない。

▶役務等を享受した側における益金と損金の計上時期のズレ

　無償による役務の享受について、享受された利益が（その場で費消されず）資産化した場合、益金と損金が計上される時期が異なる場合が考えられる。

　例えば、当期に輸送費が免除された資産を購入し、その資産を翌期に売却した場合、当該資産の取得価額は（本来支払うべき）輸送費分だけ低くなるが、損金が少なく計上されるのは、資産売却時である翌期となり、ここにタイミングのズレ（課税繰延）が生じることになる。当期に（輸送費を免除されたという）実体的な利益が生じているのに、課税を受けるのが翌期となるからである。

　このような課税繰延を認めるべきでないとするならば、無償による役務の享受からも益金が生じると解釈すべきこととなろう。しかし、22条2項の文言との関係では、依然として問題が残ることになる。

　消耗品を無償で譲り受けたときも、益金と損金の計上時期のズレが生じる場合が考えられる。消耗品を無償で譲り受けても、その資産から受ける利益が翌事業年度にまで及ぶことがないのであれば、いったん資産として認識しても、その事業年度末には費用化されてしまうのであるから、益金と損金が同額となり、結局は課税されない。したがって、消耗品費という役務を無償で享受した（無償による役務の享受）と考えて、益金と損金をともに計上しない扱いをした場合と、実質的には差異がないことになる。

　しかし、受入段階で無償による資産の譲受けとして処理を行い、かつこの消耗品が当期に消費されず、翌期まで繰り越されて消費された場合は、益金算入は当期、損金算入は翌期という計上時期のズレが生じることになる。なお、課税実務上、消耗品の取得に要した費用は、その消耗品を消費した事業年度に損金算入するという扱いが原則であるが、一定の要件のもとで取得時に損金算入する方法も認められている（法基通2-2-15）。

▶**法人税法22条2項および37条1項による対応のまずさ**

(i) 両規定の意義と不適正な規制——所得の振替、一部損金算入、重複課税

　22条2項と37条1項が存在しなければ、どうなるかを予想することで、両規定の意義を考えてみよう。これらの規定による課税を受けないとすれば、所得の振替を目的とした関連企業間取引が行われる可能性がある。

　例えば、法人税法上の黒字企業である親会社が、多額の繰越欠損金を有する子会社に含み益のある資産を無償で譲渡したとする。この取引について、（22条2項と37条1項が働かないため）親会社には益金が生じず、そして子会社が受け取った資産の取得価額がゼロになるので（22条2項による課税がなく、かつ対価を支払っていないので、取得価額はゼロになると考えられる）、子会社がこの資産を時価で売却して生じる益金と繰越欠損金が相殺されることで、結局、親会社も子会社も課税されないままとなる。

　つまり、親会社が直接、資産を売却する代わりに、間に子会社を挟むことで、関連企業全体（グループ全体）としてみた場合の税負担を著しく軽減することが可能になってしまう。このような取引は、関連企業間以外では通常、起こりえない。無償取引を行うことで、自らが利益を得るチャンスを犠牲にして、無関係の法人に儲けさせることなど、普通はありえないからである。

　その点、グループ企業であれば、グループ全体の税負担を考えて取引を行うため、所得の振替を行うことで、たとえ親会社が利益獲得の機会を失おうとも、無償取引を行うのに十分なインセンティブが働く。赤字法人を経由して資産をグループ外へ出すような行為はその典型といえる。22条2項と37条1項があることで、そのような取引に一定の歯止めがかかっているのである。

　もっとも、そのような一定の歯止めでは、**適正な規制とはいえない場合がある**（規制として不十分である面と厳し過ぎる面の両方がある）。親会社が、資産を時価で売却する代わりに無償で子会社に譲渡した場合、22条2項により益金が計上され、かつ37条1項で損金算入制限を受ける。しかし、37条1項は、寄附金の全額を損金不算入としているわけではないので、限度額の範囲ではあるが損金算入されてしまう。つまり、親会社単体でみた場合、時価で譲渡した場合と同じ課税にはならない。一方で、子会社の方は、22条2項によって受贈益課税を受ける。したがって、親会社が時価で子会社に資産を譲渡していたときと比べて、親子会社全体（グループ全体）でみた場合の税負担は増加する。

　この場合、既に述べた立法論としての一段階説（☞無償取引に関する立法論——一段階説・p.77）を採用するならば、無償取引について双方が課税される重複課税の問題あるいは寄附金の損金算入限度額以内で課税されないという不統一な結果が回避され、また無償取引を利用した所得の振替といった租税回避にも有効に対処できること

になる（なお、一段階説は、移転価格税制において使用される対応的調整の考え方を国内取引に応用した立法論として理解することが可能である）。

（ii）転々譲渡に関する問題

次のような転々譲渡の場合、問題はさらに深刻となる可能性がある。

> 例えば、甲土地を、A社がその子会社であるB社に、またB社はその子会社（A社からみれば孫会社）であるC社に、いずれも無償で転々譲渡したとする。A社における甲土地の取得価額は1000万円、甲土地の時価は1億円であり、最後にC社は、グループ外の法人であるD社に時価である1億円で甲土地を譲渡したと仮定する（これを【事例2-6】とする）。

【事例2-6】において、22条2項により、時価までの益金がそれぞれA社、B社、C社に計上されたとすればどうなるだろうか。もし、最初からA社がD社に時価で甲土地を譲渡していれば、A社に1億円の益金と1000万円の損金が計上されるだけである。しかし、A社→B社→C社→D社と転々譲渡がされたことで、A社、B社、C社のそれぞれに資産を譲渡したことによる益金が1億円計上されることになる（B社、C社には受贈益も生じる）。そして、A社とB社はそれぞれ寄附金の損金算入制限を受ける。

このような取引については、素直にA社→D社という譲渡をしておけばいいものを、あえてA社→B社→C社→D社という転々譲渡をしたことに原因があるのであって、そのような私法上の取引形態を選択したのは（課税庁ではなく）当事者なのだから、全体として重い納税義務を負うことになっても致し方ないという考え方もありえるだろう。その反面、このような無償譲渡等をする合理的な経済目的が当事者にあった場合（経済人としては合理的な行動であると評価されうる場合）、益金の多重計上を容認することは、無償取引や低額取引等に対して必要以上の規制をしている可能性がある。もっとも、「合理的な経済目的」とはいかなるものかといった判断には、時として困難を伴う場合があろう。

グループ内における低額転々譲渡の事例として大阪高判昭和59年6月29日行集35巻6号822頁［PL農場事件控訴審判決］がある。判決は、「法人税法22条2項の収益の額を判断するに当って、その収益が契約によって生じているときは、法に特別の規定がない限り、その契約の全内容、つまり特約をも含めた全契約内容に従って収益の額を定めるべきものである」とし、また、転売契約が租税回避目的で行われたものであるという課税庁の主張に対しては、中間会社（【事例2-6】ではB社）にとっては「転売特約の受入れを拒否して買受ができないこととなるよりは、右転売特約を承諾して……転売利益を得ることを選ぶことの方が、経済人としては合理的な行動であると評価できる」としている。この判決は、PLグループの思惑（グループ内の損失利

用）を阻止しながらも、**過度な多重課税を回避している**といえる（ただし、別件訴訟である大阪地判昭和 54 年 6 月 28 日行集 30 巻 6 号 1197 頁では、最初に譲渡を行った法人（**【事例 2-6】**では A 社）に対して、時価までの益金計上が認められた）。

(iii) 関連企業間取引の特殊性に目を向ける必要性

　他にも、22 条 2 項による課税が十分に機能していないと思われる部分はある。例えば、親会社が含み損のある本社ビルを子会社に時価で譲渡して、損失を実現させながら、譲渡したビルを子会社から賃借することで、従前と変わらず本社ビルを使い続けるといったことがある。つまり、損失を実現させ、既に生じている利益と相殺させるために本社ビルを売却したとしても、グループ全体としてみれば、依然としてビルを保有し続けていることに変わりない。

　上記のような問題は、無償取引等を第三者との有償取引と同視するだけでは不十分であり、関連企業ないしグループ企業ならではの取引の特殊性に目を向ける必要性があることを示している。すなわち、親会社単体あるいは子会社単体で考えて、それぞれの法人に法人税法を適用するだけでは、妥当な課税結果が導かれない場合がありえるのである。近年までの日本の法人税法は、関連企業間取引というカテゴリを持っていなかった。そして、そのような関連企業間取引に対応すべく平成 22 年度改正で創設されたのが、後述する**グループ法人税制**（☞グループ法人税制・p.226）である（グループ通算制度はもとより、組織再編税制も広い意味で、グループ法人に関する税制というカテゴリに入る）。

▶無償取引に関する立法論としての配当擬制または出資擬制

　無償取引の多くが、親子会社間のような関連企業間で行われていることを重視するならば、既に述べた一段階説とは少し異なり（あるいは一段階説の先にある議論として）出資と分配という観点から取引を擬制するという立法論もありえる。例えば、B 社が A 社の株主であった場合、無償取引によって B 社が受けた利益を、A 社から B 社への配当と擬制するのである。あるいは、B 社が A 社の子会社であった場合、当該利益を A 社からの出資と擬制するといったことも考えられる。

　これらは、出資と分配、すなわち「株主法人間取引」といった視点から、無償取引を別の取引へ構成し直すものといえる。もちろん、このような扱いが認められるためにも、そのための立法（無償取引を配当や出資とみなす規定）が必要となる。

　もっとも、実際に立法化するに際しては、問題がないわけではない。このような擬制配当や擬制出資は、会社法の概念から離脱した法人税法独自の配当概念や資本概念の創設を意味するからである。また、取引の当事者が親子会社ではなく、兄弟会社であった場合、どのように配当や出資と構成するのか（いったん双方の親会社を経由したという擬制までを認めるべきか）といった問題も残されている。

▶法人税法 22 条 2 項にいう「取引」とオウブンシャホールディング事件

　A 社の 100％子会社である B 社が、C 社（A 社の関連会社）に対して著しく有利な価額で新株発行を行った場合、A 社に対して 22 条 2 項の適用があるだろうか。最判平成 18 年 1 月 24 日訟月 53 巻 10 号 2946 頁 [オウブンシャホールディング事件] の事実にこの問題をあてはめると、有利発行により、A 社の B 社に対する持株割合は 100％から 6.25％に減少している。

　たしかに、株式の希釈化によって、A 社の保有する B 社株式の価値は下落し、それに対応する形で C 社は経済的な利益を得たといえる。しかし、有利な価額での株式の発行とその引受けは、B 社と C 社の間で行われたのであって、少なくとも私法上、A 社が何らかの取引を行ったわけではない（A 社の保有する B 社株式には含み損が生じているが未だ実現していない）。

　しかし、最高裁は、A 社が B 社の唯一の株主であったということ、および新株の有利発行は A 社、B 社、C 社らが意思を相通じて行ったことを前提として、「A 社の保有する B 社株式に表章された同社の資産価値については、A 社が支配し、処分することができる利益として明確に認めることができるところ、A 社は、このような利益を、C 社との合意に基づいて同社に移転したというべきである」とした上で、「したがって、この資産価値の移転は、A 社の支配の及ばない外的要因によって生じたものではなく、A 社において意図し、かつ、C 社において了解したところが実現したものということができるから、法人税法 22 条 2 項にいう取引に当たるというべきである」と判示した（ここでいう「取引」とは、22 条 2 項の文言から、「資産の販売、有償又は無償による資産の譲渡又は役務の提供、無償による資産の譲受けその他の取引」の「その他の取引」のことをさすと理解するのが、素直な読み方であろう。判決は、「法人税法 22 条 2 項にいう取引」と述べているからである）。

　もし、この判決の射程が、あらゆる株式の有利発行に及ぶとすれば、企業実務が立ち行かなくなるおそれがあるため、判決の論理には何らかの縛りをかけるべきではなかろうか。その 1 つとして、例えば①資産の価値の移転が既存株主（A 社）の支配の及ばない外的要因によって生じたものでないこと、②当該価値の移転が既存株主（A 社）において意図し、引受人（C 社）において了解したものである場合に限り、有利発行は 22 条 2 項にいう「取引」に該当するといった縛りが考えられる。つまり、①②を満たした場合だけ、私法上の取引でなくても、2 項の解釈上は A 社－C 社間の「取引」となる結果、A 社に益金が生じることになるのである。

　なお、上記で扱ったのは A 社への課税であるが、有利発行を受けた C 社に対する課税も問題になる（オウブンシャホールディング事件における C 社はオランダ法人であったが、仮に内国法人であったとすれば、22 条 2 項に基づく受贈益課税が問題となる）。その場合、B 社株式が有利発行有価証券に該当するか否かについては、施行令 119 条 1 項 4 号（さ

らには基本通達2-3-7(注)1の10％ディスカウントルールや基本通達2-3-8の内容の異なる株式を有する株主との間における経済衡平維持ルール等）に基づいて判断を行い、有利発行とされれば、22条2項によりC社に益金が生じることになる（東京地判平成27年9月29日判タ1429号181頁［神鋼商事事件］）。したがって、A社が課税されなくても、C社が課税されるケースは十分にありえる（C社の課税の有無は、A社の課税とは一応無関係に判断される）。

Key Points 2- I

- 益金に関する一般規定として22条2項がある。同項は一定の無償取引についても益金が生じることを規定している。
- 無償取引に関する通説は適正所得算出説である。この説は、22条2項を「正常な対価で取引を行った者との間の負担の公平を維持し、同時に法人間の競争中立性を確保するために、無償取引からも収益が生ずることを擬制した創設規定」と解している。
- 無償取引を二段階の取引に再構成することで益金の計上を説明することが可能である。
- 資産の低額譲渡の場合でも、その資産の時価までの益金が生じる。資産を低額で譲り受けた側にも益金算入がある。
- 無償により取得した資産の取得価額は取引時における資産の時価となる。
- 合理的な経済目的の存在により無償取引への課税結果が異なる場合がある。
- 22条2項および37条による無償取引への課税には、所得の振替および一部損金算入といった問題がある。
- 無償取引に関する立法論として一段階説がある。

II 損金

1. 原価と費用

(1) 原価

(ⅰ) 概説

　22条3項は、当該事業年度の損金の額に算入すべき金額として、①当該事業年度の収益に係る売上原価、完成工事原価その他これらに準ずる原価の額（同項1号）、②当該事業年度の販売費、一般管理費その他の費用の額（同項2号）、③当該事業年度の損失の額で資本等取引以外の取引に係るもの（同項3号）をあげています。ごく簡単にいえば、①は原価、②は原価以外の費用、③は損失のことです。

　例えば、スーパーマーケットを営むA社を念頭に置いた場合、売り物のダイコンを仕入れるための支出は①、従業員に支払う給与は②、商品保存用の冷蔵庫が壊れて除却した損失は③になります（所得税法では、①と②は同法37条の必要経費、③は同法51条の必要経費とされます）。一方で、製造業を営むB社を念頭に置いた場合、製品を作る工場で働く従業員の給与は②ではなく①となります。同様に、製品を作るための機械の減価償却費や工場の電気代等も①となります。つまり、製品を作るために直接投入されているコストは、製造原価として①を構成するのです（他方、基本通達5-1-4は「製造原価に算入しないことができる費用」について列挙しています）。

　上記①および②が損金として、法人所得の計算上、益金から控除できるのは、当該事業年度の収益獲得に貢献しているからです。例えば、仕入に代表される売上原価は、売上という当期の収益と**直接的・個別的に対応**し、給与のような一般管理費は、当期の収益一般と**間接的・期間的に対応**しています。企業会計には、「**費用収益対応の原則**」（企業会計原則第二損益計算書原則一C）といって、「費用及び収益は、その発生源泉に従って明瞭に分類し、各収益項目

とそれに関連する費用項目とを損益計算書に対応表示しなければならない」というルールがありますが、これは法人税法にも原則としてあてはまるといえます。

（ii）原価と債務確定

このように①と②はどちらも収益獲得に必要な経費ですが、法人税法の文言上は、損金算入するために**債務の確定**が要求されるか否かという違いがあります。少なくとも、22条3項の文言上、債務の確定が要求されるのは②だけあって、①については何も（要求するともしないとも）規定されていません。

売上原価と債務確定に関する重要な裁判例として、最判平成16年10月29日刑集58巻7号697頁［牛久市売上原価見積事件］があります。この事件の控訴審判決（東京高判平成12年10月20日刑集58巻7号865頁）は、債務確定がないことを理由に、売上原価としての損金算入を否定しました。しかし、最高裁は、事業年度終了日に法人が売上原価に係る費用について、①「近い将来に……費用を支出することが相当程度の確実性をもって見込まれており」、かつ、同日の現況により②「その金額を適正に見積もることが可能であったとみることができる」といった事情がある場合には、事業年度終了の日までに費用に係る債務が確定していないときであっても、原価に係る見積金額を「22条3項1号にいう『当該事業年度の収益に係る売上原価』の額として当該事業年度の損金の額に算入することができる」と判示しています。

かつては、通達（昭55直法2-8による改正前の基本通達2-1-4）によって、原価にも債務確定を要求する時代もありました。しかし、現行基本通達2-2-1は、「〔売上原価等〕となるべき費用の額の全部又は一部が当該事業年度終了の日までに確定していない場合には、同日の現況によりその金額を適正に見積る」として、かつての扱いを変更しています。

原価に債務確定が要求されない理由は、費用とは異なり、収益と直接的・個別的に対応されるからだと考えられます。つまり、**恣意性の入り込む余地がほとんどない**という意味で、納税者による所得操作の可能性が少なく、企業会計における「費用収益対応の原則」を法人税法上もそのまま受け入れることができるのです。

（2）販売費および一般管理費

（i）販売費および一般管理費と債務確定

　売上原価等とは異なり、上記②の販売費・一般管理費等については、明文で「債務の確定」が要求されています（ただし、償却費は除かれます）。これらの費用は、収益と直接的・個別的な対応がないため（換言すれば、間接的・期間的な対応に過ぎないため）、債務として確定していなければ、その発生の見込みと金額が明確とはいえません。したがって、その段階で損金算入を許してしまえば、所得金額の計算が不正確となり、また所得の金額が不当に減少するおそれがある（所得操作の可能性が残る）のです。このことが、上記②に対して、法が債務確定基準を要求する趣旨です。

　では、具体的には何をもって債務が確定したことになるのでしょうか。債務確定の判定について、基本通達 2-2-12 は、(i)債務が成立していること、(ii)債務に基づいて具体的な給付をすべき原因となる事実が発生していること、(iii)金額を合理的に算定できることという 3 つの要件を設定しています（3 つの要件すべてに該当する必要があります）。また、山口地判昭和 56 年 11 月 5 日行集 32 巻 11 号 1916 頁［株式会社ケーエム事件］や東京地判令和元年 10 月 24 日税資 269 号順号 13329［ポイントシステム事件］も、通達を参照して、この 3 要件に基づき債務の確定を判定しています。

　もっとも、上記(i)～(iii)は通達の要件であって、債務確定に関する唯一の法的な基準と解するべきではなく、具体的な場面に応じてケース・バイ・ケースで判断する余地は残されていると考えるべきでしょう。学説上も、債務確定基準が要求される上記の趣旨に反しない限り、「債務の確定」の意義を緩やかに解してよいとする考え方が、有力に主張されています。

（ii）引当金

　上記(i)～(iii)の要件に照らせば、引当金については損金算入が認められないことになります。引当金とは、簡単にいえば、将来の費用や損失のうち、当期の負担に属する金額を見越計上するために企業会計において設定された項目です（「企業会計原則注解」注 18 では、「将来の特定の費用又は損失であって、その発生が当期以前の事象に起因し、発生の可能性が高く、かつ、その金額を合理的に見積ることができる場合には、当期の負担に属する金額を当期の費用又は損失として引当金に繰入れ、当該引当金の残高を貸借対照表の負債の部又は資産の部に記載する」とされ

ています）。

　退職給付引当金（法人税法上は退職給与引当金）を例にとって、ごく簡単に説明してみましょう。退職給付引当金とは、会社計算規則（同規則６条２項１号）によると、「使用人が退職した後に当該使用人に退職一時金、退職年金その他これらに類する財産の支給をする場合における事業年度の末日において繰り入れるべき引当金をいう」とされています。通常は、労務の提供と退職金の支給には時期的なズレがある（期間的に一致しない）ので、当該支給という将来の費用の発生に備えて、その合理的な見積額のうち、当該事業年度の負担に属する金額を費用として繰り入れることにより計上する（つまり、当期の費用として見積計上する）引当金のことです。

　法人が労務提供を受けた段階では、**退職金の支給に関する債務は確定していません**から、22条３項２号だけに従えば、退職給与（付）引当金繰入額は企業会計上の費用であっても、法人税法上は損金算入できないことになります。**法人税法は、費用や損失の見越計上を原則として認めないのです。**

　一方で、課税所得の合理的な計算を害さないと考えられる引当金については、別段の定めを置くことで、法人税法でも損金算入が認められてきました。退職給与引当金に関する損金算入も、平成14年度改正前までは、旧54条という別段の定めによって認められていたのですが、上記改正によってこの引当金は廃止されました（☞費用収益の計上時期と債務確定基準・p.102、引当金の縮小と課税ベースの拡大・p.103）。

　なお、貸倒引当金（52条）（☞法人税法33条２項と貸倒引当金・p.112）は、貸付金に関する将来の損失見込額（取立不能見込額）のことなので、22条３項２号だけでなく３号とも関係しますが（☞損失の確定・p.107）、貸倒引当金繰入額は、将来の損失額の見積計上ですから、計上時に債務あるいは損失として確定していないことはいうまでもありません（企業会計において貸倒引当金は、貸付金の期末の現在価値を評価するために貸付金から控除される項目なので、返品調整引当金のような負債性引当金ではなく、評価性引当金に分類されます）。

(iii) 償却費

　債務確定基準の重要な例外として償却費があります。22条３項２号は明文で償却費を債務確定基準の範囲外としているからです。したがって、償却費に該当すれば、債務確定がなくても、同号に基づいて損金算入が可能となります。

ここでいう償却費の典型は、減価償却資産の償却費 (31条)、すなわち**減価償却費**です。他には、繰延資産の償却費 (32条) もあります。

減価償却とは、費用収益対応の原則に基づいて、固定資産の取得価額 (取得原価) を当該資産の耐用年数である各期間に配分する手続の1つです (減価償却資産の定義は2条23号および施行令13条にあり、耐用年数については施行令56条の委任を受けた省令 (耐用年数省令) に規定される)。例えば、スーパーマーケットを営むA社が、配達に使う軽トラックを事業年度初日に100万円で購入したとします。この軽トラの耐用年数 (資産の経済的寿命) は5年、残存価額 (耐用年数経過時における資産の見積時価・スクラップ・バリュー) はゼロであると仮定すると、定額法 (耐用年数にわたり償却費が原則として毎年同一となる方法・法人税法上の意義として施行令48条の2第1項1号イ (1)) による1年間の償却費は20 (100 ÷ 5 = 20) 万円となります。つまり、この軽トラは、1年間で20万円価値が減少する (帳簿価額が80万円になる) と同時に、その20万円がこの軽トラから稼得される収益に対応する費用として当期に配分されるのです。

2-2 【定額法】

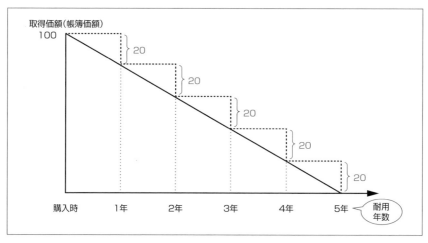

ただし、法人が減価償却費として損金算入をするためには、損金経理 (2条25号) をしておかねばなりません。損金経理をした範囲内で、かつ (定額法のような) 政令が定める方法によって計算された償却限度額まで、損金に算入でき

るということになります（31条1項）。

　代表的な減価償却の方法としては、前述の定額法の他に定率法があります。定率法とは、資産の価値は取得直後に大きく減少し、その後、減少幅が逓減するという前提のもと、期首の未償却残高に毎期一定の償却率を乗じて減価償却費を計算する方法です（法人税法上の意義として施行令48条の2第1項1号イ(2)）。細かい修正計算を捨象してごく簡潔に述べるなら、例えば、取得価額100万円、耐用年数5年、残存価額ゼロの資産を償却率40％の定率法で償却した場合、減価償却費は、1年目が40（100×40％）万円、2年目が24（(100−40)×40％）万円、3年目が14.4（(100−64)×40％）万円といった具合に逓減していきます。

2-3　【定率法】

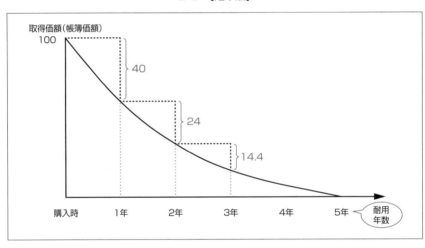

　定額法や定率法の他には、生産高比例法（令48条の2第1項3号イ(2)）、取替法（令49条2項）という方法もあります。また、特許権や営業権といった無形固定資産（令13条8号）についても、政令により償却限度額の計算方法（定額法）が規定されています（令48条の2第1項4号）。

　償却費に関する損金算入が債務確定基準の枠外に置かれているのは、法人の内部行為である償却費の計算がその性質上、債務の確定に馴染まないからだと考えられます。もし、法人税法上、減価償却費の計上を認めないのであれ

ば、資産購入時か耐用年数経過時（あるいは資産の除却時）に一括して損金算入するしかないでしょう。しかし、費用収益対応の原則からいえば、一括損金算入のタイミングが資産購入時では早過ぎ、耐用年数経過時では遅過ぎることになります（前者について ☞即時償却の効果・p.105）。

　ところで、製造活動のための償却資産（棚卸資産を製造する機械など）にかかる減価償却費は、製品または商品の売上原価を構成することになるので、22条3項2号ではなく1号に基づいて損金に算入されます。したがって、そもそも債務確定の有無は問題になりません。

　また、減価償却資産からは、事業の用に供していないもの（および時の経過によりその価値の減少しないもの）が除かれていることに注意して下さい（令13条）。したがって、機械などを購入しただけで、未だ事業の用に供していない状態であれば、減価償却費を計上することはできないことになります。

　なお、近時の事例として、NTTドコモ事件（☞少額減価償却資産・p.105）を引用して「減価償却資産は、法人の事業に供され、その用途に応じた本来の機能を発揮することによって収益の獲得に寄与する」とした上で、減価償却資産である発電システムを「事業の用に供した」と認められる時期について、発電システム本体により発電した電力を電気事業者に対して売電できることが物理的に可能となったときであると判断した東京地判令和2年1月17日税資270号順号13368や、設備の一部を構成する中古資産の取得については、設備の相当部分につき中古資産を取得したといえる場合を除き、耐用年数省令3条1項2号の規定（中古資産である「機械及び装置」に係る耐用年数として、当該資産に係る法定耐用年数の経過の程度に応じた2年以上の耐用年数を定める規定）は適用されず、同省令1条1項2号の法定耐用年数（8年）が適用されるとした東京地判令和3年3月30日裁判所HPがある。

（iv）減価償却による投下資本の回収

　減価償却計算により毎期にわたって費用が計上されても、実際に法人から現金が流出しているわけではありません（現金の流出がないのに法人税は減額されます）。そして、耐用年数が終了するまで、**法人内部に資金が蓄積される**ことになります。

　上記のA社における軽トラックの例でいうと、資産取得から5年後には、耐用年数を過ぎたので、A社としては新しい軽トラが必要となりますが、その

段階で減価償却費の累計額である 100 万円（残存価額がゼロであるため、この金額は資産の取得価額と等しくなります）が資金として社内に蓄積されていますから、A 社は同じような軽トラを購入することができます。つまり、減価償却には資産に投入した資金を回収する（コストをリカバリーする）効果があります（銀行からお金を借りなくても、同じ資産を購入する資金を内部に蓄えることが可能になるので、「自己金融効果」と呼ばれることがありますが、企業が実際にそのための「貯金」をしているというわけではありません）。もっとも、それは、あくまでも当初に拠出した資金の回収であって、耐用年数が経過する間に物価が上がって、全く同じ資産は高過ぎて購入できなくなっているかもしれません。あるいは、技術革新等によって、より安い値段で購入できるようになっているかもしれません。

減価償却は投下資本の回収なのですから、減価償却費の損金算入は、企業がビジネスを続けるために必要な措置だといえます。減価償却費の損金算入を認めないのは、事業の元手や元本に課税することに等しいからです。

Next Step

▶使用人賞与と債務確定

一般に、使用人に対する各月の給与について債務確定が問題となることは少ない。例えば、事業年度が 4 月 1 日～ 3 月 31 日の法人において、給与が月末締・翌月 10 日払いの場合、3 月分の給与の支給日は翌期の 4 月 10 日であって、当期の 3 月末（事業年度末）時点では未払いであるが、その段階で債務が確定していると考えられるので、当期（3 月の属する事業年度）の損金に算入することに異論はないであろう。

一方で、支給日が翌期に到来し、当期末時点では未払いではある賞与については、損金算入の時期が当期なのか翌期なのかという問題がある。22 条 3 項 2 号に単純に則していえば、当期末において債務が確定している部分は、当期の損金に算入できるはずである。しかし、実際には、施行令 72 条の 3 第 2 号の要件を満たさない限り、賞与の支払われた日の属する事業年度（つまり当期ではなく翌期）の損金に算入されることになる（同条 3 号）。

施行令 72 条の 3 第 2 号イにいう「その支給額を、各人別に、かつ、同時期に支給を受けるすべての使用人に対して通知をしていること」は、債務確定の具体的な内容を施行令が定めたと解することもできる。しかし、同ロにいう「イの通知をした金額を当該通知をしたすべての使用人に対し当該通知をした日の属する事業年度終了の日の翌日から一月以内に支払っていること」という要件は、明らかに通常の意味における債務確定

より狭い。たとえ債務の確定している賞与であっても、事業年度終了の日の翌日から1月を超えて支払われるもの（3月末日決算の会社が5月に支払う賞与など）は、損金不算入となるからである（ただし、賞与は（毎月の給与とは異なり）支給日に在籍していなければ支給対象とならない場合も多い）。

　法律が要求している要件（債務確定）に加えて、政令で新たに別の要件（1月以内の支払というような要件）を上積みすることに、**政令委任に関する租税法律主義の問題**はないのだろうか。この点について、大阪高判平成21年10月16日訟月57巻2号318頁［使用人未払賞与事件］は、施行令72条の3が22条に対する別段の定めではないという前提をとりながら、「実際の支給日より前の時点で法22条3項1、2号の定める基準を満たすような場合があったとしても、損金の額への算入が全くできないわけではなく、遅くとも実際の支給日の属する事業年度の損金の額に算入することができることを考慮すれば、所得の金額の計算の明確及び課税の公平を確保するためには、実際の支給日より前の時点をもって損金の額に算入することができる場合を限定したからといって、法22条3項1、2号の定める基準に反するものというのは相当でない」としている。

　したがって、仮に22条3項2号のもとで債務が確定していたといえる未払賞与であっても、施行令72条の3の要件を満たさない限り、損金算入はできないという問題が生じることになる。しかし、そのような結果が生じたとしても、課税の公平を確保するという観点からは租税法律主義違反とまではいえないというのが、この判決の理解なのであろう。なお、実際の支給日には損金に算入できた使用人未払賞与事件とは異なり、支給日段階では公益社団法人に移行していたため損金算入の可能性がなかった、東京高判平成27年10月15日税資265号順号12740［公益社団法人移行前未払賞与事件］でも、同様の判断基準（施行令72条の3の要件を満たさない限り損金算入はできないという基準）が示された（使用人未払賞与事件と同種の争点については、東京地判平成24年7月5日税資262号順号11987も併せて参照）。

▶役員給与と債務確定

　役員退職給与に関する東京地判平成27年2月26日税資265号順号12613［退職慰労金分割支給事件］は、分掌変更による役員退職慰労金を分割支給した事例において、基本通達9-2-28ただし書に依拠した支給年度損金経理が公正処理基準に従ったものといえるとして、当該退職慰労金に関する取締役会決議が行われた期の翌期に支払われた2回目の支給額についても損金算入を認めた。

　その前提として判決は、「法人が役員に対して支給する退職給与は……『販売費、一般管理費その他の費用』に含まれるところ、法人税法22条3項2号が『償却費以外の費用で当該事業年度終了の日までに債務の確定しないもの』を損金に算入すべき費用の範囲から除外した趣旨は、債務として確定していない費用は、その発生の見込みとその

金額が明確でないため、これを費用に算入することを認めると、所得金額の計算が不正確になり、所得の金額が不当に減少させられるおそれがあることによるものであると解されるから、役員退職給与に係る債務が確定していない場合には、これを損金に算入することはできないが、その費用をどの事業年度に計上すべきかについては、公正処理基準（同条4項）に従うべきこととなる」と述べている。

　ここでいう「その費用」が何をさしているのかはっきりしないが、これを直前の「債務として確定していない費用」と読むと、判決内容の理解が困難となる。そこで、「その費用」とは、（やや無理があるが）文脈から、「損金に算入すべき費用」、すなわち、債務の確定した費用と読み、債務の確定した費用は、それが確定した期に必ず損金算入しなければならないわけではなく、損金算入する時期については公正処理基準に従うと読むべきであるように思える。判決は（事実認定からははっきりしない部分もあるが）、2回目の支給額についても、退職慰労金に関する取締役会決議が行われた期末において債務が確定していたと考えていたのではないだろうか。

　基本通達9-2-28に従えば、（この判決の事例とは異なって）例えば、社内的に役員退職給与規程等の内規を有する法人が、取締役会等の決議により当該規程等に基づいて退職給与を支払い、これを費用として計上しているような場合についても、損金算入が認められることになるが、これは債務の確定していない費用について通達で損金算入を認めたというよりも、（損害賠償金についての基本通達2-2-13の場合と同様に）その金額まで部分的に債務確定したとみるべきではないかと思われる（☞損失の確定・p.107）。

　また、退職給与該当性の判断時期が問題になることがある。東京地判平成29年1月12日税資267号順号12952は、22条3項2号が債務確定基準を採用していることを前提に、法人が役員に対して支払った金員が34条1項カッコ書にいう「退職給与」に該当するか否かについても、当該金員の支払債務が確定したとき（退職金の金額を決定した取締役会の決議時）を基準として判断すべきものとした（控訴審：東京高判平成29年7月12日税資267号順号13033）。法人税が期間税であったとしても、退職給与該当性の判断は、事業年度終了時ではなく債務確定時に行われるべきということであろう。

▶費用収益の計上時期と債務確定基準

　22条3項2号の費用において債務確定が要求される理由は、収益における権利確定との平仄（タイミングのズレ防止）から説明することも可能である。費用に債務の確定が要求されているように、法人税法上、収益については権利の確定が要求されると解されている。債権債務を生じさせる1つの取引が行われた場合、債権者と債務者において、それぞれ権利の確定と債務の確定が問題になる。権利確定基準と債務確定基準は、それぞれ別の基準であるから、解釈上、両者の確定時期を一致（マッチング）させなければならないわけではない。

しかし、損益取引において、当事者間の損金に関する債務確定と益金（あるいは収入金額）に関する権利確定の時期は、大きく異ならないのが通常であるから、これがあまりにも異なることは、特に理由のない限り、好ましいとはいえない。例えば、基本通達9-2-28は、退職した役員に対する退職給与の額の損金算入の時期は、株主総会の決議等によりその額が具体的に確定した日の属する事業年度とするとしながらも、法人がその退職給与の額を支払った日の属する事業年度において、その支払った額につき損金経理をした場合にはこれを認めるとしているが、そうすることにより、退職給与に対する源泉徴収に係る所得税等の課税時期と支払った法人側における損金算入時期が一致することになると説明されている（全体としての納税者サイドと課税庁サイドとの平仄を考えているといえよう）。

支払側が損金算入しているのに、受取側ではいつまでも益金（あるいは収入金額）とされず課税が遅れるような税制、あるいはその逆となるような税制は、一般には避けるべきである。将来の費用の見積計上である引当金（☞引当金・p.95）は、このような課税におけるタイミングのズレ（ミスマッチ）を引き起こすおそれがあるため、原則として損金不算入とした上で、一定の場合に、別段の定めによって損金算入を認めたと解することができる。

この問題を使用人の退職給与を例に考えてみよう。退職金に対する使用人の権利が確定するのは、通常は退職時である。したがって、そのときまで課税されない（退職所得としての所得税の課税はない）。同様に、法人側の債務が確定するのも退職時であるから、そのときに損金となる。

もし、法人税法上、退職給与引当金が認められるとすれば（毎年、将来支払う退職金の1年分を見積計上して損金算入することが認められれば）、法人は退職給与引当金繰入額を使用人が実際に退職するまでの長期間にわたって損金算入することができる（これは、繰入額について、法人に非課税で資金運用を認めることに等しい）。一方で、使用人の側は、実際に退職するまで収入金額とされることはない。このタイミングのズレの原因は、債務の確定していない費用（退職給与引当金繰入額）の損金算入を認めたことにあるといえる（退職給与引当金は、平成14年度改正前までは認められていたのであるから、制度廃止にあたっては、上記タイミングのズレを許容すべき特別の理由があったかどうかが問われたということなのだろう）。

▶引当金の縮小と課税ベースの拡大

近年の税制改正において、法人税法上の引当金（別段の定めにおいて繰入額の損金算入が認められる引当金）の範囲は縮小されてきている。この経過について少しみておこう。

まず、平成10年度改正において、法人税法が認めてきた引当金のうち賞与引当金、

特別修繕引当金、製品保証等引当金が廃止され、退職給与引当金の累積限度額基準が40%から20%へと引き下げられた。この改正によって、例えば使用人賞与については、（当時の施行令134条の2（現行施行令72条の3）の要件を満たさない限り）未払分の損金算入はできなくなり、支給日に損金算入されることになった。結果として、使用人賞与の領域において、法人税法が発生主義から現金主義の方へ移行したとみることもできる。

次に、平成14年度改正において、退職給与引当金は廃止されることになった。そして、平成23年（12月）改正によって、貸倒引当金を設定できる法人が、中小法人（資本金1億円以下）や銀行・保険会社など、一定の法人に限定されることになった。この改正によって、貸倒引当金までが、法人税法上は、原則として廃止に至ったことになる。

法人税法における引当金廃止の一般的な理由は課税ベースの拡大である。政府税調は、平成8年の「法人課税小委員会報告」において、「引当金は、企業会計の費用収益対応の考え方に基づき、法人税の課税所得を合理的に計算するために設けられているものである。したがって、制度自体を政策税制と考えることは適当でないが、『課税ベースを拡大しつつ税率を引き下げる』との観点を踏まえ、あらためてその基本的あり方を検討する」として、賞与引当金、退職給与引当金、製品保証等引当金、返品調整引当金および特別修繕引当金の見直しが提唱された。

また、平成14年度税制改正の大綱では、「連結納税制度の創設に伴う財源措置」のための「課税ベースの見直し」として、(i)特定株式等以外の株式等に係る受取配当の益金不算入割合を80%から50%に引き下げること、(ii)経過措置により存置されている旧特別修繕引当金制度の廃止とともに、(iii)退職給与引当金制度を廃止し、その廃止前の退職給与引当金勘定の金額については4年間（中小法人および協同組合等にあっては10年間）で取り崩すことが示された。

そして「平成24年度税制改正の解説」（財務省HP）には、「先進国の中で米国と並んで最も高い水準にある我が国の国税と地方税を合わせた法人実効税率について、『新成長戦略』（平成22年6月18日閣議決定）の方針の下、課税ベースの拡大等により財源確保を図りつつ、引下げを行うこととされました」（同106頁）という立案担当者の説明がある。そこでは、成長戦略としての「税率の引下げ」がまず先にあり、そのために「課税ベースの拡大」が必要という構図がより鮮明に出ている。つまり、税率引下げによる税収減をくい止めるという意味での税収確保が必要であり、そのために貸倒引当金も廃止されたということであろう。もっとも、もし貸主側が貸倒リスクを織り込んだ上で貸付利率を設定しているのであれば、貸倒引当金はそもそも必要ないともいえる。

引当金の縮小傾向はその後も続き、平成30年度改正では返品調整引当金が廃止されている。

▶即時償却の効果

減価償却について、耐用年数より早い段階での資金回収が法によって認められた場合の効果について、ごく簡単に考えてみよう。例えば、スーパーによる配達を税制面から補助するという目的のため、租税特別措置法によって軽トラックの即時償却（取得時に取得価額の全額が償却できる制度）が認められたとする。

法人税率を40％、利子率10％、即時償却を考慮しなければ当期の所得がともに100万円になるA社とB社があり、このうちA社だけが100万円で購入した資産に対する即時償却を行った（B社は資産を購入していない）。

A社は即時償却によって当期の所得額がゼロになるから、法人税を支払う必要がなく、手元に残った100万円を投資して、翌期に利息と元本合わせて110万円を得ることができる。一方で、B社は当期の所得100万円に対して40万円の法人税を支払い、手元に残った60万円を投資することになるので、翌期に利息と元本合わせて66万円しか得ることができない。A社の場合、課税されていない部分（40万円）からも利益が上がるが、B社にはその部分がないから、A社の方が有利であることは、直感的に理解できるであろう。即時償却の課税上の効果は課税繰延であるが、そこには非課税の要素もある（☞ **Column** 課税繰延と非課税・p.308）。

即時償却は納税者に有利な制度であるから、即時償却を利用した租税回避が行われることがある（特に資産の取得が借入金によって行われる場合が多い）。これは、即時償却に限らず、資産の経済的な利用可能期間より法定の耐用年数が短く設定されている場合や特別償却（租特42条の6など）の場合でも同じである。

組合を使ったフィルム・リースに関する最判平成18年1月24日民集60巻1号252頁［パラツィーナ事件］は、問題となった映画について「組合の事業の用に供しているものということはできない」として、映画が31条1項にいう減価償却資産にあたらないことを理由に、減価償却費の損金算入を否定している（原審である大阪高判平成12年1月18日訟月47巻12号3767頁は、取引が仮装行為であることを理由として、組合員による映画フィルムの所有権取得を認めなかった）。

▶少額減価償却資産

即時償却ではないが、内国法人が、事業の用に供した減価償却資産のうち、使用可能期間が1年未満であるものまたは取得価額が10万円未満であるもの（少額減価償却資産）を有する場合、その内国法人が当該資産の取得価額に相当する金額につき損金経理をしたときは、その損金経理をした金額が損金算入される（令133条）。したがって、使用可能期間が1年以上であっても（すなわち、資産から得られる経済的効果が複数年にわたって継続するものであっても）取得価額が10万円未満の資産については、**即時償却と同じ効果**が認められていることになる。

最判平成 20 年 9 月 16 日民集 62 巻 8 号 2089 頁［NTT ドコモ事件］において、被上告人（納税者）は、PHS のエントランス回線利用権を 1 回線に係る権利 1 つにつき 7 万2800 円の価格で合計 15 万 3178 回線分譲り受け、その後も必要に応じて、1 回線当たり同額の費用を支払って同種の権利を取得した。このようにして取得したエントランス回線利用権（本件権利）が少額減価償却資産に該当するかどうかについて、最高裁は、本来の機能を発揮できる単位に着目した判断を行っている。

すなわち、「減価償却資産は法人の事業に供され、その用途に応じた本来の機能を発揮することによって収益の獲得に寄与するものと解される」という前提のもと、「エントランス回線が 1 回線あれば、当該基地局のエリア内の PHS 端末から〔訴外 B 社〕の固定電話又は携帯電話への通話等、固定電話又は携帯電話から当該エリア内の PHS 端末への通話等が可能であるというのであるから、本件権利は、エントランス回線 1 回線に係る権利 1 つでもって、被上告人の PHS 事業において、上記の機能を発揮することができ、収益の獲得に寄与するものということができる」とした。その結果、「被上告人は、本件権利をエントランス回線 1 回線に係る権利 1 つにつき 7 万 2800 円の価格で取得したというのであるから、本件権利は、その 1 つ 1 つが同条所定の少額減価償却資産に当たる」と結論づけている（少額減価償却資産ではないが、電気通信事業（携帯電話通信サービスの提供）の用に供する鉄塔等の耐用年数について、東京地判平成 31 年 1 月 18 日訟月 65 巻 7 号 1099 頁参照）。

エントランス回線利用権 1 回線に係る権利 1 つはたしかに 7 万 2800 円であるが、納税者が最初に譲り受けたのは合計で 15 万 3178 回線分であるから、総額では 111 億5135 万 8400 円である。NTT ドコモ事件では、これだけの金額について、即時償却されたのと等しい効果が生じたことになる。

なお、基本通達 7-1-11 は、取得価額が 10 万円未満であるかどうかについて、「通常1 単位として取引されるその単位、例えば、機械及び装置については 1 台又は 1 基ごとに、工具、器具及び備品については 1 個、1 組又は 1 そろいごとに判定し、構築物のうち例えば枕木、電柱等単体では機能を発揮できないものについては一の工事等ごとに判定する」としている。

令和 4 年度改正において、対象となる資産から貸付（ただし、主要な事業として行われるものを除く）の用に供したものが除外された（令 133 条 1 項）。これは、自らが行う事業には用いない少額資産を大量に取得して即時に損金算入を行いつつ、その取得した資産を直ちに貸し付けることで、賃貸収入等として貸付期間にわたり少しずつ益金算入していき、貸付期間が終われば売却するといった租税回避行為への対処である。したがって、貸付の用に供した取得価額が 10 万円未満の減価償却資産のうち、主要な事業として行われる貸付の用に供されるものは、この否認規定の対象外であり、引き続き少額減価償却資産として取得価額の損金算入が可能である。

▶減価償却費と資産の取得

法人が資産の減価償却費を損金算入するためには、原則として当該資産を「取得」しておかなければならないと考えられる（31条1項、令48条1項柱書・48条の2第1項柱書）。問題は、「取得」の日がいつかということである。

この点について、請負契約に関する名古屋地判平成3年10月30日行集42巻10号1737頁［加藤化学事件］は、「完成された物を引き渡すことを内容とする請負契約によって減価償却資産を取得する場合においては、原則として、注文者が請負人から完成した当該資産の引渡しを受けることによって……『取得』があったと解するのが相当である」として、目的物の引渡日を基準とした。その理由として同判決は、「請負契約においては、民法上、完成した目的物の引渡しによって、目的物の所有権が注文者に移転し、かつ、請負人の報酬請求権が発生する（民法六三三条）こと」をあげている。

一方で、東京地判平成30年3月6日訟月65巻2号171頁［香月堂事件］（控訴審：東京高判平成30年9月5日訟月65巻2号208頁）は、「取得」の時期に関して「その原因行為による所有権移転の時期がこれに当たる」という前提のもと、「請負契約において所有権移転の時期について特に合意がされていればこれにより所有権移転の時期が定まる一方で、特にこの点について合意がない場合には、注文者が請負人から完成した当該工作物の引渡しを受けることによって、当該工作物の所有権が移転する」として、合意があれば引渡日以外の取得の時期がありえるとする。

しかし、香月堂事件判決の判断は、当事者の合意により、損金算入開始日を恣意的に操作できる余地を残すことになろう。その点を重視するならば、加藤化学事件判決の採用した「引渡日基準」の方がすぐれているということになりそうである。

2. 損失

Lecture

(1) 損失の確定

損失に対して、22条3項3号は明文で債務の確定を要求していません。その理由として考えられるのは、性質上、損失の多くは、そもそも債務の確定が問題になり得ないからです。その典型例としては、災害等で資産そのものがダメージを受けて滅失したようなケースがあります（このような損失について、所得税法51条は必要経費として控除を認めますが、法人税法は22条3項2号ではなく3

号の問題として扱います）。

　このような資産損失の場合、損金算入の可否について、債務の確定が問題となる余地はなく、損失の額を合理的に見積もることができるなら、損金算入が可能となると考えてよいでしょう。つまり、ここで問題となるのは、（債務の確定ではなく）損失の**客観的な確実性あるいは確定性**であり、それを満たしてはじめて条文上の「損失」になるという意味での損失の「確定」です（これを「損失の実現」と表現する論者もいます）。

　一方、不法行為等に基づいて損害賠償義務が生じるような場合は、債務の確定が問題となる余地があります。損害賠償に関する支払債務が確定するまでは、損金に算入することができないからです。

　例えば、基本通達2-2-13は、賠償すべき額が確定していないときであっても、事業年度終了の日までにその額として相手方に申し出た金額に相当する金額を当該事業年度の未払金に計上したときは、これを認めるという内容になっています。この通達は「申し出た金額」までは債務が確定しているという考え方に基づくものです。このような部分的債務確定を認めるべきかどうかについては議論の余地がありますが、**損害賠償義務に債務確定が要求されていること**は、通達も前提としていることがわかります。

　したがって、損害賠償については、(a)22条3項2号の費用の場合と同じように、債務の確定が要求されていると考えることは不可能ではありません。もっとも、(b)債務が確定してはじめて「損失」と考えることもできます。具体的な結果は同じですが、(b)の考えの方が、同3号が明文で債務確定を要求しない理由（資産損失のように債務確定が要求されない場合があること、さらには同1号との関係）について、上手く説明できそうです。

　すなわち、債務の確定について、それが明文にない22条3項1号では解釈上も要求されず、同2号は明文通り要求され、同3号は「損失」という文言の解釈の中に債務の確定が含まれる場合があると解することで、それぞれ文言に忠実な解釈となるのです。整理すると、損失について、①減失等の資産損失があった場合と②事故等により損害賠償の支払義務が生じた場合に区別した上で、損失が確定して条文上の「損失」といえるために解釈上要求されるものは、①では客観性あるいは確実性であり、②では債務の確定ということになります。

(2) 金銭債権に関する貸倒れの要件──興銀事件

　金銭債権の貸倒れ（売掛金や貸付金等が回収不能となること）は、22条3項3号の損失になりえます。貸倒れは、ある日突然発生するというよりも、債務者の財政状態等が徐々に悪化していった結果生じる場合の方が多いと思われます。債権が法律上完全に消滅してしまって、回収可能性がゼロになってしまった段階で、損失として損金算入できることに異論を持つ人は、おそらくいないでしょう。しかし、そのような回収不能の状態にまで至っていない場合、どのような要件を満たせば、どこまでの損金算入が許されるのか（債権の放棄をせず保有したままでも、部分的な貸倒れが認められるのか等）については議論があります。

　この問題について、最判平成16年12月24日民集58巻9号2637頁［興銀事件］は、まず「法人の各事業年度の所得の金額の計算において、金銭債権の貸倒損失を法人税法22条3項3号にいう『当該事業年度の損失の額』として当該事業年度の損金の額に算入するためには、当該金銭債権の全額が回収不能であることを要すると解される」として、①「全額が回収不能」であることを要求します。換言すれば、部分的回収不能、すなわち「部分貸倒れ」の状態では、損金算入は一切認められないという判断を示したことになります。

　そして、「その全額が回収不能であることは客観的に明らかでなければならないが、そのことは、債務者の資産状況、支払能力等の債務者側の事情のみならず、債権回収に必要な労力、債権額と取立費用との比較衡量、債権回収を強行することによって生ずる他の債権者とのあつれきなどによる経営的損失等といった債権者側の事情、経済的環境等も踏まえ、社会通念に従って総合的に判断されるべきものである」と続けます。

　したがって、全額回収不能であることに加えて、そのことが②「客観的に明らか」であることを要求しているのです。加えて、①②を判断するために、③-1「債務者の資産状況、支払能力等の債務者側の事情」、③-2「債権回収に必要な労力、債権額と取立費用との比較衡量、債権回収を強行することによって生ずる他の債権者とのあつれきなどによる経営的損失等といった債権者側の事情」、③-3「経済的環境等」を考慮事項として取り出し、具体的な判断方法として、④「社会通念に従って総合的に判断」することを示しました。

　上記の最高裁の見解のうち注目すべきは、③-2の部分において債権者側の

事情を考慮事項としたことでしょう。貸倒れというと、どうしても債務者側の事情ばかりに目が行きがちですが、最高裁は、両者の事情（および経済的環境等）を踏まえることで、全額回収不能か否かを総合的に判断するという見解を示したのです。もっとも、このことによって③-1の重要性が減少したわけではありません。貸倒れかどうかに関する一般的な判断において、（興銀事件の事案の持つ特殊性を捨象すれば）まず重視されるべきは、債務者側の資産状況や支払能力（無資力か否か）だと思われます。

(3) 損失と債権の両建

　法人が不法行為等によって被害を被った場合、損失と損害賠償請求権を両建で経理することにより、結果的に損金算入が制限される場合があります（「両建」という用語については、簿記の仕訳において損害賠償請求権という債権と不法行為による損失が同額で相対立して表示されるので、法人税法でも一般にこのような表現が使われてきたと思われます）。例えば、役員が業務上の金員を横領した場合、法人には横領された金額分の損失（現金の流出）が生じていますが、同時に当該役員に対して同額の損害賠償請求権を取得しているとすれば、両建経理の結果、両者が相殺されて法人の純資産に増減はなく、したがって課税所得にも増減はないことになります（一方で、役員については、横領によって得た利益に関する所得分類の決定やそれに伴う源泉徴収の有無といった所得税の課税問題が生じます）。

　このような両建の考え方ないし方法には、幾つかの種類があると考えられます。1つ目は、横領による損失額を損金、損害賠償請求権を益金に計上する方法です（以下、便宜的にこれを「外部両建説」と呼ぶことにします）。外部両建説にも二種類あり、損失の確定と損害賠償請求権の確定が同時に行われると考える同時両建説（同時確定説）と両者を切り離して別々に確定を判断する異時両建説（異時確定説）があります。どちらも、損害賠償請求権と両建される損失（損害）は「損失として確定している」ことが前提です。すなわち、損金と益金がそれぞれ独立に両建される（益金が損金とは別に損金の外部で計上される）わけです。そして、損失額と損害賠償請求権額が同じであれば、損益が相殺されて、課税所得の増減が結果として生じないことになります（☞両建処理に関する各説・p.113）。

　2つ目は、専ら損失の確定の問題として、損失の内部で両建を行う考え方で

す（以下、便宜的にこれを「内部両建説」と呼ぶことにします）。すなわち、現金等の喪失という資産の減少は、これと同額の損害賠償請求権の取得によって補われている限り、22条3項3号の「損失」に該当しないと考えるのです。これは、損害賠償債務について、（同じく損失の確定の問題として）債務が確定してはじめて「損失」とする考え方に似ています。

　内部両建説は、益金側のことは考えず、損金側だけの問題として、損金内部で両建を行うのです。外部両建説が損失と損害賠償請求権をそれぞれいわばグロス（総額）で認識する考え方であるとすれば、内部両建説は、それぞれをネット（純額）で認識する考え方ということもできるでしょう。どちらの両建説をとっても、損害賠償請求権の存在により、損失に関する損金算入が結果として制限されることになります。

Next Step

▶法人税法33条に関する平成21年度改正と貸倒引当金

（i）法人税法33条に関する平成21年度改正

　33条1項は、法人が資産の評価換えをしてその帳簿価額を減額したとしても、評価損の損金算入を認めない規定であるが、同条2項は、災害による著しい損傷により資産の価額が帳簿価額を下回ったような場合には、損金経理を要件として、評価換えによる損金算入を認める。

　ただし、興銀事件当時、33条2項は、評価損の損金算入が認められる一定の資産から金銭債権を明文（同項カッコ書）で除外していた。したがって、興銀事件最高裁判決の要求した全額回収不能要件は、当時の33条とも整合性の取れたものであった（部分的回収不能段階でその部分の損金算入を認めることは、金銭債権の評価損に関する損失控除を認めることに等しいといわれかねないからである）。

　その後の平成21年度改正において、金銭債権を除外する明文（上記のカッコ書）が削除され、それに伴う33条2〜4項の整理が行われて現行法に至っている（会社更生法等の規定による更生計画認可の決定があった場合について同条3項、民事再生法の規定による再生計画認可の決定があった場合等について同条4項が、それぞれ一定の評価損の計上を容認する）。そこで、同条2項の適用によって、部分的な回収不能による評価損（部分貸倒れ）の損金算入が可能になったのかどうかについては、解釈論に委ねられた形になっている。

　この点に関して立案担当者による解説では、33条2項による損金算入は損金経理

が要件とされていることを重視して、「企業会計上基本的に評価損として損金経理の対象とならない金銭債権などについてまで、税務上の評価損の計上対象となる資産の範囲が拡充されたわけではない」(「平成 21 年度税制改正の解説」(財務省 HP) 207 頁)と記されている。また、基本通達 9-1-3 の 2 は、金銭債権が 33 条 2 項の評価換えの対象とならないことを明記している。

(ii) 法人税法 33 条 2 項と貸倒引当金

33 条 2 項は、資産の評価損が計上できる事実について施行令 68 条に委任しているが、そうであるにもかかわらず、施行令 68 条 1 項各号に列挙された資産のなかに金銭債権が含まれていない。したがって、この部分からも、金銭債権に関する評価損の損金算入は、平成 21 年度改正後も（改正前と同様に）予定されていなかったと解することは不可能ではない。前記立案担当者による解説（同 207 頁）では、「評価損の計上対象となる資産に金銭債権が列挙されていないのは、……会社法及び企業会計における資産の強制評価減又は減損損失の取扱いに準拠しているため、金銭債権に関する含み損については、企業会計における処理と同様に貸倒引当金（法 52）の定めに従って損金算入されることとなるため」とされている。

ここからは、金銭債権の評価損は、33 条および施行令 68 条による損金算入はできないが、52 条の貸倒引当金による損金算入は可能であることがわかる。その意味で、52 条は 33 条の特則ということになる（損金算入について、33 条のドアは閉まっているが、52 条のドアが開けられていることになる）。

ただし、33 条は損失としての損金算入であり、52 条は費用としての損金算入である点において異なる（ややテクニカルではあるが、22 条 3 項との関係でいえば、33 条は 22 条 3 項 3 号に関する別段の定めであり、52 条は 22 条 3 項 2 号に関する別段の定めであると考えられる）。そして、具体的には、損金算入するタイミングがずれることがある。例えば、売掛金に対する貸倒引当金は、過去の実績（例年、売上総額の 2% 程度の貸倒れが生じるといった経験則）等に基づいて貸倒見積高を算定することで、売上時に設定されるから、貸倒引当金繰入額が損金となるのは売上げのあった事業年度である。

一方で、売掛金が回収不能となった場合、貸倒損失の損金算入は、回収不能となった事業年度となる。22 条 3 項 3 号の損金算入は、損失が確定するまで待たなければならないから、実際に損失が貸し倒れた時点での損金算入となるのである。なお、仮に、債権そのものを手放せば、例えば、債務者の財政状態の悪化等の理由から帳簿価額 1000 万円の債権を 400 万円で第三者に売却すれば、その時点で損失が確定するから、差額である 600 万円の損金算入が可能となるが、33 条や 52 条で問題になるのは、債権を保有しながら損金算入ができるかどうかである。

貸倒引当金繰入額が、売上時の費用になるのは、貸倒れの発生が売上げという事象に起因しているからである。したがって、費用収益対応の原則に基づいて、売上げ

という収益と貸倒引当金繰入という費用が同じ時期に計上されることになる（将来の貸倒れによる損失は売上収益に対する費用と考えるのである）。

このように貸倒引当金と貸倒損失には一定の差異（あるいは役割分担）があるが、評価損として損金算入ができなくても（33条）、貸倒引当金繰入として損金算入が認められるのであれば（52条）、実際にはそれほどの差異はないのかもしれない。しかし、平成23年（12月）改正によって、貸倒引当金を設定できる法人が、中小法人（資本金1億円以下）や銀行・保険会社など、一定の法人に限定されることになったのであるから、この改正によって、**貸倒引当金は原則として廃止に至ったといえる**（損金算入について、52条のドアが閉ざされたことになる）。したがって、平成21年度改正当時（立案担当者による上記の説明当時）とは状況が変化したのであって、**部分貸倒れ**の是非が、立法論だけでなく、解釈論においても改めて問われることになろう。

▶興銀事件と通達

興銀事件判決のいう「債権回収に必要な労力、債権額と取立費用との比較衡量」という考え方は、基本通達9-6-3(2)が「売掛債権の総額がその取立てのために要する旅費その他の費用に満たない場合」を貸倒れとする扱いに類似する。

同様に、最高裁の「債権回収を強行することによって生ずる……経営的損失等」という部分について、基本通達9-4-1のいう「その損失負担等をしなければ今後より大きな損失を蒙ることになることが社会通念上明らかであると認められるためやむを得ずその損失負担等をする」場合の延長線上にある考え方とみる見解もある（判決文には、「仮に住専処理法及び住専処理に係る公的資金を盛り込んだ予算が成立しなかった場合に、興銀が、社会的批判や機関投資家として興銀の金融債を引き受ける立場にある農協系統金融機関の反発に伴う経営的損失を覚悟してまで、非母体金融機関に対し、改めて債権額に応じた損失の平等負担を主張することができたとは、社会通念上想定し難い」という下りがある）。

▶両建処理に関する各説

（i）同時両建説（同時確定説）

同時両建説を採用したと考えられるのが、最判昭和43年10月17日訟月14巻12号1437頁［大栄プラスチックス事件］である。この事件において最高裁は、「横領行為によって法人の被った損害が、その法人の資産を減少せしめたものとして、右損害を生じた事業年度における損金を構成することは明らかであり、他面、横領者に対して法人がその被った損害に相当する金額の損害賠償請求権を取得するものである以上、それが法人の資産を増加させたものとして、同じ事業年度における益金を構成するものであることも疑ない」と述べている（同じく同時両建説をとった裁判例として、大阪高判平成13年7月26日訟月48巻10号2567頁がある）。

（ii）異時両建説（異時確定説）

損失側と収益側を切り離すという考え方を明確に示しているのは、東京高判昭和54年10月30日訟月26巻2号306頁［日本総合物産事件］であり、そこでは「所得金額を計算するにあたり、同一原因により収益と損失が発生しその両者の額が互いに時を隔てることなく確定するような場合に、便宜上右両者の額を相殺勘定して残額につき収益若しくは損失として計上することは実務上許されるとしても、益金、損金のそれぞれの項目につき金額を明らかにして計上すべきものとしている制度本来の趣旨からすれば、収益及び損失はそれが同一原因によつて生ずるものであつても、各個独立に確定すべきことを原則とし、従つて、両者互いに他方の確定を待たなければ当該事業年度における確定をさまたげるという関係に立つものではないと解するのが相当である」とされている。

そして、過去の過大支払電気料金が問題となった最判平成4年10月29日訟月39巻8号1591頁［相栄産業事件］において、最高裁は、「右事実関係によれば、上告人は、昭和四七年四月から同五九年一〇月までの一二年間余もの期間、東北電力による電気料金等の請求が正当なものであるとの認識の下でその支払を完了しており、その間、上告人はもとより東北電力でさえ、東北電力が上告人から過大に電気料金等を徴収している事実を発見することはできなかったのであるから、上告人が過収電気料金等の返還を受けることは事実上不可能であったというべきである。そうであれば、電気料金等の過大支払の日が属する各事業年度に過収電気料金等の返還請求権が確定したものとして、右各事業年度の所得金額の計算をすべきであるとするのは相当ではない」と述べて、損失側と収益側を切り離して判断する姿勢を明らかにしている。

なお、その後の東京高判平成21年2月18日訟月56巻5号1644頁［日本美装事件］は、「本件のような不法行為による損害賠償請求権については、通常、損失が発生した時には損害賠償請求権も発生、確定しているから、これらを同時に損金と益金とに計上するのが原則である」としながらも、「例えば加害者を知ることが困難であるとか、権利内容を把握することが困難なため、直ちには権利行使（権利の実現）を期待することができないような場合があり得る」としつつ、「このような場合には、権利（損害賠償請求権）が法的には発生しているといえるが、未だ権利実現の可能性を客観的に認識することができるとはいえないといえるから、当該事業年度の益金に計上すべきであるとはいえないというべきである……このような場合には、当該事業年度に、損失については損金計上するが、損害賠償請求権は益金に計上しない取扱いをすることが許される」「この判断は、税負担の公平や法的安定性の観点からして客観的にされるべきものであるから、通常人を基準にして、権利（損害賠償請求権）の存在・内容等を把握し得ず、権利行使が期待できないといえるような客観的状況にあったかどうかという観点から判断していくべきである」と述べている。一見、同時両建

説が原則と考えているようにみえるが、結論においては異時両建説を採用したといえよう（他の者から受ける損害賠償金の益金計上時期に関する基本通達2-1-43も併せて参照）。

（iii）内部両建説

　相栄産業事件最高裁判決において味村裁判官は、「上告人の財産については、現金の喪失という資産の減少と不当利得返還請求権の取得という資産の増加が生じているが、この両者は、表裏の関係にあり、しかも、その発生の時点においては等価であると認められるから、過収電気料金等の支払によっては上告人の財産に増減を生じていない。右の現金の喪失という資産の減少は、これに見合う額の返還を受けることを内容とする不当利得返還請求権の取得によって補われているから、〔22〕条3項3号の損失に当たらないというべきである」という反対意見を述べているが、これは内部両建説に該当すると思われる。内部両建説は、味村裁判官の意見が反対意見となっていることからもわかるように、現在の最高裁の多数見解ではない。

Key Points 2-Ⅱ

- 損金に関する一般規定として22条3項がある。同項各号は損金に該当するものとして、原価、費用、損失をそれぞれ規定している。
- 原価は、その金額を合理的に見積もることが可能であれば、債務が確定していなくても損金算入が認められる。
- 費用には償却費を除いて明文で債務の確定が要求されている。債務が確定したというための3つの要件がある。
- 引当金に債務の確定はないが、別段の定めによって一定の引当金は損金算入が認められてきた。ただし、その範囲は近年縮小傾向にある。
- 損失について、①滅失等の資産損失があった場合と②事故等により損害賠償の支払義務が生じた場合に区別した上で、損失が確定して条文上の「損失」といえるために解釈上要求されるものは、①では客観性あるいは確実性であり、②では債務の確定である。
- 損失と損害賠償請求権について両建経理が要求されることによって、結果的に損金算入が制限されることがある。また、両建の方法には幾つか種類がある。

Ⅲ 別段の定め

1. 収益の額、受取配当・評価益・還付金の益金不算入

Lecture

（1）収益認識に関する会計基準への対応──法人税法 22 条の 2
（ⅰ）条文の位置づけと法改正の理由

　22 条の 2 は、22 条の後にある別段の定めのトップバッターです。かつて別段の定めは 23 条（受取配当の益金不算入）から始まっていました。平成 30 年度改正では、22 条と 23 条の間に、あえて 22 条の 2 という条文を入れて、収益の認識に関する一般的なルールを規定しました。その理由を一言でいえば、国際会計基準等の影響を受けて、日本の企業会計において採用された収益認識に関する新会計基準に対する法人税法上の対応ということになります（ここでいう「新会計基準」とは、主として企業会計基準第 29 号「収益認識に関する会計基準」をさします）。

　つまり、企業会計の原則が変化したから法人税法がそれに対応したのであって、仮に新会計基準の採用がなければ、22 条の 2 の新設は見送られたかもしれません。さらにいうと、22 条の 2 は、判例や通達などで示されてきたこれまでの扱いを明確にしたという性格をも持つ規定です。つまり、変わったのは会計原則の方であって、法人税法の考え方自体が大きく変わったわけではないということもできます。

　会計原則が変われば、なぜ法人税法が変わる必要があるのでしょうか。それは、22 条 4 項があるからです。既にみてきた通り、益金および損金の額は公正処理基準に従って計算されることになっています。新会計基準が法人税法上の公正処理基準と考えられた場合、22 条 4 項を経由して、（上記の）これまでの収益認識に関する法人税法の扱いが実質的に変更されてしまいます。22 条の 2 が導入された目的の 1 つに、そのような変更を防ぐことがあったと捉えることが可能です。一方で、22 条の 2 によって、新会計基準の内容が法人

税法に取り込まれたと考えられる部分も存在します。

　もっとも、新会計基準はすべての法人に対して適用されるものではなく、中小企業などは、これまで通りの会計基準（「企業会計原則」を含みます）に基づく処理を継続することができます。そして、22条の2は、新会計基準を適用しない場合の収益計上時期等を原則として従来から変更しようとするものではありません。そうはいっても、22条の2によって、法人税法における包括的な収益認識に関する基準が整備されたと考えられるので、この規定の意味することは決して小さくありません。以下では、新会計基準への言及は必要最小限に留めつつ、22条の2の内容の方について簡単に説明していきます。

（ii）条文の大まかな構造

　22条の2は全部で7項から構成されます。すなわち、①1項〜3項が収益の計上時期、②4項と5項が収益の計上額、③6項が現物配当（☞現物配当と法人税法22条の2第6項・p.201）、④7項が政令委任に関する規定となります。

　なお、①を簡単にまとめると、(a)原則として、資産の販売もしくは譲渡または役務の提供に係る収益の計上時期は、**目的物の引渡しまたは役務の提供の日の属する事業年度となる**（1項）、(b)**公正処理基準に従って、引渡し等の日に近接する日の属する事業年度の確定決算で収益として経理（収益経理）する**ことも認められる（2項）、さらに(c)収益の額を近接する日の属する事業年度において**申告調整**（☞申告調整と法人の意思・p.42）することも認められる（3項）ということになります。

　また、②を簡単にまとめると、(d)1項および2項により益金とされる金額とは、販売もしくは譲渡をした資産の引渡しの時における**価額**またはその提供をした役務につき**通常得べき対価の額に相当する金額**であり、一般的には第三者間で通常付される価額（いわゆる時価）をいう（4項）、(e)上記「引渡しの時における価額または通常得べき対価の額」は、たとえ貸倒れや買戻しの可能性がある場合でも、**その可能性がないとした場合における価額とする**（5項）ということになります。

（iii）収益計上時期（いつ益金に算入されるか）

　目的物の引渡しまたは役務の提供の日に収益が計上されるという上記(a)の考え方は、最判平成5年11月25日の大竹貿易事件判決（☞公正処理基準と課税のタイミング（権利確定基準）・p.40）から導くことができます。換言すれば、22条

の2は、大竹貿易事件における最高裁の考え方を明文化したともいえるのです。このことからも、22条の2が法人税法のこれまでの基準を大きく変更していないことがわかります。

既述のように、同判決は「ある収益をどの事業年度に計上すべきかは、一般に公正妥当と認められる会計処理の基準に従うべきであり、これによれば、収益は、その実現があった時、すなわち、その収入すべき権利が確定したときの属する年度の益金に計上すべきものと考えられる」と述べています。すなわち、目的物引渡日や役務提供日が、権利確定日ないし収益実現日と捉えるのです。

一方で、その考え方が上記①の(a)において明文化されたことにより、公正処理基準としての新会計基準に、(a)とは異なる考え方を採用している部分があった場合でも、法人税法上は、(a)による収益計上時期の方が優先されることになります。これが22条の2第1項の存在意義だと考えられます。

もっとも、(a)は(b)によって緩和されており、(a)にいう目的物引渡日や役務提供日に近接する日も収益計上時期として認められます。ただし、公正処理基準に従って、当該近接する日の属する事業年度の「確定した決算において収益として経理した場合」という収益経理要件が付きます。

(c)はさらに、申告調整によっても、近接する日に収益計上することを認めます。ただし、これは恣意的な申告調整を認めるという意味ではありません。ここでの収益計上時期に関する基準は継続して適用することが求められていると考えるべきでしょう。また、目的物引渡日もしくは役務提供日または近接する日の属する事業年度において収益経理している場合には、申告調整によってこれらの日以外の日の属する事業年度の益金に算入することはできません（22条の2第3項カッコ書）。

(iv) 収益計上額（いくら益金に算入されるか）

大竹貿易事件判決の考え方は、22条の2第4項における収益の計上額にも表れています。同判決で示された法人税法における権利確定基準や実現主義は、課税のタイミングだけでなく、課税される金額とも密接に関係するからです。つまり、収益の計上額についても、新会計基準に影響されることなく、法人税法上の原則は上記②の(d)であることが条文上に明記されたといえるでしょう。

収益の計上額については、さらに最判平成7年12月19日の南西通商事件

判決（☞通説―適正所得算出説・p.70）との関係も重要です。既述のように、同判決は「この規定〔22条2項〕は、法人が資産を他に譲渡する場合には、その譲渡が代金の受入れその他資産の増加を来すべき反対給付を伴わないものであっても、譲渡時における資産の適正な価額に相当する収益があると認識すべきものであることを明らかにしたものと解される」と述べています。同じように、22条の2第4項においても、法人がどれだけの対価を受け取ったかではなく、**法人が譲渡により手放した資産の時価が重視されている**と考えることができます（法人税法で「価額」というときは、原則として時価を意味します）。

　その際に、一定の値引きや割戻しは、取引対象資産の時価をより正確に反映するための調整と考えられます（基本通達2-1-1の11参照）。一方で、金銭債権の貸倒れや資産の買戻しの可能性がある場合、これらの「可能性がないものとした場合における価額」が時価となります（22条の2第5項）。つまり、収益計上額の算定にあたり、値引きや割戻しは考慮されますが、**貸倒れや買戻しの可能性は無視される**ことになります。法人税法上、後者が考慮されないのは、それが譲渡した資産の時価そのものを正確に反映するための手続ではなく、別の要因により対価の額のうち一部を受け取れないという評価に過ぎないからだと説明されています。

（v）22条の2と22条4項および22条2項等との関係

　平成30年度改正により、22条4項に「別段の定めがあるものを除き」という部分が挿入されました。22条の2は、そこでいう「別段の定め」の1つに該当します。したがって、**収益を認識して計上する時期と額については、22条4項よりも、22条の2が優先する**ことになります。

　では、22条の2と22条2項との関係はどう理解すべきでしょうか。まず、22条の2は資産の販売等に係る収益に関する通則であって、文理上「資産の販売等」以外の取引には適用がありません。もっとも、実際問題として収益が生じる取引の大部分は、資産の販売等であることが予想されるので、資産の販売等以外の部分として、22条の2の適用がなく、22条2項に残された領域はそれほど多くないでしょう。

　次に、22条の2は収益に関する益金算入の時期と金額について規律しています。したがって、それ以外の部分については、資産の販売等に係る収益であっても、引き続き22条2項が適用されることになります。つまり、資産の販

売等に係る収益を益金の額に算入するかどうかについては 22 条 2 項、その時期および金額については 22 条の 2 により規定されるという形で、両者の関係を一応整理することができます。

（2）受取配当の益金不算入──法人税法 23 条
（ⅰ）法人間の配当

　法人が受け取る配当は、企業会計上の収益であり、会社法上も分配可能額を増加させますが、法人税法上、受取配当等の額は原則として益金に算入されないことになっています（23条1項・4項・5項・6項）。つまり、課税対象から除かれているのです。その根拠を一言でいえば、**法人段階における二重課税を含む多重課税の排除**です。

　例えば、A 社の全株式を保有する B 社（完全親法人）が A 社（完全子法人）から受け取る配当に課税されるとどうなるでしょうか。A 社の税引前所得が 1 億円、法人税率が 30％だと仮定します。税引後の A 社の所得は 7000 万（1 億 −3000 万）円となり、これをすべて B 社へ配当すると、2100 万円が課税されて、税引後の B 社の所得は 4900 万円になります。この段階で、1 億円という 1 つの経済的利益（A 社が稼いだ利益）に対して、法人税が 2 回課されて、税引後の利益は半分以下になっています。仮に、B 社の上にさらに B 社の全株式を保有する C 社があったとしたら、C 社への配当に対して 3 回目の課税が起こり、C 社の税引後の所得は 3430 万円になります（**【図表2-4】**）。

2-4 【法人間だけの配当】

つまり、法人間で配当を繰り返せば、1つの経済的利益（最初に配当する法人が獲得した利益）が課税によってどんどん目減りしてしまいます。一方で、親子会社形態ではなく本支店形態にしておけば、支店から本店への資金等の移転に法人税の課税はありません（同一企業内部における資産の移動に過ぎないからです）。これではグループ法人の形態で行う事業を課税上不利に扱う結果となってしまいます。そのような理由から、23条1項1号は、完全子法人株式からの受取配当を全額益金不算入にしているのです（このように法人間の配当を同一企業の内部取引と同視する考え方を益金不算入に関する「考え方1」とします）。

（ii）二段階課税

　このことを少し別の角度（法人株主と個人株主の違いを意識した視点）から眺めてみましょう。配当を受け取った法人にも株主がいます。この株主が（個人ではなく）法人であったら、またその株主が存在することになります。そこで、最初の法人が稼いだ利益が、個人株主に届くまで何度も課税されることを防ぐ必要があるのです。

　個人株主への配当には所得税法92条（配当控除）が適用されますから、23条は、最終的には個人株主への配当が実行されることを前提にして、その前段階に位置する法人株主への配当を扱った規定とみることができます。上記の例でC社の株式を保有するのが甲という個人であったとすれば、A社からB社、B社からC社への配当には、それぞれ23条1項が適用され、そしてC社から甲への配当には所得税法92条が適用されることになります。

　したがって、**法人段階で1回（法人税）、株主段階でもう1回（所得税）**という二段階の課税（そういう意味における二重課税）を前提とした上で、2回目の課税である個人株主への配当について、救済措置（二重課税排除措置）としての配当控除（所法92条）が用意されていると考えることが可能です。つまり、**A社、B社、C社をまとめて1つの大きな法人**と考え、そこに法人税を課し、その残り（課税後利益）を個人株主に配当したときに配当所得としての所得税を課するという構図が成り立つわけです（次頁の**【図表2-5】**）。

　そうだとすると、法人段階における課税は1回ですから、ある法人からの配当を、課税されることなく、別の法人が株主として受け取ればよいことになります。つまり、法人間配当を行うA社、B社、C社の各法人は、100％の持株関係（完全支配関係）で固く結ばれた間柄である必要はなく、たんに法人株主

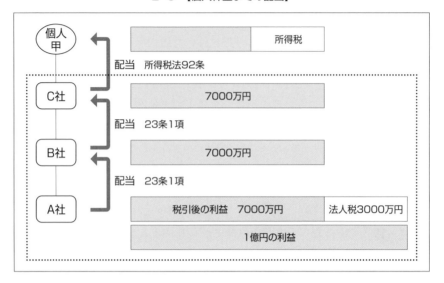

2-5 【個人株主までの配当】

（図の内容）

個人甲　　　所得税

配当　所得税法92条

C社　　7000万円

配当　23条1項

B社　　7000万円

配当　23条1項

A社　　税引後の利益　7000万円　　法人税3000万円

1億円の利益

であれば、その受け取った配当に益金不算入が認められてよい（問題は個人株主か法人株主かの違いであって、各法人間の間柄ではない）と考えることが可能です（このような考え方を益金不算入に関する「考え方2」とします）。実際、シャウプ勧告を受けて受取配当益金不算入制度が導入された昭和25年から昭和63年の改正の前までは、法人株主であれば、**株式等の保有割合**（持株比率）に関係なく受取配当の全額が益金不算入とされていました。

(iii) 益金不算入ルールの制限

しかし、この全額益金不算入というルールは、株式等の保有割合によって益金不算入になる割合が制限される、換言すれば、**株式等の保有割合によって、益金不算入となる割合が決められる**という形で、徐々に変更が加えられていきます。その過程をごく簡単にいうと次の通りです（株式等の保有「割合」と益金不算入となる「割合」という2つの割合が出てくるので混同しないように注意して下さい）。

昭和63年度改正によって、全額益金不算入（益金不算入の割合が100％）となるのは、保有割合が株式発行法人の25％以上の株式等（「特定株式等」）に係る配当額とされ、それ以外の株式等に係る配当額は80％が益金不算入となり

ました（つまり20%は課税されることになりました）。続く平成14年度改正によって、保有割合が25%以上の株式等（「関連法人株式等」）以外の株式（関連法人株式等以外の株式）等に係る配当額の益金不算入の割合が80%から50%に下げられました。さらに、平成27年度改正によって、全額益金不算入となるための保有割合が25%から1/3超に引き上げられました。この保有割合が1/3超の株式等のことを「関連法人株式等」といいます。また、保有割合が5%以下の株式等を「非支配目的株式等」として、その場合の益金不算入割合が20%まで下げられました。

その結果、現行23条における保有割合に応じた株式の区分は、①保有割合100%の完全子法人株式等（23条5項）、②保有割合1/3超の関連法人株式等（23条4項）、③保有割合5%超1/3以下のその他の株式等（①②④のいずれにも該当しない株式等）、④保有割合5%以下の非支配目的株式等（23条6項）となっています。そして、それぞれの益金不算入の割合は、①②が100%、③が50%、④が20%とされています（23条1項が完全子法人株式等を関連法人株式等から分けて規定しているので上記①～④のような区分になります）（【図表2-6】）。

2-6 【益金不算入の対象となる株式等の区分および益金不算入割合】

株式等の区分	益金不算入割合
完全子法人株式等（株式等保有割合100%）	100分の100
関連法人株式等（株式等保有割合3分の1超）	100分の100
その他の株式等（株式等保有割合5%超3分の1以下）	100分の50
非支配目的株式等（株式等保有割合5%以下）	100分の20

・国税庁HP「Ⅱ受取配当等の益金不算入制度の見直し」より作成

昭和63年度から現行法までの法改正の変遷をみると、受取配当の益金不算入に関する考え方が、「考え方2」から「考え方1」の方へ徐々に動いているのがわかります。現行法でいえば、保有割合がそれほど高くない株式等（具体的には1/3以下の株式等）は、投資対象として保有する株式であり、そのなかでも特に保有割合が低い株式等（具体的には5%以下の株式等）は、支配目的が乏しい株式等（非支配目的株式等）として、それぞれ益金不算入とされる範囲が狭く

設定されているのです。

このように益金不算入の範囲を縮小することで、法人税の課税ベースを拡大する法改正は、法人税率の引下げとセットで行われている（課税ベースを拡大しつつ税率を引き下げる法人税改革である）ことにも注意が必要です。また、令和2年度改正により、関連法人株式等および非支配目的株式等に該当するかどうかに関する保有割合については、当該内国法人との間に完全支配関係がある法人の有する株式の数を含めた上で判定することになりました（23条4項・6項、令22条1項・22の3第1項）。つまり、**100％グループ全体で保有割合を判定する**ようになったのです。

なお、益金不算入に関する23条1項の規定は、確定申告書、修正申告書または更正請求書に、益金の額に算入されない配当等の額およびその計算に関する明細を記載した書類の添付がある場合に限り、適用されることになっています（23条7項）。

(3) 外国子会社から受ける配当等の益金不算入──法人税法23条の2

日本の法人が外国に子会社（現地法人など）を作って、そこで事業等を行って得た利益を本国の親会社に配当した場合、この受取配当には、原則として日本の法人税がかかります。外国子会社から受ける配当には、23条1項にある受取配当益金不算入のルールが働きません。23条1項がそのカッコ書で、「外国法人から受けるもの」を除いているからです。

しかし、この配当課税は、（あたり前のことのように思われるかもしれませんが）**配当があるまで起こりません**。例えば、内国法人P社が、X国に子会社S社を設立した場合、S社がX国で得た利益についてX国の課税は受けますが、税引き後の利益を配当するまでは日本の課税は受けません。したがって、P社としては、配当せずにX国に利益を留保するか、あるいは、配当という形で日本に資金を戻すことなくそのままX国や第三国へ資金を投資することを考えます。そのようなことは、日本の法人税率が相対的に高く、X国の法人税率が相対的に低い場合に、特に起こりやすくなります。

この状態をそのままにしておくと、日本企業の外国子会社が得た利益は、いつまでたっても日本に戻って来ない（資金還流が行われない）可能性があります。このような懸念から、平成21年度改正によって、内国法人が一定の外国子会

社より受ける配当等の金額のほぼ全額について、益金不算入とするルールが導入されました（23条の2）。これは、海外で獲得した利益を、必要な時期に必要な金額だけ戻すことができるという意味での「**配当政策の決定に対する中立性**」を根拠とした改正と説明されています。また、二重課税排除の方法として当時の制度（間接税額控除制度）が複雑であったことから、**制度を簡素化する必要性**があったことも法改正の趣旨とされています。

　この制度の適用対象となる外国子会社になるためには、内国法人である親会社が、株式の①保有割合と②保有期間に関する要件を満たさねばなりません（23条の2第1項、令22条の4第1項）。ごく簡単に述べるならば、①について、親会社は外国子会社の発行済株式の総数または議決権の25％以上を保有しなければならず、②について、上記①の状態が、この制度の適用を受ける配当等の額の支払義務の確定する日以前6月以上継続していなければならないとされています（もっとも、外国子会社が6月以内に設立された新設法人である場合、①の状態が、設立の日から配当等の支払義務が確定する日まで継続していれば、この制度の適用があり（令22条の4第1項柱書）、また、適格合併等の適格組織再編成によって、親会社が子会社株式を保有するようになった場合には、被合併法人等の子会社株式の保有期間（適格組織再編成前の保有期間）が、親会社の保有期間として通算されることになっています（令22条の4第6項））。

　益金不算入とされる金額は、外国子会社からの配当等のすべてではなく、そこから配当等の額に係る費用の額として、配当等の額の5％相当額が控除されます。そのため、配当等の額のうちの**95％が益金不算入**となります（23条の2第1項、令22条の4第2項）。費用部分が（益金不算入となる配当等から）控除されるのは、収益に該当する配当等の部分が益金不算入となったため、それに対応する費用の部分も、課税所得の計算から除外させた結果であると説明されます。

　つまり、**益金算入されない収益のための費用を損金にしないための措置**ということです。費用の金額を（実際の金額にかかわらず）配当等の額の5％と決めたのは、簡便性を重視した一種の割り切りなのでしょう。益金不算入となる部分の範囲を制限するという考え方自体は、23条1項の負債利子の場合と同様ですが（☞負債利子控除・p.133）、同項の委任を受けた施行令19条が負債利子について詳細なルールを置くことに比べれば、「剰余金の配当等の額の百分の五に相当する金額とする」とするだけの施行令22条の4第2項の内容は、か

なりシンプルです。費用相当額を5%と決めたわけですから、実際の費用額の多寡（5%を超えるか否か）によって、納税者ごとに有利・不利が生じることになります。

(4) 評価益と還付金の益金不算入

（ⅰ） 評価益

25条1項は、法人が資産の評価換えをして評価益を計上したとしても、益金に算入しないと規定しています。資産を譲渡して対価を受け取った場合と比べれば、評価益は未だ実現していない利益、いわば実体のないあやふやな利益であって、（企業会計と同様に）実現主義を採用する法人税法では、原則として評価益を益金不算入としています。これは、評価損の損金算入が認められていない（33条1項）のと同じです。

また、もし評価益の益金算入を認めると、資産の価値を「評価する」という手間がかかるだけでなく、法人が都合のよいときだけ評価換えによる益金の計上を求めてくることも考えられます。例えば、損金が生じた事業年度だけ、保有する資産のうち含み益のあるものを選んで評価換えを行い、そうやって出てきた益金と上記損金を相殺するようなことも可能になります。このような恣意的な益金の計上を認めることは、適正な所得計算の観点からも認められないのです。

ただし、更生計画認可の決定があったことにより会社更生法の規定に従って行う評価換えの場合などは、例外的に評価益の益金算入が認められています（25条2項・3項）。これは、会社更生法や民事再生法といった法律の手続に法人税法の扱いを合わせたといえます。

評価換えにより帳簿価額を増額しても、原則として評価益の益金算入が認められないのですから、法人税法上は、帳簿価額について「増額がされなかったものとみなす」ことになっています（25条5項）。そのように帳簿価額を据え置いておかねば、その後の資産の売却などによって含み益が実現したときに、課税することができなくなるからです。つまり、非課税で帳簿価額がステップ・アップすることを防いでいるのです。

（ⅱ） 還付金の益金不算入と法人税額等の損金不算入

法人が所得に対する法人税等の還付を受けた場合、その金額は益金に算入

されません（26条1項）。この益金不算入の前提には、**法人税額等の損金不算入**があります（38条1項）。法人税額は、法人の所得（事業年度における益金マイナス損金）から支払われるものですから、その額を当該事業年度の損金にすることはできません（それを認めると当該事業年度の所得の金額を計算することが困難になります）。

　このように、そもそも法人は、法人税等を納付しても損金に算入できないのですから、いったん納めた法人税が（納付時には実体法上も適法であったけれど）後になって払い過ぎであることが判明して戻ってきたとしても、益金として課税の対象にならないのは、考えてみれば当然のことです（課税される方がおかしいのです）。つまり、支払っても損金算入できないものが戻ってきたら、益金不算入になるというだけのことです。

　したがって、法人税額以外にも、延滞税、過少申告加算税等の加算税、過怠税など納付しても損金に算入できないもの（55条4項）に対する還付金は、益金不算入となります（26条1項2号）。反対に、事業税や固定資産税など納付すれば損金算入できる租税に対する還付金は、益金に算入しなければなりません。

Next Step

▶収益計上に関する「別段の定め」

　22条の2第1項・2項および4項は、収益計上の時期と額について「別段の定め（前条第四項を除く。）があるものを除き」と規定する。ここでいう「前条」は22条だから、別段の定めからカッコ書で除かれるのは22条4項ということになる。もし、22条4項が別段の定めに該当することになれば、新会計基準が（22条4項を通して）22条の2を上書きすることになる。上記22条の2第1項・2項および4項のカッコ書は、それを避けるために挿入されたと考えられる。

　では、22条の2第1項・2項および4項にいう別段の定めは何かというと、具体的には、61条（短期売買商品の譲渡損益および時価評価損益）、61条の2（有価証券の譲渡益または譲渡損の益金または損金算入）、62条の5第2項（現物分配による資産の譲渡）、63条（リース譲渡に係る収益および費用の帰属事業年度）および64条（工事の請負に係る収益および費用の帰属事業年度）等が該当することになる。

▶ 22条および22条の2における「別段の定め」の意味

　22条2項および同条3項には「別段の定め」という文言があるから、これに同条4

項が該当するなら、同項が法人税法における最初の「別段の定め」ということが可能となる。しかし、22条2項・3項にいう「別段の定め」に、4項は含まれないという理解が一般的である。例えば、22条2項が規定する無償取引に対する課税上の扱いを、同条4項が別段の定めとして上書きすることは想定されていない（22条2項に関する別段の定めは22条の2から27条まで、22条3項の別段の定めは29条から61条の11まで（63条から65条は両者に関する別段の定め）という理解が一般的である）。

なお、平成30年度改正によって、22条4項に「別段の定め」という文言が追加されたが、これに同項自身が含まれないことは文理上明らかであろう。既述の通り、ここでいう「別段の定め」は主として22条の2のことである。

また、22条の2第1項・2項・4項は、そのカッコ書において22条4項を「別段の定め」から除いているから、仮に同項が「別段の定め」に該当する可能性があったとしても、22条の2各項の適用においては、当該カッコ書により排除されることになる。したがって、少なくとも、22条の2は、法人税法第二編（内国法人の法人税）において最初に機能する「別段の定め」ということになる。

▶割賦基準（延払基準）の廃止

平成30年度改正によって、63条が「長期割賦販売等に係る収益及び費用の帰属事業年度」から「リース譲渡に係る収益及び費用の帰属事業年度」に改正され、割賦基準（延払基準）の対象となる資産の販売等がリース譲渡に限定されることになった。そのため、長期割賦販売等に該当する資産の販売等をした場合でも（リース譲渡を除き）、その資産の販売等に係る目的物の引渡しまたは役務の提供の日の属する事業年度において、その資産の販売等に係る収益の額を益金の額に算入することになる（22条の2第1項・4項）。

収益認識に関する会計基準の導入により、同会計基準を適用した法人は割賦基準（延払基準）により収益費用を経理することはもはやできなくなる。これが63条を改正した理由とされている。

なお、22条の2は、収益認識会計基準の適用がない中小法人についても適用されるから、63条の改正と相俟って、中小法人についてもリース譲渡を除いて、割賦基準による収益認識はできないことになった。

▶返品調整引当金の廃止

平成30年度改正において、返品調整引当金が廃止された（旧53条の削除）。新会計基準の導入を契機とした廃止という説明もあるが、新会計基準では返品見込み額を収益の額から差し引くから、返品調整引当金を設定した場合と比較しても、収益の純額は変わらないように思える。

新会計基準の影響という説明も不可能ではないが、費用や損失の見越し計上を原則と

して認めないという法人税法の考え方が強く表れた改正と捉えるべきであろう（☞引当金・p.95）。また、平成10年度改正以降続いている引当金の縮小傾向が、平成30年度においても続いているということができる（☞引当金の縮小と課税ベースの拡大・p.103）。なお、廃止にあたり返品調整引当金の扱いには2030年までの経過措置が認められた（平成30年度改正法附25条）。

▶収益の計上時期および計上額に関する施行令

施行令18条の2第1項は、22条の2第1項および2項に規定する事業年度（「引渡し等事業年度」という）の後における一定の修正を認める。すなわち、引渡し等事業年度の後の事業年度において、公正処理基準に従って収益の「修正の経理」を行った場合、当初益金算入額に加減算した後の金額が、22条の2第4項にいう法人税法上の時価であるならば、当該修正の経理による増減額は、引渡し等事業年度ではなく、修正の経理をした事業年度の益金または損金に算入することになる。また、申告調整による修正も「修正の経理」とみなされる（令18条の2第2項）。

また、引渡し等事業年度の確定した決算において収益として経理した金額が、22条の2第1項または2項により当該引渡し等事業年度の益金の額に算入された場合で、引渡し等事業年度終了の日後に生じた事情によりその資産の販売等に係る法人税法上の時価が変動したときは、その変動により増加または減少した当該時価部分は、その変動することが確定した事業年度の所得の金額の計算上、益金または損金に算入することになる（令18条の2第3項）。ただし、施行令18条の2第1項・2項の適用がある場合は除かれる。つまり、変動対価の修正の経理または申告調整をしていない場合には、変動対価の額の確定時点で変動額を所得の金額の計算に反映させることになる。

なお、資産の販売等の対価として受け取る金額のうち、新会計基準に従って、貸倒れまたは買戻しの可能性があることを考慮した金額を金銭債権の帳簿価額から控除していた場合でも、法人税法上はこれらの可能性を考慮しないのであるから（22条の2第5項）、会計上収益の額から控除し、金銭債権の帳簿価額を構成しないとされた金額についても、法人税法上は金銭債権の帳簿価額を構成することになる（令18条の2第4項）。

▶統合と受取配当益金不算入

個人株主の配当所得は、所得税法92条の配当控除によって軽課されている。この扱いは「法人税は所得税の前取りである」という前提のもと、法人段階と個人株主段階における二段階課税を回避するという「統合」の考え方に基づいている。同じように考えるなら、法人が受け取る配当が益金不算入になることも理解しやすい。

しかし、クラシカル・メソッド（統合を行わず法人段階と株主段階でそれぞれ課税を行う方式）のように二段階課税を肯定した制度のもとでも、法人株主への配当を軽課する

理由は存在する。ここでいう二段階課税とは、法人段階と株主段階で1回ずつ課税することであって、法人段階で何度も課税することを意味しないからである（アメリカはクラシカル・メソッドを採用するが、法人株主への配当はその一部または全部が課税の対象から除かれている）。

▶株式の基準日前後における取得と譲渡

23条2項は、受取配当益金不算入ルールが適用されないケースとして、株式等を「その配当等の額に係る基準日等……以前一月以内に取得し、かつ、当該株式等又は当該株式等と銘柄を同じくする株式等を当該基準日等後二月以内に譲渡した場合」をあげる。これは一定の租税回避を防止するための規定である（ただし、この規定の対象となる受取配当に24条1項のみなし配当は含まれていない（23条2項カッコ書））。

例えば、A社が甲（個人）から、①配当直前にその受取配当額を考慮にいれた高い価額で株式を購入して、②当該配当を受領した後、③その株式（配当を絞り出した後の株式）を低い価額で甲に売却した（甲からみれば当初売却した株式を買い戻した）としよう。仮に、この一連の取引に受取配当益金不算入ルールが適用されるとすれば、②の段階でA社は受取配当の一部あるいは全部について益金不算入の恩恵を受けながら、③の段階で、株式の取得価額と売却価額との差額について譲渡損失を計上できることになる。

A社の保有期間中に株式の価値が落ちたのは、いうまでもなくA社が配当という利益を得たからである（いわゆる「配当落ち」である）。受取配当という利益の方を益金不算入としながら、譲渡損失の方を損金算入するというミスマッチを認めることは、実体のない計算上の損失控除を認めることになる。したがって、23条2項により、益金不算入が制限されているのである。立法論としては、損失控除の方を否認する方法（益金不算入・損金不算入とする方法）も不可能ではないのであろうが、現行法は益金不算入を否認する方法（益金算入・損金算入とする方法）を選択している。

なお、法人株主の受取配当が全額益金不算入であり、かつ個人株主の株式譲渡益が非課税であった時代（昭和63年度改正前）は、A社に株式を売却した甲に対する所得税の課税もなかったので、このような租税回避を防止する必要性は、現在よりもさらに高かったといえる。

▶自己株式として取得されることを予定して取得した株式

（i） 益金不算入ルールの不適用

平成22年度改正で、自己株式として取得されることを予定して取得した株式に関するみなし配当課税については、益金不算入制度の適用がないことになった（23条3項）。これも租税回避を防止するための措置であると考えられる。

例えば、B社が公開買付に関する公告を行った後、公開買付が実行される前に、A

社がB社株式（B社にとっての自己株式）を取得したとする。その後、予定通り、B社による公開買付が実行されると、A社は、自己株式取得により金銭等の交付を受けたことになるから（☞自己株式の取得・p.210）、B社から受け取る対価の一部（B社の資本金等の額のうちその交付の基因となったB社株式に対応する部分の金額を超える対価部分）について、みなし配当課税扱いを受ける（24条1項5号）。そして、みなし配当とされた部分は、株式譲渡損益の計算において、株式の譲渡対価（有償によるその有価証券の譲渡により通常得べき対価の額）から控除されるので（61条の2第1項1号）、それだけ株式譲渡損失が生じやすくなる。

きわめて単純な数値を入れて説明すると以下のようになる。公開買付前にA社がB社株式を100で取得し、B社が100で公開買付を行って、当該100の対価のうち60が（24条1項により）みなし配当として扱われたとする。そうすると、61条の2第1項1号の適用上、対価の額は40になるから、40からA社によるB社株式の取得価額100を控除した60がB社株式の譲渡損ということになる。いうまでもなく、この損失はみなし配当に起因するものである。

もし、当該みなし配当部分に、23条1項の益金不算入ルールが適用されると、B社株式のように、自己株式として取得されることが予定されている株式を取得した法人には、予定通り自己株式の取得が行われた段階で、実体のない計算上の損失が生じることになる。23条3項は、そのような租税回避を防止するための規定である。自己株式の取得が予定されている場合にあたるのは、上記のような公開買付の場合だけでなく、組織再編成が公表された場合も含まれると考えられている。合併等の組織再編成が公表されることで、反対株主の買取請求が予定されるからである。

（ⅱ）ミスマッチ防止規定としての法人税法23条3項

ここで問題視されるのは、みなし配当部分が益金不算入となる一方で、みなし配当額が対価額から除かれるというミスマッチである。既にみたように現行法（23条3項）は、損金側を修正するのではなく、益金に算入するという形でミスマッチを防止している。しかし、このような対処については、場当たり的な解決であって問題の本質を突いていないという批判がありえる。自己株式取得の場合、みなし配当部分を（株式譲渡損益の計算において）譲渡対価から控除するという61条の2第1項1号の内容が問題の根元と考えられ得るからである。

23条3項で否認できるのは、自己株式として取得されることを予定された株式でなければならないから、そのような予定がない場合は、実体の伴わない計算上の損失控除が行われることになる。これを不都合と考えるのであれば、（立法論としては）益金不算入となった額だけ株式の取得価額を引き下げて損失が生じないようにする、あるいは受取配当の益金不算入に起因する株式譲渡損は常に損金算入を否認するというような法改正を行う必要があろう（後述する子会社株式簿価減額特例は、前者の一例

といえよう。☞子会社配当と子会社株式譲渡を組み合わせた国際的租税回避への対応・p.132）。

なお、同族会社等の行為計算否認規定の適用が否定された東京高判平成27年3月25日訟月61巻11号1995頁［IBM事件］のスキームは、自己株式取得を利用した人為的な損失の作出を行っていると考えられるが、当時は上記平成22年度改正前であったため23条3項によって租税回避を否認することはできなかった（そのため課税庁は第一審（東京地判平成26年5月9日判タ1415号186頁）において132条に基づく主張を行ったのかもしれない）。

▶子会社配当と子会社株式譲渡を組み合わせた国際的租税回避への対応

令和2年度改正前は、内国法人が外国法人等を買収した後（親会社が子会社株式を取得した後）、買収前に子会社が獲得して留保していた利益を配当させ、これに対する益金不算入の扱いを享受する一方で、その配当により時価が下落した子会社株式を譲渡すること等により、経済実態を伴わない損失の創出が可能であった。

このような租税回避に対処するため、令和2年度改正では、親会社が一定の支配関係にある外国子会社等から一定の配当等の額（みなし配当の金額を含む）を受ける場合に、子会社株式の帳簿価額から、その配当等の額につき益金不算入とされた金額相当額を減額する特例（子会社株式簿価減額特例）が創設された（いわゆるソフトバンク税制である）。

具体的な内容はやや難解である。すなわち、内国法人が他の法人から配当等の額を受ける場合（当該配当等の額に係る決議日等において当該内国法人と当該他の法人との間に特定支配関係がある場合）において、対象配当等の額（その受ける配当等の額から完全支配関係内みなし配当等の額を除いた金額）および同一事業年度内配当等の額の合計額が、これらの配当等の額に係る各基準時の直前において当該内国法人が有する当該他の法人の株式等（株式または出資をいい、移動平均法によりその1単位当たりの帳簿価額を算出するもの）の帳簿価額のうち最も大きいものの10%相当額を超える場合、当該内国法人が有する当該他の法人の株式等の当該対象配当等の額に係る基準時における移動平均法により算出した1単位当たりの帳簿価額は、当該株式等の当該基準時の直前における帳簿価額から当該対象配当等の額に係る益金不算入相当額を減算した金額を当該株式等の数で除して計算した金額とされる（令119条の3第10項）。

内国法人が、買収において子会社となる外国法人の株式取得のために支払う対価の額は、当該株式の帳簿価額となる一方で、当該子会社となる法人の留保利益を反映している（利益積立金額に対応する部分の対価が含まれる）はずである。当該留保利益を配当させれば、その分だけ子会社株式の時価は下がるが、親会社たる内国法人が受け取る配当額は23条の2の適用を受けることで益金不算入となる。

その後で、子会社株式を譲渡すれば、配当により下落した時価部分が損失として控除可能となる。この構図は、子会社による自己株式の取得でも同じである。みなし配当部分は、益金不算入となる一方で、61条の2第1項の適用上、対価の額から控除されるからである（23条の2第2項2号も参照）。

　もし、当該内国法人が出資して設立した子会社であれば、設立後子会社が獲得して留保した利益としての利益積立金額は、子会社株式の帳簿価額に含まれない。ここが、買収の場合との大きな違いである。したがって、親会社が子会社を取得した後に生じた利益を原資とした配当と考えられる場合は、本特例の対象外としてよいことになる。その場合の「利益」の概念としては、本来、利益積立金額が使用されるべきであるが、現行法は納税者の事務負担を考慮して、会計上の利益剰余金の概念を代用している（令119条の3第10項2号）。

　上記以外にも、本特例が適用されない場合が幾つかある。それらは、①配当法人、旧株主および現株主のほぼすべてが内国法人であるような場合（令119条の3第10項1号）、②特定支配日（買収日）から対象配当等の額を受ける日までの期間が10年を超える場合（同項3号）、③対象配当等の額および同一事業年度内配当等の額の合計額が2000万円を超えない場合（同項4号）である。それぞれの趣旨をごく簡単に一言でいえば、①は国内における課税（配当法人の稼得利益への課税や旧株主の株式譲渡益への課税等）が確保されている、②は買収後10年を超えてまで課税を行わない、③は少額不追求ということになろう。

　なお、上記令和2年度改正の内容は、前期末貸借対照表の利益剰余金を基準としていたので、期中に増加した利益剰余金を原資とした配当（いわゆる期中配当）までが制度の対象となり、租税回避と考えられない取引にまで否認の効果が及ぶという欠点があった。例えば、期中に子会社が孫会社株式を譲渡して譲渡益を得た後で、直ちに当該利益を原資とした配当を親会社に対して行った場合などは、本来、この制度の対象として否認すべき取引ではない。特定支配関係が生じた後に増加した利益剰余金を原資とした配当は、本制度が対象とする租税回避とは考えられないからである。

　令和4年度改正により、期中配当がある場合に、期中に増加した当該利益剰余金の額を対象配当等支払後の利益剰余金の額に含めて特定支配日利益剰余金額要件の判定を行うことができるようになった（令119条の3第10項2号）。

▶負債利子控除
（ⅰ）関連法人株式等

　法人が株式を借入によって購入した場合、一方で借入金の支払利子を損金として控除しながら、他方で購入した株式にかかる受取配当を益金不算入とすれば、課税ルールの存在を理由とした不当な利益が生じることになる。

例えば、A 社が 1 億円を借り入れて B 社の発行済株式の 1/3 超を購入し、そこから年間 100 万円の配当を受け取ると同時に、借入先に 100 万円の利子を支払ったとする。課税ルールがなければ、A 社の利益は差し引きゼロである（A 社の課税前利益はゼロである）。しかし、100 万円の受取配当が益金不算入、100 万円の負債利子の支払が損金算入という課税ルールが存在すると、差し引き 100 万円の損金だけが残る。A 社はこの損金によって他の 100 万円の益金を相殺することができるから、法人税率が 30％であると仮定した場合、税額が 30 万円減少することになる（A 社の課税前利益はゼロなのに、課税後利益が 30 万円生じていることになる）。

　上記のような益金不算入と損金算入というミスマッチによる課税後利益の発生を防止するために、関連法人株式に係る配当について、益金不算入となる金額は、受取配当等の額から、負債の利子の額のうち当該関連法人株式等に係る部分の金額を控除した額とされている（23 条 1 項）。これを負債利子控除という。つまり、負債利子部分は、受取配当のうち益金不算入となる部分から除かれることになる。令和 2 年度改正により、負債利子控除額はその配当等の額の 4％相当額になった（令 19 条 1 項）。ただし、負債利子額が少ない法人への配慮として、その事業年度に支払う負債利子の 10％相当額を負債利子控除額の上限とすることができる（同条 2 項）。

　平成 27 年度改正前は、保有割合が 25％未満の株式についても、負債利子控除の制度があったが、平成 27 年度改正によって、負債利子控除の対象は関連法人株式等に限定されることになった（益金不算入割合の縮小による課税ベース拡大に対する企業の負担を軽減する措置であると思われる）（次頁の【図表 2-7】）。

(ⅱ) 完全子法人株式等

　一方で、完全子法人株式等に係る配当については、平成 22 年度改正によって、負債利子控除が廃止された。したがって、借入金で株式を取得していても、完全子法人からの配当は全額が益金不算入となる（23 条 5 項）。「グループ内の資金調達に対する中立性を確保する観点や、完全支配関係にある法人からの配当は間接的に行われる事業からの資金移転と考えられること」が廃止の理由とされている（「平成 22 年度税制改正の解説」（財務省 HP）231 頁）。

　この理由は、**Lecture** で示した「考え方 1」からも導くことができるであろう。運転資金を借り入れて、それを使って支店が利益を獲得した後に、当該利益を本店に送金しても、本支店間の資金移転に課税されることはなく、借入金の支払利子は控除できるから、完全親子法人の関係をこのような本支店関係と等しく考えるなら、完全子法人株式に関する負債利子控除は必要ないことになる。

　あるいは、数値を入れた次のような具体例で説明することも可能である。例えば、親会社が運転資金 1000 万円を利率 10％で借り入れ、その借入金を使って事業を行い、1 年で 100 万円の利益を獲得した場合、借入金の支払利子 100 万円は親会社の損金と

2-7 【受取配当金不算入と負債利子控除】

株式等保有割合 （株式等の区分）	受取配当等の額		
100% （完全子法人株式等）	100%益金不算入		
3分の1超100%未満 （関連法人株式等）	100%益金不算入		負債利子控除
5%超3分の1以下 （その他の株式等）	50%益金不算入		
5%以下 （非支配目的株式等）	20%益金不算入		

・国税庁 HP「Ⅱ受取配当等の益金不算入制度の見直し」より作成

なる。したがって、親会社の課税後利益はゼロである。

　仮に、借入金の1000万円をそのまま出資して100%子会社を設立し（あるいは、純資産として現金1000万円だけを有する法人の全株式を借入金の1000万円で購入して子会社とし）、当該事業を子会社に行わせて子会社が利益を獲得した場合、親会社の方で100万円の損金算入、子会社の方で100万円の益金算入が行われるべきである。そうすることで、法人税率を30%と仮定すれば、親会社の課税後損失は70万円、子会社の課税後利益は70万円となり、親子会社トータルでみれば課税後利益がゼロとなる。もし、子会社からの配当に負債利子控除を適用すると、トータルで課税後損失が出ることになり、親会社だけで事業を行ったときと異なる課税結果となる。

▶外国源泉税に対する税額控除の廃止

　外国子会社は、当該外国政府に対して、法人税だけでなく、支払配当に係る源泉税を支払っていることが多い。平成21年度改正によって、この源泉税に対する外国税額控除は認められないことになった（69条1項、令142条の2第7項3号）。また、それらは損金算入することもできないとされている（39条の2、令78条の3）。

　例えば、内国法人P社が、X国に子会社S社を保有し、S社がX国で獲得した利益をP社に配当する場合、S社がX国政府に支払う租税は、①法人税と②配当に係る源泉税の2つである。①はS社の所得に対する租税であるが、②はP社が受ける配当に関する租税である（Pに代わってSが源泉徴収している）。①と②の課税対象となる利益

は、経済的には同一の利益ということもできるが、法律的には別々の利益とされ、別々に課税されている（**【図表2-8】**）。

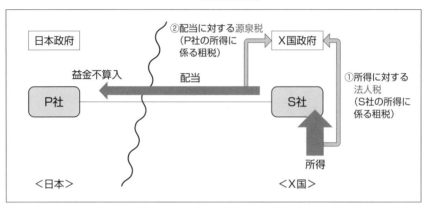

平成21年度改正前は、外国子会社が支払った法人税は間接（外国）税額控除の対象となり、配当に対する源泉税は直接（外国）税額控除の対象になっていたが、改正によって、受取配当等の益金不算入を獲得する代わりに、これら**間接税額控除と外国源泉税に関する直接税額控除の2つをなくした**ことになる。ただし、間接税額控除は昭和37年度改正において初めて導入され、平成4年度改正において対象が外国孫会社まで拡大されたという経緯がある（ここでいう間接税額控除とは、内国法人が外国子会社から配当等を受けた場合、当該子会社の所得に対して課される外国法人税の額のうち、当該配当等に対応する金額を、当該内国法人の納付する外国法人税額とみなして、外国税額控除の対象とする制度のことである）。

直接税額控除が受けられない理由として、立案担当者は、外国子会社配当益金不算入制度の導入により、外国子会社から受ける配当等の額が日本で課税されなくなったため、二重課税の調整をする必要がなくなったとしている（「平成21年度税制改正の解説」（財務省HP）438頁）。外国で獲得した所得については、日本で重ねて課税を行わないという形で二重課税を排除することにしたのだから、これまでのような外国税額控除方式による二重課税の調整はもはや必要ないということなのであろう。したがって、ここでは、テリトリアル型の課税方式が貫徹されている（子会社からの配当について外国で課税された部分は日本ではもう面倒をみないという領土内課税方式の姿勢が貫かれている）ことになる。

上記のように(i)受取配当益金不算入を獲得して、(ii)間接税額控除と(iii)外国源泉税に関する直接税額控除の2つを失ったのであるから、もし(i)<(ii)+(iii)であれば、改正の前

後を通じて、企業としては結果的に増税となり、国庫としては税収増となる（一方で、(i)＞(ii)＋(iii)であればその反対である）。仮に、23条の2の立法目的が資金還流なのであれば、政府には条約を改正することで配当に対する外国源泉税の税率を下げる努力が必要ということになろう。

▶ハイブリッド・ミスマッチ等への対処

（i）二重非課税

　2つの性質を併せ持つハイブリッド証券というものがある。例えば、外国子会社であるS社が、日本の親会社であるP社に配当を支払う場合、配当を受け取ったP社からみれば株式（子会社株式）であるが、S社側では社債のように支払配当が損金算入できる証券が存在する。

　この例でいうとS社がP社に対して支払った配当額は、S社において損金算入されS社の所得を減額する。もし、この配当を受け取ったP社において、23条の2第1項をそのまま適用して益金不算入とするならば、支払側で損金算入、受取側で益金不算入というミスマッチが起こる。つまり、配当が両方の側で課税所得を構成しないという意味での二重非課税（double non-taxation）が生じているのである。

　外国子会社配当益金不算入制度が導入された当初は、このような損金算入配当もこの制度の対象とされていた（この制度導入前の間接税額控除制度では対象外とされていた）。対象に含める理由として、外国子会社の所得については、その所在地国の課税によって完結しており、所在地国における課税の可否や税率の多寡は問わないこと等があげられていた。この理由について、外国での課税によって日本の課税が左右されないという制度（そういう意味でのテリトリアル型の課税方式）を採用したと捉えるのであれば、理解できないことはない。

（ii）BEPS対応

　しかし、そのような扱いでは、上記の二重非課税の問題が残ってしまう。この問題は、OECDとG20による「税源浸食と利益移転（Base Erosion and Profit Shifting）」への取り組み（BEPSプロジェクト）において、「ハイブリッド・ミスマッチ取極めの効果の無効化（Neutralising the Effects of Hybrid Mismatch Arrangements）」として取り上げられた項目の1つであり、メンバー国である日本としてもOECD・G20の方針に従う必要性があった。

　そこで、平成27年度改正において、損金算入配当の益金不算入を制限するルールを導入することにしたのである。すなわち、外国子会社の支払う配当が、当該子会社の存する国または地域の法令において損金の額に算入することとされている場合には、23条の2第1項の益金不算入は原則として適用されないことになった（同条2項1号）。

ただし、配当の（全部ではなく）一部が損金算入となる場合は、損金の額に算入された部分の金額（損金算入対応受取配当等の額）をもって、益金不算入の対象外とすることができる（23条の2第3項）。また、配当を受けた事業年度後に、損金算入対応受取配当等の額が増額された場合、益金不算入の対象外とされる金額は、その増額された後の損金算入対応受取配当等の額とされる（同条4項）。その場合には、配当を受けた事業年度の益金不算入額を再計算することになる。

　なお、上記の改正内容を受けて、益金不算入の対象から除外される配当に係る部分の外国源泉税が損金不算入の対象外とされることになった（39条の2カッコ書）。すなわち、費用と収益を対応させるという趣旨から、益金不算入の対象外とされる部分において、損金算入の対象にする（損金算入が復活する）ということである。同様に、益金不算入の対象から除外される配当に係る部分の外国源泉税は、外国税額控除の対象にもなりうる（69条1項、令142条の2第7項3号）。ただし、損金算入と外国税額控除の両方を享受することはできない。外国税額控除の方を選択する場合、損金不算入となる（41条）。

(iii) 外国税額控除の見直し（令和元年度改正および同2年度改正）

　ハイブリッド・ミスマッチに対する直接の対応ではないが、令和元年度改正および同2年度改正において、外国税額控除の対象とならない外国法人税の額が見直され、その範囲が拡大された。

　令和元年度改正では、内国法人が有する株式等を発行した外国法人の本店または主たる事務所の所在する国等の法令に基づき、その外国法人に係る租税の課税標準または税額等につき更正または決定に相当する処分があった場合において、当該処分が行われたことにより増額されたその外国法人の所得の金額に相当する金額に対し、これを23条1項1号の配当等とみなして課される外国法人税の額が、外国税額控除の対象外とされることになった（令142条の2第7項5号）。上記増額された外国法人の所得の金額は、日本では所得として認識されておらず（二重課税の不存在）、外国税額控除による二重課税排除の対象とする必要がないからである。

　同じ理由（二重課税の不存在）から、令和2年度改正においては、内国法人との間に資本関係、取引関係等の関係がある「他の者」の所得に対し、当該内国法人の所得の金額とみなして課される外国法人税の額が、外国税額控除の対象外とされた（令142条の2第7項5号）。さらに、内国法人の国外事業所等において、当該国外事業所等から本店等または他の者に対する支払金額等がないものとした場合に得られる所得につき課される外国法人税の額も、対象外となった（同項6号）。後者の改正には、アメリカにおける税源浸食濫用防止税（Base Erosion and Anti-Abuse Tax（BEAT））の日本への影響がみてとれる（アメリカで濫用防止のために追加的に課された租税を日本で税額控除の対象から外す措置であるようにみえる）。

▶還付加算金

　既述のように還付金は益金不算入であるが、還付加算金（2条43号）の方は、利子と同じ性質を有するため益金に算入される（同様に所得税の還付加算金は雑所得と考えられている）。

　一方で、受け取れば益金算入されるのだから、受領した還付加算金を戻す場合は損金に算入できる。例えば、いったん還付を受けた後で、更正処分によって法人税が追徴されるような場合、還付加算金相当額も徴収されるが、この還付加算金相当額は損金に算入されることになる（38条1項2号）。修正申告により納付すべき還付加算金相当額が生じた場合も同様である（同号）。

2. 役員給与の損金不算入

Lecture

(1) 概説

　法人が役員に支給する給与は、条文上の別段の定めがない限り、本来損金に算入すべきものです（なお、ここでいう役員給与のなかには、報酬だけでなく、賞与が含まれていることにまず注意して下さい）。役員への給与は、使用人（従業員）への給与と同様に、法人にとって収益を獲得するための費用であり、原則として22条3項2号に該当すると考えられるからです。

　このことは、給与を受け取る側の課税（所得税法上の扱い）から説明することもできます。所得税法28条では、役員と使用人とを区別することなく、双方を給与所得として課税します。給与所得該当性の基準とされる従属性や非独立性（最判昭和56年4月24日民集35巻3号672頁［弁護士顧問料事件］参照）は、使用人はもとより、法人の役員についても、国会議員や裁判官の場合と同様にあてはまります。したがって、法人が支払ったものが給与であれば、その支給先が誰であろうと、原則的には損金算入できると捉えることが可能です。もし、法人側で損金算入できなければ、支払を受けた側において給与所得としての課税を受けている以上、二重課税が起こってしまうからです。

　しかし、実際の条文（34条）では、使用人給与と役員給与を区別して、後者に対して特別の損金算入制限をかけています。なぜでしょうか。それは、一般

に役員が自身で自らの給与額を決めることができるからです（給与所得該当性の判断基準である「従属性」の意味は、国語辞典とは少し異なり、主として「何らかの空間的、時間的な拘束を受ける」という意味であって、「業務遂行に必要な様々な判断が自分自身でできない」ことではありませんが、それでも、法人税法では、役員が自らの給与を決定できるという現実を無視できないのです）。

　また、日本の法人のほとんどが同族会社であり、かつ欠損法人が多いこととも無関係ではありません（☞法人数の内訳・p.7）。実際、34条等の規定が存在しなかった時代には、同族会社の行為計算否認規定（☞同族会社の行為計算否認規定・p.335）によって、役員に対する一定の報酬、賞与、退職金等が損金不算入とされていました。その当時から現在に至るまで、法人税法は役員の行動に対して一種の猜疑の目を向けているといえなくもないのです。

　このように法人税法は、**恣意的な役員給与額の決定による課税ベースの縮小**（法人による恣意的な税負担の調整）を懸念してきました。もし、役員給与が常に損金算入できるのであれば、例えば、業績が好調で、事業年度末に算出される法人利益が多くなりそうなことがあらかじめわかった場合、役員に対して臨時的な報酬を支払うことで、法人の所得を減少させることが可能になります。現在でも会社法は、「お手盛り」を防止する規定（会361条）を有していますが、全取締役に対する報酬等の総額の最高限度額を定めればよいと解されているため、当該限度額内であれば課税ベースの縮小は可能です。それに臨時株主総会を開催すれば、限度額そのものを変えることも不可能ではありません。

　このような恣意的な課税ベースの縮小行為に対しては、臨時的な役員報酬の実質は役員賞与であるという理由から、平成18年度改正前の35条に基づいて損金不算入とされてきました（最判昭和57年7月8日訟月29巻1号164頁）。

(2) 平成18年度改正

　平成18年度改正前の35条が役員賞与を損金不算入とするのは、それが利益処分に該当したからです。当時の商法に基づいて、会社の税引き後当期未処分利益（会社が獲得した当期純利益から法人税を支払った後の利益）を株主総会の決定に基づいて処分することは、そもそも利益を獲得するために必要な支出ではないから、損金算入することはできないと考えられていました（役員賞与や配当の支払は、当期における税引後の利益の処分なので、法人税法においても損金と

して税引前の利益から控除することはできないというわけです）。また、実際は賞与にあたるものを報酬の名目で役員に給付するような行為は、「隠れた利益処分」に該当するため、同改正前の34条1項（過大な役員報酬等の損金不算入）により損金不算入とされてきました。

しかし、平成18年に施行された会社法が利益処分案という概念を廃止したために、法人税法は損金不算入の根拠づけ（利益処分としての損金不算入という根拠づけ）を欠くこととなりました。このことが、役員報酬と役員賞与に関して平成18年度改正が行われた大きな理由の1つだと考えられています。すなわち、同改正によって、それまでの役員報酬と役員賞与を一緒にした「役員給与」という概念を法人税法において創設すると同時に、**役員給与一般に関する損金不算入ルール**（34条）を導入したのです。

もっとも、企業会計や会社法では、従前より役員報酬や役員賞与は費用であるという考え方が強いようです。例えば会社法361条1項は、取締役の賞与を報酬と同様に職務執行の対価としています。したがって、平成18年度改正前はもとより、現行法においても、要件を満たして初めて損金算入を許す法人税法とは、役員給与に関する考え方が異なっているといえるでしょう。

(3) 法人税法34条の大まかな構造

34条1項柱書は、内国法人がその役員に対して支給する給与（カッコ書に示すものを除く）のうち、同項各号に掲げる給与のいずれにも該当しないものの額について、損金算入を否定しています。ここからわかることは、**34条1項が損金算入を制限する規定であること**、そして、この規定により損金算入制限を受ける給与から、①カッコ書に示すもの、②34条1項各号に該当するものが除かれているということです。さらにいうと、そうやって除かれたものが、損金算入できるのかどうかについて、34条1項柱書は何も規定していません。

①でいうカッコ書に示されるのは、(イ)**退職給与**（業績連動給与に該当しないもの）、(ロ)**使用人兼務役員に対する使用人部分給与**、(ハ)34条3項の適用がある給与です。(イ)と(ロ)については、損金算入できる部分がありえますが、(ハ)すなわち、「内国法人が、事実を隠蔽し、又は仮装して経理をすることによりその役員に対して支給する給与」については、34条3項によって明文で損金算入が否定されています。つまり、順番としてはまず3項が優先して適用され、その

段階で損金不算入となります。法人の代表者に対する役員給与として経理処理すべきであったものを、法人の従業員であった代表者の内縁の妻に対する給与の支給であると仮装して経理処理をしたとして、34条3項を適用した事例があります（東京地判令和元年5月30日税資269号順号13278、控訴審：東京高判令和2年1月16日税資270号順号13367）。

②でいう給与とは、(a)定期同額給与、(b)事前確定届出給与、(c)業績連動給与の3つです。したがって、34条1項によって損金算入が否定される役員給与とは、上記(イ)(ロ)に該当せず、かつ上記(a)〜(c)にも該当しない給与ということになります。

一方で、上記(イ)(ロ)や(a)〜(c)に該当すれば、すぐに全額が損金算入できるのかといえば必ずしもそうではありません（既述のように(ハ)に該当すれば全額損金不算入）。34条2項は、役員給与のうち「不相当に高額な部分の金額」の損金不算入を規定しているからです。

ここではさらに、34条2項にある「前項又は次項の規定の適用があるものを除く」というカッコ書の文言にも注意が必要となります。「前項」は1項、「次項」は3項をさします（3項の場合、明文で損金不算入となっていることには既に触れました）が、「1項の適用があるもの」とは、1項によって損金不算入とされるものを意味します。なぜなら、1項柱書は、（カッコ書を除けば）ワンセンテンスであり、その述語は「損金の額に算入しない」となっているからです。つまり、1項によって損金不算入とされなかったもの、および3項によって損金不算入とされなかったもの（1項と3項の網の目を潜ったもの）だけが、34条2項の審査を受けることになるのです。

ここまでが、34条1項〜3項までの大まかな構造です。同条は損金算入制限規定ですから、これら各項の適用を受けなかった部分は、同条による損金不算入とはならず、他に別段の定めがない限り、原則である22条3項2号に立ち返って、損金算入の可否が判断されると考えられます（東京地判平成29年3月10日訟月64巻6号954頁参照）。換言すれば、本質的には法人の費用であり、損金に算入すべき役員の給与について、ここまで面倒な方法で慎重に損金該当性を吟味していることになります。

(4) 法人税法 34 条 1 項各号

上記(a)〜(c)で示した 34 条 1 項各号について、以下で簡単に説明しておきます。まず、(a)の定期同額給与からです (34 条 1 項 1 号)。これは、支給時期が 1 月以下の一定の期間ごとである給与（定期給与）で、**各支給時期における支給額が同額であるもの**をいうとされています。役員といっても、使用人と同様、生活のため毎月同額の給与を支給されている場合が多く、そのような給与を損金不算入としないためのルールだと考えられます。

なお、平成 29 年度改正によって、定期同額給与の範囲に、租税および社会保険料の源泉徴収等の後の金額（いわゆる手取額）が同額である定期給与が加えられることになりました (令 69 条 2 項)。外国から日本に派遣された役員等は、額面額ではなく手取額を基準に実質的な報酬額が決められる場合があるので、これを念頭に置いた改正だと考えられます。

2 つ目は、(b)の事前確定届出給与です (34 条 1 項 2 号)。この典型例は、その役員の職務につき所定の時期に**確定した額の金銭**（または確定した数の株式等）を交付する定めに基づいて支給する給与（定期同額給与および業績連動給与を除く）で、所定の届出期限までに納税地の所轄税務署長にその定めの内容に関する**届出をしているもの**です。支給時期、支給額（または支給数）が事前に確定的に定められ、その定めの通りに支給されることで、所得操作に関する恣意性が排除されるために、損金算入性が認められているのです。

事前確定届出給与は、一定の要件下ではありますが、平成 18 年度改正前の役員賞与の一部について、損金算入を認めるという効果を有します。役員についても、（使用人と同じように）あらかじめ定められている報酬の一部を盆暮れ等に（ボーナスとして）支給するような場合は、損金算入を認めてよいとする昭和 38 年の税調答申（税制調査会「所得税法及び法人税法の整備に関する答申（昭和 38 年 12 月）」37 頁）があったのですが、平成 18 年度改正による 34 条 1 項 2 号は、実に 40 年以上経ってから、この答申の内容を実現したことになります。

損金不算入とされない役員給与の 3 つ目は(c)の業績連動給与です (34 条 1 項 3 号)。いわゆる業績連動型の報酬について、法人の利益に連動して役員給与を事後的に定めることを許容するのであれば、安易な所得操作の余地を与えることになるとして、損金算入が否定されてきました。一方で、役員給与が職務執行の対価である以上、上記のような恣意性が排除できれば、損金算入を認め

ることに問題はなく、またそうすることが、多様な役員給与の支給に法人税法が不当に干渉しないこと（中立的な税制）にも繋がります。

そこで、平成18年度改正は、**支給の透明性や適正性を確保するための一定の要件を課した上で**、一定の業績連動型報酬を損金不算入扱いの例外としたのです（平成29年度改正前は「利益連動給与」と呼んでいました）。

これら34条1項各号に関する具体的な判断基準については、どちらかといえば形式的な支給形式に依存しているようにみえます。個々の事案において実質的に費用性の有無を判断することには相当の手間がかかるので、一種の割り切りによって一定の形式基準を重視する方法を採用したともいえます。

(5) 不相当に高額な役員給与等

34条2項は、不相当に高額な役員給与を損金不算入としています。この規定の対象となるのは、1項および3項で捕まえられなかったもの、すなわち34条1項と3項によって損金不算入とされなかった役員給与です。

したがって、たとえ34条1項各号に規定される定期同額給与、事前確定届出給与、業績連動給与であっても、不相当に高額な部分は、同条2項によって損金不算入となるのです。同様に、(イ)退職給与(業績連動給与に該当しないもの)、(ロ)使用人兼務役員に対する使用人部分給与についても、1項カッコ書により同項の対象から外されているので、2項の対象となり、不相当に高額な部分は損金算入できないことになります。(ロ)の給与は、34条における「役員」給与の一部である（使用人兼務役員は、使用人としての職務を有している「役員」であり、したがって、その給与は、使用人としての職務に対する部分を含めて「役員給与」とされる）ことに注意して下さい（☞役員に対する不相当に高額な給与・退職給与・使用人部分賞与・p.155）。

なお、**使用人兼務役員**とは、役員のうち、部長、課長その他法人の使用人としての職制上の地位を有し、かつ常時使用人としての職務に従事するものをいいます（34条6項）。ただし、社長、理事長その他政令で定めるものは、（同項カッコ書および施行令71条1項により）使用人兼務役員になれないことになっています（特許業務法人の社員たる弁理士が、（34条6項および施行令71条1項各号に定める役員には該当しないとしつつも）一般には使用人兼務役員に該当しないことについて、東京地判平成29年1月18日税資267号順号12956およびその控訴審である東

京高判平成 29 年 8 月 28 日訟月 64 巻 5 号 826 頁参照）。

　また、役員が（自らに給与等を支払う代わりに）家族等を法人の使用人（役員で
も使用人兼務役員でもない、ただの使用人）にして、その者に過大な給与を支払う
ことで、34 条 2 項の適用を回避することが考えられます。そこで 36 条は、そ
のような回避行為を防止するために、内国法人がその役員と**特殊の関係のある
使用人**に対して支給する給与等のうち不相当に高額な部分を損金不算入とし
ているのです（特殊関係使用人の範囲については施行令 72 条参照）。ただし、使用
人兼務役員に対する使用人部分給与は、36 条による損金不算入の対象外です。
36 条は、使用人兼務役員ではない使用人に対する規定だからです（上に示した
ように、使用人兼務役員に対する使用人部分給与は、34 条 2 項の対象となります）。

(6) 隠蔽仮装された役員給与

　事実を隠蔽または仮装して経理することにより支給する役員給与の額は、既
述の通り損金不算入となります（34 条 3 項）。具体例としては、役員に帳簿外で
毎月 10 万円の給与を支給しつつ、同額の売上げを計上しないようにした場合
が考えられます。この場合、売上計上漏れ部分が益金に算入されるのは当然
ですが、問題となるのは損金算入の方です。

　もし、34 条 3 項がなければ、たとえ隠蔽または仮装された給与であっても、
34 条 1 項各号に該当し、かつ不相当に高額でない限り、損金算入の可能性が
残ることになります。しかし、これは妥当とはいえませんから、立法により対
処をしているわけです。不正な給与の損金性を否定する同条 3 項の背後には、
公序（public policy）の理論があるといわれています。

　また、仮に損金算入が可能となり、したがってその部分に関する所得が、給
与を支給する法人において発生しないということになれば、たとえ隠蔽があっ
ても、それに起因した**脱税額**もないことになってしまいます（東京高判平成 9 年
1 月 22 日税資 226 号 3470 頁）。しかし、34 条 3 項があるため、そのような事態の
発生が防止されているといえます。

▶役員の範囲

　法人税法上の「役員」の範囲は会社法より広い。2条15号の定義によれば、「法人の取締役、執行役、会計参与、監査役、理事、監事及び清算人」並びに「これら以外の者で法人の経営に従事している者のうち政令で定めるもの」とされる。後者については、施行令7条1号が、法人の使用人以外の者でその法人の経営に従事しているものをあげている（同族会社については、令7条2号に特別の規定がある）。また、34条が対象とする「給与」の概念も広く、通常の意味における報酬や賞与に限らず、債務免除による利益その他の経済的な利益が含まれる（34条4項）。

▶隠れた利益処分

　平成18年度改正前の35条1項は、役員に対する賞与を明文で損金不算入としていた（その理論的根拠は、既述のように賞与が旧商法上の利益処分に該当したことに求められた）。そこで、所得の減少を目論む法人としては、「賞与」という法形式をあえてとらずに、臨時的な過大報酬の支払、法人から役員に対する無利息貸付や資産の低額譲渡、役員から法人に対する過大利息による貸付や資産の高額譲渡といった法形式を選択することが考えられる。

　このような法人から役員への経済的な利益供与が「隠れた利益処分」である。平成18年度改正前の34条1項は、内国法人がその役員に対して支給する報酬の額のうち不相当に高額な部分を損金不算入とする内容（現行34条2項とほぼ同じ内容）であったが、この規定の趣旨は、「隠れた利益処分に対処し、課税の公正を確保しようとするところにある」とされていた（名古屋地判平成6年6月15日訟月41巻9号2460頁）。

　現行法では、上記のような役員に対する経済的な利益の供与は、34条1項各号を満たさないから、その段階で損金不算入となる。利益処分という概念に依拠できない以上、現行法は、この概念を使う必要がないように設計されているといえる。なお、経済的利益の供与が役員にとって給与とされる場合は、給与の支払者とされる法人側において、源泉徴収義務が生じることになる（所法183条1項）。

▶定期同額給与における事業年度中の支給額変更

　定期同額給与に関してとりわけ問題となるのは、事業年度の途中で支給額を変えた場合である。既述のように、支払給与の損金算入を利用した法人所得の調整は、法人税法が懸念している恣意的な課税ベースの縮小を意味する。一方で、所得調整という目的がなくても、企業は年度の途中で支給額を変更しなければならない場合がある。しかし、法人税法が一切の支給額変更を認めないのであれば、支給額を僅かに変更しただけでも、全体として定期同額給与に該当しないとされて、年間支給額の全額が損金不算入と

なりかねない。

　そこで施行令は一定の給与改定について、損金算入への道を開いている。具体的には、(i)事業年度開始の日の属する会計期間開始の日から3月を経過する日までに行われた改定（例えば、定時株主総会の決議により改定が行われた場合）、(ii)役員の職制上の地位や職務内容の重大な変更等（「臨時改定事由」）による改定、(iii)法人の経営状態が著しく悪化したこと等（「業績悪化改定事由」）による改定については、それぞれの改定ごとに定期同額給与であるかどうかが判断される（令69条1項1号）。これらの場合は、改定の前後を通じて、支給額が同額にはならないが、それぞれが定期同額給与にあたると判断できるのであれば、年間支給額の全額が損金算入可能となる。

　では、上記(i)〜(iii)に該当しない改定についてはどう扱うべきか。

　例えば、4月から翌年3月までを事業年度とする法人が、月額100万円（年額1200万円）としていた役員給与を（上記(i)〜(iii)に該当しないのに）2月と3月だけ120万円にしたとする（これを【事例2-7】とする）。

　【事例2-7】の場合、損金不算入となるのは、①上乗せされた合計40万円部分だけなのか、それとも②支給総額の全額（1240万円）なのかという問題が生じる。34条1項1号および施行令69条1項1号の文言を素直に読めば、全額損金不算入となりそうである。一方で、恣意的に課税ベースが縮小されたのは上乗せ部分だけであるから、その部分だけを損金不算入とすればよいようにも思える。

　この点に関して課税実務（国税庁「役員給与に関するQ&A（平成20年12月（平成24年4月改訂））」）では、1200万円部分（100万円×12ヶ月）については定期同額給与と考えることで、40万円部分だけを損金不算入とする①の結論を導いている（次頁の【図表2-9】参照）。

　次に、同じ法人が2月と3月の役員給与だけ80万円に減額したとする（これを【事例2-8】とする）。

　上記と同じように考えるのであれば、【事例2-8】の場合は、960万円部分（80万円×12ヶ月）が定期同額給与となり、200万円部分（(100−80)×10ヶ月）だけを損金不算入とする方法（あるいは4月と5月の支給額が前年の総会決議に基づくものと考えられる場合は、160万円部分（(100−80)×8ヶ月）を損金不算入とする方法）がありえる（次頁の【図表2-10】参照）。全額損金不算入にはならないから、これらは納税者に有利な解釈といえなくもない。しかし、理論的に疑問がないわけでもない。例えば、【事例2-8】について、損金不算入とされた200万円（あるいは160万円）に費用性が全くないとは言い難い場合が考えられる（【事例2-7】の場合は、増額した40万円だけが損金不算入となるが、【事例2-8】の場合、これまで支払ってきた200万円（あるいは160万円）が損金不算入となるという違いがある）。

2-9 【月額100万円としていた役員給与を2月と3月だけ120万円に増額】

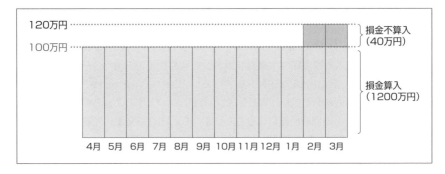

2-10 【月額100万円としていた役員給与を2月と3月だけ80万円に減額】

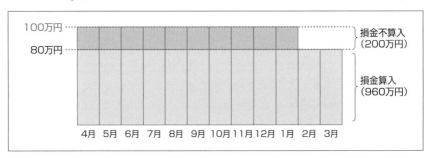

　立法論としては、利益獲得との関係で費用性があるかという観点から、給与の支払形式というより、むしろその実質的な内容に照らして不相当に高額な部分に該当するか否かを判断し、その部分を損金不算入にすることで足りる（つまり、現行34条1項各号による制限は、費用性との関係で厳し過ぎる）という考え方もありえるだろう。これは、どちらかといえば、平成18年度改正前への回帰を望む発想ともいえる。

▶事前確定届出給与における届出日

　事前確定届出給与となるためには、所定の届出期限までに、納税地の所轄税務署長に対して、役員の職務につき所定の時期に確定額を支給する旨の定めの内容に関する届出をしなければならない（34条1項2号）。

　ここでいう届出期限とは、株主総会等の決議によって事前確定給与の定めをした場合、その決議をした日から1月を経過する日であり（令69条4項1号）、臨時改定事由による場合、当該事由が生じた日から1月を経過する日である（同項2号）。税務署長へ届け出た支給額と実際の支給額が異なる場合、恣意性排除の観点からは（増額された場合だけでなく、減額された場合でも）、当該支給が全体として事前確定届出給与に該当しないこ

ととなり、原則として支給額の全額が損金不算入とされることとなろう（法基通9-2-14）。

　ただし、非同族会社の定期給与を支給しない役員（いわゆる非常勤役員）については、上記の届出は不要とされている（34条1項2号イカッコ書）。同族会社とは異なり、給与額の決定について不特定多数の株主による牽制機能が働くため、恣意的な所得操作のおそれが低いと考えられるからである。

▶事前確定届出給与における複数回の支給

　使用人に対する通常の賞与と同じように、年に2回の支給が予定されていて、1回目は届出通りの支給額であったが、2回目の支給額が届出通りでないような場合、事前確定届出給与に該当せず損金不算入となるのは、支給された全額なのか、それとも2回目の支給分だけかという問題がある。

　この問題に関して、事前確定届出給与について「一の職務執行期間中に複数回にわたる支給がされた場合に、当該役員給与の支給が所轄税務署長に届出がされた事前の定めのとおりにされたか否かは、特別の事情がない限り、個々の支給ごとに判定すべきものではなく、当該職務執行期間の全期間を一個の単位として判定すべきものであ〔る〕」として、全額を損金不算入とした近時の裁判例がある（東京地判平成24年10月9日訟月59巻12号3182頁、その控訴審として東京高判平成25年3月14日税資263号順号12165）。判決は、個々の支給ごとに判定すべきものであるとすれば、支給の都度、個々の支給を事前の定めの通りにするか否かを選択して損金の額を欲しいままに決定し、課税を回避するといった弊害が生ずることを懸念したのである。

　ただし、国税庁の「平成19年3月13日付課法2-3ほか1課共同『法人税基本通達等の一部改正について』（法令解釈通達）の趣旨説明」では、基本通達9-2-14に関する「解説」において、「例えば、3月決算法人が平成18年6月26日から平成19年6月25日までを職務執行期間とする役員に対し、平成18年12月及び平成19年6月にそれぞれ200万円の給与を支給することを定め、所轄税務署長に届け出た場合において、当該事業年度（平成19年3月期）中の支給である平成18年12月支給分は定めどおりに支給したものの、翌事業年度（平成20年3月期）となる平成19年6月支給分のみを定めどおりに支給しなかった場合は、その支給しなかったことにより直前の事業年度（平成19年3月期）の課税所得に影響を与えるようなものではないことから、翌事業年度（平成20年3月期）に支給した給与の額のみについて損金不算入と取り扱っても差し支えないものと考えられる」として、一定の事業年度を跨ぐ支給について、納税者に有利な取扱いを認めている。

▶ Column　インセンティブ報酬とコーポレート・ガバナンス

　34条1項2号の給与には、いわゆるリストリクテッド・ストックとしての譲渡

制限付株式やストック・オプションとしての譲渡制限付新株予約権が含まれるが、これらのうち一定のものについて事前確定の届出は不要とされている（34条1項2号ロ・ハ）。このルールは、平成28年度および29年度改正によって導入された。

　これは、コーポレート・ガバナンスの考え方を取り入れ、インセンティブ報酬としてのリストリクテッド・ストックやストック・オプションの使い勝手を法人税法上も考慮した改正ということになろう。なお、上記譲渡制限付株式および譲渡制限付新株予約権の損金算入ルールについては、54条および54条の2においてそれぞれ規定されている（☞譲渡制限付株式および譲渡制限付新株予約権を対価とする費用・p.152）。

　平成29年度改正において、業績連動給与に関する指標の範囲が拡大されたこと等（☞業績連動給与に関する平成29年度改正・p.151）も、同じくコーポレート・ガバナンス改革の観点からの改正と位置づけられている。

　ここでのキーポイントは、法人税法に「役員の役割とは企業価値を高めることである」という視点が入ったことであろう。これは、企業価値を高めることへの対価としての役員給与という報酬形態を株主が認めているのであれば、法人税法でも損金算入を認めてよいという考え方に繋がる。

　一方で、利益処分的な分配、すなわち法人の儲けを役員の間で山分けするような分配は（利益を株主間で山分けする配当と同じであるから）、伝統的に損金算入を認めることはできないとされてきた。そのような伝統的な考え方が、株主の目線において「企業価値を高める」というコーポレート・ガバナンスの観点から緩和されてきたということであろう。これは法人税法の大きな変化を示す改正と捉えることができるが、「利益処分的だから損金不算入」という伝統的な発想が根強く残っている（法改正によって一部が緩和されたに過ぎない）ことを示しているともいえる。

▶業績連動給与の具体的な内容

　業績連動給与とは、具体的には、内国法人（同族会社にあっては、同族会社以外の法人との間に当該法人による完全支配関係があるものに限る）が、その業務執行役員に対して支給する給与で、その算定方法が、利益の状況を示す指標、株式の市場価格の状況を示す指標、売上高の状況を示す指標を基礎とした客観的なものであり、以下の(i)〜(iii)の要件（34条1項3号）を満たすものである。

　すなわち、(i)金銭の給付にあっては確定額を、株式または新株予約権による給与にあっては確定した数を、それぞれ限度としているものであり、かつ他の業務執行役員に対して支給する業績連動給与に係る算定方法と同様のものであること、(ii)政令で定める日までに、報酬委員会が決定をしていること（その他の政令で定める適正な手続を経ていること）、(iii)その内容が、上記(ii)の政令で定める適正な手続の終了の日以後遅滞なく、有価証券報告書に記載されていることである。

　(i)でいう「確定額を限度としている」とは、支給額の上限が具体的な金額をもって定められていることを意味しているのであって、例えば、「経常利益の10％を限度とする」

というような定め方では、この要件を満たさないことになる（法基通9-2-18）。また、(ii)でいう政令で定める日とは、事業年度開始の日の属する会計期間開始の日から3月を経過する日とされている（令69条13項）。

なお、条文上、業績連動給与は業務執行役員に対して支給されるものに限られているから、法人の役員であっても、取締役会設置会社における代表取締役以外の取締役のうち業務を執行する取締役として選定されていない者、社外取締役、監査役および会計参与は、ここでいう業務執行役員には含まれないことになる（法基通9-2-17）。

▶業績連動給与に関する平成29年度改正

算定の基礎となる指標の範囲について、改正前は「当該事業年度の利益の状況を示す指標」とされていたが、改正後は、「株式の市場価格の状況を示す指標」および「売上高の状況を示す指標（利益の状況を示す指標又は株式の市場価格状況を示す指標と同時に用いられるものに限る）」が加えられた。また、改正前は「当該事業年度」という極めて短期間だけの指標しか使えなかったが、改正により「職務執行期間開始日以後に終了する事業年度等の指標」を用いることができるようになった（34条1項3号イ）。

さらに、この改正によって、これらの指標を基礎として算定される数の適格株式等を交付する給与で確定した数を限度とするものが対象に加えられた（34条1項3号柱書第3カッコ書）。すなわち、金銭以外の資産が交付される場合でも、役務の提供を受けた内国法人または関係法人（当該内国法人と支配関係のある法人（34条7項、令71条の2））が発行する適格株式（34条1項2号ロ）または適格新株予約権（同号ハ）が交付されるものであれば（☞親法人株式等を利用した場合の損金算入・p.154）、業績連動給与になりうることになった。また、同族会社のうち同族会社以外の法人（非同族法人）との間に完全支配関係がある法人の支給する給与が対象に加えられた（34条1項3号柱書第1カッコ書）。この改正によって、上場持株会社（非同族法人）の100%子会社における業績連動給与の損金算入が可能になった（改正前はすべての同族会社が対象外であった）。

なお、平成29年度改正において、役員に対する退職給与で利益その他の業績を示す指標を基礎として算定されるもののうち業績連動給与の要件（34条1項3号の要件）を満たさないものは、その全額が損金不算入とされることになった（34条1項柱書）。改正前は、同じ利益連動型の給与でも、退職金として支給するのであれば、34条1項3号の審査を回避することができた。その結果、同号の要件を満たさないような給与でも、同条2項の要件を満たした部分（不相当に高額な部分とならない部分）の損金算入が可能であった。上記改正によって、業績連動給与のうち退職給与とそれ以外の給与との不合理な差異は解消されたことになる。

▶譲渡制限付株式および譲渡制限付新株予約権を対価とする費用

（ⅰ）費用の帰属する事業年度

　　役員給与として、譲渡制限付株式や譲渡制限付新株予約権を交付した場合の損金算入を制限するルールは、34条だけでなく、54条および54条の2にも規定されている。前者が譲渡制限付株式（リストリクテッド・ストック）、後者が譲渡制限付新株予約権（ストック・オプション）に関するルールである。

　　34条は、そもそも（譲渡制限付株式や譲渡制限付新株予約権を使用した役員給与が）損金算入できるかどうかに関するルールであり（損金算入できる場合は原則に戻って22条3項が適用されると考えられる）、54条および54条の2は、主として、いつ損金算入できるかという帰属年度に関するルールである。これらの規定は、役員給与に限られず、譲渡制限付株式や譲渡制限付新株予約権を交付した法人における一般的な損金算入のタイミングを規律していると解するべきであるが、以下では役員給与を中心に54条および54条の2について説明する。

　　平成28年度改正は、特定譲渡制限付株式による給与について、事前確定の届出を不要とするとともに（34条1項2号ロ）、当該株式の譲渡制限が解除された日の事業年度において、役務提供に係る費用の額が損金に算入できるようにした（54条1項）。この改正にともなって、新株予約権に関する改正前の54条は、改正後の54条の2へ移動した（この2つの条文の課税方法はおおむね共通する）。

　　現行54条1項によれば、法人側で損金に算入できるタイミングは、役務を提供した役員の「給与等課税額が生ずることが確定した日」、すなわち、一般的には譲渡制限付株式に係る譲渡制限解除が確定した日（権利確定時）である。したがって、**譲渡制限付株式を交付した時点や役務提供があった段階では損金算入できず**、役員が所得税の課税を受けることが確定されるまで待たねばならない（なお、新株予約権の場合は、「給与等課税事由」が生じた日とされている（54条の2第1項）から、役員が所得税の課税を受けた日に、法人側で損金算入されることになる）。

　　なお、令和2年度改正によって、特定譲渡制限付株式の範囲に（改正前における役務の提供の対価として個人に生ずる債権の給付と引き換えに当該個人に交付されるものだけでなく）、当該譲渡制限付株式が実質的に役務の提供の対価と認められるものが追加された（54条1項2号）。これは、令和元年12月の会社法改正（令和元年法律第70号）、すなわち上場会社において取締役または執行役の報酬として株式を発行する場合には出資の履行を要しないとする改正（会202条の2・361条1項3号）を受けた法人税法上の対応である。

（ⅱ）損金算入できる金額

　　54条1項により損金算入できる金額は、（定期同額給与などの場合とは異なり）役員における収入金額と等しくならない（令111条の2第4項）。施行令111条の2第4項

柱書は、（カッコ書を除くと）「特定譲渡制限付株式の交付が正常な取引条件で行われた場合には、法第五十四条第一項の役務の提供に係る費用の額は、当該特定譲渡制限付株式と引換えに給付された債権その他その役務の提供をする者に当該特定譲渡制限付株式が交付されたことに伴つて消滅した債権……の額……に相当する金額とする」と規定しているからである。

　例えば、ある法人が、月額180万円の役員報酬のうち金銭部分を80万円、特定譲渡制限付株式部分を100万円として、金銭と株式をそれぞれ交付していた（役員は報酬債権としての100万円を現物出資することで株式の交付を受けていた）が、制限解除時における当該株式の時価が上昇していて150万円であったと仮定した場合、特定譲渡制限付株式について制限解除時に法人が損金算入できる金額は、100万円であって、150万円ではない。一方で、制限解除時に役員の収入金額となる金額は、所得税法施行令84条1項に基づいて150万円となる。同様に新株予約権の場合も、役員等がストック・オプションを行使して課税される金額と（そのタイミングで）法人が損金算入できるようになる金額とは異なる。

　すなわち、法人側と役員側で、タイミング（損金算入が認められる時期と所得課税を受ける時期）は一致するが、金額（損金算入額と収入金額）は一致しないことになる。役員側が給与所得として課税されれば、（既に述べたが）法人には所得税法183条以下に従って、源泉徴収義務が生じる。したがって、法人としては、自らが役員給与を支払ったとして源泉徴収義務を負わせられるのに、損金算入できるのは、役員等によって現物出資された報酬債権等の額に限られているのである。

　立法論としては、このような所得税（役員側の課税）と法人税（法人側の損金算入）における非対称的（unsymmetrical）な扱いを改めて、両者を一致させる方法（上記の例でいえば、法人側でも150万円の損金算入を認める方法）もありえる。

　しかし、金銭報酬と比較した場合のリストリクテッド・ストックやストック・オプションの利点として、会社のキャッシュ・フローを圧迫しない（現金を使用することなく高額報酬支払を可能とする）という見解もある。そうであれば、現金を支出していない法人側で損金算入を認めるのはおかしいということになりそうである。

　もっとも、そもそも会社は（報酬として使用する金銭が不足していようといまいと）新株を発行あるいは自己株式を処分して社外から金銭を獲得し（第1段階）、当該金銭で報酬を支払うこと（第2段階）ができる。そのような二段階の行為と同視して、リストリクテッド・ストックやストック・オプションの場合も、法人が費用を支出していると理論構成することも立法論としては不可能ではないであろう。

　なお、新株予約権の場合、その発行時において、引き換えに払い込まれる金額が、新株予約権の発行時の時価に満たないとき、またはこれを超えるときでも、その差額は、発行法人の損金または益金には算入されないとされている（54条の2第5項）。し

たがって、役務提供の対価としてストック・オプションを付与した場合、新株予約権の時価と提供される役務の対価に差がない場合はもちろんのこと、仮に差があっても、法人は付与時において損金または益金に算入することはできないことになる。すなわち、新株予約権の発行は、株式の発行と同じような扱い（株式の発行は22条5項の資本等取引になる）を受けているのである。

(iii) 親法人株式等を利用した場合の損金算入

特定譲渡制限付株式および特定新株予約権の範囲は、平成29年度改正によって拡大された（制限が解除された）。54条については、役務の提供を受ける法人と特定の関係がない法人が発行した譲渡制限付株式が交付される場合、54条の2については、役務の提供を受ける法人以外の法人が発行した新株予約権が交付される場合であっても、それぞれ特定譲渡制限付株式や特定新株予約権の対象とされることになった（54条1項・54条の2第1項）。

ただし、役員給与については、34条の縛りがかかるので注意が必要である。平成29年度改正後において事前確定届出給与や業績連動給与に該当するためには、交付される株式または新株予約権が適格株式または適格新株予約権でなければならない。適格株式とは、市場価格のある株式または市場価格のある株式と交換される株式で、損金算入を行う内国法人またはその内国法人との間に支配関係がある法人が発行したものであり（34条1項2号ロ・同項3号）、適格新株予約権とは、その行使により市場価格のある株式が交付される新株予約権で、損金算入を行う内国法人またはその内国法人との間に支配関係がある法人が発行したものをいう（34条1項2号ハ・同項3号）。

したがって、子法人の役員に対して親法人の譲渡制限付株式（リストリクテッド・ストック）や譲渡制限付新株予約権（ストック・オプション）が給与として交付されても、子法人における損金算入が可能である。ただし、親法人が関係法人に該当する場合に限られる。ここでいう関係法人とは、子法人たる内国法人との間に支配関係がある法人であり（34条7項）、その給与に係る株主総会等の決議をする日において、その日からその株式または新株予約権を交付する日までの間、その内国法人（子法人）と他の法人（親法人）との間に当該他の法人による支配関係が継続することが見込まれている場合における当該他の法人とされている（令71条の2）。

そのような関係法人が発行した株式や新株予約権は、34条における適格株式または適格新株予約権として扱われ、事前確定届出給与（34条1項2号ロ・ハ）および業績連動給与（同項3号柱書）の対象となる。すなわち、支配関係がある親法人株式や親法人新株予約権を子法人が役員給与として交付した場合、54条または54条の2の要件を満たすならば、34条1項によって損金不算入とはされることはなく、22条3項2号に基づいて損金算入が可能となるのである。

なお、親法人のリストリクテッド・ストックやストック・オプションが子法人の従

業員等に対する給与として交付された場合は、34条の射程外（34条は役員給与に関する損金算入制限規定）であるから、支配関係の有無とは関係なく、54条または54条の2の要件を満たす限り、22条3項2号に基づく損金算入が可能である。

▶役員に対する不相当に高額な給与・退職給与・使用人部分賞与

不相当に高額な部分として、34条2項に関する施行令70条は、①退職給与以外の役員給与（同条1号）、②役員退職給与（同条2号）、③使用人としての職務を有する役員（使用人兼務役員）の使用人としての職務に対する賞与（同条3号）について規定している。

①については、(i)実質基準と(ii)形式基準の2つの基準により算出された金額のうち、多い方が不相当に高額の部分の金額とされる（令70条1号）。(i)は、役員の職務の内容、その内国法人の収益およびその使用人に対する給料の支給の状況、その内国法人と同種の事業を営む法人でその事業規模が類似するものの役員に対する給与の支給の状況等に照らして、当該役員の職務に対する対価として相当であると認められる金額を超える場合におけるその超える部分の金額（同号イ）であり、(ii)は、定款の規定または株主総会等の決議により役員に対する給与として支給することができる金銭の額の限度額等を超える場合におけるその超える部分の金額（同号ロ）である。

②については、内国法人が役員に対して支給した退職給与の額のうち、当該役員の内

2-11 【役員給与損金算入または不算入に関するチャート図】

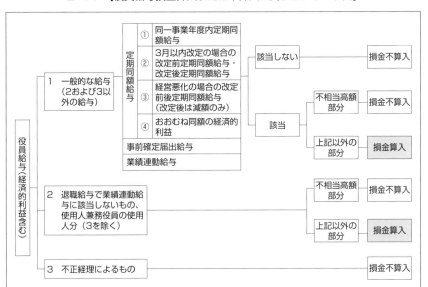

・『平成18年度税制改正の解説』（財務省HP）331頁をもとに作成

国法人の業務に従事した期間、その退職の事情、その内国法人と同種の事業を営む法人でその事業規模が類似するものの役員に対する退職給与の支給の状況等に照らし、その退職した役員に対する退職給与として相当であると認められる金額を超える場合におけるその超える部分の金額が、不相当に高額な部分の金額とされる。

この判断にあたり、実務では「最終月額給与（報酬）×勤続年数×功績倍率」という算式（功績倍率法）に依拠することが多い。その場合、当該算式における月額給与は、選定された比較法人（類似法人）中の(i)退職給与の最高額の平均額なのか、それとも(ii)退職給与の最高額なのかが問題となりうる。東京地判平成28年4月22日税資266号順号12849［残波事件］は、(ii)の考え方を相当としている。また、比較法人をどのように選定するのかも重要な争点となりうる。上記残波事件判決および東京地判平成29年10月13日訟月65巻2号151頁は、売上金額が納税者の売上金額の0.5倍以上2倍以下の範囲内にあるという「倍半基準」を抽出基準として合理的としている。なお、功績倍率について、上記東京地判平成29年10月13日は、平均功績倍率の1.5倍を超えない倍率により算定された役員退職給与の額を相当として認めたが、控訴審判決である東京高判平成30年4月25日訟月65巻2号133頁は、平均功績倍率が34条2項および施行令70条2号の趣旨に最も合致する合理的な方法であるとして、一審判決を取り消した。

平均額か最高額かという問題については、①の役員給与でも問題となりうるが、近時の裁判例である東京地判令和2年1月30日判タ1499号176頁は、法人の売上げを得るために役員（当該法人の代表者）が果たした職責および達成した業績が相当高い水準にあったことに鑑みて、類似法人として抽出された各法人の役員給与の最高額を超える部分が「不相当に高額な部分」にあたるとした。役員の果たした職責および達成した業績に注目することは、法人税法にコーポレート・ガバナンスの観点を取り込む意味においても重要である。もっとも、この事件では、当該役員が法人の発行済株式の総数を所有していたから、この観点がストレートにあてはまるわけではない。むしろ、34条2項の適用において（一般的租税回避否認規定である132条に対する）個別的租税回避否認規定としての性質が反映された事案と捉えるべきであろう。一方で、平均功績倍率（1.06）を使用した東京地判令和2年2月19日税資270号順号13382がある。

なお、功績倍率法と並んで1年当たり平均額法という算定法がある。これは、(i)同業類似法人の役員退職給与の支給事例における役員退職給与の額をその退職役員の勤続年数で除して得た額（1年当たり役員退職給与額）の平均額に、(ii)当該退職役員の勤続年数を乗じて役員退職給与適正額を算定する方法である。この方法が合理的な方法であるとした裁判例として、東京地判令和2年3月24日税資270号順号13403がある。

③については、他の使用人に対する賞与の支給時期と異なる時期に支給したものの額が、不相当に高額な部分の金額とされる。支給時期が異なるだけで、金額の有無を問わ

ず損金不算入とされるので、これは完全な形式基準である。

支給時期が異ならない場合は、①の基準によって判断される。使用人兼務役員の使用人としての職務に対する賞与以外の給与についても、同様に①の給与として判断される。既述のように、使用人部分の給与も役員給与として34条2項による損金算入制限の対象となることに注意すべきである（基本通達9-2-21）（☞不相当に高額な役員給与等・p.144）。

▶ **Column 法人税と所得税の二重控除問題**

役員給与が損金不算入となった場合、給与を支給された役員側の所得税を併せて考えると（法人税と所得税で）二重課税が生じることについては既に述べた。しかし、実際には給与所得控除があるため、役員給与が損金算入されると、所得税との関係では二重控除になるという指摘がある。特に問題視されたのは、一人会社によるいわゆる経費の二重控除である。

当該二重控除の構図について、ごく簡単な例で説明してみる。個人企業で事業を営んでいる甲には、収入が1000、必要経費が300あったとする。したがって、甲に関する所得税の課税ベースは700である。

一方で、甲が法人成りして、実質的な一人会社乙社を設立したとする。乙社には、法人成りしない場合と同様に300の損金があり、これに加えて、さらに甲に対して（過大でない）定期同額給与を200支払ったとすれば、乙社に関する法人税の課税ベースは500となる。もっとも、甲への支払給与が、全額所得税の課税対象となるならば、（所得税と法人税の税率の違いを無視する限り）特に問題はないということは可能であろう。

ところが、甲が受け取った200は、そのまま所得税の課税ベースになるわけではなく、そこから給与所得控除額が除かれる（所法28条2項）。給与所得控除は概算控除であるから、実際の支出の有無や性質を問わず、給与等の収入金額（この場合は200）から自動的に控除される。この給与所得控除額部分を実質的な経費の二重取りと考えて、法人側で損金算入を否定する規定が、旧法人税法35条（特殊支配同族会社の業務主宰役員給与に対する損金不算入制度）であった。この規定は、平成18年度改正で導入されたが　その理由は、同年の会社法施行により、一人会社の設立が容易になったためだと思われる。

もっとも、給与所得控除の中身は必要経費だけではない（近年では「勤務費用の概算控除」が5割で、残りの5割が「他の所得との負担調整のための特別控除」といわれている）から、二重控除になっていない部分が存在するはずである。また、部分的に二重控除の問題が存したとしても、それを法人の損金算入制限で対処することが適切な方法なのか、立法論としては疑問がある。問題の根幹は概算控除としての給与所得控除の方にあり、費用性のある役員給与に損金算入制限をかけるべきではないからである。

平成22年度税制改正の大綱では、35条を廃止することを明言した上で、「給与所得控除を含めた所得税のあり方について議論をしていく中で、個人事業主との課税の不均衡を是正し、『二重控除』の問題を解消するための抜本的措置を平成23年度税制改正で講じる」とした。そして、（当初の予定より1年遅れはしたが）平成

24年度改正において、給与所得控除額に上限を設定することで、この二重控除の問題に対処したのである。

改正後の所得税法28条3項によって、給与等の収入金額が1500万円を超える場合、給与所得控除は245万円で固定された（そこで控除額は頭打ちとなる）。この法改正によって、二重控除の問題は、役員の給与が1500万円を超える部分について、一応解決したことになる。しかし、1500万円以下の部分については、依然として二重控除部分が残ったともいえる。また、一人会社のオーナーに限らず、すべての給与所得者を対象とした給与所得控除の一律制限という方法にも（二重控除防止の観点からは）問題がある。

その後の改正で、平成28年分の所得税については、給与等の収入金額が1200万円超になると給与所得控除は230万円で頭打ちとなり、平成29年分では、給与等の収入金額が1000万円超になると給与所得控除が220万円で頭打ちとされた（所法28条3項5号）。さらに、平成30年度改正によって、令和2年（2020年）分以降は、給与等の収入金額が850万円超になると給与所得控除が195万円で頭打ちとなることになった。

これらの改正は、給与所得控除の水準が「所得税の課税ベースを大きく浸食しており、実際の給与所得者の勤務関連支出に比しても、また主要国の概算控除額との比較においても過大となっていることから……漸次適正化のための見直しが必要である」（平成26年度税制改正の大綱）という方針に沿ったものと考えられる。

3. 寄附金の損金不算入

Lecture

(1) 概説——寄附金が損金算入制限を受ける理由等

損金算入制限規定として、役員給与と並んでよく顔を出すのが寄附金に関する37条です（寄附金の損金算入制限が最初に設けられたのは、昭和17年の臨時租税措置法の改正（昭和17年法律第56号）においてでした）。ここで、37条1項が述べていることを一言でいうならば、「寄附金の額のうち、一定金額を超える部分は、損金の額に算入しない（一定金額は政令で定める）」ということになります。

法人による支出（その法人としては、損金算入できるだろうと考えていた支出）が、寄附金に認定されることを「寄附金課税」と表現する場合があります。これは、寄附金として課税される（寄附金そのものが課税対象となる）ということではなく、寄附金と認定されれば、損金不算入とされる部分において課税ベースが拡大

しますから、結果として課税される金額が増えるという意味です（後ほど扱う交際費等について、「交際費課税」と表現される場合も同様です）。

　寄附金の損金算入が制限される理由とは何でしょうか。寄附金の詳しい定義については、後ほど触れますが、ここでは、一応「寄附＝贈与」としておきましょう。法人が他の法人や個人に贈与をして、それが寄附した側で無条件に損金算入できるとすれば、それだけ法人の課税所得が減少します。**贈与という、法人の利益獲得活動に直接関係のない支出によって、法人税の課税ベースが縮小することを法人税法は問題視しているのです。**

　しかし、営利企業としては、将来にわたって何の見返りも期待しない純粋な贈与をすることなど、通常は考えられません。換言すれば、何らかの経済的効果を見込む部分があるからこそ贈与するのであって、その部分に収益との関連性、すなわち費用性を見出すことは可能です。つまり、ここでの贈与は、個人の親子間で行われる贈与（主として所得税や相続税の世界における贈与）とは異なるといえます。

　法人が行う贈与に費用性があれば、もちろん損金算入させるべきです。しかし、実際には、個々の支出について費用性を判断するのは非常に困難です。**寄附金のなかには、費用性のある部分と、いったん獲得した所得の処分**（平成18年度改正前でいう「利益処分」）**に該当する部分が混在することが多いからです**（大阪高判昭和35年12月6日行集11巻12号3298頁）。そこで、（損金算入できる金額の計算方法について）37条1項の委任を受けた施行令73条1項1号は、寄附を行った法人の(i)資本金と資本準備金の合計額と(ii)所得の金額という2つの要素だけから、機械的に損金算入限度額が計算される内容となっています（熊本地判平成14年4月26日税資252号順号9117参照）。

　ここで気をつけて欲しいのは、限度額の範囲内では損金に算入できるということです。ある支出が寄附金に該当したからといって、一切、損金算入ができなくなるのではありません。寄附金は、原則的ルールである22条3項各号のどれにも該当しないから損金に算入できないのではなく、同項（2号あるいは3号）により、いったん損金に算入するという前提をとりつつ、37条によって算入限度額を設定するという形をとっているのです（この意味では、法は寄附金の損金算入について頭から否定しているのではなく、警戒しているといった方がよいかもしれません）。これが寄附金に関する原則的な考え方です。

一方で、法が損金算入枠を拡大して、例外的に一定の寄附金を推奨しているような場合があります（37条3項等）。また、完全支配関係がある法人間の寄附については、特別の扱いを受けます（同条2項）（☞例外2―グループ法人間の寄附・p.163）。以下では、まず「原則」、次に「例外」の順で述べていきます。

なお、寄附金が支払法人において損金不算入になるかどうかにかかわらず、寄附金を受領した法人には、22条2項（無償による資産の譲受け）に該当して、益金が生じること、もし寄附金の受領者が個人であるなら、法人からの贈与として一時所得（所法34条1項）になりうることに注意して下さい。

(2) 原則――損金算入制限

寄附金の額の定義は、37条7項にあります。そこでは、「金銭その他の資産又は経済的な利益の贈与又は無償の供与」とあり、かつ「名義を問わ」ないとありますから、法人税法上の寄附金の概念は、一般的な寄附の概念よりかなり広いことになります。

一方で、「広告宣伝及び見本品の費用……並びに交際費、接待費及び福利厚生費」は、明文で寄附金から除かれています。そのうち、（交際費については後述しますが）広告宣伝費、見本品費および福利厚生費は、費用性があると認められるので、（資産として計上しなければならないものを除き）原則として損金算入が認められます（22条3項2号）。ただし、実際には、ある支出が広告宣伝費等に該当するのかどうかが、問題となる場合もあります（広告宣伝費ではなく交際費等とされたものとして東京高判昭和39年11月25日訟月11巻3号444頁、一部が寄附金とされたものとして東京地判平成24年1月31日訟月58巻8号2970頁）。

また、法人が支出した寄附金であっても、その法人の役員等が個人として負担すべきものと認められるものは、その役員等に対する法人からの給与として扱われます（法基通9-4-2の2）。そうなると、（37条ではなく）34条に照らして損金算入の可否が判断されることになります。

37条7項は、もう1つ重要なことを規定しています。それは、寄附金となる額は時価を基準に決定するということです。すなわち、金銭以外の資産を贈与したとき、あるいは経済的な利益を供与したときは、そのときの時価によって寄附金の額が算定されます。

例えば、A社が、帳簿価額1000万円、時価1200万円の土地をB社に贈与

した場合、寄附金の額は、帳簿価額ではなく時価とされ、1200万円について損金算入制限がかかるわけです。資産に含み損がある場合（例えば、上記土地の帳簿価額が1500万円であった場合）も同様に、寄附金の額は資産の時価となります。

　なお、37条7項の寄附金に該当するためには、法人が現実に金銭その他の資産または経済的利益の贈与等を行っていなければなりません（東京地判平成21年7月29日判時2055号47頁［F1オートレース事件］）。寄附金の支出は、その支払がなされるまでの間、なかったものとされます（令78条）。課税実務でも、寄附金の支払のために手形を振り出しただけでは、支払を約束したに過ぎないから、現実の支払には該当しないとしています（法基通9-4-2の4）。このように寄附金該当性が一種の現金主義に基づいて判断されるのは、損金算入限度額の範囲で所得操作が行われることを防ぐためだと考えられています。

(3) 法人税法22条2項との関係——主として含み益のある資産の寄附

　寄附金の損金算入制限は、22条2項における無償取引との関係で重要な役割を果たします。すぐ上の例（帳簿価額1000万円、時価1200万円の土地の贈与）において、含み益に関する課税はどうなっていたでしょうか。贈与ですから、無償による資産の譲渡として、益金が1200万円（22条2項）、損金が1000万円（同条3項1号）生じるため、含み益である200万円が課税の対象となります（土地の時価1200万円が寄附金の額とされることについては既に述べました）。つまり、いったんA社がB社に土地を売却して現金1200万円を取得した後で、その現金をB社に贈与した場合と、課税上は同じ結果となります（同じ結果となるだけであって、売却したとみなして課税しているわけではありません）。

　既述の通り、22条2項は、正常な対価で取引を行った者との間の負担の公平を維持し、同時に法人間の競争中立性を確保するために、無償取引からも収益が生ずることを擬制した規定です（☞無償取引・p.70）。しかし、もしここで寄附金の額とされた1200万が、全額損金算入されてしまえば、せっかく公平の観点から22条2項を創設したことが、無駄になってしまいます（1200万円という対価で取引を行った法人と同じ課税にはなりません）。そこで、実際にA社は時価1200万円の土地を手放しているにもかかわらず、その損金算入が制限されるわけです。同じことは無償による役務提供でもいえます（例えば、役務提供の

時価が 1200 万円、役務提供に係る原価の額が 1000 万円であったと仮定してみればよいでしょう）。

つまり、このような場合、22 条 2 項による無償取引への課税を裏から支えているのは、寄附金に関する損金算入制限であるといえます（いわゆる「寄附金課税」という表現が強く意識される場面でもあります）。この部分において、同じように資産が法人の手元からなくなったケースでも、例えば資産が使えなくなって除却された場合などとは異なるのです（法基通 7-7-3 参照）。

ただし、22 条 2 項によって課税対象となる含み益の額と、37 条 1 項によって損金に算入できなくなる寄附金の額は、直接には関係がなく、一致しているわけではありません。また、含み損のある資産が寄附された場合は、原則として、寄附の段階でその含み損が控除の対象となります（22 条 3 項 3 号）。

(4) 例外 1 ——損金算入枠の拡大

国または地方公共団体への寄附金は、37 条 1 項の損金算入制限を受けず（37 条 3 項 1 号）、全額が損金算入できることになります。しかし、これらの寄附金が損金算入できるのは、費用性が強いからではありません。それどころか、費用性の観点からいえば、国や地方公共団体への寄附は（見返りが一切期待できないという意味で）最も費用性のない支出といえます。

国等への寄附金を課税上有利に扱うのは、政策的にそのような寄附を推奨しているからです。受領した寄附金は国や地方公共団体の財源となるので、寄附される側にとっては、国税や地方税と似た機能を果たします。しかし、寄附する側での効果は異なります。法人税率が 30％だと仮定して、100 万円を国に寄附した法人は、課税ベースである法人所得が 100 万円減少するとはいえ、法人税は 30 万円（100 万円×30％）しか減額されません（これは所得税の場合の所得控除と同じ構図です）。また、国からみれば、100 万円の寄附を受ける一方で、30 万円の税収を失っていることになります。

国等への寄附を推奨するのと同様の理由から、公益を目的とする事業を行う法人または団体に対する寄附金のうち、一定の要件を満たすものとして、財務大臣が指定したもの（いわゆる指定寄附金）も、その全額が損金に算入されることになっています（37 条 3 項 2 号）。すなわち、税制が公益の実現を後押ししているのです。

そして、このタイプの寄附金には、**納税者が租税の使い道を決めるという側面**があります。上記と同じ 100 万円を（国ではなく）特定の公益社団法人 A に指定寄附金として支出した場合、国の税収が 30 万円減少しますから、A が取得した 100 万円のうち 30 万円は、国から支出されたものと同視することが可能です。この結果を発生させたのは、寄附をした法人ですから、その意味において、納税者としての法人が租税の使途を決定した（政府に実質的な意味での補助金を A に対して交付させた）といえるのです。

　政府による公益法人等への補助には、当該法人に直接補助金を与えるという方法もありますが、その場合は、どの法人を選択するかということについて政府による精査が必要となります。寄附金税制を使うことは、そのような面倒な作業を民間（納税者）に委ねているともいえます。また、民間の方が政府より適切な選択を行う場合もありえます（これらは個人による寄附にもあてはまります☞個人による公益法人等への寄附・p.366）。直接補助と寄附金税制のどちらが効果的であるかは、執行コストの問題を含めてケース・バイ・ケースだと思われますが、公益の実現に複数の方法があることは悪いことではありません。

(5) 例外 2 ──グループ法人間の寄附

　内国法人が、その法人との間に完全支配関係がある他の内国法人に対して支出した寄附金の額は、一切損金の額に算入できません（37条2項）。ここだけみると、完全支配関係がある法人間の寄附が、不当に扱われているようにみえますが、そうではありません。内国法人が、その法人との間に完全支配関係がある他の内国法人から受けた受贈益の額は、益金の額にも算入しない（25条の2第1項）とされているからです。つまり、支払側で損金不算入、受領側で益金不算入です。そして、益金不算入となった金額分だけ、寄附金を受領した法人の利益積立金額が増額されます（令9条1号ニ）（☞グループ内における寄附・p.239）。

Next Step

▶一般の寄附金の損金算入限度額

　普通法人における寄附金の損金算入限度額は、(i)「当該事業年度終了の時における資本金の額および資本準備金の額の合計額を 12 で除し、これに当該事業年度の月数を

乗じて計算した金額の 0.25％ に相当する金額」と、(ii)「当該事業年度の所得の金額の 2.5％ に相当する金額」との合計額の 1/4 に相当する金額である（令 73 条 1 項 1 号）。

平成 23 年（12 月）改正前は、上記(ii)にいう 1/4 は 1/2 であった。したがって、一般の寄附金の損金算入限度額は縮減されたことになる。ただ、この縮減額と同額だけ、後述する特定公益増進法人に対する損金算入限度額が拡大された（令 77 条の 2 第 1 項）。

▶国や公益法人への寄附
（i）国や公益法人等への寄附金と損金算入限度額

損金算入において優遇される寄附金は、法人税法上、大きく分けて 3 種類ある。すなわち、①国または地方公共団体に対する寄附金（37 条 3 項 1 号）、②指定寄附金（同条 3 項 2 号）、③特定公益増進法人に対する寄附金（同条 4 項）である（いずれも、損金算入について一般の寄附金とは異なる扱いを受けるためには、確定申告書に明細書を添付するなど一定の要件を満たす必要がある（同条 9 項））。

①は **Lecture** において既に触れた。②は、公益社団法人、公益財団法人その他公益を目的とする事業を行う法人または団体に対する寄附金のうち、(イ)広く一般に募集されること、(ロ)教育または科学の振興、文化の向上、社会福祉への貢献その他公益の増進に寄与するための支出で緊急を要するものに充てられることが確実であること、という 2 つの要件を満たすと認められるものとして、財務大臣が指定したものである（37 条 3 項 2 号）。②に該当すれば、①と同様に、全額が損金算入できる。

③は、公共法人、公益法人等その他特別の法律により設立された法人のうち、教育または科学の振興、文化の向上、社会福祉への貢献その他公益の増進に著しく寄与するものとして政令で定める法人（特定公益増進法人）に対する寄附金である（令 77 条）。この寄附金は、損金算入限度額が、一般の寄附金とは別枠で計算される。その限度額は、普通法人の場合、(i)「当該事業年度終了の時における資本金の額および資本準備金の額の合計額等を 12 で除し、これに当該事業年度の月数を乗じて計算した金額の 0.375％ に相当する金額」と、(ii)「当該事業年度の所得の金額の 6.25％ に相当する金額」との合計額の 1/2 に相当する金額である（令 77 条の 2 第 1 項）。

したがって、①②とは異なり、全額損金算入ではないが、寄附をする側としては、一般の寄附金の控除限度額を気にせずともよいことになる。所得税においても同種の寄附優遇措置がとられている（所法 78 条 2 項 3 号、所令 217 条 3 号）。

平成 23 年（12 月）の施行令の改正において、特定公益増進法人等への寄附に関する損金算入限度額は、（同改正による一般の寄附金の損金算入限度額に関する縮減額と同額を増額するという方法で）さらに拡充された（令 77 条の 2 第 1 項）。この改正には、税収減を避けながら、寄附の対象を私益から公益へとシフトさせる（そういう意味で公益を増進させる寄附を推奨する）といった目的があるようにみえる。

また、特定公益信託の信託財産とするために支出した金銭の額についても、これを寄附金の額とみなして、特定公益増進法人に対する寄附金の場合と同じ損金算入限度額制限を受けることになっている（37条6項）。

（ii）みなし寄附金

公益法人等（別表第二に掲げる一般社団法人および一般財団法人を除く）がその収益事業に属する資産のうちから、その収益事業以外の事業のために支出した金額は、その収益事業に係る寄附金の額とみなされる（37条5項、令77条の3）。この前提には、公益法人等が、収益事業（収益事業の詳しい内容は施行令5条1項に規定されている）から生じた所得に対して（のみ）課税される（4条1項）ということをまず押さえておく必要があろう（☞課税される範囲と税率・p.364、最判平成20年9月12日訟月55巻7号2681頁も参照）。

かつては、公益法人に対して、収益事業からの所得に軽減税率が適用されていたが、平成20年度改正により廃止された。公益法人等の収益事業が営利企業と競合することへの配慮から、収益事業については公益法人等も（一部の例外を除いて）原則として普通法人（資本金1億円以下の法人）とほぼ同じように扱われるようになったのである（なお、宗教法人等は、依然として収益事業にも軽減税率が適用されているが、これは今後の改正課題だと思われる）。

一方で、収益事業に属する資産のうちから、公益目的事業のために支出した金額は、収益事業に係る寄附金の額とみなされて、損金算入限度額（令73条1項3号）の範囲で損金算入が認められている。つまり、**収益事業を行っても、公益目的事業のために支出をすれば、損金算入への道が開かれている**のである。

1つの法人内部で、あたかも別法人間の寄附金のやり取りがあったかのような取扱いをするのは奇妙にも映るが、公益法人等に対しては、収益事業とそれ以外の事業を区別して課税することにしたため、公益事業目的の支出について、収益事業から収益事業以外の事業への寄附金とみなす方式が採用されたのであろう。

▶低額譲渡

金銭で寄附をする代わりに、低額譲渡を行うという方法がありえる。例えば、A社がB社に5000万円の現金を贈与すれば、37条7項が適用され、損金算入制限を受ける。では、A社が保有する時価8000万円の土地をB社に3000万円で譲渡したらどうなるだろうか。同じように5000万円の経済的価値がA社からB社へと無償で移転しているのであるから、この部分について寄附金とすべきである。

このような場合、譲渡の対価である3000万円が土地の時価である8000万円と比べて低く、かつ差額の全額が実質的に贈与と認められるのであれば、37条8項により5000万円は寄附金とされる。すなわち、**低額譲渡の場合、譲渡対象資産の時価と受け取った**

対価との差額のうち、実質的に贈与と認められる部分が寄附金の額に含まれることになる（もっとも、次の購入者へ低額譲渡する特約に基づいて、自らも低額譲渡を受けた（全体取引における）中間的法人については、22 条 2 項に基づいて時価までの益金が生じるとは解すべきでなく、したがって寄附金も生じないと考えるべきであろう。大阪高判昭和 59 年 6 月 29 日行集 35 巻 6 号 822 頁［PL 農場事件］参照）。

　なお、この事例で、もし A 社の土地に含み益があった場合には、22 条 2 項によって益金が生じる。例えば、上記土地の帳簿価額が 5000 万円であったとしたら、A 社は、含み益 3000 万円部分について、低額譲渡の段階で課税される。結局、この取引の課税上の結果は、A 社が土地を 8000 万円で B 社に売却し、受領した現金 8000 万円のうち 5000 万円を B 社に贈与した場合と同じになる（B 社は 5000 万円について受贈益として課税され、土地の取得価額は 8000 万円となる）。

▶高額譲受け

　低額譲渡と同様に、経済的価値が無償で移転する取引として高額譲受けがある。例えば、B 社が保有する時価 3000 万円の土地を A 社が 8000 万円で購入した場合を想定する。低額譲渡の場合と同様に、5000 万円部分が寄附金となりそうであるが、条文根拠はどこにあるだろうか。低額譲渡については 37 条 8 項があるが、高額譲受けについて同じように対処する規定は見当たらないからである（高価取引において、「無償による資産の譲渡」に金銭を含めて解釈した裁判例として、山形地判昭和 54 年 3 月 28 日訟月 25 巻 7 号 1980 頁、仙台高判平成 5 年 9 月 27 日税資 198 号 1173 頁、および所得税の事件であるが、法人に対する株式の高額譲渡について、法人からの贈与を認定して一時所得とした東京地判平成 25 年 9 月 27 日税資 263 号順号 12298（控訴審：東京高判平成 26 年 5 月 19 日税資 264 号順号 12437）参照）。

　これについては幾つかの可能性がありえる。まず、8000 万円の支払を、正常な対価である 3000 万円部分と非正常な 5000 万円部分に分離し、後者が「金銭の無償の供与」にあたるとして、37 条 7 項を適用する方法である。ただ、この解釈が許されるなら、上記低額譲渡の場合も、8000 万円の譲渡を、正常な対価を受けた 3000 万円部分と非正常な 5000 万円部分に分離し、後者が「資産の無償の供与」にあたるとして、37 条 7 項を適用できるので、同条 8 項の存在意義が問われる（もっとも、37 条 8 項を創設規定と捉えた上で、同項の存在により高額譲受けからは寄附金が生じないと解することは妥当ではないであろう）。

　あるいは、37 条 8 項は、経済的価値が無償で移転する典型例として低額譲渡を取り上げただけであって、同種の効果が生じる場合には、低額譲渡でなくても適用できるという考え方もある。裁判例のなかには、「一般的に寄付がその前提としている贈与は、自己の損失において他者に利益を与える法律行為であるところ、低額譲渡といわゆる高

額譲受とではその利益の内容について前者は財産権であり、後者は金銭であるという違いはあるものの、経済的利益である点で両者は共通のものであって、これを区別する理由は存しない」として、37条8項（当時は7項）が「高額譲受の場合を排斥するものではな〔い〕」としたものがある（福岡高判平成11年2月17日訟月46巻10号3878頁［大分瓦斯株式会社事件]）。

また、37条8項が確認的な規定であるとした上で、高額譲受けの場合も、売買代金と時価との差額は、買主たる法人から売主に「供与」された「経済的な利益」であり、そのうち「実質的に贈与又は無償の供与をしたと認められる金額」については、「経済的な利益の……無償の供与」をした場合における当該「経済的な利益」の時価として、37条7項が定義する「寄附金の額」に該当するとした裁判例がある（東京地判令和元年10月18日訟月67巻9号1368頁（控訴審：東京高判令和2年12月2日訟月67巻9号1354頁))。

さらには、37条8項の適用上、A社が支払った8000万円の金銭が同項の「資産」、B社が移転した土地の時価が「対価の額」にあたるとすることで、「譲渡の対価の額（3000万円）が資産のその譲渡の時における価額（8000万円）に比して低い」ので、3000万円と8000万円との差額である5000万円が寄附金の額に含まれるという解釈も（かなり無理はあるが妥当な結論を導くという意味では）全く不可能というわけではない。

いずれにしても、低額譲渡の場合のような明文の規定が存しないが、結論としては、上記高額譲受けに関する5000万円部分について、寄附金とすることが妥当であろう（立法論としては明文の規定を置くのが望ましい）。

結局、この取引の課税上の結果は、A社が土地を3000万円でB社から購入し、対価である3000万円を支払うだけでなく、さらに5000万円をB社に贈与した場合と同じになる（B社は5000万円について受贈益として課税され、土地の取得価額は3000万円となる）。

▶寄附金とはならないケース
（i）法人税法37条7項カッコ書と基本通達9-4-1・9-4-2

37条7項は、そのカッコ書で「広告宣伝及び見本品の費用その他これらに類する費用並びに交際費、接待費及び福利厚生費とされるべきもの」を明文で寄附金から除いている。したがって、これらが寄附金としての損金算入制限に服さないことは明らかである。しかし、寄附金から除かれるものはこれらに限られるのだろうか。換言すれば、37条7項カッコ書は、限定列挙なのか例示なのかということである。

通達のなかには、①親会社が、子会社等を整理するに際し損失負担等を行ったことについて相当な理由（その損失負担等をしなければ今後より大きな損失を蒙ることになることが社会通念上明らかであると認められるためやむをえずその損失負担等をするに至っ

た等）があると認められるとき、あるいは②親会社が、子会社等に無利息貸付等を行ったことについて、相当な理由（業績不振の子会社等の倒産を防止するためにやむをえず行われるもので合理的な再建計画に基づくものである等）があると認められるときは、**損失負担等により供与する経済的利益の額や、無利息貸付等により供与する経済的利益の額は、それぞれ寄附金の額に該当しないとするものがある**（法基通9-4-1・9-4-2、後者に関して大阪高判昭和53年3月30日高民集31巻1号63頁［清水惣事件］参照）。

　この通達の立場を是認するならば、**37条7項カッコ書は例示ということになる**。つまり、カッコ書以外にも、寄附金とはならない金銭の贈与や経済的利益の無償供与等はありえるということである。その判断基準は、広い意味での費用性の有無（将来の親会社の収益獲得に何らかの形で貢献しうる支出に該当するか否か）に求められることになろう。上記①および②にいう相当の理由の内容、すなわち「損失負担等をしなければ今後より大きな損失を蒙ることになる」とか「子会社等の倒産を防止するためにやむを得ず行われる」といった内容が、費用性の存在を表しているといえる。

　裁判例としては、通常の経済取引として是認することができる合理的理由が存在しない資金提供を寄附金とした東京地判平成21年7月29日判時2055号47頁［F1オートレース事件］、関連会社に対する売上値引きがより大きな損失を被ることを避けるためにやむをえず行ったものではなく、経済取引として十分首肯しうる合理的理由があったとは認められないとした東京高判平成4年9月24日行集43巻8=9号1181頁［太洋物産売上値引事件］、親子会社間の継続的な製造物供給契約に際して、期首以降に親会社が一定額を支払った後、期中または期末に親会社の依頼に基づき子会社が売上計上額を減じる処理が不合理とまではいえず、子会社から親会社への寄附金に該当しないとした東京地判平成26年1月24日判時2247号7頁［積水グループ売上値引事件］、親会社が事業再編の一環として行った子会社の株式消却について、当時の商法における払戻限度額の規制を遵守した払戻しには、通常の経済取引としての合理的な理由は存在しないとして、子会社に対価なく移転した経済的利益に相当する部分を寄附金とした東京地判平成24年11月28日訟月59巻11号2895頁［日産事件］およびその控訴審東京高判平成26年6月12日訟月61巻2号394頁、親会社がその企業グループの財務改善計画の一環として行った子会社に対する債権放棄について、当時の状況の下で経済的合理性の観点から特段の必要性があったとは認め難く、基本通達9-4-1にいうやむをえずこれをするに至ったなどの相当な理由があったとはいえないとした東京地判平成29年1月19日判タ1465号151頁等がある。

（ii）法人税法22条3項と同37条

　一方で、費用性のない無償の金銭給付等については、寄附金にも該当せず、一切損金算入できない（部分的な損金算入もできない）と思えそうであるが、そうではない場合がある。例えば、特定公益増進法人に対する寄附金は、費用性がほとんどない

と考えられるが、37条4項は、一般の寄附金とは別枠の限度額という形の「損金算入制限」を設けていた。ここには、もし37条4項がなければ、当該寄附金は、（他の損金算入制限に服するあるいは資本等取引に該当するといった場合でない限り）22条3項3号に基づいて全額控除できるという前提があると考えられる（仮に、費用性も損失性もない支出があるとすれば、それは所得の処分あるいは隠れた剰余金の分配として処理すべきだと思われる）。だからこそ、37条4項による制限を置いているのである。

　たしかに国等に対する寄附金は全額が損金に算入できるが（37条3項）、それは22条3項の原則を37条1項によっていったん制限し、さらに特別の場合にだけ当該制限を解除するという構図である。22条3項を超えて損金算入を認めているわけでも、本来22条3項によって損金算入が認められない支出について、特別に37条4項を創設して損金算入を認めたわけでもない。法人税法は、費用性のない支出であっても、そのことだけを理由として損金不算入とするという構造になっていないのである。

4. 交際費等の損金算入制限

Lecture

(1) 交際費等の定義と費用性

　例えば、A社の取締役である甲は、得意先B社の社長である乙を食事に招待し、有名レストランでフランス料理を食べながら、今後の取引のことなどについて意見交換を行ったが、その際の飲食代はA社が支払ったとします。（これを【事例2-9】とします）。

　【事例2-9】において、A社が支払った上記の飲食代は、租税特別措置法61条の4に規定される交際費等として、損金算入制限を受けることになります（租特61条の4第1項）。

　条文上、交際費等とは、「交際費、接待費、機密費その他の費用で、法人が、その得意先、仕入先その他事業に関係のある者等に対する接待、供応、慰安、贈答その他これらに類する行為……のために支出するもの」です（租特61条の4第6項）。定義のなかに、既に「交際費」が入っているように、ここでの交際費等の範囲は、相当程度広いことになります。形式上は、寄附金に関する37条7項とは異なり、交際費「等」となっていますから、租税特別措置法61条の4

第6項の範囲が、一般的な意味での交際費よりも広いことは容易に理解できると思います。なお、「その他事業に関係のある者等」には法人の役員や従業員も含まれます。

交際費等は、寄附金と比べても、その費用性が比較的はっきりしています。例えば、得意先に対する接待は、取引関係の円滑な進行を図るための支出ということができるからです。また、37条7項は、寄附金の額から「広告宣伝及び見本品の費用その他これらに類する費用並びに交際費、接待費及び福利厚生費とされるべきものを除く」とあります。この場合、交際費や接待費は、福利厚生費と同様に費用性のある支出として、寄附金から除外されていると考えることが可能です。

実際、交際費等の損金算入を制限する根拠を、法人税法だけから見つけ出すことはできません。つまり、**法人税法本法は交際費等の損金算入を否定していないのです**。しかし、前述のように租税特別措置法によって交際費等の損金算入が制限されています。その理由はどこにあるのでしょうか。

(2) 損金算入制限の理由

交際費等に関する損金不算入の制度は、昭和29年に創設されました。当時は、戦後の復興期にあたり景気がよく、社用という名目で飲食・遊興などに社費を大量に使用するような者（社用族）が数多く存在しました。そこで、**法人の冗費や濫費を抑制し、それによって資本の蓄積を促進させるという政策目的のために、交際費等の損金算入を制限する制度が設けられた**のです（ただし、裁判例の傾向としては、冗費や濫費であることを必ずしも交際費等該当性の要件にしてきたわけではありません ☞交際費等の要件─2要件説と3要件説・p.172）。

政策目的であることから、当初この制度は、3年間の臨時措置という意味で租税特別措置法に規定されました。しかし、その後、適用期限が到来するごとに延長され、規定の内容も変化しながら、結局、現行措置法においてもまだ存在し続けています。今後も、交際費等に関する規定がなくなることは考えにくく、その意味では（租税特別措置法にありますが）法人税法本法にある損金算入制限と同じくらい重要なルールだと考えてよいでしょう。

交際費等が損金算入制限を受ける理由として、もう1つ考えておくべきことが、相手方への課税の有無です。【事例2-9】において、A社が損金算入制限

を受けても、乙への課税はおそらく行われていません（理論上、乙には一時所得あるいは雑所得が生じたとして課税すべきですが、捕捉が困難ということもあって、実際には行われないと思われます）。これは、例えば34条によって、役員給与が損金に算入されないときでも、給与を受領したとされる役員が給与所得（所法28条）として課税される場合、あるいは、37条の寄附金として損金算入が制限されるときでも、寄附を受けた側には益金（22条2項）あるいは一時所得（所法34条1項）が生じるとして課税される場合と比べても、大きな差異といえます。

　交際費等の損金算入が制限される理由には、このような相手方への課税の困難性もあげることができるでしょう。つまり、利益を受け取った方に課税できないから、払った方の損金算入を否定するというわけです。そうしなければ、利益を与えた側で損金算入、受けた側で課税なしという意味での二重非課税となってしまうからです（これに対して、役員給与等の損金不算入は一種の二重課税になる場合がありえます）。

(3) 課税方法

　交際費等に対する課税は、法人の規模によって大きく異なります。まず、**資本金が1億円超の法人の交際費等については、従来、損金算入は一切認められていませんでした**。しかし、平成26年度改正によって、交際費等のうち、**接待飲食費の額については、その50％までの損金算入が可能となりました**（租特61条の4第1項、法22条3項2号）。接待飲食費とは、飲食その他これに類する行為のために要する費用のことです（租特61条の4第6項）。もっとも、令和2年度改正によって、①資本金が100億円超の法人は、交際費等について一切の損金算入が認められなくなりました（同条1項）。②資本金が100億円以下かつ1億円超の法人の場合は、引き続き接待飲食費の額の50％が損金に算入できます。

　次に、**③資本金が1億円以下の法人の交際費等については、800万円までは全額が損金に算入できる**（損金算入制限を受けない）一方で、800万円を超えた部分は、その全額が損金算入不可となります（租特61条の4第2項）。接待飲食費について、中小法人は、この800万円までの損金算入ルールと上記50％までの損金算入ルールの有利な方を選択的に利用することができます（接待飲食費の支出金額が多くなれば後者のルールの方が有利になります）。

資本金を基準にした上記①～③の違いを「巨大企業を対象とした税収確保」、「大企業と中小企業の差」あるいは「中小企業の優遇」といってしまえば、それまでですが、仮にそうだとしても、課税上の取扱いの具体的な差異を合理的に説明するのは、なかなか困難です。

　既に述べたように、平成26年度改正前まで、資本金1億円超の企業には、一切の損金算入が認められていませんでした。大企業だからといって、その交際費等に一切の費用性がないとは言い切れないはずなのに、この扱いは長期にわたり続いていました（平成26年度の改正はそのような扱いの一部を緩和したといえますが、資本金が100億円超の法人については、令和2年度改正で昔に戻ってしまいました）。

　一方で、中小企業については、仮に費用性のないものであっても、800万円までは無条件に損金算入ができ、それを超えると今度は一切算入できなくなります。費用性の有無についていちいち調べると手間が掛かるので、形式的に割り切るしかなかったのかもしれませんが、800万円という金額が、費用性のある経費とそれがない冗費等とを区別する境界のように使用されています。

　さらに、中小企業については重要な例外があります。資本金の額または出資金の額が5億円（1億円ではありません）以上の大法人等との間に、その大法人等による完全支配関係（2条12号の7の6）がある法人は、（中小企業であっても）交際費等の支出について大企業と同じように扱われます（租特61条の4第2項1号）。グループ法人税制の適用のある中小企業は大企業の一部と考えられるため、そうでない中小企業と同じように優遇する必要はないというのが理由です（☞子法人に対する中小企業向け特例措置の不適用・p.232）。

(4) 交際費等の要件―― 2要件説と3要件説

　交際費等にあたるというための基準について、①支出の相手方が事業に関係ある者等である、②支出の目的が相手方との親睦を密にして取引関係の円滑な進行を図ることであるという2要件で足りるとする考え方（2要件説）と、これら①②に加えて、さらに③支出による行為の形態が接待、供応、慰安、贈答その他これらに類する行為であるという3要件目を要求する考え方（3要件説）があります。3要件説は、交際費等の条文上の定義中にある「行為……のために支出するもの」（租特61条の4第6項）の「行為」と「ために」の部分、

すなわち、行為の形態と行為の目的を区別して、前者を独立した1つの要件と考えるのです。

交際費等に関する裁判例として有名な新井商事オートオークション事件の控訴審判決（中古自動車の競り売り開催業者の支出したオートオークションにおける抽選会の景品購入費用が交際費等とされた事例、東京高判平成5年6月28日行集44巻6=7号506頁）や、ドライブイン事件（ドライブインを営む法人が駐車した観光バスの運転手等に交付したチップについて交際費等にあたるとした事例、東京高判昭和52年11月30日行集28巻11号1257頁）は、2要件説に基づいています。一方で、オリエンタルランド事件（遊園施設の運営事業を行う法人が清掃業務委託料として委託先に支払った金額と実際に業務を実施した法人へ支払われた金額との差額および事業関係者等に交付した優待入場券の使用に係る費用について交際費等にあたるとした事例、東京高判平成22年3月24日訟月58巻2号346頁）などは3要件説をとっているようにみえます。

どちらの説をとっても交際費等に該当する場合（あるいはしない場合）は、それほど問題はないのですが、事案によっては結論が異なってしまう場合もあります。

製薬会社が病院等の医師の英文添削のために支出した経費について、萬有製薬事件第一審判決（東京地判平成14年9月13日税資252号順号9189）は、2要件説に基づき交際費等にあたるとしましたが、同控訴審判決（東京高判平成15年9月9日判時1834号28頁）は3要件説をとって、交際費等該当性を否定しました。ただし、控訴審判決は、要件として③を追加しただけでなく、②の要件を充足するかどうかについても、地裁判決とは異なる判断をしています（さらには、交際費等該当性について「支出が不必要（冗費）あるいは過大（濫費）なものであることまでが必要とされるものではない」と述べています）。

Next Step

▶中小企業に対する特例の延長と交際費課税全般の緩和

資本金が1億円以下の法人は、平成25年度改正により、平成26年3月31日までに開始する各事業年度において支出する交際費等の額のうち、800万円までが全額損金算入とされ、それを超える部分は全額損金不算入とされてきたが、この特例の利用できる

期間が、平成26年度改正により、平成28年3月31日までに開始する事業年度となり、その後2年ごとの改正によって、現在ではこの期間が令和6年3月31日までに開始する事業年度まで延長されている（租特61条の4第1項・2項）。平成25年度改正前は、600万円を超えない部分の90%しか損金算入できなかった（600万円以下の部分の10%と600万円を超える部分の全額が損金不算入とされていた）から、**中小企業への交際費課税は緩和される傾向にある。**

ただし、かつては600万円という基準額以下であっても、支出の10%は損金不算入となっていたのに、現行法では800万円までの支出は、その全額が損金算入できるので、冗費・濫費の抑制という観点からはやや問題がある。また、800万円を超えた部分には一切の費用性がないとも言い難い。さらにいえば、中小企業のなかで800万円の枠を使い切れるほど交際費を支出している会社がそれほど多いとも思えない。交際費等という名目で、他の支出の損金算入を容認していることにならないか、立法論としては適正な審査が必要であろう。

平成26年度の改正では、同じく平成28年3月31日までに開始する各事業年度において、中小法人であるかどうかにかかわらず、原則ルールとして、交際費等の額のうち、接待飲食費の額の50%までが損金に算入できるようになり、平成28年度、同30年度、令和2年度、同4年度改正によって、この扱いがそれぞれ2年間（つまり、令和6年3月31日までに開始する各事業年度まで）延長されている（租特61条の4第1項）。ただし、損金に算入するためには、一定の事項（飲食に参加した得意先の名称や飲食店の所在地など）を記載した書類を保存する必要がある（租特規21条の18の4）。また、専ら法人の役員もしくは従業員またはこれらの親族に対する接待等のための支出（社内飲食費）は除かれる（租特61条の4第6項）。したがって、資本金が1億円超かつ100億円以下の大企業の場合、社内飲食費が交際費等に該当したとしても、損金算入はできないことになる。

従来、大企業は交際費等の損金算入が一切認められていなかった。しかし、たとえ大企業であっても、支出するすべての交際費等に費用性が存しないとはいえない。法人の冗費・濫費を抑制して、資本を蓄積させるという目的があったとしても、すべての交際費等に関して損金算入を認めない旧法には問題があった。ただし、平成26年度改正は、交際費等の50%について正面から費用性を認めた改正であるとは言い難い。その適用範囲が接待飲食費に限られること、期限付きであること、従前通り租税特別措置法上のルールであることなどから、**消費活性化のための政策的措置と捉えるべきであろう。**

そもそも交際費等に対する課税規定は、租税特別措置法ではなく法人税法に導入することが予定されていた。昭和28年に、交際費等の半分を損金不算入にするという法律案が国会に提出されたのであるが、吉田茂内閣のいわゆる「バカヤロー解散」で当該法案は成立しなかった。そして、翌昭和29年に、交際費等に関する規定が租税特別措

置法において導入され、繰り返し期限の延長を行った結果、現在に至っているのである。

これまでの（平成26年度改正前までの）大企業に対する交際費等全額損金不算入という課税は、租税特別措置法だから可能であったといえなくもない（法人税法本法において交際費等の費用性を100％否定する根拠を見出すのは困難である）。内容的にも時間的にも適用範囲が限られているとはいえ、接待飲食費の額の50％までを損金算入とする平成26年度改正は、交際費等の課税ルールを法人税法に移動させる第一歩になりえたのかもしれない。もっとも、令和2年度改正により、資本金が100億円超の法人には一切の損金算入が認められなくなった（租特61条の4第1項）ことを踏まえると、平成26年度改正からは後退したことになる。

▶ 5000円以下の接待飲食費

5000円以下の接待飲食費（以下、「少額飲食費」という）は、交際費等の範囲から除かれている。条文上は、少額飲食費が交際費等を構成しないという内容である（租令37条の5第1項）。5000円という基準は、毎回「1人当たり」で計算されるので、この基準を満たす限り、年に何回飲食しても損金算入制限を受けない。ただし、少額飲食費から社内飲食費は除かれている（租特61条の4第6項2号、租令37条の5第1項）。

このルールは、平成18年度改正により導入された。接待飲食費の50％が損金算入できるようになったのが、前述のように平成26年度改正であるから、平成18年度以前において、大企業は交際費等の損金算入が文字通り一切できなかった。したがって、大企業についても、交際費課税は緩和されてきていた（平成18年に接待飲食費の5000円までが、そして平成26年に50％までが損金算入できるようになった）が、令和2年度改正によって、資本金100億円超の大企業には、交際費等の損金算入が否定されることになったので、これらの企業に対しては再び締め付けが始まったことになる。ただし、少額飲食費の損金算入は可能である。

もっとも、少額飲食費（平成18年度改正）に該当する支出の内容は、5000円という金額に関する部分を除いて接待飲食費（平成26年度改正）と同じであるにもかかわらず、前者は交際費等を構成せず、後者は交際費等となるということには、少し注意が必要である（租特61条の4第6項2号）。換言すれば、交際費等のうち少額飲食費（5000円までの接待飲食費）の部分が損金に算入できるのではなく、少額飲食費は交際費等に該当しないから損金算入できるのである（22条3項2号）。

しかし、5000円を超えると、それまで交際費等でなかった支出が、いきなり交際費等に「変身」するというのは制度としてわかりにくい。例えば、接待飲食費が5000円であれば交際費等にならない（したがって全額が損金算入できる）のに、5001円になれば全額が交際費等になるので、その50％までしか損金算入できないことになってしまう（5001円を損金にしようと思えば10002円まで飲食しなければならない）。

▶相手方への課税と交際費等該当性

　交際費等が損金算入制限を受ける理由の1つとして、相手方への課税が困難であることを述べたが、交際費等該当性の判断は、支払側の立場でなされるべきである。【事例2-9】〔☞ p.169〕において、乙が実はフランス料理が苦手であった（したがって、乙には理論上、課税されるべき所得が生じていない）としても、それを甲が知らずに、今後ともA社がB社から種々の便宜を受けるために供応を行ったのであれば、A社が支払った飲食代は交際費等に該当しうる。つまり、相手方には理論上、課税されるべき所得が生じていなくても、支払側が交際費課税を受けることはありうることになる。

　反対に、相手方に所得が生じているのに、供応した側が交際費等を支出していないとされる場合も考えられる。例えば、前述のオリエンタルランド事件の第一審（東京地判平成21年7月31日判時2066号16頁）〔☞ p.173〕では、遊園施設の運営等を事業とする原告が、事業関係者等に対して交付した当該遊園施設への入場およびその施設の利用等を無償とする優待入場券（本件優待入場券）の使用に係る費用は交際費等に該当するとされたが、そのタイミングとしては「本件優待入場券が現に使用されて遊園施設への入場等がされたときに……費用の支出があったものと認めるのが相当」とされた。したがって、事業関係者等が優待入場券をもらって喜んだとしても、さらには当該優待入場券を売却して所得を得たとしても、優待入場券が現に使用されていない段階では、優待入場券を交付した法人側において交際費課税はないと考えるべきであろう。まだ役務を提供していない（供応等を行っていない）からである。

　同じことは、デパート等が取引先等に商品券を贈与した場合にもあてはまるであろう。法人が商品の引渡し等を約した証券等（商品引換券等）を発行するとともにその対価の支払を受ける場合における当該対価の額は、原則として（商品引換券等を発行した日ではなく）商品の引渡し等のあった日の属する事業年度の益金の額に算入することになっている（法基通2-1-39）。これは、収益の認識基準に関する平成30年度改正を受けた現行実務の変更である。

▶交際費等と他の支出の区別

　少額飲食費の他に、租税特別措置法が交際費等から除いているものとして、「専ら従業員の慰安のために行われる運動会、演芸会、旅行等のために通常要する費用」がある（租特61条の4第6項1号）。これらの費用は福利厚生費に該当するため損金に算入することができる。通達では、「社内の行事に際して支出される金額等で、従業員等またはその親族等の慶弔、禍福に際し一定の基準に従って支給される金品に要する費用」を、交際費等とは区別される福利厚生費としている（租特基通61の4(1)-10）。ここでいう従業員等には、役員も含まれる（租特基通61の4(1)-7（注））。もっとも、内助の功に報いるため、役員の配偶者に金品を支給した場合などは、福利厚生費でも交際費等でもなく、

その役員に対する賞与として、損金算入が否定されるべきであろう（国税不服審判所裁決昭和48年6月19日裁決事例集6集38頁）。法人の代表者とその同伴者のゴルフプレー費用は、事業との関連性が認められないため、代表者個人に対する賞与であるとされた事例もある（東京地判昭和57年5月20日訟月28巻8号1675頁）。

　さらに租税特別措置法施行令は、交際費等から除かれるものとして、①「カレンダー、手帳、扇子、うちわ、手拭いその他これらに類する物品を贈与するために通常要する費用」、②「会議に関連して、茶菓、弁当その他これらに類する飲食物を供与するために通常要する費用」、③「新聞、雑誌等の出版物又は放送番組を編集するために行われる座談会その他記事の収集のために、又は放送のための取材に通常要する費用」をあげている（租令37条の5第2項）。

　交際費等に関する主な裁判例としては、既に述べたものの他に、法人が福利厚生費等として負担すべき費用相当額を超えているため、あるいは従業員の残業や休日出勤に際して支出された飲食費であっても、法人が費用を負担すべき通常の食事の程度を超えているため交際費等に該当するとされた事例（東京地判昭和55年4月21日行集31巻5号1087頁、類似の事例として神戸地判平成4年11月25日判タ815号184頁）、従業員とその家族および下請業者が参加した創立記念の祝賀会において、法人が費用として支出した金員は、専ら従業員の慰安のためのものではなく、また通常要する費用の範囲を超える点において、福利厚生費に該当せず、交際費等に該当するとした事例（東京地判昭和57年8月31日行集33巻8号1771頁）、事業関係者等を招待した法人の記念行事において、招待客から受け取った祝金の額は、交際費等の額の計算において控除することができないとした事例（東京地判平成元年12月18日行集40巻11=12号1827頁）、従業員の慰安行事に係る費用について、対象が従業員の全員であるか一部であるかを問わず、当該費用が「通常要する費用」を超える場合には交際費等に該当するとした上で、従業員等に対する「感謝の集い」と名づけられた行事に係る交際費等該当性を否定した事例（福岡地判平成29年4月25日税資267号順号13015）などがある。

　なお、法人が資産の販売等に伴って、いわゆるポイントやクーポン等（自己発行ポイント等）を相手方に付与することがある。自己発行ポイント等は、相手方と親密になるためではなく、販売を伸ばすため（例えば、次回も来店してもらうため）に与えるものだから、交際費等ではなく、販売促進費に該当することが多いであろう。課税実務では、次回以降の資産の販売等に際して、相手方からポイント等の呈示があったときに、その呈示された単位数等と交換に値引き等をする場合、一定の要件を満たすときは、継続適用を条件として、当初の資産の販売等とは別の取引に係る収入の（一部または全部の）前受けとすることを認める（法基通2-1-1の7）。その場合、前受けとされた自己発行ポイント等については、原則としてその使用に応じて益金に算入されることになる。

▶使途不明金と使途秘匿金

（ⅰ）使途不明金

　使途不明金とは、何に対してあるいは誰に対して使用したのかが不明な支出金一般のことであり、明文で損金不算入とはされていないが、以前からその損金性が問われてきた。また、基本通達9-7-20は、法人が交際費、機密費、接待費等の名義をもって支出した金銭でその費途が明らかでないものを損金不算入としている。

　しかし、損金に算入するために、常に支出の内容、相手方、時期等が明確であることを要求するというのであれば、通達の扱いにはやや問題がある。たとえ使途が不明であっても、明らかに純資産が減少しているのなら、22条3項の原価（同項1号）や費用（同項2号）にはあたらなくても、損失（同項3号）に該当する場合を完全に排除できないからである。

　それでも、損金算入が問題視されてきたのは、使途不明金がヤミ献金や賄賂といった違法ないし不正な支出に繋がりやすいからである。この場合、課税庁にとっては使途が不明といえるが、納税者である法人にとって使途は明らかであり、単にそれを隠しているだけということになる（現金等の実際の期末残高が、調べてみると帳簿における金額より少なかったけれど、それを何に使ったのかわからないという場合とは異なる）。

（ⅱ）使途秘匿金

　使途不明金に関して上記のような議論があるなか、平成5年のゼネコン汚職を契機として、翌平成6年度の改正により使途秘匿金に対する課税制度が措置法において導入された。当初は時限立法であったが、平成26年度改正より恒久化されている（租特62条）。ただし、平成6年度の税制改正に関する税調答申は、使途秘匿金に関する社会的な問題を指摘する一方で、その是正のために税制を活用する場合には、単に支出先が不明であるというだけでいたずらに対象を拡大することのないよう配慮する必要性を説いている。

　制度の概要としては、一般に法人が使途秘匿金を支出した場合、通常の法人税の額に、当該使途秘匿金の支出額の40％相当額が加算されるというものである（租特62条1項）。したがって、通常の法人税と使途秘匿金制度による追徴課税に地方税を加えると、税負担は支出額のほぼ100％となる。使途秘匿金への課税は申告納税を前提としているから、納税者は支出額と同額の租税を支払ってまでも、相手先等を秘匿したいということになる。ただし、支出が仮装隠蔽の事実に基づいてなされている場合には、さらに重加算税が課されることになる（税通68条）。

　ここでいう使途秘匿金の支出とは、法人がした金銭の支出のうち、相当の理由がなく、その相手方の氏名または名称および住所または所在地並びにその事由を当該法人の帳簿書類に記載していないものをいう（租特62条2項）。この制度の趣旨は、法人による違法ないし不正な支出の抑制にあるのであって、受け取った側への代替課税ではない。たし

かにヤミ献金や賄賂が受取側において所得として申告される可能性は低いが、使途秘匿金制度によってこれら受領者の脱税行為等が減少するとしても、それはこの制度の主たる目的ではないと考えるべきであろう。

5. 損金算入に関するその他の別段の定め

Lecture

(1) 圧縮記帳

　例えば、国が特定の資産の購入を促進するための国庫補助金制度を用意していた場合、A 社が国の示す要件に合致したため 1000 万円の国庫補助金を獲得して、1500 万円の資産を購入することができたと仮定しましょう。つまり、A 社が自己資金として支出したのは 500 万円だけです。

　国庫補助金とはいえ、A 社の純資産が 1000 万円増加しているのですから、この金額は原則として益金に算入すべきです。しかし、国が一方で補助金を与えておきながら、他方でその一部を課税により取り返すのであれば、補助金制度の趣旨は大きく減じられてしまいます（仮に 1000 万円について 30％の法人税が課されて補助金が純額で 700 万円になってしまえば、上記 1500 万円の資産を購入することはできなくなります）。それを避けるために、法人税法では、国庫補助金で取得した資産の帳簿価額を補助金の範囲内で損金経理により減額等した場合（帳簿価額を圧縮した場合）、補助金と等しい額までの損金算入（圧縮損の計上）が認められています（42条1項）。

　すなわち、現実の世界ではどこにも損失など生じていないのに、あたかも資産が 1000 万円のダメージを被ったかのように、計算上の損失を計上することで、本来なら課税されるべき 1000 万円が相殺されてしまうのです（これで、A 社は補助金交付時に、受け取った補助金額について課税を受けないことになります）。

　ここで、注意すべきは、損失の金額だけ資産の帳簿価額が減額される（＝圧縮される）ということです。したがって、この場合の資産の帳簿価額は、1500 万円－1000 万円＝500 万円になります。こうすることで、将来この資産を A 社が売却等で移転するまで、課税が繰り延べられることになるのです。もし

1500万円で売却すれば、1500万円（売却価額）－500万円（帳簿価額）＝1000万円の所得が生じますが、この金額は交付された国庫補助金の額と等しくなります。つまり、補助金交付時に課税されず、資産売却時まで課税が繰り延べられたことになるわけです。

　もし、この資産が減価償却資産であるなら、**帳簿価額を減額することで毎年の減価償却費（損金）が低く抑えられる**ので、結果として所得が多く計上されることになり、償却期間を通して少しずつ多く課税されるという意味で、課税が繰り延べられることになります。

　例えば、上記の国庫補助金で購入した資産が5年間で均等償却される（残存価額ゼロ）と仮定してみましょう。帳簿価額が圧縮されず1500万円のままだったら、1年間に計上できる減価償却費は1500万円÷5＝300万円ですが、圧縮された後の帳簿価額は500万円なので、1年分の減価償却費は500万÷5＝100万円となります。したがって、年間200万円ずつ5年間にわたって所得が多く計上される結果となり、圧縮記帳により当初課税できなかった金額と同額の1000万円分の課税が5年をかけて取り戻されることになります（所得税法42条および同施行令90条2項1号も同種の課税繰延を認めています）。

(2) 繰越欠損金

　法人の各事業年度開始の日前10年以内に開始した事業年度において生じた欠損金額は、その各事業年度の所得金額の計算上損金の額に算入されます（57条1項）。すなわち、法人の有する欠損金額は10年間にわたり繰り越すことができるのです（平成28年度改正により、平成30年4月1日以後に開始する事業年度において生ずる欠損金額の繰越期間は、それまでの9年から10年になりました）。

　法人税法上、欠損金の繰越が認められるのは、**継続企業を前提としながらも**、課税上の便宜から法人の事業年度が人為的に設けられているために、過年度に生じた損失をその後の事業年度の利益と通算することが妥当だと考えられているからです。例えば、第1事業年度に1億円の損失があり、第2事業年度に1億円の利益があった場合、2年間を通算してみれば、この法人に所得はありません。しかし、課税年度は1年ごとに区切られているので、繰越欠損金の制度がなければ、（第1事業年度は課税されませんが）第2事業年度の利益について課税されてしまいます。

これはある意味で不公平です。国は、法人が儲かったときだけ「おこぼれ」に与りながら（課税をしておきながら）、損をしたときは知らん顔で（損失に対するリスクを全くとらなくて）よいのかという問題に置き換えることもできます。そこで、**法人税負担の平準化の観点**から、57条等によって過年度の欠損金を繰り越すことが認められているのです（最判平成25年3月21日民集67巻3号438頁［神奈川県臨時特例企業税事件］は、欠損金の繰越控除について、「各事業年度間の所得の金額と欠損金額を平準化することによってその緩和を図り、事業年度ごとの所得の金額の変動の大小にかかわらず法人の税負担をできるだけ均等化して公平な課税を行うという趣旨、目的から設けられた制度」と述べています）。また、適格合併等による欠損金の引継ぎとその制限に関する規定（57条2項、3項）も置かれています（☞合併による繰越欠損金の引継ぎ・p.294）。

　ただし、現行法では、各事業年度開始の日前10年以内に開始した事業年度において生じた欠損金額であれば全額控除できるというわけではなく、**繰越控除前における所得の金額のうち一定の割合しか控除できない**ことになっています。平成28年度改正によれば、平成29年4月1日から平成30年3月31日までに開始した事業年度では所得の55%、平成30年4月1日以後に開始した事業年度では所得の**50%**が限度とされています（一方で、欠損金額の繰越期間は、かつての5年や7年から9年あるいは10年と延長される傾向にあります）。

　これは、「税率引下げに伴う課税ベースの拡大」という近年の法人税法改正の傾向を示しているといえますが、欠損金の控除制限を受けたくなければ、その事業年度の所得を多く獲得すればよいというインセンティブにも繋がります（多く稼ぐほど繰越欠損金も多く使えることになるからです）。一方で、中小企業等や再建中の法人には、引き続き全額控除を認めるという配慮をしています（57条11項1号・2号）。

　なお、欠損金の繰越控除をする法人は、欠損金額が生じた事業年度において青色申告書である確定申告書を提出し、かつ、その後の各事業年度について連続して確定申告書を提出していなければなりません（57条10項）。ここでの要件は、欠損金額が生じた事業年度において青色申告書の確定申告書を提出することであって、その後の事業年度については白色申告書でも構いません。

▶更生手続開始等による繰越欠損金の利用制限の緩和

　法人の各事業年度が更生手続開始の決定等の事実に応じた一定の事業年度である場合、その決定等の事実があった法人は、当該各事業年度における繰越欠損金の控除限度額が「所得の金額」となる（57条1項ただし書・11項）。つまり、一定の法人の特例事業年度については、所得の金額の50％を限度とするのではなく、所得の金額の全額（100％）を限度に繰越控除を認めるのである。一定の法人の特例事業年度には、①中小法人等の特例事業年度（同条11項1号）、②再建中の法人の特例事業年度（同項2号）、③新設法人の特例事業年度（同項3号）がある。

　②のうちの更生手続についていえば、更生手続開始の決定があった場合におけるその更生手続開始の決定の日からその更生手続開始の決定に係る更生計画認可の決定の日以後7年を経過する日までの期間内の日の属する事業年度とされている（再生手続についてもほぼ同じである）。ただし、更生期間内に更生手続廃止の決定が確定した場合などは、その更生手続開始の決定の日からその事実が生じた日までの期間内の日の属する事業年度とされている（原告会社がその再生手続開始の決定前に仕事の目的物を引き渡したことを原因とする、請負人の瑕疵担保責任に基づく瑕疵修補請求権または瑕疵の修補に代わる損害賠償請求権は、確定再生債権にも異議等のある再生債権にも該当しないため、再生計画における弁済期の定めは民事再生法にいう「再生計画で定められた弁済期間」にはあたらず、当時の施行令112条14項2号ハを満たさないから、法57条11項2号ロの適用はないとした大阪地判令和2年3月11日税資270号順号13392がある）。

▶特定株主等によって支配された欠損等法人の繰越欠損金

　黒字法人が赤字法人を買収して子会社等にした後で、当該子会社等に自らの黒字事業を移転させることで、（本来なら使用できなかった）赤字法人の繰越欠損金を使用することが考えられる。57条の2は、そのような欠損金の利用を目的とした買収等を租税回避行為と捉えて、これを防止する規定である。

　すなわち、欠損等法人が、他の者との間に当該他の者による特定支配関係を有することとなった日（特定支配日）以後5年を経過した日の前日等までに、一定の事由に該当する場合には、その該当することとなった日の属する事業年度（適用事業年度）以後の各事業年度において、57条1項の規定は適用されないことになる（57条の2、令113条の3）。したがって、この場合には、適用事業年度前の青色欠損金について繰越控除ができない。

　上記の「一定の事由」とは、欠損等法人が特定支配日の直前において事業を営んでいない場合において、その特定支配日以後に事業を開始すること（57条の2第1項1号）、欠損等法人が特定支配日の直前において営む事業（旧事業）のすべてを特定支配日以後

に廃止し、または廃止することが見込まれている場合において、旧事業のその特定支配日の直前における事業規模のおおむね5倍を超える資金の借入れまたは出資による金銭その他の資産の受入れを行うこと（57条の2第1項2号）等である。

▶特定株主等によって支配された欠損等法人の資産の譲渡等損失額

57条の2において懸念される租税回避行為は、（欠損金を有する法人だけでなく）資産の含み損を有する法人を買収することでも可能となる。それを防ぐために、欠損等法人の適用期間において生ずる特定資産の譲渡、評価換え、貸倒れ、除却その他の事由による損失の額は、その欠損等法人の各事業年度の所得の金額の計算上、損金の額に算入しないことになっている（60条の3第1項）。

上記の「適用期間」とは、欠損等法人の適用事業年度（57条の2における適用事業年度）開始の日から同日以後3年を経過する日までの期間とされている（60条の3第1項）。ただし、その3年を経過する日が、欠損等法人において特定支配関係を有することとなった日（特定支配日）以後5年を経過する日よりも後の日となる場合は、その5年を経過する日までとされる。

また、上記「特定資産」とは、欠損等法人が特定支配日において有していた、または適格分割等により移転を受けた、固定資産、土地、有価証券、金銭債権、繰延資産等の資産をいう（60条の3第1項、令118条の3第1項）。ただし、これらの資産のうち、特定支配日または適格分割等の日における価額とその帳簿価額との差額が特定支配日または適格分割等の日における欠損等法人の資本金等の額の2分の1に相当する金額と1000万円とのいずれか少ない金額に満たないものは、特定資産から除かれる。

▶不正行為等に係る費用等

法人が、隠蔽仮装行為（所得の金額もしくは欠損金額または法人税の額の計算の基礎となるべき事実の全部または一部を隠蔽し、または仮装すること）によって、法人税の負担を減少させ、または減少させようとする場合、当該隠蔽仮装行為に要する費用の額や当該行為から生ずる損失の額は、損金不算入となる（55条1項）。隠蔽仮装行為に要する費用等は、法人税法自らを否定する支出であるため損金に算入することはできないと考えられているからである。

この規定が平成18年度改正により法人税法に創設されたことで、前記最決平成6年9月16日［SVC事件］で問題となった脱税工作のための支出金は、明文で損金算入が否定されることになった（☞脱税のための経費と公正処理基準・p.51）。159条に規定される脱税とは、偽りその他不正の行為により法人税を免れる行為とされるが、55条1項でいう「隠蔽仮装行為」は、「偽りその他不正の行為」を含む広い概念だと考えられているため、この規定は脱税行為に対しても当然に適用がある。なお、55条1項の規定は、

法人が隠蔽仮装行為によりその納付すべき法人税以外の租税の負担を減少させ、または減少させようとする場合についても準用される（同条2項）。

また、同じく平成18年度改正によって、法人が供与をする刑法198条に規定する賄賂の額等も損金不算入とされた（55条5項）。「腐敗の防止に関する国際連合条約」が第164回通常国会において批准されたため、この条約に関する国内法制の担保措置として55条5項が創設されることとなったのである。

したがって、55条の改正の経緯としては、5項から1項という流れとなる。すなわち、5項の改正によって違法支出の一形態である賄賂の損金不算入を明確にする場合、反射的にそれ以外の違法支出、とりわけ隠蔽仮装行為に要する費用等の損金算入が許容されるといった解釈がなされないように、5項の改正に併せて1項の改正を行ったと説明されている。

Key Points 2-Ⅲ

- 益金に関する別段の定めとして、収益の計上時期および計上額に関する規定、受取配当、評価益、還付金を益金不算入とする規定がある。
- 平成30年度改正で新設された22条の2は、主として新会計基準に対する法人税法上の対応であり、これまで判例や通達などで示されてきた扱いを明確にしたものであるが、新会計基準の内容を法人税法に取り込んだ部分もある。
- 内国法人からの受取配当が益金不算入となる範囲は、近年の法改正により減少する傾向にある。
- 令和2年度改正において、子会社配当と子会社株式譲渡を組み合わせた国際的租税回避に対する否認規定が創設された。
- 一定の外国子会社からの受取配当は益金不算入とされる一方で、ハイブリッド・ミスマッチへの対処も行われている。
- 役員への一定の給与は損金算入制限を受ける。その理由は所得操作や恣意性の排除である。
- 損金算入が認められる役員給与として、定期同額給与、事前確定届出給与、業績連動給与がある。
- 役員側が所得税の課税を受ける範囲と支払側の法人が損金算入できる範囲は必ずしも一致しない。
- 寄附金の損金算入制限は、無償取引への課税を裏から支えている。
- 寄附金と認定されても、一般には全額が損金不算入になるわけではない。一方で、全額損金に算入できる寄附金もある。
- 交際費等に関する課税ルールは租税特別措置法にある。損金算入制限の理由は、法人の冗費や濫費を抑制し、それによって資本の蓄積を促進させるためとされている。
- 交際費等に対する課税方法は大企業と中小企業で大きく異なるが、近年どちらも緩和傾向にある。交際費等該当性について、2要件説と3要件説がある。

出資と分配
（株主法人間取引）

I 出資

1. 法人税法における資本の部

(1) 資本等取引と株主法人間取引

資本等取引は、22条2項および3項によって益金と損金から除かれています。つまり、資本等取引は、取引時において原則として課税（控除を含みます）の対象にはなりません。

22条5項は（カッコ書を除くと）、「資本等取引とは、法人の資本金等の額の増加又は減少を生ずる取引並びに法人が行う利益又は剰余金の分配及び残余財産の分配又は引渡しをいう」と規定しています。株式会社を前提とすれば、資本等取引の主なものは、①資本金等の額の増減を生ずる取引、②剰余金の分配、③残余財産の分配となります。ここでいう「資本金等の額」とは、法人が株主等から出資を受けた金額として政令で定める金額とされています（2条16号）（☞資本金等の額・p.188）。

これら①〜③は、いずれも出資と分配に関係する取引であることがわかります。したがって、株主法人間取引とも関係します。例えば、①の典型例である法人の設立や増資とは、株主が法人に対して出資する行為です。②や③は、文字通り法人から株主に対する分配です。別の見方をすれば、法人が生まれ（設立）、成長し（増資）、利益を分配し（配当や自己株式の取得）、清算する（残余財産の分配）といった法人の一生は、すべて出資あるいは分配という株主法人間取引と深く関わるのです。

この3章では、そういった側面を意識しながら読み進んでもらいたいと思います。その際には、各場面で法人側がどういった課税を受けるかということだけでなく（もちろん、そこが一番大事なのですが）、株主側の課税がどうなっているかについても気を配ってみて下さい（以下では、必要に応じて法人株主、個人株主、あるいはその双方を取り上げることにします）。

(2) 金銭による出資

　法人を設立するために金銭等を拠出する行為は、典型的な出資形態の1つです。株式会社の場合、出資者は見返りに株式（法人に対する持分）を取得することになります。この段階から、**株主と法人という2つの法主体が別々に認識され、これから扱う様々な株主法人間取引が行われる前提ができあがった**ことになります。

　法人設立のための出資は、法人の一生のうち最初に行われる株主法人間取引といえるでしょう。出資者側からみれば、正常な取引価額である限り、金銭と株式を等価交換する行為は、資産の購入と同じであって、課税されることはありません。

　例えば、A社の設立にあたり、aさんが1000万円、bさんが500万円、cさんが200万円を出資して、A社の株式をそれぞれ10株、5株、2株取得したとします。A社の総資産は現金1700万円、発行済株式は17株ですから、1株の価値は100万円です。各株主は、出資額と等しい価値の株式を取得しているから、課税の対象にはならないというわけです。また、条文上、**出資者における株式の取得価額は、法人への払込金額とされています**（令119条1項2号、所令109条1項1号）。

　その一方で、出資を受けた法人側からみれば、金銭等と引き換えに株式を発行する行為は、株式を売却しているようにみえます。あたかもお札のように自社の株券を刷って、それを換金しているかのようです（ただし、現行会社法上は株券不発行会社が原則です（会214条））。

　もし、そのように考えることができるのであれば、譲渡資産たる株式の原価は、ほぼゼロに近いと考えられるので、株式の時価がそのまま法人の利益として、課税の対象となりそうです。これを上記の例を使って示せば、A社は、費用をほとんど何も支出することなく1700万円の現金を手にしているので（1700万円は借入金ではないので返済債務もありません）、このままだと、その全額が益金算入されるということです。

　しかし、法人を設立するための出資は、（以下に示すように）当該法人の資本金等の額を増加させますから、資本等取引になります。したがって、出資を受け入れた法人側に益金は生じません（22条2項・5項）。つまり、この場合の出資は非課税取引です（☞出資非課税・p.189）。

会社法上、株主による払込金額は、法人の資本金または資本準備金となります（会445条1～3項）。そしてこの金額は、同時に法人税法上の「資本金等の額」を構成します（2条16号、令8条1項柱書・同項1号）（☞資本金等の額・p.188）。したがって、出資は、資本金等の額を増加させる取引になるという理由から、資本等取引に該当するのです。この扱いは、原則として、設立後の増資（新株発行）についても同様にあてはまります。

(3) 資本金等の額

　資本金等の額を具体的に規定しているのは（2条16号の委任を受けた）施行令8条です。具体的には、法人の資本金の額をベースに、そこから加算または減算される項目が規定されています。施行令8条1項1号から12号までが加算項目、同項13号から22号までが減算項目です。

　つまり、会社法上の資本金にプラス・マイナスすることで、資本金等の額が算出されるのです。したがって、資本金等の額は、会社法でいう資本金と似て非なる概念（あるいは完全には一致しない概念）ということになります。

　施行令8条1項は、重要であるにもかかわらず大変読みにくい規定です。スタート地点である同項1号からして難解なので、会社法との違いを明確にする意味でも、ここで少し説明しておきましょう。既に述べたように、1号は加算項目です。そしてその骨子は、「株式の発行をした場合に払い込まれた金銭の額等からその発行により増加した資本金の額を減算した金額」となります。

　ここで、なぜ出資により「増加した資本金の額を減算」しなければならないのか、理解に苦しむ人が出てくるのではないでしょうか。注意すべきは、資本金等の額の算定のスタートが会社法上の「資本金」だということです。施行令8条1項の柱書では、「資本金の額……に、当該法人の当該事業年度開始の日以後の第一号から第十二号までに掲げる金額を加算し、これから当該法人の同日以後の第十三号から第二十二号までに掲げる金額を減算した金額との合計額とする」と規定していますが、ここでいう「資本金」の概念を、法人税法は会社法から借用しているのです。したがって、「増加した資本金の額を減算」しておかないと、（資本金等の額の算出において）資本金が二重にカウントされてしまうのです。

　例えば、1000万円の払込みに対して、会社法445条2項に基づき、そのう

ちの300万円を資本金として計上しなかったとします（会社法上は、1000万円の1/2を超えない額を資本金に計上しないことができるとされています）。この金額は、同条3項により、資本準備金に計上されることになります。すなわち、資本金700万円、資本準備金300万円です。

そして、施行令8条1項柱書にいう「資本金の額」は700万円、同項1号にいう「株式の発行をした場合に払い込まれた金銭の額」は1000万円、「その発行により増加した資本金の額」は700万円ですから、「減算した金額」は300万円となります。したがって、この300万円が加算項目となり、この金額を計算のスタートである資本金700万円に加算して、資本金等の額は1000万円となります。

この場合、施行令8条1項1号は、資本準備金を資本金等の額に含めるために機能したことがわかります。ここでは、会社法上の資本金に資本準備金を加えた額が、法人税法上の資本金等の額になっているのです。

Next Step

▶出資非課税

22条5項によって出資に課税をしない趣旨はどこにあるのだろうか。出資により株式を発行する法人には、株主に対して配当、残余財産の分配さらには議決権を行使させる義務等を負っていることになる。つまり、無償で出資金を受け取っているのではなく、義務と引き換えに株式を発行しているのだから、そもそも課税される取引ではないと考えることが一応は可能である。これは借入によって金銭を取得する場合と同じように、受け入れた金銭と同額の債務が生じるため課税されないという発想である。

しかし、配当や残余財産分配義務については、出資を受け入れた段階で債務が確定しているとはいえないし、議決権を行使させる義務は抽象的で金銭的な評価が難しい。これらの諸義務と株主の出資額が等価であるというのは観念的に過ぎる（実定法にみなし規定があればよいが、実際には存在しない）。

また、なぜ22条5項が存在するのかという問いにも晒される。もし債務と発行された株式の価値が等しいとするならば、同項によって、わざわざ出資を非課税とする理由はない。仮に、同項を確認規定として捉えると、法人にとって支払配当が損金に算入できないことを説明することも困難となる。したがって、22条5項は、そのままでは課税される可能性のある出資という取引を非課税にするために（あるいは支払配当という取引の損金算入性を否定するために）存在する創設規定と捉える方が理解しやすい。

22条が創設的に出資を非課税とした理由は、むしろ法人税の課税ベースから説明すべきであろう。法人税の課税対象が株主の目から見たリターンであるという考え方に従えば、出資を上回る利益がそこでいうリターンであり、もし出資部分に法人税を課してしまえば、原資に対する課税となる。これを避けるために、出資を非課税としているという説明である（☞法人税法上の資本概念としての資本金等の額・p.190）。

会社法からも同様の説明が可能である。会社法では、設立後の会社が利益を獲得することなく、出資部分からの配当等を行うことはできない（会461条）。株主からの出資額を超えた部分が分配可能利益となるのである。また、企業会計でも、出資は法人の資本であって収益（あるいは負債）として扱われない。

▶ **法人税法上の資本概念としての資本金等の額**

資本金等の額は、法人税法上の資本概念であり、その内容は、所得課税の根幹をなす原資（あるいは元本）を示すものである。会社法から借用したものとは別に、法人税法独自の資本概念が必要となる理由は、法人から株主への金銭等の払出し等があった場合に、当該払出しの「出所」を確定しておかねばならないからである。すなわち、「原資」に相当する部分と、法人が設立後に獲得した「利益」にあたる部分のうち、どちらから払出しが行われたかを区別するために、法人税法上の資本概念が必要となるのである。

もっとも、その算出過程の出発点である資本金の概念は、会社法からの借用であることに注意を要する。また、資本金等の額が株主にとっての原資であるとしても、それは**法人設立当初に出資をした株主について妥当することであり、設立後に当該法人の株式を時価で取得してきた株主**にとっては、ストレートにはあてはまらない可能性がある（当該株主にとっての原資を株式の取得価額であると考えるならば、それと「対応資本金等の額」は一致しない）。

▶ **資本金等の額と法人税法施行令8条**

施行令8条は、資本金等の額（2条16号）の具体的な内容を決めている。例えば、法人が剰余金（分配可能額）を資本に組み入れたとき、資本金の増加に伴って組入段階でいったん資本金等の金額は増額するが（令8条1項柱書）、同時に、当該組入金額だけ、資本金等の金額は減額されることになっている（同項13号）。したがって、資本金等の額としては、組入れの前後で変化はない（仮に、資本金等の額が1000である法人が、剰余金から200を資本金に組み入れた場合、資本金が200増加するから、資本金等の額も施行令8条1項柱書によって瞬間的に1200となるが、直後に同条13号によって200が減額されて、結局、資本金等の額は1000のままとなる）。

この事例では、剰余金の資本組入れがあっても、資本金等の額（法人税法上の資本概念）に変化が生じないようにすることが、法人税法における適正な処理と考えられてい

るのである。なぜなら、このような処理をしておかねば、後日、組入部分（剰余金から資本に転化して、形式上は原資になった部分）から株主に対して払戻しが行われた場合、（配当あるいはみなし配当としての）課税ができなくなるからである。

なお、現行法人税法では、設立時における資本金等の額が、払込みを受けた金銭の額および給付を受けた金銭以外の資産の価額を基準に算定される（令8条1項1号）。これは、会社法が、（旧商法が採用していた発行価額という概念ではなく）払込額または給付額を基準として、資本金や資本準備金の額を決定するからである（会445条1〜3項）。同様に、会社法では、（旧商法に比べて）株式の多様化が進んだため、法人税法でも、種類株式を発行している法人の資本金等の額については、種類株式ごとの金額（種類資本金額）を区分して管理させることにしている（令8条2〜7項）。

以上のように、資本金等の額の増減等については、施行令8条において規定されているが、資本と利益の区別は、講学上の法人税法における重要な論点であるから、理論的には、政令ではなく法律で規定すべき事柄であろう（実際、平成18年度改正前は法律で規定されていたので、この点に関する限り現行法は後退したことになる）。

2. 現物出資

(1) 現物出資と実現

出資は金銭によるとは限りません。会社法上も、**金銭以外の財産による出資**が規定されています（会28条1号・199条1項3号等）。これまで述べてきたように、金銭出資では、株主と法人の双方で課税されることはありません。しかし、**現物には含み損益の存する場合があります**（むしろ含み損益がない場合の方が例外です）から、金銭出資の場合とは状況が異なります。

現物出資が、適格現物出資（☞適格現物出資・p.192）に該当しない限り、出資者側においては、現物出資という資産移転行為により、含み損益が実現（realize）するため、この実現損益に対する課税があります（以下では、適格現物出資に該当しない現物出資について述べます）。つまり、現物出資は、資産の譲渡と同様に実現事象（taxable event）なのです。

例えば、法人が含み益のある土地を出資して法人を設立した場合、含み益（キャピタル・ゲイン）が益金算入、含み損（キャピタル・ロス）が損金算入のそ

れぞれ対象となります（22条2項・3項）。同様に、個人が現物出資をした場合も、譲渡所得課税の対象となります（所法33条、租特31条・32条等）。

そして、出資者が受領する株式の取得価額は、**出資した資産の時価**となります（令119条1項2号、所令109条1項6号）。含み損益課税を受けることによって、租税法上は、時価相当額を払い込んだことになる（課税により取得価額が時価までステップ・アップする）と考えられるからです。

一方で、出資を受け入れた法人の側では、資本等取引に該当するため課税はなく（受入側では出資が金銭でも現物でも課税されないことに変わりはなく）、**資産の取得価額は、原則として時価になると思われます**（棚卸資産および減価償却資産については、施行令32条1項3号・54条1項6号を参照）。出資者における帳簿価額のままで受け入れてしまうと、その資産を受入法人が売却等で移転したときに、既に株主（出資者）段階で課税されたキャピタル・ゲインに対して課税されるという二重課税の問題が出てくるからです（既に控除されたキャピタル・ロスに対する二重控除についても同じです）。

（2）適格現物出資

含み益のある資産に対する上記の原則、すなわち、出資者における含み損益課税、および法人側における時価での受け入れという扱いについては、一定の要件を満たした場合、適格現物出資（2条12号の14）という例外的取扱いが用意されています。その扱いを一言でいうと、**帳簿価額での取引を認めることによる課税の繰延**です（62条の4第1項）。

例えば、A社が帳簿価額2億円、時価3億円の土地を現物出資して、B社を設立し、そのすべての株式を取得したとします（これを**【事例3-1】**とします）。

この取引が適格現物出資に該当した場合、株主となったA社が取得したB社株式の取得価額は、A社が出資した土地の帳簿価額（2億円）と同額とされます（令119条1項7号）。そして、B社における土地の取得価額は、**A社の帳簿価額を引き継ぐ**ことになるのです（令123条の5）。

この例では、現物出資の段階での課税はありません。A社が保有するB社株式の帳簿価額は2億円となりますが、その実際の価値は、B社の唯一の資産である土地の価値（3億円）を反映します。一方で、B社の保有する土地の帳簿価額は2億円となりますが、その時価は3億円です。

3-1 【事例3-1のイメージ図】

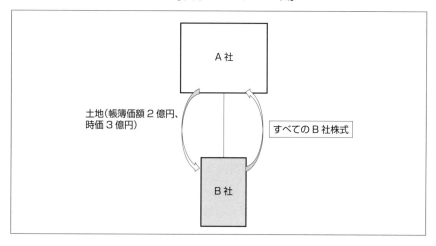

　したがって、現物出資が適格となったことによって、帳簿価額2億円、時価3億円の資産が、1つ（土地）から2つ（土地と株式）になったことになります（そしてそれぞれの保有者は異なるのです）。これらの含み益への課税は、それぞれの資産が売却等で移転されるまで繰り延べられます。これが適格現物出資からもたらされる課税上の効果です。

　しかし、含み益を有する資産が2つになったため、その両方が売却されると、もともとは1つだった含み益に2回課税されることになります。もし、含み損があれば2回控除されるということです。

（3）デット・エクイティ・スワップ
（i）債権の現物出資

　業績が悪化した法人の債権者が、その保有する債権を現物出資することがあります。

　例えば、A社はB社に対して1億円の債権を有していましたが、B社の業績が著しく悪化して全額回収できる可能性は低く、当該債権の時価は2000万円であると評価されたとします（業績の悪化した法人に対する債権の価額を正確に評価することは時として困難を伴いますが、ここではその問題には踏み込まないことにします）。A社としては、債権者から株主に転じることで、株主として

B社の再生を行おうと考え、保有する債権（券面額1億円、時価2000万円の債権）をB社に現物出資することにしました（これを【事例3-2】とします）。

このような行為は、債権（debt）と株式（equity）が交換（swap）されるので、デット・エクイティ・スワップと呼ばれます（以下では、「DES」と呼ぶことにします）が、その実体は、上に述べたように債権という現物を法人に出資する行為、すなわち現物出資です。したがって、出資を受けた法人にとって、DESは資本等取引となりますから、上記の例のB社には益金も損金も生じないようにみえます。しかし、実際にはそうとは限らない面があります。

(ii) 増加する資本金等の額と債務消滅益

DESが行われた場合に増加する資本金等の額について、理論上は、債権の券面額と時価（評価額）の両方が考えられます。これは、DESによって増加するB社の資本金等の額が1億円なのか、2000万円なのかという問題です。この点について、施行令8条1項1号は、増加する資本金等の額として「給付を受けた金銭以外の資産の価額」としているので（ここでの「価額」は時価の意味として読むべきなので）、実定法は評価額の考え方を採用していることになります。

したがって、B社において増加する資本金等の額は2000万円となります。これはB社にとって（資本金等の額が増加するという意味で）資本等取引ですから、この点において課税されることはありません。しかし、DESを行うことで、それまでB社がA社に対して負っていた1億円の債務が消滅しています。つまり、B社はA社から2000万円の出資を受けて、それに見合う2000万円分の株式をA社に発行することと引き換えに、A社に対する1億円の債務を消滅させているのですから、B社はA社から8000万円の債務免除を受けていることになります（B社が、自らに対する券面額1億円の債権を、A社から2000万円で買い取ったことに等しいともいえます）。

DESは、このように事業再生の一環として実行されることが多いので、出資額が債権の時価とされるのであれば、債務者側において債務が混同によって消滅することに伴い債務消滅益が発生することになります。このような債務消滅益は、別段の定め等がない限り全額が益金となり、課税の対象とされるはずです。

一方で、そのような課税は、DESによって再生を目指す企業にとって、大き

な負担になる可能性があります。そこで平成18年度改正によって、会社更生等の法的整理および一定の私的整理において、DESによる債務消滅益が生じる場合、当該消滅益は（同じような法的整理等によって生じた債務免除益の場合と同様に）、期限切れ欠損金の損金算入対象額に含まれることになりました（59条1項1号・2項1号、令116条の3・117条の2等）。

つまり、DESによる債務消滅益について、期限切れの欠損金と相殺できる制度を導入したのです。繰越欠損金には使用期限があり（☞繰越欠損金・p.180）、企業の業績が著しく悪化してしまうと、長年にわたって益金が生じないために、欠損金が使用できず期限切れになってしまいがちになります。そのような使用期限を過ぎて使えなくなってしまった欠損金と、DESによる債務消滅益との相殺を可能にすることで、損金算入の枠を拡大したのです。

Next Step

▶現物出資は組織再編成の一種

現物出資は組織再編の一種とされる（☞組織再編成の種類および定義・p.273）。例えば、基本通達1-4-1は、法人の「合併、分割、現物出資、現物分配、株式交換等……又は株式移転」を「組織再編成」と定義している。

ただし、理論上は、すべての現物出資が組織再編成になるわけではない。組織再編成とされる現物出資とは、法人が一体としての事業を出資するようなものをいう。例えば、ホテル事業とレストラン事業を営んでいるA社が、レストラン事業を子会社形態で行うために、当該事業に関する資産や負債を出資してB社を設立するような場合である（B社が子会社として既に存在していて、そこへ現物出資する場合でも同じである）。この場合、出資により移転した資産等とは、レストラン「事業」というに足る有機的に結合した一体としての資産等であって、単に資産が1つ出資されただけでは、現物出資であっても組織再編成と考えるべきではない。

組織再編成として扱われる現物出資が、さらに適格現物出資に該当すれば、既述の通り移転した資産等が有する含み損益への課税が繰り延べられる（62条の4）。適格現物出資に該当しない現物出資の場合には、そのような課税繰延はない。なお、適格現物出資の各要件等については、他の種類の組織再編成に関するものと一緒に後述する（☞適格要件・p.277）。

▶ 2 回課税または 2 回控除

適格現物出資における含み益に対する2回課税、含み損に対する2回控除の可能性自体は、なにも適格現物出資に限ったことではなく、法人設立後に、法人が保有する資産に含み損益が生じた場合（例えば、設立後に時価1億円で取得した土地が、5年後に1億5000万円に値上がりした場合など）でも生じうる。つまり、**法人形態で事業を行うことは、このような2回課税および2回控除の課税問題と常に向き合うことを意味する**。そして、たとえ株主と法人の双方が、その保有資産を処分しなくても、法人の清算の段階では、2回課税あるいは2回控除が起こりうるのである（☞清算・p.214）。

では、適格現物出資の場合は、どこが異なるのか。それは、**法人設立前の含み損益までもが、2回課税等の対象になるところ**である。その原因は、現物出資の段階で実現していた損益を認識しない（non-recognize）という方法で、課税を繰り延べたところにある。

もし **Lecture** における【事例3-1】が非適格現物出資に該当すれば、原則通り、A社に対して1億円の含み益課税がある（含み益に対する課税はここで終わりである）。A社の保有するB社株式の取得価額は3億円であり、B社の保有する土地の取得価額も3億円となる。したがって、現物出資の後で両者が株式と土地を3億円で売却しても、2回目の課税はない。

非適格現物出資の場合、1回目の課税があるのはA社だけである。しかし、適格現物出資になれば、B社についても将来の課税がありえる。したがって、B社としては、非適格に該当する方を好む場合があろう。適格現物出資になろうとなるまいと、出資段階におけるB社への課税はないからである（22条5項）。

▶ **Column**　国外への現物出資と旧法上の特定現物出資

現物出資に関する課税繰延ルールは、平成13年度改正により組織再編税制が導入される前から存在した。同改正前の51条に規定された特定現物出資に関する圧縮記帳の制度である。平成10年度改正前の51条のもとでは、国内の資産が国外へ現物出資される場合であっても、課税繰延が可能であった。最判平成18年1月24日訟月53巻10号2946頁［オウブンシャホールディング事件］のスキームは、このルールを利用していたといえる。

その後、特定現物出資の制度は平成10年度および同13年度改正を経て、組織再編税制へと受け継がれた。現行法では、適格現物出資の対象から、外国法人に対して国内にある一定の資産の移転を伴うものが除かれているので（2条12号の14、令4条の3第10項）、オウブンシャホールディング事件のスキームは、（新株発行が22条2項に該当するかどうかの問題とは別に）現物出資の段階で課税されることになる。

なお、平成13年度改正前の51条は、一定の現物出資（特定現物出資）に限り、圧縮記帳という方法を用いることで、出資者の利益に関して課税繰延を導いていた。もっとも、この圧縮記帳は、取得した株式の帳簿価額を引き下げる（圧縮する）ことにより、当該引

下額と同額の損失（圧縮損）を計上する（そしてその損失で益金を相殺する）という仕組みなので、利益を繰り延べることはあっても、損失の繰延はできない（利益が出たときだけ、それを圧縮するからである）。したがって、特定現物出資は、損失だけが認識されるという意味で、納税者に有利な制度であった。現行法は、適格現物出資に該当する限り、利益と損失の双方が繰り延べられることになっている。

▶個人株主は対象外

適格現物出資の場合、出資者が法人でなければならず、個人が行う現物出資は、この制度の枠外にある。その理由は、適格現物出資が法人の分割（分社化）をターゲットにしているからである。

旧制度である特定現物出資に関する圧縮記帳（平成 13 年度改正前の 51 条）の趣旨も、法人の分社化（現物出資による子会社の設立）に課税しないというところにあった（☞ **Column 国外への現物出資と旧法上の特定現物出資**・p.196）。現行法でも、適格現物出資は、適格組織再編成の一形態として規定されている。適格組織再編成は、法人相互間の取引を前提としているため、出資者は法人に限られてしまうのである。

もっとも、立法論としては、出資者に個人を含めることはありえよう（アメリカ法はそうである）。また、将来的にパス・スルー・エンティティに関する税制を正面から導入するのであれば（☞分配利益損金算入型とパス・スルー型・p.340）、出資段階での課税方法は、立法上の大きな論点となるだろう。なお、施行令 4 条の 3 第 10 項（当時は 9 項）に規定する「国内にある事業所に属する資産」の意義に関する興味深い裁判例として、東京地判令和 2 年 3 月 11 日判タ 1482 号 154 頁［塩野義製薬事件］（控訴審：東京高判令和 3 年 4 月 14 日判例集未登載）がある（☞外国法に基づいて設立されたパートナーシップ持分と適格現物出資・p.349）。

▶DES における債権者側の扱い

DES によって債権を現物出資した債権者としては、出資した債権の時価と簿価との差額を損失として計上することになる（**Lecture** における【事例 3-2】でいえば、1 億円と 2000 万円の差額の 8000 万円が A 社の損失となる）。ただし、課税上、この損失の控除を認めてしまうと、実質的には、（33 条 1 項等の実定法で制限されている）金銭債権に関する評価損の計上を容認することになるから認められないという反論が考えられる。しかし、現物出資は当該現物の譲渡であり、譲渡は損益の実現事象であるから、明確な否認規定が存しない限り、DES によって実現した損失の控除を否定することは解釈上困難であろう。

一方で、そのような譲渡損の額は、同額の経済的利益（債務消滅益）を債務者側に与えていることになるから、寄附金（37 条）としての扱いを受けることになる。もっとも、

DESが合理的な再建計画等の定めるところにより行われる場合は、寄附金の額に該当しないとすべきであろう（法基通2-3-14および同9-4-2参照）。

▶適格現物出資となるDESに関する裁判例

DESが適格現物出資（☞適格現物出資・p.192）に該当する場合、DESによる債務消滅の過程は、①現物出資による債務者会社への債権（資産）の移転、②債権および債務が同一人に帰属したことによる混同による消滅、③新株発行および債権者の新株引受けからなるとして、①の部分に62条の4第1項および施行令123条の5を適用する（すなわち、債務者会社は、取得した債権の債権者における取得価額をいったん引き継ぐ）とした裁判例がある（東京地判平成21年4月28日訟月56巻6号1848頁（控訴審：東京高判平成22年9月15日税資260号順号11511））。

この考え方によれば、(i)債権者における債権の取得価額と(ii)債務者が負っている債務の金額が異なっていた場合でも、債務者が引き継ぐのは債権者の取得価額であり、債務額ではない。そのため、例えば、債権者が第三者から債務者に対する債権（債務者からみれば自らの債務）を購入していたため、(i)より(ii)の方が大きい場合、その差額は債務者の債務消滅益となる。

Key Points 3-I

- 法人が生まれ（設立）、成長し（増資）、利益を分配し（配当や自己株式の取得）、清算する（残余財産の分配）といった法人の一生は、すべて出資あるいは分配という株主法人間取引と深く関わる。
- 出資は資本等取引となり出資段階での課税はない。ただし、現物出資の場合を除く。
- 資本金等の額は、法人税法上の資本概念である。その具体的な内容を決めているのは施行令8条である。
- 現物出資は組織再編成の1つとされる。
- DESは債権の現物出資であり、企業再生の場面で利用されることが多い。DESによって債務消滅益が生じた場合、期限切れ欠損金の利用を認めるルールがある。

II 分配

1. 配当

(1) 概説——配当は分配の一種

　講学上、分配（distribution）とは、法人が株主に対して、その株主としての地位に基づいて金銭等の交付をする行為のことです。株主としての地位に基づく交付ですから、法人から特定の株主への贈与（寄附金）などは除かれます。分配は、配当（dividend）とそれ以外の分配に分けられます。後者の例としては、自己株式の取得や清算時における残余財産の分配をあげることができます。

　少なくとも平成18年度改正前までは、租税法は配当の概念を、商法から借用してきました（旧23条、旧所法24条、最判昭和35年10月7日民集14巻12号2420頁［鈴や金融事件］参照）。したがって、商法上の配当手続によって株主に対して支払われる金銭等は、その出所が利益剰余金であると否とにかかわらず、配当課税を受けました。たとえ蛸配当（配当可能利益がないにもかかわらず行う配当）のように商法上不適法な配当であっても、損益計算に基づいて配分される形をとっている限り、租税法上も配当として扱われてきたと考えられます（違法配当でも配当であることに変わりないから配当として課税するという考え方です）。

　この考え方自体は、平成18年から施行された会社法のもとでも、原則としてあてはまります。すなわち、会社法上の配当であれば、原則として、租税法上も配当課税されることになるのです（匿名組合契約に基づく利益の分配について、同様の考え方をとった裁判例として、東京地判平成28年7月19日訟月63巻8号2001頁、ただし、匿名組合には受取配当益金不算入制度の類推の余地はないとした裁判例として、東京高判平成30年6月28日税資268号順号13159（第一審：東京地判平成29年10月12日税資267号順号13075））。それは、法人税法がマイナスの利益積立金額を予定していることからも説明可能です。分配可能利益がない場合の配当

が行われ、法人税法上の利益積立金額が負の値をとったとしても、そのことを施行令9条は前提として作られていると理解することができるからです（☞法人税法上の分配可能利益概念としての利益積立金額・p.204）。

ただし、注意が必要なところもあります。改正前の商法では（一定の例外があったとはいえ）配当は利益から行われるという前提がありました。しかし、会社法では分配可能額に関する規制（会461条）を満たせばどこから配当してもよいことになったため、**利益以外からの配当を租税法がどう扱うかという問題**が生じることになりました。また、配当概念が会社法からの借用だといっても、会社法そのものに配当に関する明確な定義はありません。これらのことは、今後、租税法がどこまで会社法に依拠すべきかという問題とも関係してくるように思われます。

なお、最高裁は、株主優待金の損金算入が問題となった事件（最判昭和43年11月13日民集22巻12号2449頁［東光商事株式会社事件］）において、「会社から株主たる地位にある者に対し株主たる地位に基づいてなされる金銭的給付は、たとえ、〔会社〕に利益がなく、かつ、株主総会の決議を経ていない違法があるとしても、法人税法上、その性質は配当以外のものではあり得ず、これを〔会社〕の損金に算入することは許されない」と述べています（最判昭和45年7月16日判時602号47頁も同旨）。

(2) 金銭配当

金銭配当は、会社法における剰余金の配当（会105条1項1号・461条1項8号）の典型であって、租税法上も、配当としての扱いを受けます。すなわち、法人株主の場合は、23条による（全部あるいは一部の）**受取配当益金不算入**の適用を受け、個人株主の場合は、所得税法24条による**配当所得**としての課税を受けることになります。

そして、配当の額だけ**利益積立金額が減少**します（令9条8号）。利益積立金額とは、法人の所得の金額のうち内部に留保している金額（2条18号）のことで、詳しくは政令（令9条）で定められていますが、その実質的な内容は、法人が獲得した所得のうち法人段階の課税（法人税の課税）は受けたけれど、未だ法人内部に存するため株主段階の課税（配当としての課税）等を受けていないものです。ごく簡潔に述べるなら、法人税法上の分配可能利益を表すような概念です。

ただし、23条1項1号にいう剰余金の配当からは、「資本剰余金の額の減少に伴うもの」（☞資本の払戻し―資本剰余金の額の減少に伴うもの・p.208）、「分割型分割によるもの」（☞非適格合併および非適格分割型分割・p.213）、株式分配（☞株式分配（独立して事業を行うための株式分配）・p.313）が除かれていて（23条1項1号カッコ書、所法24条1項カッコ書）、かつこれら3つは、みなし配当課税の対象とされています（24条1項2〜4号、所法25条1項2〜4号）。つまり、わざわざ配当課税の対象から除いておきながら、みなし配当課税に含めるという建て付けを採用しているのです（株式分配は、平成29年度改正により剰余金の配当から除かれるとともに、みなし配当に含まれることになりました）。

　この除外と包含という扱いに、法人税法における配当概念を垣間みることができます。あらかじめ頭出ししておくと、そこでは「法人の資本金等の額のうちその交付の基因となった株式に対応する部分の金額」（24条1項、所法25条1項）という部分が重要な役割を果たすことになるので、注意しておいて下さい。

(3) 現物配当と法人税法22条の2第6項

　金銭以外の配当、すなわち現物配当を行うことは、会社法でも認められています（旧商法の時代には議論がありましたが、現行会社法は同454条4項・309条2項10号において現物配当を認めています）。したがって、現物配当も、それを支払う法人および受け取る株主の双方にとって、課税上は金銭配当と同じように配当として扱われることになります。

　ただし、現物出資のときにも述べましたが、現物は含み損益（未だ実現していない損益）を有することがほとんどです（これに対して金銭には含み損益はありません）。法人が含み損益のある資産を配当として交付した場合は、金銭配当と課税上の扱いが少し異なります。

　まず、株主は、受領した現物の時価に基づいて、配当としての課税を受けます（22条2項・23条、所法24条）。したがって、現物の時価を評価しなければならないことになりますが、一定の困難を伴う場合がありえます（例えば、子会社から親会社に知的財産など評価の難しい現物資産が分配された場合でも、課税にあたり当該知的財産を評価しなければなりません）。

　次に、配当をした法人については、22条5項との関係で、解釈上の問題が指摘されてきました。同項は、剰余金の分配を資本等取引としていますから、

現物分配を行った法人には益金も損金も生じないと解釈してしまってよいのかという懸念です。

　しかし、現物配当の段階で含み損益が実現すると考えられるので、**帳簿価額と時価との差額は課税対象とされるべきです**（22条2項・3項）。そうしなければ、法人は、金銭配当の代わりに現物配当をすることで、当該現物について生じている含み損益への課税を永久に回避することが可能になります（これは現物をいったん売却して金銭に換え、その金銭を配当する場合と比較しても、不公平な結果となります）。

　22条5項が配当を資本等取引（☞資本等取引と株主法人間取引・p.186）としたのは、配当をすることで法人の純資産が減少するにもかかわらず、当該減少額を損金に算入しないという意味であって、現物配当から損益を生じさせないということではありません。つまり、現物配当には、現物という資産を配当により「移転する」、すなわち譲渡するという意味での損益取引（22条2項・3項の対象となる取引）と、現物で「配当を行う」という資本等取引（22条5項の対象となる取引）という2つの性質があることになります。この点を捉えて、現物配当は「混合取引」であるといわれることもあります。

　現物配当の段階で、含み損益への課税があるという解釈は、適格現物分配に関する62条の5第3項から導くこともできます。この規定によれば、法人が適格現物分配により資産の移転をしたときは、帳簿価額による譲渡をしたものとして扱われるとされています。つまり、現物分配の段階では課税せず、帳簿価額による譲渡として課税を繰り延べるのですが、そのメカニズムについては後述することにして（☞適格現物分配の効果・p.297）、ここで大事なのは、適格現物分配に該当した場合に限り、含み損益への課税が繰り延べられるのであって、**適格現物分配以外の現物分配**（通常の現物分配）の場合は、**譲渡損益が計上されて課税の対象になること**が、この規定の前提になっているということです。

　収益の側面に関するこれらの解釈問題については、平成30年度改正により、22条の2第6項が上記の内容を確認することで解決されました（同項は創設規定ではなく確認規定だと考えられます）。この改正により、無償による資産の譲渡に係る収益の額は、「金銭以外の資産による利益又は剰余金の分配及び残余財産の分配又は引渡し」等としての資産の譲渡に係る収益の額を含むことが明ら

かになったのです。

▶現物配当による損失の実現

　現物配当によって、含み益だけでなく、含み損も認識できるということになれば、法人は、含み損のある資産を選んで配当にまわすことが考えられる。これは、実現主義を採用している以上、当然のことのようにみえる。

　しかし、その反面、法人が、営業等に必要な資産でかつ含み損のあるものを、例えばいったん大株主に譲渡した後で、その資産を賃借する、あるいは株主に再出資させるという方法で、法人による資産への実質的な支配を続けながら、損失だけを実現させるというスキームが考えられなくもない。法人が清算して消滅してしまうような残余財産の分配とは異なり、法人の存続を前提とする現物配当については、何らかの損失控除制限があってもよいように思われる。

　もっとも、現物配当が、適格現物分配（☞適格現物分配の効果・p.297）あるいは完全支配関係がある内国法人に対する譲渡損益調整資産の譲渡（☞グループ内における資産の譲渡・p.234）に該当するのであれば、その限りで損失の控除は制限される。

▶配当とそれ以外の分配

　会社法（第二編第五章第六節）では、株主に対する金銭等の交付を「剰余金の配当等」として、統一的に財源規制をかけ、それに関する責任を規定している。会社法461条は、会社債権者と株主との利害を調整するために剰余金分配規制を行う規定であり、同条2項に定められた「分配可能額」の範囲内でなければ、会社法上は剰余金の配当等を行うことができない。同条1項は1～8号まであるが、「剰余金の配当」は8号にあり、1～7号までは、それぞれ自己株式を取得する行為である。つまり、会社法上、剰余金の配当等（剰余金の分配）とは、配当と自己株式の取得をさしていると考えられる。

　租税法が配当の概念を原則として会社法から借用しているという前提のもとで、租税法上、配当とそれ以外の分配との区別が問題となる主な理由は、分配の受領者である株主にとって、課税ルールが異なるからである。前者は原則として配当課税を受けるが、後者の一部はみなし配当課税を受けることになる。さらに、前者であっても後者であっても、個人株主と法人株主とでは課税上の扱いが違う。

　一方で、分配を行う側である法人にとっては、配当であろうとみなし配当であろうと、また受領者が個人であろうと法人であろうと、剰余金の分配は損金に算入されない（22条5項）。ただし、配当に該当するか否かで、利益積立金額の減額方法等が異なりうる（令9条8号）。

▶法人税法上の分配可能利益概念としての利益積立金額

利益積立金額が、法人税法上の分配可能利益を表しているとしても、それは負の値を取ることがある。例えば、利益積立金額がゼロである法人が配当を行ってしまえば、法人税法が配当概念を会社法から借用している以上（それが会社法上、違法配当に該当するかどうかにかかわらず）、結果として利益積立金額はマイナスの値をとることになる。

また、利益積立金額は株主段階の課税を未だ受けていない部分であるとはいえ、そこから社外流出するものが、必ず配当として課税されるわけではない。例えば、役員への賞与が損金不算入になった場合（かつて役員賞与が利益処分とされていたときと同様に）、利益積立金額を減少させる（施行令9条1号カッコ書にいう「当該法人が留保していない金額」に該当する）が、賞与を受領した役員は給与所得として課税される。

もっとも、立法論として、利益積立金額から株主に対して払い出されるものは、租税法上の配当としての性質を持つと決めることは不可能ではない（ただし、利益積立金額からの払出しをどのように特定するかという問題は残される）。

▶現物配当に関する源泉徴収義務

法人が配当を行う際には、源泉徴収義務が課されている（所法181条）。法人株主の場合でも、執行上の理由から、いったん所得税の課税対象とされ（所法174条2号・175条2号）、その後に税額控除を受ける（68条1項）。しかし、**現物からの源泉徴収は、実務上困難である**。したがって、現物配当をする場合、当該配当とは別に、源泉徴収用の金銭配当をしておく必要が生じる。

例えば、個人株主の場合、所得税の源泉徴収の税率は20％（復興特別所得税を除く）であるが（所法182条2号）、そのような個人株主に対して現物配当をするとすれば、**源泉徴収税額分をグロス・アップして、別途金銭配当する方法が必要となる**。現物の20％を切り取って徴収し、残り80％を配当することはできないからである。

したがって、法人が、仮に時価80万円の現物（法人段階における含み損益に対する課税後のもの）を配当すると決めた場合、同時に利益剰余金からも20万円の金銭配当をして、その20万円をそのまま源泉徴収に充てるという方法をとることになる。しかし、このような方法は、いかにも迂遠かつ煩瑣であって、源泉徴収制度が採用された本来の趣旨からはみ出す可能性がある。立法論としては、徴収義務者にそこまでの義務を課してよいのか検討の必要があろう（申告不要制度が適用される上場株式であっても、問題の本質は同じである）。

なお、現物配当が適格現物分配に該当する場合は（☞適格現物分配の効果・p.297）、配当所得の対象となる配当等の範囲から除外されているため（所法24条1項カッコ書）、源泉徴収義務等の問題は生じないこととなる。

2. みなし配当

(1) みなし配当として課税する理由
(i) 対応資本金等の額

　租税法には、会社法の配当概念を受入れながらも、24条および所得税法25条において付け加えられたみなし配当という概念が存在します。

　ごく簡単に述べると、法人の(a)合併（24条1項1号、所法25条1項1号）、(b)分割型分割（24条1項2号、所法25条1項2号）、(c)株式分配（24条1項3号、所法25条1項3号）、(d)資本の払戻し（24条1項4号、所法25条1項4号）、(e)残余財産の分配（24条1項4号、所法25条1項4号）、(f)自己株式の取得（24条1項5号、所法25条1項5号）などの事由が起こり、その際に、株主が、法人から金銭その他の資産の交付を受けた場合に、みなし配当課税の対象となります。具体的には、法人からの交付額が、「法人の資本金等の額のうちその交付の基因となった株式に対応する部分の金額」（以下、「対応資本金等の額」と呼ぶことにします）を超えるときに、その超える部分が（交付額を受け取った株主に対する）みなし配当として課税されるのです。

　上記(e)の残余財産の分配を例にとると、法人が解散する場合、清算人は、

3-2 【みなし配当のイメージ図】

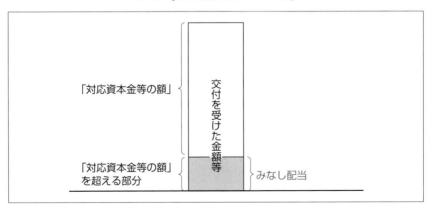

現務を結了し、債権を取り立て、債務を弁済した後で、持株数に応じて残余財産を株主に分配することになります（会481条）が、それは清算における分配であって、会社法上の配当ではありません。しかし、租税法上は、配当とみなされることになります。すなわち、交付を受けた金額から「対応資本金等の額」を控除した額が、残余財産を受領した株主にとってみなし配当とされるのです。

（ii）二段階課税の貫徹

みなし配当の計算に関して、「対応資本金等の額」が課税対象から除かれる意味を考えてみましょう。資本金等の額は、法人から株主へ金銭等の分配があった場合に、それがどこから出て行ったものなのか（出所はどこなのか）、すなわち、①設立当初に株主が払い込んだ「原資」に相当する部分と、②設立後にその法人が獲得した「利益」にあたる部分のうち、どちらから払出しが行われたかを区別するために、必要な数値（データ）であると考えられます。

①は、株主が課税済所得から出資を行っているという前提をとる限り、株主段階での課税が済んでいる部分です。したがって、この部分が（再び）法人から株主に戻る際に、株主に対する課税があれば、それは、原資の回収（元本の払戻し）への課税にあたるから二重課税となります。

原資の回収部分に課税できないというのは、事業所得の金額の計算において仕入額が控除されたり（所法27条2項・37条1項）、譲渡所得の金額の計算において取得費が控除されたり（所法33条3項）するのと同じような考え方に基づきます。このような原資の回収部分は、所得を構成しないと考えられるため（納税者の所得に課税する制度である所得税法や法人税法においては）課税することができないのです。

一方で、原資を超える部分（「対応資本金等の額」を超える部分）、すなわち利益部分からの払出しであれば、その部分について法人税としての課税を既に受けているとはいえ、株主にとっての原資の回収にはあたりません。したがって、払出しの段階で株主に課税するルールを設定することは可能です。

換言すれば、①は株主段階の課税が済んでいるが、②は（法人段階の課税は済んでいても）株主段階の課税はまだ済んでいない部分だから、②の部分が株主に移動する場面（あるいはそのように観念される場面）を捉えて課税するために、みなし配当課税という制度が存在するのです。

上記(e)の残余財産の分配（☞対応資本金等の額・p.205）の場合でも、株主が

出資した部分は原資にあたるので課税できず、その原資を超えて法人が獲得した利益にあたる部分が分配されて、はじめて課税できる（みなし配当課税を受ける）ということになります。

　そのように考えるならば、みなし配当課税は、法人段階で1回、株主段階でもう1回という**二段階課税の貫徹**（株主段階における課税の確保）のための制度だということもできます。ただし、ここでいう二段階課税は、所得税法92条による配当控除（きわめて不完全な統合）の存在を前提としています。

（2）残余財産の分配

　残余財産の分配に関するみなし配当課税について、少し詳しく説明するために、以下のような簡単な例を設定してみましょう。

　　A社の資産1000、負債500、資本金等の額400（資本金80、資本準備金20、その他資本剰余金300）、利益積立金額100（その他利益剰余金100）、A社の発行する株式は一種類（普通株式のみ）、発行済株式数100、株主は1人、法人の資産・負債には含み損益はないとします（これを**【事例3-3】**とします）。

　この法人が、解散により（負債を弁済した後の）残余財産500を株主に分配した場合、みなし配当の額はいくらになるでしょうか。

　24条1項柱書によれば、交付を受けた「金銭の額および金銭以外の資産の価額の合計額」のうち「対応資本金等の額」を超える部分がみなし配当となります（所得税法25条1項柱書も同じ）。前者は500であるとすぐにわかりますが、問題は後者の算出手順です。それについては、施行令23条1項4号（個人株主の場合は所得税法施行令61条2項4号）に規定があります。

　内容はやや難解ですが、条文に出てくる各項目を整理してみると以下のようになります。

　　①対応資本金等の額

　　②当該資本の払戻しまたは当該解散による残余財産の分配を行った法人の当該払戻し等の直前の資本金等の額……400

　　③当該法人の当該払戻し等の日の属する事業年度の前事業年度終了の時の資産の帳簿価額から負債の帳簿価額を減算した金額（令23条1項4号イ(1)）……500

　　④当該資本の払戻しにより減少した資本剰余金の額または当該解散によ

る残余財産の分配により交付した金銭の額および金銭以外の資産の価
　　額（令23条1項4号イ(2)）……500
　⑤当該法人の当該払戻し等に係る株式の総数……100
　⑥株主等が当該直前に有していた当該法人の当該払戻し等に係る株式の
　　数……100

　そうすると施行令23条1項4号（または所得税法施行令61条2項4号）の内
容は、①＝②×④／③×⑥／⑤ということになり、これを【事例3-3】にあて
はめると、①（対応資本金等の額）＝$400 \times \frac{500}{500} \times \frac{100}{100} = 400$ となります。この例
では1人株主なので、要するに、分配額500のうち資本金等の額400を超え
た部分100がみなし配当になるのです（ただし、法人株主の場合は完全子法人株
式等からの配当として全額が益金不算入となります（23条1項1号・24条1項4号、令22
条の2第1項））。

3-3　【事例3-3のイメージ図】

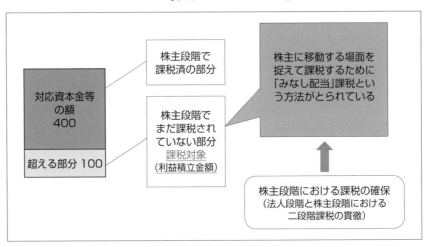

(3) 資本の払戻し──資本剰余金の額の減少に伴うもの

　会社法のもとでは、（旧商法とは異なり）資本金や準備金を減額して、それを
直接株主に配当することはもはやできなくなり、すべて剰余金の配当という形
をとることになりました（会446条・447条・448条・453条）。すなわち、資本金や

資本準備金は、配当の原資にはなりますが、それらを減額して直接配当するのではなく、会社法上は、いったん剰余金（その他資本剰余金）にしてから配当することになります。

資本剰余金の額の減少に伴う配当に関するみなし配当について説明するために、前述の【事例3-3】を少し修正して、以下のような事例にしてみましょう。

同じA社が、（残余財産の分配でなく）資本剰余金から株主へ250の配当を行ったとします（これを【事例3-4】とします）。

そうすると、【事例3-3】の④が500ではなく、250となります。

既述のように施行令23条1項4号（または所得税法施行令61条2項4号）の内容は、①＝②×④／③×⑥／⑤ですから、これを【事例3-4】にあてはめると、①＝$400 \times \frac{250}{500} \times \frac{100}{100} = 200$ となります。したがって、分配額250のうち、「対応資本金等の額」200を超えた部分50がみなし配当とされます。

3-4 【事例3-4のイメージ図】

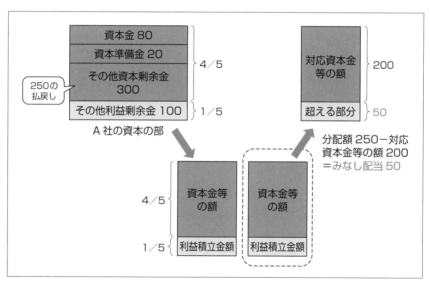

ここで注意すべきなのは、すべて資本剰余金からの配当（原資の払戻し）であるにもかかわらず、租税法上はみなし配当となる金額が1/5（250のうちの50）出てきたということです。この1/5という数字は、A社の資本の部（会社

法では純資産の部）における資本金等の額以外の部分（利益積立金額）の占める割合を示しています。つまり、会社法上はすべて資本剰余金からの配当を行っても、租税法上は資本金等の額から 4/5 が払い出され、それを超えた 1/5 部分がみなし配当課税を受けるという**按分計算**が行われているのです。A 社の資本の部を、いわば短冊型に縦割りにするこの按分計算により、配当に関する租税法上の出所が、一種の割り切りによって決定されたことになります。

　ここに、資本剰余金の額の減少に伴う配当が、23 条 1 項（または所得税法 24 条 1 項）の配当からいったん除外された意味をみることができます。配当概念を会社法から借用しているため、この除外を行わなければ、全額（250）が 23 条 1 項（または所得税法 24 条 1 項）の配当として課税されることになってしまいます。しかし、24 条 1 項 4 号（または所得税法 25 条 1 項 4 号）の**按分計算**により、一部だけが配当とみなされる結果となるのです。

(4) 自己株式の取得

　自己株式の取得は、相手（取得される側）が必ず株主であり、法人から株主へ自己株式の取得の対価が払われるという意味で、租税法においても分配として位置づけられます（法人から株主への資産等の移転となるからです）。注意して欲しいのは、自己株式の取得という名称の示す通り、それは法人からみて、自己の株式を取得する行為ですが（法人側からみた名称を使っていますが）、いまここで扱っているみなし配当とは、（法人側ではなく）**株主側の課税問題**だということです。

　自己株式の取得に対する課税を説明するために、【**事例 3-3**】を以下のように修正してみましょう。

> 株主は a と b の 2 人（それぞれの持分は 50％ずつ）、A 社は a に 250 を支払って a の保有するすべての A 社株式を取得したとします（これを【**事例 3-5**】とします）。

　この場合の「対応資本金等の額」を決定する規定は、施行令 23 条 1 項 6 号イ（個人株主の場合は所得税法施行令 61 条 2 項 6 号イ）です。それによると、「対応資本金等の額」は「当該法人の当該自己株式の取得等の直前の資本金等の額を当該直前の発行済株式等の総数で除して計算した金額に法第 24 条第 1 項に規定する株主等が当該直前に有していた当該法人の当該自己株式の取得等

に係る株式の数を乗じて計算した金額」とあるから、【事例3-5】の数字をあてはめると $400 \times \dfrac{50}{100} = 200$ となります。

したがって、【事例3-4】の場合と同様に50がみなし配当の額です。この場合も、自己株式を取得する対価の出所は、A社の資本の部における資本金等の額とそれ以外の部分で、按分されています（法人の有する資産に含み損益などがあり、自己株式の取得に対する交付金額が異なる場合は、【事例3-5】と同じ按分割合にはなりませんが、自己株式の取得の対価（交付金額）は、対応資本金等の額とそれを超える部分で按分されることになります）。

この結果は、【事例3-3】（解散による残余財産の分配）の株主がａとｂの２人であったと仮定した場合のａ（あるいはｂ）に対する課税に等しくなります。その場合のａの経済状態は、【事例3-3】と【事例3-5】でほぼ等しいので、両者の課税結果の一致には整合性があるといえます。

3-5 【事例3-5のイメージ図】

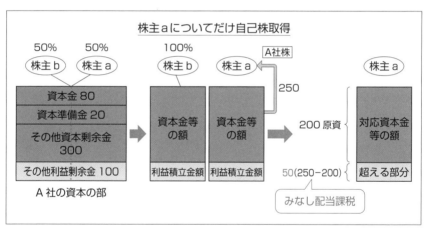

Next Step

▶みなし配当と株式の取得価額

施行令23条1項4号の内容に、株式の取得価額を示す項目がないことからもわかるように、みなし配当の金額は、株主における株式の取得価額（株主側の状況）とは無関係に算出される。換言すれば、法人側の数値（データ）である法人の資本構成（いわば

法人税法上の「資本の部」の構成）だけが、株主側のみなし配当課税の計算に影響を与えるのである。

なお、株主における株式の取得価額は、みなし配当課税の計算を行った後、株式に関する譲渡損益計算を行う場合に使用する（☞株主に対する譲渡損益課税―みなし配当の先取り・p.214）。

> ▶ **Column**　剰余金の差異による課税の異同──比例的分配の問題

Lecture の【事例3-4】で述べた課税方法は、株主に有利に働く場合がある。例えば、【事例3-4】において株主へ支払われた金額が、250ではなく利益積立金額と同額の100であったとする。現行法上、利益剰余金からの配当なら100が配当課税されるのに対し、それが資本剰余金からであれば20がみなし配当課税されるに過ぎない（一方で、法人株主の場合は、23条1項による益金不算入があるため、一般的には配当とみなされる額が多い方が有利である）。

会社法では、資本と利益のどちらの剰余金を配当に使用するか選択できるため、立法論として、この結果（使用する剰余金によって課税が異なること）をどう評価するかは、1つの論点となりうる。この点について、以下でもう少し考えてみよう。

資本剰余金からの払戻しには、株主による法人への払込部分の払戻し（すなわち、原資の回収）という要素がある。そう考えるならば、資本剰余金からの払戻しの一部に対して按分計算に基づくみなし配当課税をすることは、問題があるようにもみえる。一方で、配当とは、株主間で比例的に行われる（会454条3項）ものであることに着目すれば、たとえそれが資本剰余金からの払出しであったとしても、経済的効果において、利益剰余金の配当に類似する部分がある。

例えば、【事例3-4】において、法人の株主が全部で10人であったとする（それぞれの株主の持分は均等で、法人が発行する株式はすべて議決権株式とする）。各株主は資本剰余金からの配当によって25の払戻金を受領し、そのうちの5についてみなし配当課税される。しかし、各株主は、法人から現金25を引き出した後も、引き続き法人の10%株主として、法人財産に対する持分を有し、さらに払戻前と同様の議決権を行使できる。すなわち、相対的持分の減少がないのである。その意味で、この払戻行為の実体は、各株主に対する利益剰余金の配当と異なるところがない。

アメリカ法において、このような比例的な払戻しは、（特に個人株主を念頭に置いた場合）否認の対象とされる典型的な租税回避行為である。わが国においても、法人が資本剰余金からの配当を繰り返すことで、株主段階における配当課税の一部を回避することが可能なのである。比例的払戻行為の有する、このような租税回避としての要素を重視するならば、資本剰余金からの配当に対しては、配当として課税される部分を（前述の按分的な計算方法より）さらに多くする（例えば、利益積立金額の範囲内で配当とみなす）という立法的対応も検討されてよいだろう。

この問題についてもう1つ別の例をあげておく。【事例3-5】の株主がaだけで、A社はaに100を支払ってaの保有するA社株式のうち20%を取得したとする。この場合、aに対するみなし配当は20となる。しかし、配当後もaはA社の100%株主であり（配当後にaとA社との関係が存在しなくなった【事例3-5】とは異なる）、これでは利

益剰余金から a に 100 配当したのと経済的にはほとんど変わらない。そうであるにもかかわらず、現行法上、配当とみなされて課税されるのは 20 である（ただし、後日 A 社株式を売却したときの株式譲渡益は、利益剰余金からの配当として課税された後で A 社株式を売却した場合よりも増加する）。すなわち、自己株式の取得の場合にも、比例的分配の問題が存するのである。

▶非適格合併および非適格分割型分割

　法人の組織再編成のうち非適格合併または非適格分割型分割が行われた場合、被合併法人株主または分割法人株主は、それぞれ 24 条 1 項 1 号または同項 2 号（個人株主の場合は所得税法 25 条 1 項 1 号または同項 2 号）によるみなし配当課税を受ける。なぜなら、租税法上、被合併法人株主または分割法人株主が、これまで保有してきた株式（被合併法人株式または分割法人株式）を手放して、対価として合併法人株式または分割承継法人株式等を取得すると考えられる行為に、被合併法人または分割法人からの配当（その中身は利益積立金額の株主への分配）の要素があるからである。ここでも、みなし配当となるのは、対価である「金銭および金銭以外の資産の価額」のうち「対応資本金等の額」を超える部分である。

　その意味では、合併と分割型分割は同じなのに、23 条 1 項（および所得税法 24 条 1 項）は分割型分割だけを（剰余金の配当のうち資本剰余金の減少に伴うもの、株式分配と同様に）明文で除いている。その理由は会社法にある。租税法上の分社型分割（2 条 12 号の 10）と分割型分割（2 条 12 号の 9）は、かつて商法のもとでは物的分割と人的分割という名称で区別されていた。しかし、会社法では、物的分割、人的分割という区別をなくして物的分割だけとなり、かつての人的分割は、「物的分割＋剰余金の配当」と構成されることになった（☞分割型分割と配当課税・p.274）。

　租税法が会社法から配当概念を借用している以上、そのままでは分割型分割のうち「剰余金の配当」とされる部分に対して、配当課税が行われることになる。それを避け、課税上、分割型分割を合併と同じように扱うために、まず 23 条 1 項が分割型分割をいったん配当から除き、続いて 24 条 1 項 2 号がこれをみなし配当に含めたと考えられる（ただし、みなし配当を受けるのは非適格合併および非適格分割型分割だけであり、適格取引は対象外である）（☞適格組織再編成の効果・p.291）。

▶法人側の処理と自己株式の資産性

　自己株式を取得した法人側では、これを資産計上せず、「取得資本金額」だけ、資本金等の額を減少させる（令 8 条 1 項 20 号）。取得資本金額を一言でいえば、当該自己株式に対応する資本金等の額のことである。なお、法人が 2 種類以上の株式を発行している場合、取得資本金額は、取得をする株式の種類ごとに区分した資本金等の額を基礎と

して計算される（同号ロ）。

　また、（上場株式の市場における取得の場合等を除き）自己株式の取得により交付した金銭等が取得資本金額を超える部分について、利益積立金額が減額される（令9条14号）。これは、自己株式を譲渡した株主においてみなし配当とされた金額であり、利益積立金額から払い出されたものが、株主側でみなし配当課税されたということになる。この扱いは、資本金等の額からの払出しが、株主において配当課税されないことと整合的である。

　上記の資本金等の額および利益積立金額を減額させる処理は、法人税法上、自己株式の資産性を否定したことを意味する。この減額処理により、自己株式の取得価額はゼロになるからである（東京地判平成23年10月11日訟月59巻4号1095頁）。その結果、法人が自己株式を譲渡する行為は、課税上も新株発行と等しく扱われることになる。

3. 清算

Lecture

(1) 株主に対する譲渡損益課税——みなし配当の先取り

　会社は、解散によって合併と破産手続開始決定の場合を除いて清算手続に入り（会475条）、最終的には消滅します。したがって、清算による分配（liquidating distribution）を受けた株主に関しては、これが最後の課税機会（または控除を行う機会）となる可能性があります。

　残余財産の分配を受けた株主に対して、みなし配当課税があることは既に触れました。たしかに、法人の留保利益からの分配である以上、法人から株主に対する残余財産の分配には、租税法からみた配当の要素があります。しかし、株主が保有する全株式を手放して、それと交換に残余財産の分配を受けるという点においては、株式譲渡の要素も存することになります。したがって、清算に際しては、みなし配当だけでなく、株式譲渡損益の計算も行う必要が出てきます。

　【事例3-3】では、株主における株式の取得価額を設定していませんでした（既に述べたように、株式の取得価額がいくらであってもみなし配当の額は同じです）が、ここでは設定を追加して説明します。まず【事例3-5】と同様に

株主はａとｂの２人（それぞれの持分は50％ずつ）で、さらにａとｂの取得価額はどちらも150であったと仮定します（これを**【事例3-6】**とします）。その場合、譲渡により通常得べき対価の額250からみなし配当の金額50を除き、そこから譲渡に係る原価の額である株式の取得価額150を控除した結果、株式譲渡益は50となります（61条の２第１項、租特37条の10第３項４号）。

　重要なことは、**株式の譲渡対価**（有償によるその有価証券の譲渡により通常得べき対価の額）から、**みなし配当部分が除かれていること**です（法人株主の場合は、61条の２第１項１号において、個人株主の場合、租税特別措置法37条の10第３項柱書において、交付を受ける対価の額からみなし配当として課税される部分がそれぞれ除かれています）。この部分は、**既に配当とみなして課税されている**のですから、**二重課税を避けるために譲渡対価に含まれないようにしている**のです。ただし、課税の順番はみなし配当が先になります。つまり、対価のうちのみなし配当部分を先に取り出して課税しておき、その残りについて譲渡損益課税を行うというやり方です。

　株式譲渡損益課税は、自己株式の取得でも行われます。自己株式の取得には、株式を発行法人に譲渡するという要素があるからです。ここでも、みなし配当が先取りされて、対価から当該みなし配当部分を控除したものから、株式の取得価額を控除して譲渡損益を計算する方法がとられています（61条の２第１項、租特37条の10第３項５号）。

　自己株式の取得が、概念的には部分的な清算（partial liquidation）の要素を有することがあります。例えば、自己株式の取得によって、保有するすべての株式を手放す株主が存在する場合、この株主は法人とのすべての関係を断ち切るのですから、自己株式の取得の対価には清算分配の要素があるといえます。そして、この場合の自己株式の取得は、株主にとって**株式譲渡益課税**（あるいは譲渡損の控除）を行う最後の機会となります。

(2) 清算する法人に対する課税——現物による残余財産の分配

　法人が残余財産の全部の分配または引渡しによって資産の移転をするときは、残余財産の確定の時の価額（すなわち時価）で、当該資産の譲渡をしたものとされます（62条の５第１項）。

　清算する法人に対する課税が、主として法人の残余財産の含み損益を対象

にしていることは、現物配当の場合と大きな差はありません。ただし、譲渡に係る譲渡利益額または譲渡損失額（残余財産確定時における資産の時価と原価との差額）は、その残余財産の確定の日の属する事業年度の所得の金額の計算上、益金の額または損金の額に算入される（62条の5第2項）という点には注意が必要です。

62条の5は、譲渡対価たる時価の測定時点を（通常の法人税の計算とは異なって）実際の分配時や引渡時ではなく残余財産の確定時としています。その理由としては、分配または引渡時にならなければ納付税額が確定しないとなれば、残余財産がいつまでたっても確定しない可能性が出てくるので、これを断ち切るために、特別の測定時点を設定したと説明されています。

なお、残余財産の分配が適格現物分配（☞適格現物分配の効果・p.297）に該当する場合は、直前の帳簿価額による譲渡とされるため、現物分配法人に対する譲渡損益の課税はありません（62条の5第3項、令123条の6第1項）。

Next Step

▶自己株式の取得等と譲渡損益課税

既述の通り、残余財産の分配や自己株式の取得に関して、みなし配当課税を受けた後に、譲渡損益を算出するために株式の取得価額が使用される。すなわち、法人から交付を受けた金銭等の額のうち、みなし配当部分を先取りした残りが、株式譲渡損益計算における株式の譲渡対価となる。結果として、譲渡対価は対応資本金等の額となる。この場合の対応資本金等の額は、みなし配当の計算における「原資」としての役割とは変わって、むしろ「収益」としての性質を帯びることになる。

対応資本金等の額よりも株式の取得価額の方が大きければ、結果として、譲渡損が生じることになる。例えば、【事例3-5】で株主aにおけるA社株式の取得価額が250だったとすると、譲渡対価が200（250からみなし配当部分の50が控除される）となるから、株式譲渡損が50出てくる。

しかし、個人株主の場合、この損失は他に株式等に係る譲渡益がない限り「生じなかったもの」とされ、他のどの所得分類からも控除できない（租特37条の10第1項）。有価証券譲渡益は分離課税を受けているため、有価証券の譲渡に係る所得が全体としてマイナスになっても、他の所得との損益通算はできないのである（ただし、租税特別措置法37条の12の2に該当すれば、繰越は可能である）。

みなし配当部分だけを先取りして課税しておきながら、譲渡損が出た場合は面倒をみ

3-6 【自己株式取得の場合の譲渡益課税】

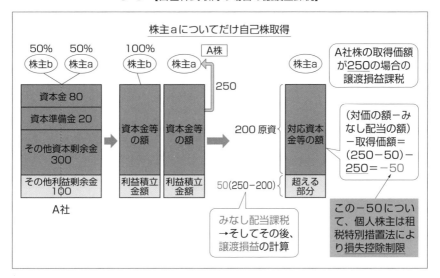

ないというのであるから、この課税方法には問題がある（この点に関して、平成13年度改正前の24条1項では、法人株主が交付を受けた金銭等の額が、株式の取得価額を超える部分で、かつ当時の「資本等の金額」以外の部分からなる金額を配当とみなすことになっていたから、法人株主については、株主側のデータが反映されていた時期があった）。

　なお、法人株主については、平成22年度改正により、完全支配関係がある法人間においてみなし配当事由による金銭等の交付があった場合、61条の2第17項により、譲渡対価を譲渡原価に相当する金額として扱う（対価＝原価とする）ことで、株式の譲渡に関する譲渡損益が計上されないことになった（非適格合併、非適格分割型分割、資本の払戻しの場合等でも同様の扱いを受ける（同項））。みなし配当の金額および譲渡原価に相当する金額の合計額から交付を受けた金銭等の額を減算した金額は、当該法人株主の資本金等の額から減算されることになる（令8条1項22号）。

▶資本の払戻しの場合の株式譲渡損益課税

　資本の払戻しがあった場合も、株式譲渡損益課税が行われる（61条の2第1項、租特37条の10第3項4号）。その方法は、残余財産の分配の場合と同じである。すなわち、対価のうちのみなし配当部分を先に取り出して課税しておき、その残りについて譲渡損益課税が行われる。

　なお、払戻しを行った法人は、法人株主に対して、当該法人の簿価純資産に占める（資本の払戻しにより）減少した資本剰余金の額の割合を通知しなければならない（令119

条の9第2項）。この割合が、株式譲渡損益計算を行う際の原価の額を算出するために必要となるからである（同条1項）。

▶資本剰余金と利益剰余金の双方を原資とする剰余金の配当

　資本剰余金と利益剰余金の双方を原資とする剰余金の配当（混合配当）が行われた場合、23条1項1号と24条1項4号の適用関係が問題となりうる。すなわち、混合配当の全体が24条1項4号に規定する資本の払戻しに該当するか否かという問題である。この点について、東京高判令和元年5月29日訟月68巻4号343頁［国際興業管理事件］は、資本剰余金を原資とする配当には24条1項4号（当時は3号）が、利益剰余金を原資とする配当には23条1項1号がそれぞれ適用されると判断した。

　これに対して、上告審である最判令和3年3月11日民集75巻3号418頁は、上記高裁の判断を是認せず、混合配当の全体が24条1項4号に規定する資本の払戻しに該当するとし、利益剰余金を原資とする部分に23条1項1号が適用されるとした控訴審の判断には法人税法の解釈を誤った違法があるとした。これは、資本剰余金が1円でも減少する配当であれば、利益剰余金の減少の有無にかかわらず、すべて24条の対象となる（配当ではなくみなし配当となる）ことを意味する。

　最高裁は、旧商法が会社法（平成17年法律第86号）へと改正されたことを踏まえ、法人税法も平成18年度改正において、23条1項1号と24条1項4号の適用の区別につき「会社財産の払戻しの手続の違いではなく、その原資の会社法上の違いによる」とされたことを重視した。会社法改正との関係から、23条1項1号と24条1項4号を読み解く方法は、平成18年度改正に関する立案担当者の解説と同じである（「平成18年度税制改正の解説」（財務省HP）261〜262頁）。一方で、高裁の見解は明らかに当該解説とは異なっている。

　平成18年度改正とは、利益剰余金のみを原資とする配当は租税法上も23条1項の配当として扱い、資本剰余金を原資とした場合には特別にみなし配当として、会社法上の原資の割合にかかわらず、租税法上のいわゆるプロラタ計算をする方法を採用したものであるから、資本剰余金と利益剰余金が混合している配当であっても、当該プロラタ計算を行うべき（つまり、全体をみなし配当として扱うべき）と考えられる。

　最高裁は、24条1項4号について「課税の回避を防止し、適正な課税を実現することをその趣旨とするもの」と捉えている。高裁判決は、24条1項について「重複課税を避けるための規定」としたので、両裁判所の判断は大きく異なる（一方で、23条および23条の2については、どちらの裁判所も二重課税排除の規定と位置づけている）。受取配当は22条2項によって益金算入され、一定の条件を満たすものに限って23条1項または23条の2第1項により、その一部が益金不算入とされるが、それ以外の部分は益金扱いのままである。そして、24条1項により配当とみなされると、その当然の帰結として

23 条 1 項または 23 条の 2 第 1 項が適用されることになるに過ぎない。最高裁の理解の方が正当であろう。

　この事件では、施行令 23 条 1 項 4 号（当時は 3 号）が法 24 条 4 項（当時は 3 項）の委任の範囲内にあるかどうかも重要な論点であった。最高裁は、法 24 条 1 項 4 号は「利益剰余金及び資本剰余金の双方を原資として行われた剰余金の配当の場合……資本剰余金を原資とする部分については、利益部分の分配と資本部分の払戻しとに分けることを想定した規定であり、利益剰余金を原資とする部分を資本部分の払戻しとして扱うことは予定していない」とした上で、施行令 23 条 1 項 4 号は「直前払戻等対応資本金額等の計算に用いる施行令規定割合を算出する際に分子となる金額……を当該資本の払戻しにより交付した金銭の額ではなく減少資本剰余金額とし、資本剰余金を原資とする部分のみについて……比例的な計算を行うこととするものである」から、この計算方法の枠組みは、法人税法の趣旨に適合するとした。しかし、簿価純資産価額が直前資本金額（払戻しの直前の資本金等の額）より少額である場合に、上記の計算式をそのままあてはめると、「減少資本剰余金額を超える直前払戻等対応資本金額等が算出されることとなり」、利益剰余金および資本剰余金の双方を原資として行われた剰余金の配当の場合には、「利益剰余金を原資とする部分が資本部分の払戻しとして扱われることとなる」から、この限りにおいて、「法人税法の趣旨に適合するものではなく、同法の委任の範囲を逸脱した違法なもの」としている。

　利益剰余金を原資とする部分が資本部分の払戻しとして扱われることは、前述した「予定していない」結果が生じたことになるからだと思われる。令和 4 年度改正では、当該結果が生じない（上記「資本部分の払戻し」として扱われない）ように、施行令 23 条 1 項 4 号の内容が修正された。

▶平成 22 年度改正──清算所得課税の廃止・事業税および資本等取引に関する修正

（i）清算に関する課税方法の変更

　清算に関する課税方法は、平成 22 年度改正によって大きく変わった。法人が解散して消滅する場合、同改正前は、当該法人に対して、清算所得に対する法人税が課せられていた（旧 92 条）。これは、解散する法人の「残余財産の時価－取得価額」を対象とする財産法に基づく課税であった。これに対して、これまでみてきたように、通常の法人税の課税は、「益金－損金」を対象とする損益法に基づくものである。同改正においては、解散の前後で、課税方式が異なるべきでないと考えられ、解散後（清算中）の法人も、そうでない法人と同じように、各事業年度の所得に対する法人税の課税が行われることとなった（5 条）。

　清算に際しての課税の中心が、主として法人の残余財産の含み損益（キャピタル・ゲインあるいはキャピタル・ロス）であることは、改正の前後を通じて変わりはない。

ただ、この改正によって、法人は、たとえ清算中であっても、役員給与や交際費等に関する損金算入制限に服することになった（財産法に基づく計算では、これらの支出は残余財産を減少させるため、損金算入が可能になるという問題があった）。

その一方で、清算中に債権者から債務免除等をしてもらった場合、もし残余財産がなければ、改正前は（財産法に基づく計算において、残余財産の含み益も存しないことになるから）課税所得が生じなかったが、改正後は（損益法に基づく計算であるため）債務免除益が生じてしまう場合がある。この不都合（残余財産がないのに課税所得が生じること）を防ぐため、残余財産がないと見込まれるときは、その清算中に終了する事業年度前の各事業年度において生じた期限切れ欠損金額に相当する金額について、青色欠損金等の控除後の所得の金額を限度として、その事業年度の所得の金額の計算上、損金の額に算入することが認められることになった（59条4項、令117条の5）。すなわち、期限が切れてしまって、通常であれば使うことのできない欠損金（例えば、赤字続きで使うチャンスがなく使用できる期限が切れてしまった欠損金）を、所得の金額を限度として損金に算入できるようにすることで、債務免除益等との相殺を可能にしたのである。

(ⅱ) 事業税の扱いおよび資本等取引の範囲の変更

平成22年度改正では、事業税の扱いについても変更が行われた。事業税は各事業年度の所得に対する法人税から控除できるが、その損金算入時期は、事業税の申告等のあった日の属する事業年度となるため（法基通9-5-1）、通常は翌年度の法人税から控除される。ただし、法改正によって、最終事業年度に関する事業税の額は、（翌年度ではなく）その事業年度の損金に算入されることになった（62条の5第5項）。改正前は、清算所得に対する税率を下げることで調整していたが、改正後は、最終年度に前倒しして損金算入することで対処しているのである（そうしなければ損金に算入する機会が永久に失われるからである）。

また、平成22年度改正により、資本等取引の範囲に「残余財産の分配又は引渡し」が追加された。これは、清算によって資産が社外に流出しても損金の額に算入しないことを規定したものであって、残余財産の分配という資産の譲渡に対して課税しないということではない。残余財産の分配という行為には、資産の譲渡という面と資産の流出という面の2つの面があるが、このうち資本等取引に追加されたことにより課税の対象外とされるのは、資産流出の面だけだと説明されている。

▶適格現物出資との比較

解散によって、現物を含む残余財産が株主に移転することは、現物出資と反対方向の取引である。既に述べたように、適格現物出資の場合、出資者である株主段階（ただし法人に限られる）における含み損益課税は繰り延べられる。その一方で、逆方向である

解散の場合、平成22年度改正前は、課税繰延扱いにはなっていなかった（清算所得課税として、残余財産の含み損益に課税された）。

　つまり、法人という出資者とは別のエンティティを作るときは、一定の要件の下で含み損益課税を繰り延べることができたが、そのエンティティを解散するときは、必ず含み損益への課税があったのである。しかし、平成22年度改正で適格現物分配の制度が創設されたことで、法人へ資産を入れるときに、（適格現物出資による）含み損益への課税繰延がありえるのと同様に、法人から資産を引き出すときも、完全支配関係がある法人間であれば、含み損益に対する課税を繰り延べることができるようになった。

　既述のように、清算時の課税は、法人段階だけでなく、株主段階にも及ぶ。しかし、適格現物分配の場合、被適格現物分配法人にとってみなし配当となる部分は、全額益金不算入とされる（62条の5第4項）。つまり、当事者である現物分配法人と被現物分配法人の双方が、取引の段階で課税されることはない。

　ただし、適格現物出資と適格現物分配は完全に反対の行為として、（資産を法人に入れるときも、法人から引き出すときも）同じようなルールが適用されるわけではない。例えば、（株式保有割合が50%超100%未満である法人間で行われる）50%超企業グループ内現物出資あるいは共同事業を行うための現物出資は適格組織再編成として課税繰延扱いを受けるが、現物分配の場合はそうならない（適格現物分配となるためには完全支配関係が要求されるからである）。

　また、現物出資および現物分配ともに、適格となりうるのは法人間の取引だけであり、個人株主は想定されていない。たとえ法人の100%株主であっても、その者が個人であった場合、株主と法人との間の資産の移転は、出資であろうと残余財産の分配であろうと常に課税対象とされる。

▶ **Column**　**配当所得かキャピタル・ゲインか**

　所得税法25条1項は、「資本金等の額」という概念を用いて、法人の純資産のうち、株主が法人に対して払い込んだ部分と、法人が設立後に獲得した部分とを厳密に区別している。そして後者である法人の獲得利益が、減資や解散等一定の事由によって株主にわたる場合は、これを配当とみなして課税する。

　所得税法25条1項に規定する事由が生じた場合、株主は、一定の金銭その他の資産の交付を受けることになるので、これら金銭の額および資産の価額のうち、資本金等の額を超える部分が、課税の対象となりうることは理解できるだろう。しかし、所得税法上のどの種類の所得として課税するかは、立法政策の問題である。

　考え方としては、これらの所得を譲渡所得とするものがありえよう。つまり、所得税法33条の「譲渡」の概念を拡張して、25条1項のような場合は、株主が法人へ株式を譲渡し、その対価として資産等の交付を受けたと考えるのである（株主が、保有する株式を第三者へ移転すれば譲渡所得となるのに、株式を発行した法人に移転すれば配当として課税

されるのはおかしいという考え方が、その背景にある）。

　また、そのようにして株主が手にした利益は、長きにわたって蓄積された株式の含み益が一挙に実現するケースに該当し、その意味からも、その実質はキャピタル・ゲインといえなくもない。実際、アメリカ法では、自己株式の取得や法人の清算によって株主に生じる利益は、原則としてキャピタル・ゲイン課税を受ける（アメリカ内国歳入法典 302 条・331 条・1001 条）。

　その反面、株主が受け取った金銭等の価額のうち、資本金等の額を超える部分を配当原資と考え、残余財産等の分配を一括した「大きな配当」と同視することにも十分な理由がある。そして、現行税法はこちらを選択したのである。そのため、私法では配当でないものを租税法で配当とみなす必要性が生じた。これが所得税法 25 条 1 項に規定されるみなし配当である。

　もしわが国が、キャピタル・ゲインとしての課税方法を採用するとした場合、株式の取得費とは、（みなし配当課税で用いる）資本金等の額のうち、交付の基因となった株式に対応する部分ではなく、各株主が実際に株式を取得したときの価額となろう。したがって、個々の株主は取得価額を記帳しておく必要が出てくる。法人株主はともかく、すべての個人株主にとって、そのような記帳が実際に可能かといわれれば、現段階では疑問視せざるをえない。つまり、この課税方法を日本で採用するには、コンプライアンス・コストの問題が存することになる（ただし、所得税基本通達 38-16 参照）。

- 分配には配当とそれ以外の分配がある。配当には金銭配当と現物配当がある。
- 配当以外の分配には残余財産の分配、資本の払戻し、自己株式の取得などがあり、それぞれについてみなし配当課税がありえる。
- みなし配当課税の計算では対応資本金等の額が重要な役割を果たす。また、みなし配当額の算出のために資本の部の按分計算が行われる場合がある。
- みなし配当課税が行われた後、さらに株式の譲渡損益に対する課税が行われる場合がある。譲渡損益課税の計算では、みなし配当部分が先取りされる。
- 現物配当では資産の含み損益に対する課税がある。法人の清算の場合も同様に資産の含み損益への課税がある。
- 出資、分配（配当）、みなし配当、清算に関する適用条文の簡単な整理図は以下の通り。

3-7 【出資と分配に関する整理図】

	株主側	法人側
出資	・金銭の場合…課税なし ・現物の場合…含み損益に課税 ・法人株主　22条2項・3項 ・個人株主　所法33条	・出資非課税　22条5項 ・資本金等の額の増加　令8条
分配〈配当〉	・法人株主…益金不算入　23条 ・個人株主…配当所得　所法24条	・金銭の場合…損金不算入 　22条5項 ・現物の場合…含み損益に課税 　22条2項・3項
分配 〈みなし配当〉	・法人株主　24条 ・個人株主　所法25条 合併　1項1号 分割　1項2号 資本の払戻し　1項4号 残余財産の分配　1項4号 自己株式の取得　1項5号	・金銭の場合…損金不算入 　22条5項 ・現物の場合…含み損益に課税 　22条2項・3項 ・資本金等の額の減少　令8条 ・利益積立金額の減少　令9条

Chapter

4

完全支配関係グループと組織再編成に関する税制

Ⅰ　グループ法人税制

1. 概説

Lecture

(1) 事例

　グループ法人税制の理解のために、まず以下の事例を設定します。いずれの事例においても、A 社は B 社の全発行済株式を保有している（つまり、B 社は A 社の 100％子会社である）とします。

> **【事例4-1】**
> 　A 社は保有する甲土地（時価1億円）を B 社に対して無償で譲渡した。甲土地の A 社における取得価額は 7000 万円であった。
>
> **【事例4-2】**
> 　A 社は保有する甲土地を B 社に対して 1 億円で譲渡した。その 2 年後、B 社は甲土地を C 社に当時の時価相当額である 1 億 5000 万円で譲渡した。なお、C 社は A 社および B 社とは資本関係がない法人である（C 社の株式は A 社および B 社とは関係のない株主が保有している）。
>
> **【事例4-3】**
> 　A 社は B 社に対して現金 1000 万円を贈与した。
>
> **【事例4-4】**
> 　A 社は B 社に対して 1 億円を無利息で貸し付けた。1 億円を貸し付けた場合の通常の利息は年 1000 万円とする。

(2) 制度の趣旨──平成 22 年度改正によるグループ法人税制導入の趣旨
(ⅰ) グループ法人の実態に即した課税ルール

　ある法人が別の法人と取引する場合、両社が互いに無関係な法人である場合と、例えば親子会社である場合とでは、取引の実態が大きく異なることがあ

りえます。既に触れたことですが、関連企業間では、通常とは異なる対価や条件で取引が実行されることがあります（☞関連当事者の存在・p.18）。

　【事例4-1】では、A社がB社の全株式を保有しているからこそ、子会社であるB社に対して無償で資産を譲渡したと考えることもできるのです。そのことを意識して、上記の各【事例】においては、「無償取引」（☞無償取引・p.70）のところで示した事例に類似させつつ、「A社はB社の全発行済株式を保有している」という部分を付け加えています。

　【事例4-1】の取引に対して、無償取引に関する22条2項と寄附金に関する37条1項が適用されると、A社は、B社に時価で甲土地を売り、対価として受け取った1億円をB社に寄附した場合と同じ課税を受けます。また、B社の方は、22条2項によって、1億円について受贈益課税を受け、甲土地のB社における取得価額は1億円になります。

　しかし、この課税結果は、A社とB社がグループ法人（100％の持株関係がある法人）であることに鑑みれば、やや理不尽と考える人もいるのではないでしょうか。B社はA社の100％子会社なのですから、【事例4-1】のような無償譲渡の場合はもちろんのこと、【事例4-2】のようにA社がB社に時価で資産を譲渡した場合でも、グループ全体としての利益は（グループ内部における資産の移転であるため）ゼロです。そうであるにもかかわらず、A社に課税があるのはおかしくないでしょうか。

　もし、A社とB社が法人ではなく、ある法人内部におけるa支店とb支店に過ぎなかったとしたら、a支店が保有する資産をb支店に移転したことによる課税は、当然ながらありません。同様にグループ法人間の取引の場合でも、グループ内部の取引には課税せず、資産がグループから外に出たときに（グループ外の第三者に譲渡されたときに）課税するという考え方は、理論的には十分ありえるのです。

　上記の各事例に示したような取引について、平成22年度改正前の法人税法は、グループ法人間取引であろうとなかろうと、22条2項や37条1項等で対応してきました。そして、ようやく平成22年度改正において、グループ法人の一体的運営が進展している状況を踏まえ、実態に即した課税を実現する観点から、グループ法人一般に対する課税の取扱いとして、グループの要素を反映した制度、すなわち「グループ法人税制」（グループ法人単体課税制度）が設

けられることになったのです。

（ⅱ）制度の概要

　改正法の主たる内容をごく簡単に述べるならば、(a)完全支配関係（☞完全支配関係・p.229）があるグループ法人間における資産の譲渡に関する課税繰延、(b)完全支配関係があるグループ法人間における寄附金の損金不算入と受贈益の益金不算入、(c)大法人の100％子法人に関する中小企業向け特例措置の不適用といったものがあります。例えば、グループ法人間で一定の資産が譲渡された場合、譲渡した法人において譲渡損益が認識されず繰り延べられます。【事例4-2】でいえば、A社が甲土地を譲渡した場合の譲渡益3000万円に対する課税が、B社からC社への甲土地の譲渡時まで、繰り延べられます（☞課税繰延の方法・p.234）。

　ただし、グループ法人税制は、完全支配関係があるグループ法人であれば、**強制的に適用される制度**です。したがって、納税者による選択によって、損失が生じた場合だけ損金算入させるというような操作はできません。例えば、【事例4-2】における甲土地の取得価額が1億2000万円であった場合、それをB社に1億円で譲渡することで、A社が2000万円の損失を計上することは認められていません。つまり、完全支配関係がある法人へ含み損のある資産を移転して、当該資産に対する実質的な支配を継続しながら、課税上の損失だけを利用するような「損出し」をすることは認められず、損失の認識が繰り延べられるのです。グループ法人税制は、**利益だけでなく、損失も繰り延べる制度**であることに注意して下さい。

　その意味では、グループ法人税制は「損出し」という租税回避に有効に対処できることになります。ただ、そのことから、この制度の第1の目的が租税回避の否認であると捉えるべきではなく、課税の公平性・中立性を目指した制度であるから、結果として「損出し」等の租税回避行為が否認されているとみるべきでしょう。

　つまり、制度の導入にあたって、そのように利益も損失も同じように繰り延べるような扱いこそが、課税の公平性や中立性等の要請に資すると考えられたのです。したがって、ここでいう公平性や中立性は、無償取引一般について述べられてきたものとは異なり、**グループ法人間の取引**ということを意識した公平性、中立性ということになります。だからこそ、22条2項や37条1項を適

用した場合とは異なった扱いが許されるのです。

(3) 完全支配関係

　グループ法人税制は、**完全支配関係がある法人間の取引等に適用されます。**
ここでいう「完全支配関係」とは、簡単に言えば**100％の株式保有関係**のこと
ですが、それには幾つかのバリエーションがあります。なお、「完全支配関係」
は、グループ法人税制だけでなく、組織再編税制（☞適格となるための入り口・
p.277）やグループ通算制度においても使用される重要な概念です（組織再編税
制においては「完全支配関係」だけでなく、「支配関係」も重要な概念となります）。

　定義規定である2条12号の7の6によれば、完全支配関係とは、大きく分
けて2つあります。第1は、①一の者が法人の発行済株式等の全部を直接も
しくは間接に保有する関係として政令で定める関係（これを「当事者間の完全支
配の関係」といいます）です。ここでいう政令で定める関係とは、一の者が法人
の発行済株式等の全部を保有する場合における当該一の者と当該法人との間
の関係（これを「直接完全支配関係」といいます）とされています（令4条の2第2
項）。第2は、②一の者との間に当事者間の完全支配の関係がある法人相互の
関係です。

　①の単純な例としては、P社（一の者）がS社の発行済株式等の全部を保有
する（P社はS社の100％親会社である）場合のP社とS社の関係（**【図表4-1】**）、
②の単純な例としては、P社（一の者）がS1社とS2社の発行済株式等のそ
れぞれ全部を保有する（S1社とS2社はそれぞれの100％親会社であるP社を通し
て兄弟会社である）場合のS1社とS2社相互の関係（**【図表4-2】**）をあげるこ
とができます。

4-1 【完全支配関係1】

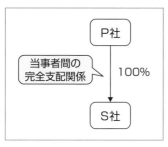

4-2 【完全支配関係2】

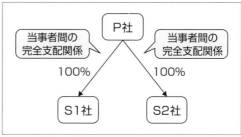

施行令４条の２第２項によれば、①の場合、さらに(i)「当該一の者及びこれとの間に直接完全支配関係がある一若しくは二以上の法人」または(ii)「当該一の者との間に直接完全支配関係がある一若しくは二以上の法人」が、他の法人の発行済株式等の全部を保有するときは、当該一の者は当該他の法人の発行済株式等の全部を保有するものとみなすとして、**直接完全支配関係の範囲が拡張されています**。

　(i)の表現はややわかりにくいのですが、要するに、一の者が保有する株式と、その一の者との間に直接完全支配関係がある法人の保有する株式を合計すれば、他の法人の発行済株式等の全部となる場合、一の者が他の法人の発行株式等の全部を保有するとみなされて、一の者と他の法人との間に完全支配関係があるとされるのです。

　その例としては、Ｐ社（一の者）がＳ１社の発行済株式等の全部を保有し、Ｐ社およびＳ１社（一の者との間に直接完全支配関係がある法人）がＳ２社（他の法人）の発行済株式等のそれぞれ60％と40％（合計で100％＝全部）を保有する場合のＰ社とＳ２社の関係（【図表４-３】）をあげることができます。この場合、Ｐ社とＳ２社の間に直接完全支配関係があるとみなされるからです（この関係は「みなし直接完全支配関係」と呼ばれています）。

4-3 【完全支配関係３】

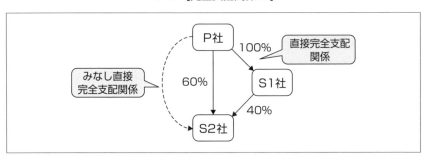

　(ii)の例としては、Ｐ社（一の者）がＳ１社の発行済株式等の全部を保有し、Ｓ１社（一の者との間に直接完全支配関係がある法人）がＳ２社（他の法人）の発行済株式等の全部を保有する場合のＰ社とＳ２社の関係（次頁の【図表４-４】）をあげることができます。

4-4 【完全支配関係4】

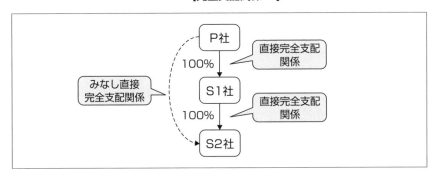

　上記(i)、(ii)に関する例では、いずれもP社とS2社の間には、みなし直接完全支配関係があるのですが、さらにS2社の100％子会社S3社が存在した場合には、P社とS3社にみなし直接完全支配関係が生じることになります（【図表4-5】、次頁の【図表4-6】）。

　結果として、P社、S1社、S2社、S3社の間には、それぞれ完全支配関係があることになり、いずれの法人間で取引を行ってもグループ法人税制が適用されます。

4-5 【完全支配関係5】

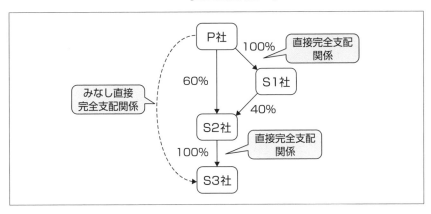

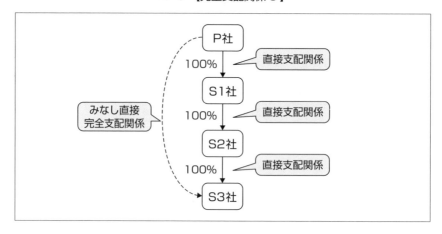

(4) 子法人に対する中小企業向け特例措置の不適用

　資本金の額が5億円以上である法人の100%子法人等には、資本金の額が1億円以下の法人に対して認められる一定の制度、例えば、通常より低い法人税の軽減税率（66条2項）（☞法人の種類および納税義務の範囲・税率・p.53）等の適用が制限されています（同条5項2号イ）。これもグループ法人税制の内容の1つです。

　そもそも中小法人に対する軽減税率等の特例は、中小法人の脆弱な資金調達能力や零細な事業規模に対する政策的な配慮により設けられているものです。しかし、大企業の子会社となると状況は異なります。そのような子会社は、親会社の信用力を背景とした資金調達や事業規模の拡大が可能です。また、親会社の方は、適格分割等の制度を利用して支店等を子会社化することで、実態は変わらないままに、中小企業特例のメリットだけを享受することができます。

　そこで、資本金の額が5億円以上である大法人の100%子法人等には、当該子法人の資本金の額が1億円以下であっても、軽減税率等の適用を行わないことにしているのです。そのように適用されなくなる中小企業向け特例措置の主なものとしては、軽減税率の他、特定同族会社の特別税率（留保金課税）の不適用（67条1項カッコ書）（☞特定同族会社の特別税率（留保金課税）・p.56）、交際費等の損金不算入制度における定額控除制度（租特61条の4第2項）（☞交際費等の損金算入制限・p.169）、欠損金の繰戻しによる還付制度（80条1項、租特66条の12

第1項1号）（☞繰越欠損金・p.180）、貸倒引当金の繰入れ（52条1項1号イ、租特57条の9第1項）（☞引当金・p.95）をあげることができます（なお、負債200億円以上の法人も会社法上は大会社に該当しますが、制度の安定性の観点から、グループ法人税制では、この基準は採用していないと説明されています）。

▶「一の者」が個人の場合あるいは外国法人である場合

　一の者とは、一定の法人の株主等であるが、それは親会社のような法人株主とは限らず、個人の場合もある。例えば、aさんがA社とB社の発行済株式の全部を保有する場合、A社とB社の間には相互に完全支配関係があるといえる。

　一の者が個人である場合には、その者と特殊の関係のある個人（親族など）も一の者に含まれる（令4条の2第2項）。したがって、例えば夫がA社とB社の発行済株式のそれぞれ70%、妻が残りの30%をそれぞれ保有する場合、一の者には（夫だけでなく）妻が含まれることになるから、A社とB社の間には相互に完全支配関係があることになる。

　「特殊の関係のある個人」の範囲は、施行令4条1項に規定される（この規定はそもそも同族会社該当性を判定するために使用される基準である）。主なものをあげると、(i)株主等（一の者）の親族、(ii)株主等と婚姻の届出をしていないが事実上婚姻関係と同様の事情にある者、(iii)株主等の使用人等が、一の者に含まれるとされている。なお、ここでの「親族」は、民法（民725条）からの借用概念であると考えられる。

　また、外国法人は一の者から排除されていないから、外国法人が一の者である場合がありえる。例えば、外国法人P社が内国法人S1社と内国法人S2社の発行済株式等のそれぞれ全部を保有する場合、S1社とS2社の間には完全支配関係がある。

　このときP社とS1社、P社とS2社の間にも完全支配関係があるといえるが、外国法人との取引の場合、グループ法人税制の適用は制限される。法人間における資産の譲渡（☞グループ内における資産の譲渡・p.234）に関する課税繰延についていえば、完全支配関係がある内国法人間の取引についてのみ認められているため（61条の11第1項）、P社とS1社ないしS2社との間で資産の譲渡があったとしても、譲渡損益の繰延は認められない。一方で、S1社とS2社間における資産の譲渡については、課税繰延が認められる。

▶「発行株式の全部の保有」の例外

　完全支配関係があるというためには、既述のように発行済株式の全部の保有が要求されるが、そこでいう「発行済株式」から自己株式は除かれている。また、(i)組合員となる者がその法人の使用人に限られているいわゆる従業員持株会の所有する株式、(ii)その

法人の役員または使用人に付与された新株予約権（ストック・オプション）の行使によって取得された株式の合計が、発行済株式の総数の5％に満たない場合は、その株式数も除かれる（令4条の2第2項）。これらの株式を除いた発行済株式の全部が保有されていれば、完全支配関係があるといえることになる。

▶大法人の中小企業化——資本金基準は合理的か

　子法人に対する中小企業向け特例措置の不適用は、資本金の額が5億円未満である法人の子会社には、当然のことながら適用されない（特例措置が適用される）。したがって、大法人としては、資本金を減額して5億円未満にするインセンティブが働く。さらに1億円以下にまで資本金を減額させると、子会社どころか、親会社自身が中小企業特例の対象になる。また地方税においても外形標準課税の対象外になる。このような税制上の利益をも視野に入れて、大幅減資を実行しようとした大企業として、シャープや吉本興業の事例が有名である。

　シャープの場合、種々の批判があって結局、断念したが、吉本興業は平成27年9月1日付で資本金を125億円から1億円にする（取り崩した資本金は資本準備金に充てて財務体質を改善するとともに新規事業などの成長投資を増やす）と報道され、実際に実行された。その後も、レオパレス21、スカイマーク、毎日新聞社、日本旅行などが資本金を1億円にする減資を行っている。

　もっとも、特例措置が適用される中小企業に該当するかどうかの判断基準として、資本金を使用することは時代遅れになってきている。会社法では、既に平成17年改正以降、資本金の持つ重要性が大幅に減り、減資手続も緩和されている。租税優遇だけを目的とした中小企業化については、賛否両論あるかもしれないが、中立な税制という意味からは、資本金基準の見直しが検討されてしかるべきであろう。中小法人課税全体の見直しは、既に平成27年度税制改正の大綱においても示唆されており、令和5年度与党税制改正大綱も、実質的に大規模な法人が外形標準課税の対象から外れている場合を問題視している。

2. グループ内における資産の譲渡

Lecture

(1) 課税繰延の方法

　内国法人が、保有する一定の資産（譲渡損益調整資産）をその内国法人との

間に完全支配関係がある他の内国法人に譲渡した場合、当該資産に係る譲渡利益額または譲渡損失額に相当する金額については、その利益相当額を損金の額に、損失相当額を益金の額に算入するとされています（61条の11第1項）。

　法人が完全支配関係のある他の法人へ資産を譲渡して譲渡利益額が生じた場合、利益額自体はいったん益金に算入されますが（22条2項）、同時に同じ金額を損金に算入することで、あるいは譲渡損失額が生じた場合、損失額自体はいったん損金に算入されますが（同条3項）、同時に同じ金額を益金に算入することで、損益がそれぞれ相殺されて、譲渡の時点では課税がないことになります。このグループ内法人間における資産の譲渡に関する課税繰延制度は、グループ法人税制の中核を成すものです。

　このような課税繰延扱いの対象となる「譲渡損益調整資産」とは、固定資産、土地、有価証券、金銭債権および繰延資産とされています（61条の11第1項カッコ書）。したがって、（土地以外の）棚卸資産は対象外です。また、売買目的有価証券や譲渡直前の帳簿価額が1000万円に満たない資産は、譲渡損益調整資産から除かれています（令122条の12第1項）。棚卸資産等が除外されているのは、短期間のうちにグループ外へ移転される（その段階で課税される）ことが予定されている資産であり、課税繰延を認めても実益が少ないからでしょう。帳簿価額1000万円未満の資産が除かれているのは、執行上の理由だと説明されています。

　具体的に【事例4-2】〔☞ p.226〕について、61条の11第1項が適用された場合を考えてみましょう。甲土地という譲渡損益調整資産に関する譲渡利益額（その譲渡に係る収益の額が原価の額を超える場合におけるその超える部分の金額）は、3000万円です。この金額が損金に算入されます。A社には、そもそも甲土地の譲渡から3000万円（22条2項による益金の額1億円と同条3項1号による損金の額7000万円の差額）の益金が計上されますが、上記3000万円の損金算入によって損益が相殺されることになります。したがって、甲土地を譲渡した段階でA社に対する課税はありません。

　一方で、1億円の対価を支払っている以上、B社における甲土地の取得価額は1億円となります。61条の11第1項は、A社に関する課税繰延規定であって、B社には直接関係がないからです。つまり、課税繰延があるからといって、適格組織再編成のように資産を取得した法人に帳簿価額が引き継がれるとい

うことはないのです（☞適格組織再編成の効果・p.291）。

61条の11第2項によれば、**譲受法人において譲渡損益調整資産の譲渡、償却、評価換え、貸倒れ、除却等が生じたときは、譲渡利益額または譲渡損失額に相当する金額が、譲渡法人における各事業年度の所得の金額の計算上、益金の額または損金の額に算入される**ことになります。したがって、B社がC社に甲土地を譲渡したことにより、A社において繰り延べられていた3000万円がA社の益金に算入されます（施行令122条の12第4項によれば、B社による譲渡が生じた日の属するB社の事業年度終了の日の属するA社の事業年度において益金算入されます）。また、B社については、通常の譲渡として、1億5000万円の益金（22条2項）と1億円の損金（同条3項1号）が生じます。

さらに、**譲渡法人が譲受法人との間に完全支配関係を有しないこととなったときも、その段階で**（完全支配関係を有しないこととなった日の前日の属する事業年度の所得の金額の計算上）、**繰り延べられてきた譲渡利益額または譲渡損失額が、譲渡法人の益金または損金の額に算入されます**（61条の11第3項柱書）。A社とB社を一体としての1つのグループ（A社グループ）としてみた場合、資産の移転先であるB社がA社グループから外れた場合は、もはやA社における課税繰延を続ける必要がないからです。

(2) 2回目の譲渡がグループ内で行われた場合

完全支配関係がある2つ以上の法人を一体としての1つのグループとして捉えるグループ法人税制の考え方からいえば、グループ法人間で資産移転が何回あろうとも、当該資産が100％グループ内部に留まっている限り、含み損益に対する課税は繰り延べられるべきです。したがって、例えば、**【事例4-2】**におけるC社が最初からグループ内の法人であった場合（すなわち、A社、B社およびC社の間に完全支配関係があった場合）は、B社がC社に資産を譲渡した後でも、A社に関する課税繰延は依然として継続されるべきことになります。

しかし、実際の法律の作りはそうなっていません。A社への課税繰延は、（C社がグループ外の法人であった場合と同様に）B社によるC社への譲渡の段階で終了します。なぜなら、61条の11第2項の「譲渡」には、完全支配関係がある他の法人への譲渡が含まれると解されるからです。換言すれば、そこでいう「譲渡」から、グループ内の再譲渡は排除されていません。したがって、課税

繰延が認められる譲渡は、グループ内で１回のみということになります。ただし、C社がグループ内の法人であった場合、B社からC社への譲渡について、B社における譲渡利益（5000万円）は、（B社にとって１回目の譲渡だから）もちろん課税繰延の対象となります。

　グループ内でも、２回目の譲渡が実行されると課税の対象になるのは、簡便性を考慮した執行上の要請であると考えられます。たとえ完全支配関係があるグループとはいっても、資産の元々の譲渡法人（A社）にとって、譲受法人以外の法人、すなわち直接の譲渡先以外の法人（A社にとってのB社以外の法人）が、いつ、誰に資産を譲渡したかを知ることは困難な場合があります。また、そもそも、譲渡損益調整資産がグループ内で２度、３度と転売されることは、グループ法人税制導入時には、それほど想定されていなかったのです。そこで、現行法は、本来の理念からはやや外れるのかもしれませんが、グループ内であっても２回目の譲渡があれば課税することにしています（なお、譲渡法人と譲受法人との間には、施行令122条の12第17項〜19項に基づく通知義務がそれぞれ課されています）。

Next Step

▶無償取引の場合

（ⅰ）譲渡利益額および損失額の計算方法

　【事例４-2】では、A社はB社に時価で土地を譲渡していたが、【事例４-1】では、無償で譲渡している。この場合のA社に関する条文操作は、以下の通りである。

　まず、無償取引として、益金が１億円、損金が7000万円計上される（22条２項・３項１号）。つまり、譲渡利益としての益金が（差し引きで）3000万円残ることになる。次に、61条の11第１項の適用によって、譲渡損益調整資産に係る譲渡利益額または譲渡損失額が計算され、損金または益金の額に算入される。すなわち、「その譲渡に係る収益の額が原価の額を超える場合におけるその超える部分の金額」なら損金に、「その譲渡に係る原価の額が収益の額を超える場合におけるその超える部分の金額」なら益金に算入されることになる。

　ここで、「その譲渡に係る収益の額」が時価である１億円なのか、それとも（無償取引であるため）ゼロなのかという問題があるが、時価と解釈すべきであろう。無償取引であることを理由に、既に22条２項によって、適正な対価による取引があった場合と同じ課税をしている以上、61条の11第１項の適用においても、適正な対価と

して時価を使用すべきである。また、平成30年度改正前は、当該条項における上記の文言が「その譲渡に係る対価の額」となっていたが、同改正後は「その譲渡に係る収益の額」に変更されているから、22条の2第4項によっても時価（「引渡しの時における価額」）と解釈すべきことになる（対価の額を「譲渡損益調整資産の譲渡の時の価額」としていた旧基本通達12の4-1-1は平成30年度改正を受けて削除された）。したがって、譲渡損益調整資産に係る譲渡利益額は、1億円が7000万円を超える部分の金額である3000万円となる。そして、この金額が損金に算入されることで、当初の無償取引から生じた上記3000万円の益金と相殺され、A社が譲渡した段階における課税は生じないことになる。

　なお、61条の11第1項にいう譲渡損益調整資産に係る譲渡利益額および譲渡損失額は、対価と原価を通算した金額のみが示されるので純額（ネット）方式である。これに対して、通常の資産の譲渡益および譲渡損の額は、収益の額が22条2項により計上されると同時に、原価の額が同条3項1号により計上されるので（両者がそれぞれ別々に計上されるので）、総額（グロス）方式である。つまり、61条の11第1項の場合、「譲渡利益額」および「譲渡損失額」の直後のカッコ書のなかに、22条2項と3項の内容が一緒に書き込まれていることになる。

（ii）資産の取得価額

　B社における資産の取得価額はどうなるだろうか。時価で購入した場合とは異なり、A社から無償譲渡や低額譲渡で譲り受けた場合、グループ法人税制の適用がなければ、B社において受贈益が課税され（22条2項）、B社における資産の取得価額は時価まで引き上げ（含み損がある場合は時価まで引き下げ）られる。

　グループ法人税制の対象となった場合、この受贈益は、（後述するように）25条の2によって益金不算入となる（一方で、A社における寄附金の額は37条2項によって損金不算入となる）が、B社は、受贈益課税があった場合と同様に時価で資産を受け入れていると考え、**資産の取得価額も時価とすべきである**。そのような処理をしておかねば、B社が資産を譲渡した段階で、A社の保有期間中に生じた利益（3000万円）について、A社とB社の双方で課税されてしまう（一種の二重課税が生じる）。

　また、B社における資産の取得価額を時価とすることは、「グループ法人の一体的運営が進展している状況を踏まえ、実態に即した課税を実現する」というグループ法人税制の趣旨とも整合的である。【**事例4-1**】でいうと、A社とB社を1つのグループとして、A社からB社への無償譲渡に受贈益課税をせず、資産がグループの外に出た段階で、A社の保有期間中に生じた利益（3000万円）はA社において、B社の保有期間中に生じた利益（5000万円）はB社において課税することになるからである。このような扱いは、グループ法人単体課税制度（A社とB社の損益を通算する制度ではなく、グループ内のA社とB社をそれぞれ単体として課税する制度）としてのグルー

プ法人税制の趣旨に合致すると思われる。

▶合併等による譲渡損益調整資産の移転

2回目の譲渡がグループ内で行われた場合について、**Lecture** で述べたように、譲渡損益調整資産がグループ内で2度、3度と転売されることは、制度導入時には想定されていなかったが、合併等の組織再編成によって、譲受法人の保有する譲渡損益調整資産が他の法人に移転することは想定されていた。すなわち、完全支配関係がある法人との間の適格合併等によって資産が移転した場合には、その合併法人等を譲渡損益調整資産に係る譲受法人とみなして、課税繰延が継続されることとなっている（61条の11第6項）。

例えば、【**事例4-2**】の事実を前提として、譲受法人であるB社が被合併法人となる適格合併を、B社と完全支配関係があるD社との間で行うことにより、譲渡損益調整資産がB社からD社へ移転した場合、それ以降はD社が譲受法人とみなされることで、譲渡法人であるA社への課税繰延が継続する。

一方、譲渡法人の方が、完全支配関係がある法人との間の適格合併により解散した場合は、その合併法人を譲渡法人とみなすとされている（61条の11第5項）。例えば、譲渡法人であるA社と完全支配関係があるE社との間で、A社を被合併法人とする適格合併が行われた場合、その後はE社が譲渡法人として扱われることになる。

3. グループ内における寄附

Lecture

(1) 損金不算入・益金不算入

内国法人が各事業年度において支出した寄附金の額のうちの一定額は、損金の額に算入できることになっていますが（37条1項）、完全支配関係がある他の内国法人に対して支出した寄附金の額は、当該内国法人の各事業年度の所得の金額の計算上、損金の額に算入しないとされています（同条2項）。ただしその一方で、内国法人が、完全支配関係がある他の内国法人から受けた寄附金の額は、その寄附を受けた法人の各事業年度の所得の金額の計算上、益金の額に算入されません（25条の2第1項）。

【**事例4-3**】の場合、A社側では1000万円について損金算入ができません

が、寄附金を受領したB社側においては、1000万円が益金に算入されないため、グループ全体としては、損益が生じていないことになります。この扱いは、**グループを一体としてみるグループ法人税制の考え方**（グループ内の取引からは課税関係を生じさせないとする考え方）から導かれるものです（グループ法人税制導入前の事例ですが、東京地判平成26年1月24日判時2247号7頁［積水グループ売上値引事件］は、親子会社間の継続的な製造物供給契約に際して、期首以降に親会社が一定額を支払った後、期中または期末に親会社の依頼に基づき子会社が売上計上額を減じていた場合に、そのようにして減じられた額は寄附金にあたらないとしましたが、グループ法人税制導入後は、このような支出がたとえ寄附金に該当したとしても課税はないことになります）。

　同じように、グループ全体として課税関係が発生しない方法としては、A社において1000万円の寄附金全額を損金に算入する一方で、B社において1000万円の受贈益全額を益金に算入するというやり方を思いつくかもしれません。しかし、この方法だと、もしA社が法人税法上の黒字法人で、B社が欠損法人だった場合、A社では法人税額が減るのに、B社では繰越欠損金との相殺によって法人税額が生じないといったこと（所得の付け替え）が起こりえます。したがって、この方法（支払側で損金算入・受領側で益金算入）は採用されなかったようです。

　なお、寄附を受けた子法人（B社）において、益金不算入とされた受贈益の額に相当する金額は、利益積立金額の加算項目とされ（令9条1号ニ）、また、特定同族会社の特別税率の計算上、留保金額にも含まれることになります（67条3項4号）。

(2) 無利息貸付と基本通達4-2-6

　【事例4-4】は無利息貸付のケースであり、A社の寄附金とされる1000万円は、37条2項により、その全額が損金不算入となります。問題はB社の受贈益の方です。

　完全支配関係がある法人間の受贈益について、基本通達4-2-6は、「内国法人が、当該内国法人との間に完全支配関係がある他の内国法人から、例えば、金銭の無利息貸付け又は役務の無償提供などの経済的利益の供与を受けた場合には、支払利息又は役務提供の対価の額を損金の額に算入するとともに同

額を受贈益の額として益金の額に算入することとなるのであるが」として、無償の役務提供を受けた法人に益金が生じるということを前提とした上で、「当該経済的利益の額が当該他の内国法人において法第37条第7項《寄附金の損金不算入》に規定する寄附金の額に該当するときには、当該受贈益の額は当該内国法人において法第25条の2第1項《完全支配関係のある法人間の受贈益の益金不算入》の規定の適用があることに留意する」と規定しています。

　要するに、無利息貸付からB社に受贈益が1000万円生じることを前提に、その受贈益が25条の2第1項によって益金不算入になるという考え方といえます。また、実際にはB社から支払われていない支払利息が損金に算入されるとされています。つまり、B社が1000万円の利息をA社に支払い、A社は受領した1000万円の現金をB社に贈与した場合と同じ扱いをするのです。

　すなわち、A社に受取利息1000万円（22条2項により益金算入）、寄附金1000万円（37条2項により損金不算入）、B社に受贈益1000万円（25条の2第1項により益金不算入）、支払利息1000万円（22条3項2号により損金算入）が生じる場合と同じ課税です。算入される益金と損金に着目すれば、A社に益金1000万円、B社に損金1000万円となり、グループ全体としては損益が生じていないので、その意味では、グループ法人税制の趣旨に沿った結果となっています。

　もっとも、【事例4-3】が、A社、B社ともに課税されないことに比べれば、【事例4-4】では、A社が1000万円について課税され、B社では1000万円の損金の計上が可能となっています。いわば、**納税者としての各単体法人の課税所得が変動している**のであって、「100％グループ内の法人間における資産の譲渡」に関する61条の11が、各法人の課税のタイミングを遅らせていた（課税を繰り延べていた）に過ぎないのとは、状況が異なっているといえます。

Next Step

▶個人による完全支配関係の除外

　個人による完全支配関係がある法人間での寄附金には、益金不算入・損金不算入というルールが適用されない（25条の2第1項・37条2項第1カッコ書）。

　例えば、個人cがX社の発行済株式の100％、cの息子であるdがY社の発行済株式等の100％を保有していた場合、既述のようにX社とY社は相互に完全支配関係が

ある法人となる（令4条の2第2項）。ここで、X社からY社への寄附金が支払われると、X社の株式の価値は下がり、Y社の株式の価値は上がるが、この寄附金がX社において損金不算入、Y社において益金不算入とされれば、c（父）からd（息子）への実質的な経済的価値の移転が、贈与税の課税を受けることなく行われたとみることが可能になる。このような贈与税（ひいては相続税）の回避を防ぐため、個人による完全支配関係は、37条2項のルールの外に置かれているのである（ただし、dの保有するY社株式の取得価額は調整されていないから、Y社株式を譲渡した段階でdは所得税の課税を受けることになる）。

▶子法人株式の帳簿価額修正

完全支配関係がある子法人（施行令9条7号に定義される子法人）の取引に関して、グループ法人税制による受贈益の益金不算入制度または寄附金の損金不算入制度の適用がある場合（同号に定義される「寄附修正事由」が生じる場合）、そのような子法人（寄附を受けた子法人または寄附を行った子法人）の株式を保有する親法人は、当該子法人株式の帳簿価額を修正し（令119条の3第9項・119条の4第1項）、同時に自らの利益積立金額を増減させることになる（令9条7号）。

例えば、P社がS1社とS2社の発行済株式等のそれぞれ100%を保有していて、S1社からS2社に500万円の寄附金が支払われた場合、P社は、保有するS1社株式の帳簿価額を500万円減額させると同時に、S2社株式の帳簿価額を500万円増額させる（この場合のP社における利益積立金額の修正については、S1社に関して500万円を減額すると同時に、S2社に関して500万円を増額するため、増減が相殺されて変化がないことになる）。

このような帳簿価額の修正が要求される理由は、この修正をしておかなければ、S1社株式をグループ外に売却することで、（実質的には何ら損失を被っていないにもかかわらず）P社は株式譲渡損を計上することができるからである。つまり、グループ法人間の寄附について課税関係を生じさせないようにしたため、そのような寄附を利用した株式価値の移転を行うことで、子法人株式に含み損を発生させることが可能となるが、法はこれを租税回避と捉え、このような行為を防止する必要から、子法人株式の帳簿価額を調整するよう要求しているのである。

> **▶ Column　無償による役務の享受から益金は生じるか**──基本通達4-2-6から
> もたらされた解釈問題
> 　基本通達4-2-6について最も問題になりうるのは、この通達の考え方が、「無償による役務の享受からは益金が生じない」とする22条2項の通説的な解釈とは異なるということである（☞益金として条文に明示された部分とそれ以外の部分・p.65）。

仮に、基本通達 4-2-6 が述べるように、「金銭の無利息貸付け又は役務の無償提供などの経済的利益の供与を受けた場合には、支払利息又は役務提供の対価の額を損金の額に算入するとともに同額を受贈益の額として益金の額に算入することとなる」としても、「益金の額に算入する」法令上の根拠はどこにあるのかが問われる。

　考えられるのは、25 条の 2 であろう。37 条 2 項で全額損金不算入となる寄附金の額は、25 条の 2 の受贈益の額に一致させられている。そこで、(完全支配関係がある法人間の寄附において) 損金不算入となる寄附金が生じることを前提に、その金額が益金不算入とされていると考えるのである。すなわち、無利息貸付から親会社 (A 社) に生じる寄附金と同額の受贈益が子会社 (B 社) に生じていて、それが益金不算入となるわけである。この考え方からいうと、25 条の 2 は、22 条 2 項の別段の定めとして、無償による役務の享受から益金が生じることおよび当該益金は益金不算入であることを規定していることになる (この考え方を第 1 説とする)。

　しかし、なぜ完全支配関係がある法人間の場合だけ、無償による役務の享受から益金が生じるといえるのか明らかでない (立法論としても説明が難しい)。また、25 条の 2 の文言からいって、益金不算入の規定であることは容易に理解できても、益金の発生までを規定しているとは素直には読めない。

　したがって、25 条の 2 は、支払側で寄附金に該当するものを受領側で益金不算入にすることを規定しているだけであって、そのことを超えて、この規定が無償の役務の享受から益金が生じることまでを規定しているわけではないという理解がありえる (この理解は上記通達とは異なる)。すなわち、25 条の 2 は、22 条 2 項の別段の定めとして、22 条 2 項により生じる益金を不算入にする規定であって、22 条 2 項でそもそも生じない益金を創設して、その不算入を規定するという意味での別段の定めではないという理解である (これを第 2 説とする)。【事例 4-3】は、第 2 説で十分に説明可能である。

　あるいは全く見方を変えて、この通達は、完全支配関係がある法人間でなくても、金銭の無利息貸付等の場合には、22 条 2 項の解釈において、益金 (受贈益) と損金 (支払利息) が両建てされることを前提にしていると読むべきなのだろうか。両建てしても、両者は結局相殺されてなくなるから、22 条 2 項はあえて、無償による役務の享受から益金が生じるとは書かなかっただけであって、益金はいったん生じているという理解である (これを第 3 説とする)。もし、そうだとしたら、(22 条 2 項の文言にもかかわらず) 無償による役務の享受一般から益金が生じると考えるのであるから、22 条 2 項の読み方が通説とは完全に異なっていることになる。

　他方で、第 2 説のような考え方をとれば、【事例 4-4】の B 社には、(通達の理解とは異なって) 支払利息としての損金が生じないから、グループ全体としてみれば、22 条 2 項により生じた A 社の益金だけが課税対象になる可能性が出てくる。しかし、そうなれば、完全支配関係がある法人間の無利息貸付の方が、そうでない法人間の無利息貸付 (損金算入限度内で寄附金の損金算入が可能) より不利に扱われることになり、グループ法人税制の趣旨にも反することになる。

　結局、25 条の 2 が創設されたことで、無償による役務の享受に関する 22 条 2 項の統一的な解釈が困難になったように思われる。

- グループ法人税制は、グループ企業の実態に即した課税を実現する観点から、グループという要素を反映させた制度（グループ法人単体課税制度）である。
- グループ法人税制は、完全支配関係がある法人間の取引等に対して適用される。納税者による選択制ではなく、完全支配関係があるグループ法人であれば、強制的に適用される。法人の完全支配関係には幾つかバリエーションがある。
- 中小企業向けの特例措置は、資本金の額が5億円以上である法人の100%子法人には適用されない。
- 100%グループ内の法人間で資産の譲渡が行われた場合、譲渡損益に対する課税は、次の譲渡等が行われるまで繰り延べられる。次の譲渡等がグループ法人間取引であっても、当初の課税繰延はその段階で終了する。ただし、適格合併等による資産の移転の場合はこの限りでない。
- 100%グループ内の法人間で寄附があった場合、寄附を行った法人において寄附金は損金不算入、寄附を受けた法人において受贈益は益金不算入となる。子法人の取引に関して、親法人の保有する子法人株式の帳簿価額修正が行われる場合がある。

II　グループ通算制度

1. 概説

Lecture

(1) グループ通算制度とは

　令和2年度改正において、連結納税制度が廃止され、それに代わってグループ通算制度が導入されました。これは、完全支配関係にあるグループ企業間において、一定の損益の通算を可能とする制度です。ただし、各法人はそれぞれ個別に申告を行います。この点が、それまでの連結納税制度とは大きく異なります。

　　例えば、ホテル業を営むA社とレストラン業を営むB社があり、A社はB社の全株式を保有していたとします。そして、ある事業年度においてA社には1000万円の利益、B社には700万円の損失が生じました（これを【事例4-5】とします）。

　このままだと、A社は1000万円の利益について納税義務が生じる一方で、B社には納税義務はない（700万円は繰越欠損金となってB社の将来の利益と通算される）ということになります。

　しかし、完全支配関係グループ全体でみた場合の利益は300万円です。もし、A社がB社という子会社形態でレストラン業を営むのではなく、A社という1つの法人のなかにホテル事業を行うa支店（あるいはa事業部）、レストラン事業を行うb支店（あるいはb事業部）を作って同じような事業活動を行っていたら、A社の利益はもちろん300万円であって1000万円ではありません。1つの法人格を有するA社が2つの事業を行っているにすぎないからです。また、当該事業年度の直前にA社がB社を吸収合併して1つの法人になっていても、結果は同じであり、A社の所得は300万円になります。

　これらの結果から、グループ法人（この例ではA社とその完全子法人B社という2つの法人）による事業活動が不利に扱われていると考えることができるのな

らば、何らかの手当をしてもよいことになります。そして、グループ通算制度を利用すれば、A社の利益とB社の損失を通算（損益通算）することで、グループ全体としての300万円の利益についてA社が納税義務を負えばよいことになります。

ただし、法律上は通算親法人と通算子法人がこの制度を選択して初めて利用可能となっています（【事例4-5】でいうと、A社が通算親法人（2条12号の6の7）、B社が通算子法人（2条12号の7）となり、両者をあわせて通算法人（2条12号の7の2）と呼びます）。つまり、グループ通算制度は、グループ法人税制とは異なり、手を上げたグループ法人だけが利用できる制度、具体的には申請をして承認を受ける必要がある制度ということになります（64条の9第1項・2項・5項・6項）。なお、事業年度については、通算親法人の事業年度と同じ期間がその通算子法人の事業年度となります（14条3項・7項）。

グループ法人税制は、完全支配関係があるグループ法人であれば、強制的に適用される制度ですから（☞制度の概要・p.228）、まずグループ法人税制があり、その上にグループ通算制度のルールが構築されていると考えることができます。

【事例4-5】をみてもわかる通り、一般的にグループ通算制度は税負担を軽くする方向で機能します。そのような制度が選択制であれば、租税回避との関係に注意せざるをえなくなります。当事者は税負担が軽くなるときだけ制度を選択することになるからです。この点に関して現行法には、想定される租税回避に個別に対応する規定だけでなく、包括的ないし一般的な否認規定としての132条の3（通算法人に係る行為または計算の否認）が置かれています（☞包括的否認規定・p.262）。

なお、「損益通算」という用語は、所得税法69条等でも使われていますが、グループ通算制度（法人税法第二編第一章第一節第十一款「完全支配関係がある法人の間の損益通算及び欠損金の通算」）で用いられる「損益通算」という文言は、上記所得税法のそれとは異なる概念といえます。所得税法の損益通算は、各種所得金額の計算上生じた損失を他の各種所得の金額から控除することですから、1人の個人のなかで所得分類を越えた損と益の相殺が行われているのであって、【事例4-5】のA社とB社のように、法人格を越えて損と益を相殺するものではありません。

グループ通算制度は令和4年4月1日以後に開始する事業年度から適用されています。したがって、この通算制度に基づく申告は、原則として令和5年4月1日以後になり、現段階では裁判例などもないということになります。

(2) 連結納税制度の見直しという位置づけ

　グループ通算制度は何もないところから構築されたわけではなく、既述の通り連結納税制度が見直された結果として出てきた制度、つまり連結納税制度を廃止する代わりに登場した制度です。したがって、連結納税からどこが変わったか（改良されたか）という目でみることが、この制度を理解する上で必要になります。実際、立案担当者の解説書をはじめ多くの文献が、連結納税制度を前提とした説明を行っています。

　しかし、もう無くなってしまった制度を一から勉強したくないと思う人も多いでしょう（私が学生だったらきっとそう思います）。したがって、連結納税制度についての記述は現行制度を理解する上で必要最小限と思われる部分に止めることにしますが、それでもある程度の分量または頻度になってしまうことを予めお断りしておきます。

　財務省のHPにある「令和2年度税制改正」（令和2年3月）では、連結納税制度について、①制度の適用実態やグループ経営の実態を踏まえ、②企業の事務負担の軽減等の観点から簡素化等の見直しを行い、③損益通算の基本的な枠組みは維持しつつ、④各法人が個別に法人税額等の計算および申告を行うグループ通算制度に移行する旨が説明されています〈https://www.mof.go.jp/tax_policy/publication/brochure/zeisei20/hojin.html#hojin03〉。

　政府税制調査会の連結納税制度に関する専門家会合の「連結納税制度の見直しについて」（令和元年8月27日）という報告書（以下、「専門家会合報告書」という）によれば、見直しの前提は、上記①でいう実態を踏まえた上で、上記③でいう基本的な枠組みの維持でした。つまり、損益通算を廃止することは最初から想定されていなかったのです。当時の連結納税制度の大きな課題は上記②であり、企業における事務負担の軽減の要請や、課税庁の事務負担の増加等に対応するために、制度の簡素化を図る必要がありました。とりわけ税務調査が行われた後の修正申告または更正・決定（修更正）に時間がかかり過ぎる点が問題視されていました。そのために④でいう法人ごとの個別申告制度を採

用し、かつグループ内の１つの法人に修更正事由が生じた場合でも、原則として他の法人の税額計算に反映させない（遮断する）仕組みが採用されたのです。

　連結納税制度では、連結親法人が連結グループを１つの納税単位とし、一体として計算した連結所得金額および連結法人税額を申告していました。これに対して、グループ通算制度においては、その適用を受ける通算グループ内の各通算法人を納税単位として、その各通算法人が個別に74条１項等に基づいて法人税額の計算および申告を行うことになります。

Next Step

▶適用対象

　グループ通算制度の適用対象となる法人は、内国法人である親法人と、その親法人による完全支配関係（２条12号の７の６）にあるすべての子法人（外国法人等を除く）である。制度の適用を受けるためには、これら親法人および子法人のすべてが国税庁長官の承認を受けなければならない（64条の９第１項）。

　ただし、投資法人、特定目的会社、破産手続開始の決定を受けた法人など一定の法人は、通算親法人にも通算子法人にもなることができない（64条の９第１項６号・７号・９号等）。また、青色申告の承認の取消通知を受け、あるいは青色申告の取りやめの届出書の提出をした法人で、一定期間が経過していない法人も同じく制度の対象外である（同項４号・５号）。つまり、通算承認は、青色申告の承認を前提とした制度と考えられる。

　前述した専門家会合報告書は、完全支配関係にあるグループ法人だけを対象としたことについて、少数株主保護から説明している。仮に100％未満の支配関係を対象とした場合、「グループ内の法人間での損益通算による税額の増減に相当する額を各法人間で適正に分配しなければ、少数株主の利益が害される」とした上で、「少数株主の利益が害されないような制度を目指せば、制度の複雑化は避けられない」だけでなく、「会社法上、子法人の少数株主を保護するための親法人の責任や代表訴訟によるその責任の追及に関する規定が設けられていない中で、税法上、子法人の少数株主と親法人との利益が相反する構造が内在する損益通算を容認することについては、慎重な検討が必要と考えられる」と述べている。

　一般に会社法が改正される場合に、租税法への影響は考慮されることはないが、グループ通算制度は会社法に与える影響を懸念して創設されたことになり興味深い。

▶見直し後の計算イメージ

　Lecture で扱った財務省のHP「令和２年度税制改正」では、連結納税制度を見直

してグループ通算制度へ移行する説明の図として、「見直し後の計算イメージ」という
タイトルの付いた以下の図（**【図表4-7】**）が示されている（「令和2年度税制改正の解説」
（財務省HP）827頁もほぼ同じ）。一番上のラインと下から2番目のラインをみれば、〈親
会社A〉〈子会社B〉〈子会社C〉といった法人が、各単体所得金額について、それぞ
れ個別に申告・納付を行っていることがわかる。そして、2番目のライン（着色部分）
で、損益通算が行われている。グループとしての計算が行われるのは、この2番目と5
番目のライン（着色部分）である。後者は、研究開発税制や外国税額控除などグループ
全体で税額控除を行う部分を示していると思われる。これらのグループ調整計算（☞グ
ループ調整計算（税額調整）・p.252）は、連結納税制度と同じ扱いであり、グループ通
算制度全体からみれば（単体法人ごとに計算しないので）むしろ例外的な扱いとなる。最
後のライン（点線部分）は、個別申告の後に修更正事由が生じたとしても、（下から上に
向かう矢印がないから）他の法人への影響がないことを示しているのであろう。

4-7 **【見直し後の計算イメージ】**

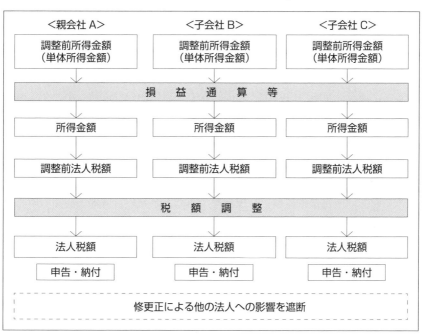

2. 課税所得金額および法人税額の計算

Lecture

(1) 企業グループ内における損益通算等

(i) 損益の通算および欠損金の共同利用

　グループ通算制度は、事務負担を軽減する観点から簡素化等を目指して設計されていますが、実際の損益通算の具体的な方法になると、グループ内の各法人の数、各法人の通算前の所得あるいは損失の状況、保有する欠損金の状況などにより、非常に複雑になる場合があります。条文の数も多く、使用される文言の定義や内容も難解です。したがって、以下では内容をできるだけ単純化して説明することにつとめます。

　損益通算に関する基本的な規定は64条の5です。この規定からして既に難解なのですが、国税庁の説明に従うと、そこに書かれているのは次の2つの内容に要約できます（国税庁HP「グループ通算制度に関するQ&A（令和2年6月（令和2年8月・令和3年6月・令和4年7月改訂））」93頁以下）。

　まず、通算グループ内の①「欠損法人の欠損金額の合計額」が、②「所得法人の所得の金額の合計額」を限度として、③「その所得法人の所得の金額の比で各所得法人に配分」され、④「その配分された通算対象欠損金額が所得法人の損金の額に算入」されます。これは所得のある法人側における損金算入の規定（64条の5第1項・2項）の内容です。

　次に、⑤「所得法人において損金算入された金額の合計額と同額の所得の金額」が、⑥「欠損法人の欠損金額の比で各欠損法人に配分」され、⑦「その配分された通算対象所得金額が欠損法人の益金の額に算入」されます。こちらは欠損法人の側における益金算入の規定（64条の5第3項・4項）の内容です。

(ii) 単純化した事例による説明

　上記国税庁HPを参考に、極めて単純化した事例を以下に設定してみましょう。

　完全支配関係にあるP社（親法人）、S1社（子法人）、S2社（子法人）、S3社（子法人）の通算前所得あるいは欠損の金額は、P社500（所得）、S1社100

（所得）、S2社50（欠損）、S3社250（欠損）でした（これを【事例4-6】とします）。

【事例4-6】の場合、上記①はS2社とS3社の欠損金額の合計額である300（50 ＋ 250）となり、これは②のP社とS1社の所得金額の合計額である600（500 ＋ 100）の範囲内ですから、①の300が所得法人であるP社とS1社に按分して配分されます。P社とS1社に関する③の「所得の金額の比」は5対1（500：100）ですから、配分額はP社が250、S1社が50となり、④の損金算入額もP社が250、S1社が50となります。結果として損益通算後の所得はP社が250（500 － 250）、S1社が50（100 － 50）になります。

また、欠損法人であるS2社とS3社については、上記⑤は300、⑥でいう「欠損金額の比」は1対5（50：250）ですから、⑦の益金算入額はS2社が50、S3社が250となり、結果として損益通算後の所得はS2社が0（50 － 50）、S3社も0（250 － 250）となります。

【事例4-6】は、通算前所得金額の合計額が通算前欠損金額の合計額より多いケースですが、次は通算前欠損金額の合計額が通算前所得金額の合計額より多い場合について考えてみます。

同じく完全支配関係にあるP社（親法人）、S1社（子法人）、S2社（子法人）、S3社（子法人）の通算前所得あるいは欠損の金額が、P社250（所得）、S1社50（所得）、S2社500（欠損）、S3社100（欠損）であったとします（これを【事例4-7】とします）。

【事例4-7】の場合、上記①はS2社とS3社の欠損金額の合計額である600（500 ＋ 100）となります。この金額は②のP社とS1社の所得金額の合計額である300（250 ＋ 50）を超えるので、配分されるのは300までとなり、これを所得法人であるP社とS1社で按分することになります。P社とS1社に関する③の「所得の金額の比」は5対1（250：50）ですから、配分額および損金算入額はP社が250、S1社が50となります。結果として損益通算後の所得はP社が0（250 － 250）、S1社も0（50 － 50）となります。

また、欠損法人であるS2社とS3社について、上記⑤は300、⑥でいう「欠損金額の比」は5対1（500：100）ですから、⑦の益金算入額はS2社が250、S3社が50となり、結果として損益通算後の繰越欠損金は、S2社が250（500 － 250）、S3社が50（100 － 50）となります。

(iii) 修更正事由が生じた場合（損益通算の遮断）

通算事業年度の通算前所得金額または通算前欠損金額が当初申告額と異なるときは、それぞれの当初申告額が、その通算事業年度の通算前所得金額または通算前欠損金額とみなされます（64条の5第5項）。すなわち、通算グループ内の一法人に修更正事由が生じた場合には、原則として、損益通算に用いる通算前所得金額と通算前欠損金額が当初申告額に固定されることになります。そうすることにより、修更正事由が生じた通算法人以外の他の通算法人への影響を遮断し、修更正事由が生じた通算法人の申告のみが是正されます。

このような遮断は、連結納税制度からの大きな変更点であり、各グループ法人を納税単位とする個別申告方式を採用することで可能となったともいえます。グループ内の1つの法人に修更正事由が発生した場合に、グループ内のすべての法人の計算をやり直すとすれば、グループ法人の数が多い企業や事務処理能力に劣る企業にとって大きな負担になる可能性があります。また、課税庁が課税処分を行う際の負担にもなります。

グループ通算制度では、これらの事務負担ができるだけ生じないように、制度の簡素化が図られたということになります。つまり、一方で個別申告なのにグループとしての計算（グループ内の損益通算）を認め、他方で修更正事由が生じたときのグループとしての再計算は可能な限り行わないような制度設計にして、事務負担の軽減を行っているといえるでしょう。

(2) グループ調整計算（税額調整）

事務負担の軽減等の観点から簡素化が図られた一方で、企業経営の実態や制度の趣旨目的等から判断した結果、グループとしての調整計算を（連結納税制度と同様に）採用した部分があります。その主たるものが、外国税額控除制度と研究開発税制に関する部分です。

(i) 外国税額控除制度

まず、外国税額控除制度について説明します。通算法人が各事業年度において外国法人税を納付することとなる場合、グループとしての要素を用いて計算した控除限度額を限度として、各法人の当該事業年度の所得に対する法人税の額から（外国法人税の額が）控除されます（69条1項・14項）。これは、グループ全体で外国税額控除に係る控除限度額を計算する方法（グループ調整計算）

であり、その部分において連結納税制度を引き継いだといえます。

　連結納税制度を廃止し、各法人が個別に申告する方式に変えたのですから、外国税額控除についても、（グループ単位ではなく）納税義務者単位で二重課税を調整する方が理論的といえます。一方で、どこまで個別申告としての理論を貫徹するかは立法政策の問題ともいえます（そもそも単体法人を納税単位として課税する考え方を貫くのであれば、グループ通算制度の本丸である各法人間の損益通算も例外的な扱いということになります）。

　連結納税制度の見直しにあたり経済界からは、控除限度額についてグループ調整計算を残すようにとの強い要望がありました。立案担当者の解説書では「連結納税制度の導入以降、企業はその連結納税制度を前提に、単一法人による経営から100%子会社を通じたグループ経営（いわゆる分社化）を推進してきた事実や、控除限度額のグループ調整計算の廃止がこのような企業経営の実態に与える影響を考慮し、また、今般の連結納税制度の見直しの全体的な趣旨も踏まえ、外国税額控除の控除限度額の計算については、改正前の制度と同様にグループ調整計算を維持する」（「令和2年度税制改正の解説」（財務省HP）1135頁）という説明があります。経済界からの要望にも対応する形で、グループ調整計算を残したということなのでしょう。

　ただし、通算法人が外国税額控除の適用を受ける場合において、通算法人のその適用を受ける各事業年度（適用事業年度）の税額控除額が、当初申告税額控除額と異なるときは、当初申告税額控除額が税額控除額とみなされます（69条15項）。これは、修更正の場合に他の通算法人への影響を遮断する措置（☞修更正事由が生じた場合（損益通算の遮断）・p.252）と同じ考え方に基づく対応といえます。

　たとえ通算グループ内の1社についてのみ修更正を行うこととなるような場合であっても、通算グループ各社の控除限度額が変動するのであれば、納税者および課税庁にとって大きな事務負担が生じる可能性があります。他方、当初申告における外国税額控除額を固定してしまえば、通算法人の適用事業年度に係る期限内申告における当初申告税額控除額の計算に誤り（あるべき外国税額控除額と比べた場合の過不足額）があっても、その適用事業年度に係る外国税額控除額は変わらないことになり、その適用事業年度に係る修更正は不要となります。そして過不足額については、将来の事業年度（進行事業年度）の法

人税の額から控除し、または加算することにより調整が行われることになります（69条18項・19項）。

（ii）研究開発税制

　次は、研究開発税制について説明します。連結納税制度のもとでは、試験研究費の増減率、控除額、控除上限、試験研究費割合につき、連結グループを一体として計算する方式が採用されていました。グループ通算制度では、個別申告方式に変えたのですから、研究開発税制についても、（グループ単位ではなく）納税義務者単位で計算する方式に改める方が、個別申告の理屈と整合的であるといえます。

　しかし、グループ全体の研究開発を専門の子法人で集中的に行っている企業は多く、当該子法人が赤字である場合、グループ調整計算を行わなければ、研究開発税制の利用が不可能になります。研究開発そのものは収益より費用の方が大幅にかさむ性質を有するため、それを専門に行う子法人は赤字に陥りやすいという特徴もあります。そもそも研究開発税制は租税特別措置を使った政策税制（日本企業の研究開発を促進するという政策を税制から支えるための制度）ですから、個別申告としての理論を貫徹するよりも上記政策の方を優先する余地は十分にあるといえます。

　現行法は、外国税額控除と同様に経済界からの要望を受ける形で、研究開発税制についてもグループ調整計算を残すことにしました。すなわち、通算法人に係る研究開発税制の適用について、試験研究費の増減率、控除額、控除上限、試験研究費割合につき、簡素な方法により通算グループを一体として計算する調整を行うこととされ、通算グループ内の法人が試験研究を行うことにより、通算グループ全体で税額控除ができるとされています（租特42条の4第8項・18項・19項等）。これにより、試験研究を行った法人に個別に税額が発生しなくても、グループ全体が黒字であれば政策税制の適用が受けられることになります。

　なお、1つの通算法人に修更正事由が生じた場合に、他の通算法人への影響が遮断される措置が用意されています（租特42条の4第8項4～7号）。

▶プロラタ方式と自由配分方式

　損益通算の方法としては、各欠損法人の欠損金および企業グループ内の繰越欠損金の額を各所得法人の所得金額等の比で配分するプロラタ方式が採用された（64条の5第4項等）。

　他の方法としては、各欠損法人の欠損金等の額を自由に配分する方式も考えられる。例えば、欠損法人A社の有する1000の欠損金を、所得法人B社に100、同C社に400、同D社に500といった具合に、何らの基準もなく当事者が自由に配分する方式である。しかし、税負担の軽減のための恣意的な税負担の調整を可能とする、租税回避防止のため制度が複雑化する等の懸念があるため適当でないとされた。

▶過年度の欠損金額の通算

　Lecture に示した【事例4-6】【事例4-7】の2つの事例は、どちらも繰越欠損金がないケースである。各法人が繰越欠損金額を有する場合は、57条1項および64条の7に基づく欠損金の通算計算を行うことになる。

　通算法人に係る57条1項（欠損金の繰越し）の適用について、通算法人の適用事業年度開始の日前10年以内に開始した各事業年度において生じた欠損金額は、特定欠損金額と非特定欠損金額の合計額とされる（64条の7第1項2号）。ここでいう特定欠損金額とは、主として通算法人の最初通算事業年度開始の日前10年以内に開始した各事業年度において生じた欠損金額等で、その通算法人の所得の金額のみから控除できる（つまり他の通算法人の所得とは通算できない）欠損金額であり（同条2項）、欠損金額のうち特定欠損金額以外の金額が非特定欠損金額となる。

　通算親法人や各通算子法人が特定欠損金額と非特定欠損金額をそれぞれ有する場合の計算は、かなり複雑となるので、本書ではこれ以上は扱わないが、興味のある方は**Lecture** に示した国税庁HPの「グループ通算制度に関するQ&A」に詳しい事例が載っているので、参照するとよいだろう。例えば、グループに属さず単体法人として保有するだけでは57条1項の制限によって使用できない欠損金額の一部が、グループ通算制度を利用することで使用可能になる場合などがある。

　なお、損益通算の場合と同様に、欠損金の通算に関する計算にも修更正に際しての遮断措置がある（64条の7第4項）。

▶例外的な全体再計算

　修更正の場合に他の通算法人への影響を遮断する措置（☞修更正事由が生じた場合（損益通算の遮断）・p.252）への例外として、一定の要件に該当する場合に所得の金額や

欠損金額を当初申告額に固定せずに、通算グループ全体で再計算する場合がある（64条の5第6項・64条の7第8項1号）。これは、通算グループ全体では所得金額がないのに当初申告額に固定することによって、所得金額が発生してしまう法人が生じることを防止するためとされる。

ある通算法人について期限内申告における所得の金額が過少である場合に、上記遮断措置を適用すれば、その法人のみについて修更正による納付税額が生ずる場合がある。しかし、グループ全体としては欠損超過であって、正しい全体再計算をすれば納税額が生じないはずであるにもかかわらず、遮断措置があるために修更正に際して上記納税額が生じているとすれば、それは納税者にとって無用な不利益にあたるからである。

また、上記とは別に、遮断に関する規定を適用したならば、通算法人または他の通算法人の所得に対する法人税の負担を不当に減少させる結果となると認めるときは、遮断措置を適用しないとする一般的な否認規定が用意されている（64条の5第8項・64条の7第8項2号）。この場合にもグループ全体としての再計算が行われることになる。

▶連帯納付の責任

通算法人は、他の通算法人の各事業年度の法人税（その通算法人と当該他の通算法人との間に通算完全支配関係（2条12号の7の7）がある期間内に納税義務が成立したものに限る）について、連帯納付責任を負うことになる（152条1項）。通算法人が連帯納付の責任を負うこととなるその法人税については、他の通算法人の納税地の所轄税務署長のみならず、その通算法人の納税地の所轄税務署長からも滞納に係る処分を受ける場合がある（152条2項、税通43条1項）。

この連帯納付責任の根拠には、遮断措置の存在と関係する部分がある。例えば、企業グループ内のある欠損法人が、自らの欠損金を他の黒字法人に使用させていたが、修更正により当該欠損法人に所得が発生した場合には、その増差所得金額全額に係る追徴税額を当該欠損法人が納付できないことがありえる。この場合、遮断措置がなければ所得が発生しないような場合などは、損益通算のメリットを享受した黒字法人にも、納付義務を負わせることが適当であると考えられる。

また、連年赤字で債務超過でありながら、ある単年度で黒字が発生した法人は、個別申告ならば繰越欠損金を有しているはずである。しかし、グループ通算制度を選択している場合には、存在するはずの当該欠損金はグループ内の他の通算法人が既に使用していることがありえる。そのような一時的に黒字になっただけの法人は、連年の赤字により既に債務超過に陥っていて、税額が生じた年度であっても納税のための引当財産がなく、結局滞納となる可能性が比較的高い。このような場合に、損益通算という利益に対する義務として、グループ内の他の通算法人に連帯納付責任が設定されたと考えることもできる。

この連帯納付責任は、通算法人と他の通算法人との間に通算完全支配関係がある期間内に納税義務が成立した法人税について生ずるものとされており、通算法人がグループから離脱しても免責されず、また単に清算結了登記をしただけでも免責されないとする通達がある（法基通1-1-7・1-1-13）。

なお、連帯納付責任の限度額については、一部の法人に財産を集中させることにより徴収を回避することが可能となること等を考慮して、設定されていない。

3. 時価評価課税および欠損金の利用制限等

Lecture

(1) 問題点の確認（租税回避防止と中立性の確保）

グループ通算制度は、個別申告方式を採用するとはいえ、企業グループ内の各法人の一定の所得金額と欠損金額を通算する仕組みとなっており、個別申告では通常は生じない効果を有するものですから、租税回避防止等の観点が必要となります。特に、通算制度の「開始」または制度への「加入」に際しての注意が必要と考えられています。

もし、完全支配関係にあるグループ内の法人において常に損益通算が可能であれば、業績が好調で毎年多額の納税義務を負う法人は、繰越欠損金を大量に抱え込んでいる法人の全株式を取得して子法人とすることを考えるでしょう。そうすることで、子法人の持つ繰越欠損金を利用して自社の所得と相殺することができるからです。同じことは、含み損のある資産を有する法人の全株式を取得することでも達成可能です。通算子法人とした後で、当該資産を売却して損失を実現させれば、親法人はその損失をグループ通算制度において利用することができます。これらは一種の租税回避と捉えることができますから、防止規定が必要となります。

上記のことは、合併等にもあてはまりますから、組織再編税制には一定の欠損金の利用を制限するとともに、含み損が実現した場合の損金算入を制限する類型が設けられています。ただし、あらゆる欠損金の持込みが常に否定されているわけではありません。

連結納税制度においても、一定の法人が時価評価課税の対象外とされ、一部の欠損金については持込みが許されていました。そして、子法人は自社の所得の範囲内で持ち込んだ欠損金を利用することができました。

これらのルールは、形を変えてグループ通算制度にも受け継がれているといえますが、制度創設にあたっては、特に組織再編税制との整合性が強く意識されました。すなわち、連結納税制度と組織再編税制とでは様々な違いがあり、課税の中立性が損なわれていたという認識から、グループ通算制度導入に際しては、組織再編税制と整合性のとれた制度が目指されたのです。ここでは課税の中立性の確保が目的とされていますが、制度適用の開始時あるいは制度への加入時における時価評価課税・欠損金等の持込み制限については、租税回避防止の観点も重要とされました。

通算制度の開始時または制度への加入時において、まず時価評価課税の対象になるかどうかが判断されます。時価評価課税の対象となる法人については、その段階で含み損益に対する課税を受け（64条の11第1項等）、欠損金も切り捨てられます（57条6項）。したがって、欠損金をグループに持ち込むことはできません。時価評価課税を受けているので、含み損について考える必要もありません。いわば身綺麗な形でグループ通算制度に入ってくることになります。一方で、時価評価課税の対象外となる法人については、一定のルールに基づいて欠損金の利用制限および含み損益の利用制限を行う場合があります（57条8項・64条の7第2項・64条の14等）。

(2) 通算制度の開始または通算制度への加入に伴う資産の時価評価

通算承認を受ける内国法人が通算開始直前事業年度終了の時に有する時価評価資産の評価益の額または評価損の額は、その通算開始直前事業年度の所得の金額の計算上、益金の額または損金の額に算入するとされています（64条の11第1項）。これが、通算制度の開始に伴う時価評価課税の内容です。通算制度への加入についても、ほぼ同じ内容の規定があります（64条の12第1項）。

この時価評価課税からは、一定の法人が除外されており、その法人のことを時価評価除外法人といいます（57条6項）。時価評価除外法人以外の法人は、通算制度の開始段階で時価評価課税を受けることになりますが、そのような法人には、子法人だけでなく、親法人も含まれる（時価評価除外法人以外の法人から

親法人は排除されていない）ことには注意して下さい（☞親法人の適用開始前の繰越欠損金額の取扱い・p.261）。

　通算制度の開始に関する時価評価除外法人とは、①いずれかの子法人との間に完全支配関係の継続が見込まれている親法人、②親法人との間に完全支配関係の継続が見込まれている子法人のことです（64条の11第1項）。

　通算制度への加入に関する時価評価除外法人とは、③通算法人が通算親法人による完全支配関係がある法人を設立した場合におけるその法人、④適格株式交換等により加入した株式交換等完全子法人、⑤加入直前に支配関係がある法人で、一定の要件（(i)通算親法人による完全支配関係が継続することが見込まれていること、(ii)加入直前の従業者の総数のおおむね80％以上に相当する数の者がその法人の業務に引き続き従事することが見込まれていること、(iii)加入前に行う主要な事業が引き続き行われることが見込まれていることのすべて）に該当する法人、⑥通算親法人または他の通算法人と共同で事業を行う場合に該当する法人のことです（64条の12第1項）。

　このうちの⑤と⑥は組織再編税制を意識して作られた要件です。⑤は、支配関係がある法人間で行われる組織再編成（特に株式交換等）の要件、⑥は、共同で事業を行うための組織再編成の要件とそれぞれ同様の要件とする趣旨で設定されています。なお、⑥でいう「共同で事業を行う場合」の詳しい内容は、施行令131条の16第4項に規定されています。

　組織再編税制との関係については、専門家会合報告書において「組織再編税制では、適格組織再編成の時には譲渡損益課税を行わないが、一定の欠損金の利用を制限するとともに、含み損が実現した場合の損金算入を制限する類型が設けられている。グループ通算制度（仮称）においても、同様の類型を設ける」という見解が示されていました。上記⑤と⑥はこの見解に対応するルールの一部だと考えられます。

　つまり、グループ通算制度開始時や加入時には資産の譲渡が行われたとみなすような課税（時価評価課税）はしないけれど、**持ち込まれた欠損金の利用や資産の含み損が実現したときの損金算入については一定の制限を行う**という方法を採用することで、組織再編税制との整合性を図っているのです。

(3) 欠損金額および含み損等の利用制限

　時価評価除外法人の通算制度の開始または通算制度への加入前の資産の含み損等に関しては、一定の利用制限等があります。

　第1に、㋑支配関係発生日以後に新たな事業を開始した場合には、①一定の期間（通算承認の効力が生じた日の5年前の日またはその時価評価除外法人の設立の日のいずれか遅い日から、通算承認の効力が生じた日まで）継続して支配関係がある場合、または②通算承認の効力が生じた後において共同で事業を行う場合のどちらにも該当しない場合に、支配関係発生日の属する事業年度（以下、「支配関係事業年度」）前の事業年度において生じた欠損金額および支配関係事業年度以後の事業年度において生じた欠損金額のうち、特定資産譲渡等損失額（64条の14第2項）に相当する金額から成る部分の金額はないものとされ（57条8項、令112の2第3項・4項）、さらに、通算承認の効力発生日等からその効力発生日以後3年を経過する日と支配関係発生日以後5年を経過する日とのうちいずれか早い日までの間に生ずる特定資産譲渡等損失額が、損金不算入とされます（64条の14第1項）。したがって、上記①②の場合いずれかに該当すれば、上記の欠損金額および特定資産譲渡等損失額に関する制限に服することはありません。

　上に「組織再編税制との整合性を図っている」と書きましたが、㋑のような制限は組織再編税制にはありません。これは（組織再編成の1つである）合併との対比において説明できます。グループ通算制度では、親法人と子法人が別法人として個別申告をしますが、合併の場合、合併法人と被合併法人は1つの法人になってしまうので、被合併法人が持ち込んだ欠損金を合併法人内で区別することが困難になります。したがって、欠損金は受け入れるか切り捨てるかの二択です。これに対してグループ通算制度の場合、**各法人は存続しており、単体で申告も行うので、開始または加入前の欠損金を特定することができます。そこで、これを特定欠損金額として、それ以外の欠損金額（非特定欠損金額）と区別して管理（コントロール）することが可能です。**

　立案担当者の解説書によると、上記㋑の制限は、「通算グループ内では完全支配関係があり所得の金額を一体的に計算していることから事業の移転が容易であり、欠損金又は含み損を有する法人を買収して通算グループに加入させると相前後して従前通算グループで行っていた黒字事業をその法人に移転すること又は新たに黒字事業をその法人において行うことによって特定欠損金の

制度を潜脱することが考えられること」（「令和２年度税制改正の解説」（財務省HP）908頁）を理由として設けられていることになります。

第２に、㋑多額の償却費の額が生ずる事業年度に該当する場合には、通算承認の効力発生日からその効力発生日以後３年を経過する日と支配関係発生日以後５年を経過する日とのうちいずれか早い日までの期間内の日の属するその事業年度に生じた欠損金額について、損益通算の対象外とされた上で、特定欠損金額として扱われます（64条の６第３項・64条の７第２項３号、令131条の８第６項）。

同じ立案担当者の解説書によると、上記㋑の制限が設けられている理由は、「欠損金や含み損がない場合においても、通算制度の開始又は通算制度への加入後にキャッシュアウトを伴わない損失を生じさせて他の通算法人の所得と通算させるために、法定耐用年数が経済的耐用年数より短い等の理由により多額の償却費を生み出す資産を有する法人を買収する租税回避行為も考えられる」（同908頁）ためということになります。

第３に、上記㋐または㋑のいずれにも該当しない場合の含み損については、各法人において所得が認識されるので、組織再編税制のように含み損の実現損を損金不算入とするのではなく、損益通算の対象外とした上で、特定欠損金額としてその法人の所得からのみ控除できるような制限となっています（64条の６第１項・64条の７第２項３号）。

Next Step

▶親法人の適用開始前の繰越欠損金額の取扱い

通算親法人が時価評価除外法人に該当する場合、子法人と同様に通算制度の開始前の欠損金額は特定欠損金額となりうる。このような親法人の扱いは連結納税制度とは異なる。

その理由について専門家会合報告書は、主として個別申告との関係から説明している。すなわち、個別申告方式とすることを前提とすると、①法人格を有する各法人が納税義務者となる、②親法人において集約して申告を行わないため、連結納税制度に比べて、新制度へ移行しやすくなることから恣意的な税負担の調整を行うおそれが大きくなる、③欠損法人を親法人に仕立て上げることにより子法人のSRLYルール（欠損金の繰越控除を自己の所得の範囲内に限定する（Separate Return Limitation Year）ルール）が実質的

に機能しなくなるおそれがあるからである。

専門家会合報告書では、一般的に親法人はグループ経営に特有の機能を担う等の負担が大きいことを理由に「欠損金を制限なく企業グループの所得から控除できるようにすることも考えられる」と述べて、両論併記の形をとったが、結局、親法人にもSRLYルールを導入して欠損金の利用を制限する方向で立法化された。

▶包括的否認規定

通算法人に係る行為または計算を否認する包括的ないし一般的な否認規定（☞包括的否認規定と一般的否認規定・p.306）として132条の3がある。同様の規定は連結納税制度にも存在した。一連の行為の中で損益通算等の要素を利用するなど多様な租税回避行為が想定されるため、個別的否認規定に加えて、包括的な租税回避行為防止規定が必要とされたのである。

法人税の負担を不当に減少させる結果となると認められる場合の全体再計算について、前述した64条の5第8項等が新設されているが、132条の3の方が射程は広い。両方の規定が適用可能な場合は、射程の狭い前者の方を適用すべきであろう。

132条の3と同じような否認規定として132条と132条の2が存在する。これら近接する3つの条文における不当性要件の解釈については、ヤフー事件〔☞p.302・p.307〕やユニバーサルミュージック事件〔☞p.339〕といった132条および132条の2に関する最高裁判決を踏まえつつ引き続き注意しておく必要がある。

▶時価評価資産

時価評価資産（時価評価の対象となる資産）とは、固定資産、土地（土地の上に存する権利を含み、固定資産に該当するものを除く）、有価証券、金銭債権および繰延資産をいう（64条の11第1項）。

ただし、これらの資産のうち評価損益の計上に適しないものが除外されている。除外されるものとしては、売買目的有価証券（令131条の15第1項2号）、償還有価証券（同項3号）、資産の帳簿価額が1000万円に満たない場合のその資産（同項4号）などがある。

なお、**通算グループから離脱した法人**が主要な事業を継続することが見込まれていない場合等には、その離脱直前の時に有する一定の資産について、離脱直前の事業年度に時価評価による評価損益の計上が行われる（64条の13第1項）。

- 令和２年度改正により、連結納税制度が見直され、グループ通算制度が導入された。
- グループ通算制度では、完全支配関係グループ内の各法人が個別に法人税額等の計算および申告を行いながら、各法人間で損益通算を行うことができる。
- 一方で個別申告なのにグループとしての計算（グループ内の損益通算）を認め、他方で修更正事由が生じたときのグループとしての再計算は可能な限り行わないような制度設計にして、事務負担の軽減を行っている。
- 外国税額控除や研究開発税制については、企業経営の実態を踏まえ、グループ全体で税額控除額等を計算する。
- グループ通算制度の開始または通算制度への加入の段階で、時価評価課税や繰越欠損金の持ち込み制限を行う場合があるが、その基準設定においては組織再編税制との整合性が図られている。
- 親法人であっても子法人と同様、グループ通算制度の開始前の繰越欠損金について利用制限を受ける。
- 通算法人に係る行為または計算の否認を目的とした包括的ないし一般的な否認規定（132条の3）が存在する。
- グループ通算制度における欠損金等に関する制限の概略とイメージを以下に簡単に記しておく。

（前提）
・A社とB社は完全支配関係にあるグループ内の法人。
・現事業年度（グループ通算制度開始あるいは加入後）におけるA社の所得をA1、B社の所得をB1とする。
・過去の事業年度（グループ通算制度開始あるいは加入前）におけるA社の所得をA0、B社の所得をB0とする。
・A1とB1の通算をヨコ通算、A1とA0の通算をタテ通算、A1とB0の通算を斜め通算と呼ぶ。

	A社	B社
現在（開始・加入後）の所得・欠損	A1（所得100）	B1（欠損30） <① ヨコ通算＞
過去（開始・加入前）の欠損	A0（繰越欠損60） <② タテ通算＞	B0（繰越欠損70） <③ 斜め通算＞

（説明）
　①のヨコ通算は法人間における現在の所得と欠損金の通算（A1の＋100とB1の－30の通算）である。これは法人格を跨いだ通算となる。②のタテ通算は同一の法人における所得と欠損金の通算（A1の＋100とA0の－60の通算）であるから、法人格は跨がない。しかし、期間（事業年度）を跨ぐ。③の斜め通算は法人間に

おける現在の所得と過去の欠損金（繰越欠損金）の通算（A1 の＋100 と B0 の－70 の通算）であり、法人格と期間の両方を跨ぐ。

①が、グループ通算制度における損益通算の基本形と考えられる。②は、自社の過去の欠損金を現在の所得から控除するものであり、グループ通算制度の開始・加入にかかわらず繰越欠損金に関する制度のもとで、原則として利用が認められるべきものと考えることができる。したがって、所得の 50％ までしか控除できないといったように繰越欠損金そのものの制限には服することになる（57 条 1 項）。③は、①と②を合わせたもの、すなわち、別法人の過去の欠損金を現在において利用するものであるから、利用制限が最も厳しくなる。そして、当該利用制限のために、法人税法は特定欠損金額（64 条の 7 第 2 項）という概念を用いている。

なお、制度の開始または加入前から保有する含み損のある資産について、その含み損を現在の事業年度において実現させ欠損金に変えてしまえば、上記③と同じような欠損金の利用が可能となる。したがって、法人税法は、特定資産譲渡等損失額（64 条の 14 第 2 項）という概念を用いて、特定欠損金額と同様の制限を課しているのである。

Ⅲ 組織再編税制

1. 概説

（1）組織再編成とは

（ⅰ）株式と資産等との交換・株式と株式との交換

　一般に法人組織再編成（corporate reorganization）とは、その名の通り、法人組織の再構成のことで、その再構成によって、①法人の資産や負債が新法人もしくは別法人へと移るような場合や、②資産等自体は法人内部に依然として留まっているけれど新しい株主等によって支配されるような場合をいいます。本書において、具体的に組織再編成とは、特に断りのない限り**合併、分割、現物出資、現物分配、株式交換等、株式移転**の **6** つをさすことにします（☞組織再編成の種類および定義・p.273）。そして、**組織再編成の具体的な取引内容は、主として株式と資産等との交換あるいは株式と株式との交換**となります。

　このように述べると難しそうですが、そのような**組織再編成の典型例**として、まずは合併をイメージすればよいでしょう。以下では、便宜上、資産を取得する法人を A 社（Acquiring Corporation ＝取得法人）、資産を移転する法人を T 社（Target Corporation ＝ターゲット法人）と呼ぶことにします。

　例えば、A 社が T 社を吸収合併（会2条27号）することにより、T 社の保有していたすべての資産等が A 社に移転し、T 社株主はそれまで保有していたT 社株式を手放して、合併対価としての A 社株式を受け取った場合を想定してみて下さい。これは上記①の例であり、取引内容としては株式と資産等の交換といえます。

　②の例としては、（A 社と T 社による会社法上の株式交換契約に基づいて）A 社と T 社株主との間で**株式交換**が行われて、T 社が A 社の完全子法人となる場合があります。そして、この場合の具体的な取引は、いうまでもなく株式と株式の交換です。

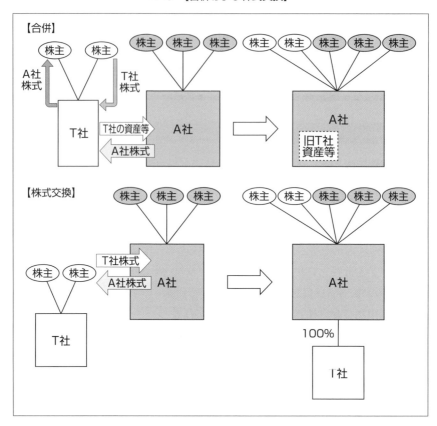

（ⅱ）組織再編成に関する2つの考え方

　組織再編成は、個人間の取引には似たようなものがないという意味で法人税法特有の領域です。合併や会社分割は、会社が一緒になったり離れたりすることですが、婚姻や離婚とは全く異なる私法上の取引です。同様に、親会社が子会社に現物出資する行為は、「親」会社から「子」会社への資産の移転ですが、相続や贈与とは大きく異なります。問題は、これら法人間の取引あるいは法人と株主の間での取引を法人税法上、どのように扱うのかということです。大きく分けて2つの考え方があります。

　第1の考え方は、個々の取引ごとに、**移転した資産等や株式の含み損益に課税していく**というものです（後で詳しく触れますが、含み損益課税だけでなく、

みなし配当課税もありえます）。A社によるT社の吸収合併の例でいえば、T社の資産等およびT社株式の含み益について課税される（含み損があれば控除される）ことになります。

しかし、このやり方では、合併により、T社のすべての資産等が包括的にA社に移転し、A社はT社の債務を当然に引き継ぐにもかかわらず（T社はA社に丸ごと飲み込まれる形で事実上存在し続けるにもかかわらず）、常にT社とT社株主は課税の対象とされます。それでは、当事者が合併を躊躇ってしまいます。

例えば、（非常に長い歴史を持つ会社が吸収合併される場合など）資産や株式に多額の含み益がある場合、それが合併時に一気に課税されるとなれば、当事者は合併しないという選択をするかもしれません。つまり、税制が、企業の機動的な経済活動にブレーキをかけてしまう可能性があるのです。

第2の考え方は、T社の資産等はそのままの形でA社に依然として保有されており、T社株主が対価として受領するA社株式は、それまでのT社株式と同価値であると考えて、**合併段階での課税を行わない**とするものです。つまり、合併の前後を通じて、T社の資産等とT社株主の状態に実質的な変化がない場合には、課税を見送るのです。

そして現行法は、組織再編成が非適格となった場合には第1の考え方による課税を行い、適格となった場合には第2の考え方に基づいて課税を繰り延べる方法を採用しています（24条1項・62条・62条の2、所法25条1項等）。つまり、法人税法は、適格・非適格という枠組みを設定して、組織再編成を切り分けているのです。したがって、**適格組織再編成になるかどうか**が、必然的に当事者にとって大きな関心事となるのです。一般に「組織再編税制」と呼ばれる多くの部分は、**適格組織再編成の場合の課税繰延扱い**（および欠損金等の租税属性の引継ぎ）に関するルールのことを示しているといえます。

（ⅲ）組織再編税制の持つ実質主義的側面と形式主義的側面

上記のように「実質的な変化がない場合に課税を繰り延べる」という意味での実質主義を採用するにもかかわらず、組織再編税制には、**形式主義的な側面**も存します。

例えば、A社が自社の株式を対価として、T社の全資産を取得した後にT社が清算し、清算の過程で、取得したA社株式をT社株主に分配しても、適格合併と同じ課税扱いを受けることはありません（両者は法形式が異なるからで

す）。同じように２つの法人（A 社と T 社）が１つになる行為であっても、課税上の効果が異なることがあるのです。

そして、どのような取引形態を選択するかは、納税者に委ねられています。つまり、納税者は、自らの選択により、適格組織再編成、非適格組織再編成、それ以外の取引（組織再編成以外の取引）を選ぶことができるのです。このことは、含み損のある資産や繰越欠損金が関係する取引において、特に重要になります。

（ⅳ）「出資と分配」の応用

講学上の法人税法において重要な領域が「株主法人間取引」であり、その典型が「出資と分配」であることについては、既に触れました（☞株主法人間取引・p.15）。その観点からいうと、組織再編成には**出資と分配のあらゆる要素**が組み込まれていて、いわばこれまで勉強してきたことの応用編になります。

例えば、A 社による T 社の吸収合併とは、T 社のすべての資産・負債を A 社に移転し、A 社はその対価として自社株（A 社株式）を交付する行為です。これは、T 社による資産・負債の譲渡なのですが、対価として A 社株式が交付されているわけですから、T 社による A 社への出資（一種の現物出資）と考えることができます。

また、T 社は、取得した A 社株式を T 社株主に分配して、自らは消滅したとみることが可能です。つまり、ここには、清算分配という**分配**の要素がみてとれます。後で触れますが、非適格合併の場合、T 社株主がみなし配当課税を受ける理由も、T 社から T 社株主へ清算分配があったと考えれば説明できます（☞非適格組織再編成の効果・p.292）。法人が清算するときには、みなし配当としての課税がありえるからです（☞残余財産の分配・p.207）。

株式交換等についても、同様に出資として考えることが可能です。例えば、A 社と T 社株主との間で株式交換が行われ、T 社が A 社の完全子法人となる取引は、T 社株主による A 社への**現物出資**（T 社株式の現物出資）とみることができます。

分割の場合は、少し複雑ですが、**合併の変形型**と考えればよいでしょう。例えば、T 社が資産の一部を既存の法人である A 社に移転して、その対価として A 社株式を取得し、直ちにこれを T 社株主に交付するという分割型の吸収分割（☞分割の類型・p.270）は、A 社が T 社の「一部」を合併で取得したと考

えることが可能です（一方で、合併を分割型吸収分割の一類型とみることも可能です（☞吸収分割と合併・p.274））。したがって、分割にも出資と分配の要素があることになります。

（ⅴ）当事法人の名称

既に触れたように、組織再編成とされる取引には、**合併、分割、現物出資、現物分配、株式交換、株式移転**がありますが、それぞれの取引における当事者（当事法人）の法人税法上の呼び方について、ここで整理しておきましょう。

合併では、合併により「その有する資産及び負債の移転を行った法人」を**被合併法人**（2条11号）、「被合併法人から資産及び負債の移転を受けた法人」を**合併法人**（2条12号）といいます。A社がT社を吸収合併する場合、A社が合併法人、T社が被合併法人です。

分割では、分割により「その有する資産及び負債の移転を行った法人」を**分割法人**（2条12号の2）、「分割法人から資産及び負債の移転を受けた法人」を**分割承継法人**（2条12号の3）といいます。分割によって、T社が資産等をA社に移転し、A社株式を取得する場合、T社が分割法人、A社が分割承継法人です。この分割は分社型分割（2条12号の10）ですが、分割の日において、上記のA社株式のすべてがT社株主に交付される分割型分割（2条12号の9）の場合でも（☞分割の類型・p.270）、T社を分割法人、A社を分割承継法人と呼ぶことに変わりありません。

現物出資では、現物出資により「その有する資産の移転を行い、又はこれと併せてその有する負債の移転を行った法人」を**現物出資法人**（2条12号の4）、「現物出資法人から資産の移転を受け、又はこれと併せて負債の移転を受けた法人」を**被現物出資法人**（2条12号の5）といいます。T社がA社に対して現物出資を行った場合、現物出資法人はT社、被現物出資法人はA社です。

現物分配では、現物分配により「その有する資産の移転を行った法人」を**現物分配法人**（2条12号の5の2）、「現物分配法人から資産の移転を受けた法人」を**被現物分配法人**（2条12号の5の3）といいます。T社がA社に対して現物分配を行った場合、T社が現物分配法人、A社が被現物分配法人です。

株式交換では、株式交換により「その株主の有する株式を他の法人に取得させた当該株式を発行した法人」を**株式交換完全子法人**（2条12号の6）、「他の法人の株式を取得したことによって当該法人の発行済株式の全部を有すること

となった法人」を株式交換完全親法人（2条12号の6の3）といいます。株式交換によって、すべてのT社株式を既存のA社に移転し、T社株主にはA社株式が交付されて、T社がA社の完全子会社になる場合、T社が株式交換完全子法人、A社が株式交換完全親法人です。

株式移転では、株式移転により「その株主の有する株式を当該株式移転により設立された法人に取得させた当該株式を発行した法人」を株式移転完全子法人（2条12号の6の5）、「他の法人の発行済株式の全部を取得した当該株式移転により設立された法人」を株式移転完全親法人（2条12号の6の6）といいます。株式移転によって、すべてのT社株式を新設のA社に移転し、T社株主にはA社株式が交付されて、T社がA社の完全子会社になる場合、T社が株式移転完全子法人、A社が株式移転完全親法人です。

(2) 分割の類型

分割とは、1つの法人を2つ以上に分けること（法人が事業に関して有する権利義務を別の法人に承継させること）ですが、法人税法には、**分社型分割**（2条12号の10）と**分割型分割**（2条12号の9）という2種類の分割があります。

分社型とはいわば**物的な**分割です。そのような事例として、P社が資産を出資してS社を作り、S社株式を取得する取引を想定することができます。この場合、子会社株式であるS社株式は、親会社たるP社が保有していて、P社株主には分割の影響がないので、分割は物的な段階に止まっている（株主段階にまで至っていない）といえます。分社型分割は、課税上は現物出資とほぼ同じ要素を持つ取引です。

もし、上記のS社株式のすべてが、分割に際して、P社株主に分配されたらどうなるでしょうか。P－Sの親子関係は解消され、それぞれ旧P社株主の下での兄弟会社となってしまいます（どちらも旧P社株主だけが株主となります）。つまり、**分割が人的な側面まで及んでいる**（株主段階にまで至っている）のです。これを分割型分割といいます。

なお、分社型と分割型の中間形態（例えば、S社株式の一部がP社、残りがP社株主に分配される取引）もありえますが、この場合は、**両者が同時に行われたとみなされます**（62条の6第1項）。

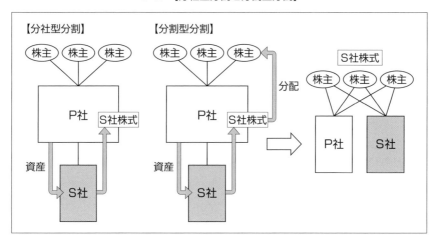

4-9 【分社型分割と分割型分割】

【分社型分割】

株主　株主　株主

P社　　S社株式

資産

S社

【分割型分割】

株主　株主　株主

P社　　S社株式

資産

S社

分配

S社株式

株主　株主　株主

P社　　S社

▶組織再編税制の立法趣旨──核となる概念

（ⅰ）政府税制調査会の示した「基本的考え方」

　組織再編税制は平成 13 年度税制改正において導入された。それまでは、（租税特別措置法を除けば）旧法人税法 51 条において特定現物出資に関する課税繰延規定があるだけで、組織再編成に関する課税ルールは全くといっていいほど整備されていなかった。しかし、平成 12 年の商法改正における会社分割制度の創設が、法人税法に組織再編税制が導入される契機となったのである。

　組織再編税制の立法趣旨は、政府税制調査会の資料である「会社分割・合併等の企業組織再編成に係る税制の基本的考え方」（税制調査会総会第 2 回（平成 12 年 10 月 3 日）資料、以下「基本的考え方」という）にみることができる。そこでは、「会社分割・合併等の組織再編成に係る法人税制の検討の中心となるのは、組織再編成により移転する資産の譲渡損益の取扱いと考えられるが、法人がその有する資産を他に移転する場合には、移転資産の時価取引として譲渡損益を計上するのが原則であり、この点については、組織再編成により資産を移転する場合も例外ではない」（「基本的考え方」第一(3)）と述べられている。

　そして、実際に制定された実定法の上でも、組織再編成は適格取引に該当しない限り、時価による資産の譲渡として扱われる（62 条・62 条の 2）。つまり、課税上は非適格取引の方が原則であり、適格取引が例外的扱いである。

しかし、その例外的扱い（課税繰延扱い）は、これまでよくあった租税特別措置法に基づいて認められる特別扱いではなく、法人税法本法において導入された制度である。このことが意味することは重要である。すなわち、適格組織再編成に関する課税繰延は、法人税法本法が認めた例外、長期的な視野にたったいわば「原理・原則に基づいた例外」であって、短期的な視野にたった特定の政策目的実現のための措置ではない。それゆえ、適格組織再編税制の基本概念あるいは核となる考え方とはいったい何か、ということが問われるのである。それが、以下に述べる「支配の継続」と「投資の継続」という2つの継続性である。

（ii）「支配の継続」と「投資の継続」

　まず「基本的考え方」は、法人段階の課税について、「組織再編成により資産を移転する前後で経済実態に実質的な変更が無いと考えられる場合には、課税関係を継続させるのが適当と考えられる。したがって、組織再編成において、移転資産に対する支配が再編成後も継続していると認められるものについては、移転資産の譲渡損益の計上を繰り延べることが考えられる」（「基本的考え方」第一(3)）と述べる。

　つまり、法人段階における課税繰延の一般的根拠は、「経済実態に実質的な変更が無い場合に課税しない」という意味での実質主義であり、それに基づいて法人段階における「移転資産に対する支配の継続性」を要求するのである。

　次に「基本的考え方」は、株主段階の課税に関して、「株主の投資が継続していると認められるものについては、上記と同様の考え方に基づきその計上を繰り延べることが考えられる」（「基本的考え方」第一(3)）と述べる。そして、課税繰延が認められる場合は「配当とみなされる部分は無いもの」（「基本的考え方」第一(4)）として扱われる。

　したがって、株主段階では「株主の投資の継続」が課税繰延の根拠である。なお、「上記と同様の考え方」というのは、「経済実態に実質的な変更が無いと考えられる場合には、課税関係を継続させるのが適当」という部分をさすと思われる。つまり、株主段階においても、課税繰延の一般的な根拠は実質主義といえよう。

　両方の段階において、このような実質主義が根拠とされるのは、課税繰延が中立性の観点から要求されていることを意味していると考えられる。したがって、適格扱い（課税繰延）は優遇措置ではない（組織再編成を促進しようというよりも、阻害しないという趣旨であろう）。そのように考えると、組織再編税制とは、そもそも適格・非適格の決定を納税者の選択に委ねるべき制度ではないということになりそうである。

　なお、現在のところ「基本的考え方」以外に、組織再編税制の立法趣旨について明確に述べたものは見当たらず、ヤフー事件第一審判決（東京地判平成26年3月18日訟月60巻9号1857頁）においても、「基本的考え方」が参照されている。ただし、「投資の継続」に関する東京地裁の理解は、必ずしも正当であるとは思えず、実際、

控訴審判決（東京高判平成26年11月5日訟月60巻9号1967頁）は、「投資の継続」について地裁判決が述べた部分を削除している。それでも、裁判所が「基本的考え方」に依拠したこと自体は重要である。

▶組織再編成の種類および定義

　法人税法には、「適格組織再編成」がどのような取引であるかについて定義する規定がある。例えば、32条4項では、適格合併、適格分割、適格現物出資または適格現物分配のことを「適格組織再編成」としている（他にも、43条8項・44条1項・47条1項等が同じような内容となっている）。法人税法には、「適格」部分を除いた「組織再編成」そのものの定義がないが、32条4項等にあげられた合併、分割、現物出資、現物分配という取引は、法人税法上の組織再編成という概念に含まれると考えてよい。

　一方で、「適格」という文言に注目して法人税法を眺めてみると、2条12号には、適格合併（2条12号の8）、適格分割（2条12号の11）、適格現物出資（2条12号の14）、適格現物分配（2条12号の15）だけでなく、適格株式交換等（2条12号の17）と適格株式移転（2条12号の18）に関する定義も存する。したがって、合併、分割、現物出資、現物分配だけでなく、株式交換等と株式移転も組織再編成の一種と考えることができる。

　「基本的考え方」でも、株式交換・株式移転税制が、制度として組織再編税制の一部を構成しうることが示されている（適格組織再編成の場合に繰延資産の帳簿価額を引き継がせる32条4項は、法人間の資産移転を伴わない株式交換や株式移転とは関係がないから、これら2つの取引に触れていないだけだと思われる）。

　なお、実定法において「適格」組織再編成の種類は、上記6つに適格株式分配（2条12号の15の3）を加えた7つである。ただし、株式分配は、2条12号の15の2の定義から現物分配に含まれる（現物分配のうちの1つ）と考えられるので、組織再編成の種類としては、独立してカウントしなくてもよいであろう。

　また、組織再編成に係る行為または計算の否認規定として捉えられている132条の2は、「合併、分割、現物出資若しくは現物分配……又は株式交換等若しくは株式移転」を対象としている。さらに、基本通達1-4-1では、法人の「合併、分割、現物出資、現物分配又は株式交換等若しくは株式移転」を「組織再編成」と定義している。

　以上のことから、本書において組織再編成というときは、特に断りのない限り、合併、分割、現物出資、現物分配、株式交換等、株式移転の6つをさすことにする（「株式交換等」の意味について☞「株式交換等」という概念の創設・p.318）。

　組織再編税制導入時（平成13年度改正）における条文上の適格組織再編成は、適格合併、適格分割、適格現物出資、適格事後設立の4つであったが、平成18年度改正で（それまで租税特別措置法において規定されていた）適格株式交換と適格株式移転が追加され、平成22年度改正で（グループ法人税制が創設されたこととの関連で）適格事後設

立は廃止、適格現物分配が追加され、さらに平成29年度改正で（スピンオフ税制が創設されたこととの関連で）適格株式分配が追加されて現在に至っている。

▶吸収分割と合併

法人税法とは別に会社法では、新設分割と吸収分割という分け方がある。P社から資産の移転を受けるS社が、新たに新設される場合を新設分割（会2条30号）、既存の法人である場合を吸収分割（同条29号）という。したがって、法人税法でいう分社型・分割型の区別との組み合わせでは、4つのバリエーションが考えられる。すなわち、分社型の新設分割、分割型の新設分割、分社型の吸収分割、分割型の吸収分割である。

吸収分割は、「分割」という名称にもかかわらず、「取得」の要素がある。たしかに、分割法人からみれば、保有していた資産の一部が分離して、別法人へ移転するので、そこには分割の要素がある。**しかし、取引を分割承継法人側からみれば、別法人の資産が切り出されて、自社の内部へ入ってくるのであるから、それは取得的な組織再編成である。**

吸収分割が取得的な組織再編成であることは、**分割型の吸収分割が合併の要素を持っていることからもわかる。**例えば、T社が資産の一部をA社（既存の法人）に移転して、その対価としてA社株式を取得し、直ちにこれをT社株主に交付するという分割型の吸収分割は、A社がT社の「一部」を合併したと考えることができる。

もし、T社が保有する資産の一部ではなく、全部の資産をA社に移転し、その対価としてA社株式がT社株主に交付され、抜け殻となったT社が解散するとすれば、それは合併に他ならない。このように考えるなら、**合併は分割型吸収分割の一類型とみることが可能となる。**

後に述べる適格要件が、合併と分割で特に異ならないのは、「同じ効果を発生させる取引に対して異なる課税を行うのは好ましくない」という発想があったからである（「基本的考え方」第一(2)）。ただし、資産の一部の移転と全部の移転とが、本当に同じといえるかどうか（資産の一部の移転には、法人からの資産の「切り出し」の要素があり、それは資産の選択的譲渡と等しいのではないか等）について、立法論としては、さらに検討する余地が残されていると思われる。

▶分割型分割と配当課税

法人税法上の分社型分割と分割型分割は、平成17年改正前商法においても、物的分割と人的分割という名称で区別されていた。しかし、平成17年制定の会社法では、物的分割、人的分割という区別がなくなって物的分割だけとなり、かつての人的分割は、「物的分割＋剰余金の配当」と構成されることになった（会社法と法人税法で差異が生じた）。

そのため、法人税法上の分割型分割については、仮に適格になったとしても、会社法上で剰余金の配当とされる部分（人的分割から物的分割を除いた部分）に対して配当課税が行われる可能性が生じた。分割法人（T社）が、分割承継法人株式（A社株式）を自社の株主（T社株主）に現物配当したと考えられるからである。

　そこで、**平成18年度改正において法人税法は分割型分割の定義を変更した**。現行法における分割型分割の定義は、「分割により分割法人が交付を受ける分割対価資産（分割により分割承継法人によって交付される当該分割承継法人の株式……その他の資産をいう。……）の全てが当該分割の日において当該分割法人の株主等に交付される場合又は分割により分割対価資産の全てが分割法人の株主等に直接に交付される場合のこれらの分割」（2条12号の9）である。そして、分割型分割が非適格となった場合は、みなし配当課税を受ける一方で（24条1項2号、所法25条1項2号）、適格となった場合は、会社法で剰余金の配当と考えられる部分について、配当課税とみなし配当課税を行わないことにしたのである（23条1項1号・24条1項2号、所法24条1項・25条1項2号）。

　つまり、**分割の日（会社法でいえば物的分割を行った日）において、分割承継法人の株式等を分割法人の株主等に交付した場合だけ、適格分割型分割となって課税を受けない可能性が残された**ことになる。したがって、以前から分割法人が既に保有している分割承継法人株式を分割法人株主に分配する行為が、分割型分割となることはない（ゆえに適格分割型分割にもなれない）。分割から交付までが1日で行われていないからである。

　ちなみに会社法でも、新設分割株式会社が、新設分割設立株式会社の成立の日に、配当財産が新設分割設立株式会社の株式のみである剰余金の配当を行った場合には、剰余金分配規制の適用がないとされる（会763条12号ロ・812条2号）。吸収分割の場合でも、吸収分割株式会社が効力発生日に、配当財産が吸収分割承継株式会社の株式のみである剰余金の配当を行った場合には、剰余金分配規制の適用がない（会758条8号ロ・792条2号）。

　しかし、法人税法上は、分割の日において分割承継法人の株式等（分割対価資産）を交付した場合だけ（1日で完了させた人的分割の場合だけ）、課税繰延の根拠とされる「支配の継続性」および「投資の継続性」があり、分割の日より後に交付した場合には、それらが存しないとは考えにくい（分割の日より後に交付した場合でも、2つの継続性が存在する場合はありえる）。したがって、2条12号の9による線引きには改善の余地がある（☞株式分配（独立して事業を行うための株式分配）・p.313）。会社法上の配当規制を受けるかどうかも、課税繰延の直接の根拠にはならない（なお、アメリカ法は、分割の日に株式等の交付が完了しないような取引でも、適格分割として課税繰延を受けることができる）。

▶無対価組織再編成

　対価が存しない組織再編成は、一般に無対価組織再編成といわれる。例えば、P社がS社の100%親法人である場合、P社を分割法人、S社を分割承継法人とする分社型分割が行われたとする。その際、P社は（S社に資産を移転した）対価としてS社株式の交付を受けることになるが、P社は既にS社の100%親法人であるから、さらにS社株式が交付されようとされまいと両者の関係に変化はない。つまり対価としてのS社株式の交付は省略することができる（会758条4号）。これは無対価分割の例である。また、P社がS社を吸収合併した場合、対価としてのP社株式の交付はなされない（会749条1項3号）。

4-10 【無対価分割】

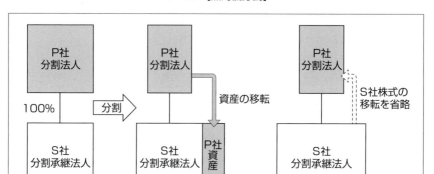

　平成22年度改正は、特に分割の定義に関して、この旨を条文で明確化した（改正前の定義でも、合併や株式交換等は、解釈において無対価とすることが可能であったが、分割については、分割対価資産の交付が必要という解釈もできたため、法改正により無対価分割が可能である旨を明確にしたと思われる）。上記の例に関していうと、分社型分割の定義に「無対価分割で、その分割の直前において分割法人が分割承継法人の株式を保有している場合」が追加された（2条12号の10ロ）。

　分割型分割の定義については、上記のP社を分割承継法人、S社を分割法人とするような無対価分割（親子会社間の無対価分割型分割）や、P社に2つの100%子法人S1社とS2社があり、子法人のうちの一方を分割承継法人、他方を分割法人とするような無対価分割型分割（兄弟会社間の無対価分割型分割）が加えられた（2条12号の9ロ）。合併や株式交換等についても、分割同様に、無対価で組織再編成を行うことは可能であり、そのことを前提として規定が整備された（令119条の3第20項〜23項・25項等）。

2. 適格要件と非適格要件

（1）適格要件

（ⅰ）会社法上の概念該当性

　適格組織再編成になりうる取引の種類は、合併、分割、現物出資、現物分配、株式交換等、株式移転ですが、これら６つの個々の取引（「株式交換等」にあっては「株式交換」部分）については、法人税法に定義等がなく、**会社法からの借用概念である**と考えられます（厳密にいえば、現物分配は会社法からストレートに借用してきた概念ではなく、会社法に規定される剰余金の配当、資本の払戻し、自己株式の取得等を現物によって行うことの総称であると思われます）。

　したがって、**会社法上の概念に該当しなければ、法人税法上の適格組織再編成になる道はそこで閉ざされてしまいます。**合併を例にとれば、会社法上の合併に該当しない限り、取引の実体がいくら合併に類似していても、前述したように法人税法上の「適格」合併には最初からなれないのです。その意味で、適格組織再編成のスタート地点は、**会社法における概念該当性**であるといえます。

　立法論としては、「基本的考え方」（☞組織再編税制の立法趣旨─核となる概念・p.271）のいう「支配の継続」と「投資の継続」という２つの継続性を満たしているならば、適格組織再編成として認めてよいという考え方があります。社債と株式の交換（資本再構成）などは、その例としてあげることができるでしょう。しかし、解釈論としては、そのような資本再構成を適格組織再編成として認めることは困難です。そこで、以下では、会社法上の概念に該当した（会社法はクリアした）という前提で説明を行います。

（ⅱ）適格となるための入り口

　組織再編成が適格となるためには、**「企業グループ内再編成」**と**「共同事業再編成」**のどちらかに該当しなければなりません。いわば入り口の問題です（仮に会社法上の概念該当性を第１の入り口とするならば、これが第２の入り口となります）。

企業グループ内再編成には、2条12号の7の6に規定される「完全支配関係」のある当事者（法人）の間で行われる再編成（以下、「完全支配関係企業グループ内再編成」と呼ぶことにします）と、同条12号の7の5に規定される「支配関係」のある当事者の間で行われる再編成（以下、「支配関係企業グループ内再編成」と呼ぶことにします）の2つがあるので、合計で3つの種類があることになります（ただし、適格現物分配だけは、完全支配関係がある場合に限られています（2条12号の15））。共同事業再編成とは、企業グループ内再編成に該当せず、共同で事業を行うための組織再編成ということになります。

　分割を例にとると、分割法人と分割承継法人とが100％の株式保有関係にある場合（分割承継法人が分割法人のすべての株式を保有する場合など）が、完全支配関係企業グループ内再編成に該当し、50％超100％未満の株式保有関係にある場合は、支配関係企業グループ内再編成に該当することになります。共同事業再編成の例としては、互いに株式保有関係が50％以下である法人どうしによる吸収分割をあげることができます。合併の場合なら、被合併法人と合併法人とが100％の株式保有関係にある場合が、完全支配関係企業グループ内再編成に、そして50％超100％未満の株式保有関係にある場合には、支配関係企業グループ内再編成に該当することになります。互いに株式保有関係が50％以下である法人どうしによる吸収合併は、共同事業再編成の例ということになります。

　会社法の概念に該当しない場合と同様に、「企業グループ内再編成」と「共同事業再編成」のどちらにも該当しない組織再編成は、最初から適格になれません。つまり、入り口で門前払いをくらってしまうのです。

　これまでは、例えば、株式の50％超を保有する大株主の存しない法人が単独で行う分割型新設分割（上場会社が2つに分割されて完全に別会社になる場合など）が、この例に該当しました。50％超を保有する株主が存しない（完全支配関係はもとより支配関係も存しない）から「企業グループ内再編成」には該当せず、単独分割なので「共同事業再編成」にも該当しない（事業関連性要件等を満たせない）からです（もっとも、平成29年度改正で適格分割への道が開けました ☞独立して事業を行うための組織再編成—スピンオフ税制・p.311）。

　さらに、同じ適格組織再編成でも「企業グループ内再編成」と「共同事業再編成」では適格要件が異なりますから、たとえ入り口ではじかれることがな

くても、どちらの入り口から入るかは、当事者にとって重要な問題となりえます。

（iii）完全支配関係・支配関係がある場合の適格要件

　まず、完全支配関係企業グループ内再編成は、原則として**発行済株式の全部を保有する**ということ（100％の株式保有関係）だけが適格要件です（2条12号の8イ・12号の11イ等）。ただし、この持分割合を僅かでも欠けば、支配関係企業グループ内再編成の適格要件を満たすことが必要になります。また、後述する非適格資産の交付のような組織再編税制全体を通じて別枠で要求される事項に反すれば、非適格となります。

　次に、支配関係企業グループ内再編成には、①**主要資産等移転要件**、②**従業者引継要件**、③**事業継続要件**の3つが要求されます。分割の場合でいうと、①は、分割法人（T社）の分割事業（分割法人の分割前に営む事業のうち、当該分割により分割承継法人において行われることとなるもの）に係る主要な資産および負債が、分割承継法人（A社）に移転していること、②は、分割の直前の分割事業に係る従業者（T社の従業者）のうち、その総数のおおむね80％以上が、分割後に分割承継法人（A社）の業務に従事することが見込まれていること、③は、分割に係る分割事業（T社の事業）が、分割後に分割承継法人（A社）において引き続き行われることが見込まれていることです（2条12号の11ロ）。

　合併の場合であれば、上記の分割法人を被合併法人（T社）、分割承継法人を合併法人（A社）と読み替えれば、ほぼ同じ内容の要件となります（2条12号の8ロ）。現物出資、株式交換等、株式移転についても、同じような読み替えが可能です。

　ただし、合併、株式交換等、株式移転の場合、①の主要資産等移転要件は要求されていません。合併の場合、その性質上①は当然のことなので、要件にあげられなかっただけであって、実質的には①が含まれていると考えても差し支えありません。また、株式交換等、株式移転の場合、それらの取引によって資産等が移転することが、そもそもありえないので（実際の取引は株式の交換あるいは移転だけなので）、①が要求されてないと考えるべきでしょう。

（iv）支配関係がない場合（共同事業再編成）の適格要件

　共同事業再編成の場合、支配関係企業グループ内再編成に関する①～③の要件に加えて、さらに次の4つの要件、すなわち、④**事業関連性要件**、⑤**事業規模要件**、⑥**特定役員引継要件**、⑦**株式継続保有要件**が必要とされます。

分割を例にとってごく簡単に説明すると、④は、分割法人（T社）の分割事業と分割承継法人（A社）の分割承継事業（分割承継法人の分割前に営む事業のうちのいずれかの事業）とが、相互に関連するものであること、⑤は、分割法人（T社）の分割事業と分割承継法人（A社）の分割承継事業（分割事業と関連する事業に限る）のそれぞれの売上金額、従業者の数もしくはこれらに準ずるものの規模の割合がおおむね5倍を超えないこと、⑥は、分割前の分割法人の役員と分割承継法人の役員のいずれかが、分割後に分割承継法人の役員になるように見込まれていること、そして⑦は、分割法人の発行済株式の50％超を保有する企業グループ内の株主が、その交付を受けた分割承継法人の株式の全部を継続して保有することが見込まれていること（2条12号の11ハ、令4条の3第8項）となります。

　ただし、⑤と⑥はどちらか一方を満たせばよいとされています。また、かつては分割法人の株主等の数が50人以上である場合、⑦は要求されませんでしたが、平成29年度改正によって、上記のように50％超を保有する企業グループ内の株主が存するかどうかという基準に変更されています（☞共同事業を行うための合併等における株式継続保有要件の改正・p.326）。

　合併の場合は、企業グループ内再編成のときと同様に、上記の分割法人（T社）を被合併法人、分割承継法人（A社）を合併法人と読み替えれば、ほぼ同じ内容の要件となります（2条12号の8ハ、令4条の3第4項）。

（ⅴ）適格現物分配は完全支配関係企業グループ内再編成のみ

　適格現物分配はやや特殊な組織再編成といえます。適格現物分配は、平成22年度改正において、適格組織再編成の1つに加えられた取引形態です。ここでいう現物分配とは、おおまかにいうと、剰余金の配当、解散による残余財産の分配、自己株式の取得等として、**金銭以外の資産（現物）の交付を行うこと**です（2条12号の5の2カッコ書）。

　適格現物分配とは、内国法人を現物分配法人とする現物分配のうち、その現物分配により資産の移転を受ける者がその現物分配の直前において当該内国法人との間に**完全支配関係がある内国法人のみ**であるものをいいます（2条12号の15）。支配関係がある法人間で行われる適格現物分配や共同事業を営むための適格現物分配というのはありません。ここが、それ以外の組織再編成と大きく異なるところです。

また、合併や分割の場合なら、株主に対して組織再編成の「対価」としての株式等が交付されますが、現物分配には「対価」というものが存在しません。これも他の組織再編成と比べた場合のユニークな部分です。

　なお、金銭と金銭以外の資産のそれぞれが分配された場合、両者が別々の取引として捉えられ、後者だけが適格現物分配に該当する可能性があります。

(2) 非適格要件

　各組織再編成の形態ごとに要求される上記①～⑦の適格要件をそれぞれ満たしたとしても、取引を非適格としてしまう要件があります。この非適格要件（非適格資産交付の禁止）は、完全支配関係企業グループ内再編成を含めたすべての組織再編成に適用があります。

　まず、**適格組織再編成の対価は組織再編成を行う法人の株式に限定されています**（三角合併における親法人株式の交付については後述します）。つまり、組織再編成に際して、**金銭その他の資産といった交付金（非適格資産）を支払えば、取引は非適格となってしまいます。**

　次に、分割型分割だけに関係するものですが、分割承継法人の株式が株主の有する分割法人株式数の割合に応じて交付されないもの（比例的な分配でないもの）、すなわち**非按分型分割**は、非適格取引です（2条12号の11カッコ書）。

　したがって、例えば、閉鎖会社の内部紛争（兄弟ですべての株式を保有している会社の経営方針について、兄と弟が対立してしまったケースなど）を解決するために、法人の事業を2つに割って、完全に別々の2つの法人としてしまうような分割（兄と弟がそれぞれの法人の100％株主になるといった分割）は、非適格分割となり、課税繰延は認められません（このような分割は、スプリットオフと呼ばれて

4-11 【スプリットオフ】

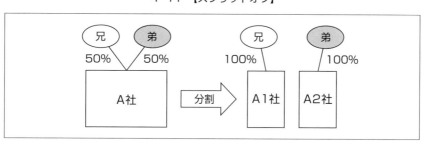

いて、アメリカ法では適格性が認められています（☞ **Column** スプリットオフとスプリットアップ・p.330））。

Next Step

▶適格現物分配とグループ法人税制

　適格現物分配の制度は、グループ法人税制の一環として導入された。しかし、①適格現物分配と、②完全支配関係がある法人間の資産移転の制度（61条の11）とでは、課税繰延の方法が異なる。①では、分配を受けた法人（親法人等）が、分配をした法人（子法人等）における資産の取得価額を引き継ぐ形で課税繰延を行うため、当該繰延が終了するときに課税されるのは、分配を受けた法人である。一方で、②の場合、資産移転時の譲渡損益は、当該資産の再移転等が行われた時に、当初の移転を行った法人において課税される（☞課税繰延のメカニズム（取得価額の扱い方からみた課税繰延の類型）・p.295）。

　また、②で課税繰延の対象となるのは、固定資産、土地、有価証券、金銭債権および繰延資産といった譲渡損益調整資産（61条の11第1項）であり、売買目的有価証券や譲渡直前の帳簿価額が1000万円に満たない資産等は除かれているが（令122条の12第1項）、①にはそのような除外項目はない。したがって、例えば、帳簿価額1000万円未満の固定資産をグループ内で譲渡した場合は、譲渡時において損益が認識されるが、同じ資産を現物分配で親会社に移転した場合は、課税が繰り延べられる。

　加えて②の場合、たとえグループ内であっても、2回目の譲渡（グループ内での再譲渡）を行えば、最初の譲渡に対する課税繰延は終了する。これに対して、①の場合、（現物分配という縛りは受けるが）何度でも課税されることなくグループ内で資産を動かすことが可能である。このように適格現物分配は、グループ法人税制の中核をなす②の制度とは多くの点で相違する。

　では、適格現物分配は、グループ法人税制としてではなく、適格組織再編成として位置づければ問題がないのかといえば、必ずしもそうでもない。適格現物分配の場合、適格組織再編成の種類として、完全支配関係がある法人間の現物分配しかなく、合併や分割といった既存の組織再編成のように、支配関係のある場合の現物分配とか、共同で事業を営むための現物分配といったカテゴリが用意されていない（2条12号の15）。

　さらに、適格現物分配では、事業の分配ではなく、個々の資産の分配が前提とされている。一方で、適格合併や適格分割で移転が予定されているのは、原則として事業（すなわち、ひと固まりの資産および負債）であって、個別の資産ではないと考えられる（2条12号の11ロ、令4条の3第7項等）。もし、適格分割型分割で、事業ではなく個々の資産の移転が認められれば、法人内部から非課税で資産を切り出すことが容易になり、売買

（課税取引）と適格組織再編成（課税繰延取引）の区別が不明確となる。より根本的にいうなら、現物配当のように個別の資産を分配するだけの行為が、なぜ法人組織の再編成（組織再編成）といえるのかも明らかでない。

　そもそもグループ法人税制は、連結納税制度に親和性を持つ制度（連結納税を選択しない納税者にも強制的に適用されるグループ法人単体課税制度）として導入された経緯がある。適格現物分配をグループ法人税制の一部として位置づけながら、そのすべてを適格組織再編成として扱うことは、理論的にはやや無理があるように思われる。

▶完全支配関係がある法人間における従業者引継要件および事業継続要件の緩和

　平成30年度改正によって、当初の組織再編成の後に、完全支配関係がある法人間で従業者や事業を移転することが見込まれている場合には、当初の組織再編成の適格要件のうち従業者引継要件および事業継続要件を満たすとされることになった（2条12号の8ロ・12号の11ロ・12号の14ロ・12号の18ロ等）。

　当初の組織再編成が合併であった場合を例にとると、その合併後に合併法人と完全支配関係がある別の法人に、被合併法人の従業者の8割や主要な事業を移転することが見込まれていれば、従業者引継要件および事業継続要件が満たされることになる（2条12号の8ロ⑴⑵、令4条の3第4項3号・4号）。

　完全支配関係がある各法人を、大きな1つの法人の一部と捉えるならば、当該各法人のうちどの法人に対して従業者や事業を移転しても変わりがないと考えることができる。したがって、被合併法人の従業者を引き継ぐあるいは事業を継続するのは、必ずしも合併法人に限られない。しかし、合併法人との間に完全支配関係がある法人でなければならないのである。なお、この完全支配関係がある法人は複数でも構わない（また、合併法人を経由せずに移転しても構わない）。つまり、被合併法人の従業者や事業を複数の完全支配関係がある法人に対して、それぞれ分けて（直接）移転してもよいことになる。

　これらの扱いは、合併だけでなく、分割、現物出資、株式交換、株式移転といった組織再編成についても同様に認められる。この改正は、株式分配に関する要件緩和（☞適格株式分配が見込まれている場合の適格要件の緩和・p.315）とともに、多段階型再編など多様な手法による事業再編の円滑な実施を可能とするために行われた適格要件等の見直しであり、競争力強化のための環境整備に関する措置と位置づけられている。この改正により、完全支配関係がある法人内であれば、適格組織再編成後において、ターゲット法人の従業者や事業をより効率的な場所に移転させることができるようになったといえよう。念のために述べておくと、既述のように上記は適格要件の見直しであり、平成30年度において、欠損金引継ぎに関する57条3項および施行令112条3項（☞欠損金の引継ぎに関する「みなし共同事業要件」・p.299）の改正は行われていない。

合併や分割等の適格組織再編成の後に、さらに適格合併が見込まれている場合、当初の組織再編成適格要件が緩和されている（適格組織再編成後の適格株式分配についても同様である（☞適格株式分配が見込まれている場合の適格要件の緩和・p.315））。

例えば、A社がT社の事業の一部を吸収分割によって取得した後で、今度はA社がB社に吸収合併されたとする。A社は消滅するから、T社の従業者や事業を引き継いだとは言い難くなる。同様に、共同事業再編成で要求される株式継続保有要件を満たしているとも言い難くなる。つまり、先行するA社によるT社の吸収分割は、後続するB社によるA社の吸収合併を理由として、非適格とされうることになる。

しかし、平成15年度改正によって、A社によるT社の分割後に、B社がA社を被合併法人とする適格合併が行われ、B社においてT社の分割事業に係る主要な資産・負債、従業者および事業が引き継がれることが見込まれている場合には、当初の分割における主要資産等移転要件、従業者引継要件および事業継続要件が満たされることになった。同様に、当初の分割に関する株式継続保有要件も緩和されている（2条12号の11ロ・ハ、令4条の3第7項・8項等）。上記は分割後の合併の例であるが、合併後の適格合併、現物出資後の適格合併、株式交換後の適格合併等でも同じである。

なお、令和元年度改正によって、株式交換等の後に株式交換等完全親法人を被合併法人とし、株式交換等完全子法人を合併法人とする適格合併を行うことが見込まれている場合には、その株式交換等に係る適格要件のうち株式の保有関係に関する要件および支配関係継続要件について、その適格合併の直前の時までの関係により判定するようになった（令4条の3第18項〜20項）。改正前は、株式交換等の後に逆さ合併が行われる場合、支配関係継続要件等を満たさず非適格とされてきたが、これを改めたことになる。「組織再編成の前後で経済実態に実質的な変更がない」という適格要件の考え方自体は維持しつつ、近年の企業活動の変化に対応するために要件の一部を見直した改正として捉えることができよう。

▶ **Column** 適格外し

組織再編成が適格になることは、常に納税者にとって有利に働くわけではない。一番わかりやすい例は、含み損のある資産が移転されるケースである。適格組織再編成に該当すれば、損失の控除はできず、帳簿価額による譲渡として扱われるからである。このような場合を含めて、適格になることで納税者の不利になる局面では、納税者が意識的に「適格外し」を行ってくる可能性がある。条文上の適格要件が厳格であればあるほど、適格外しは容易である。

例えば、金銭などの非適格資産が交付されることで、組織再編成は簡単に非適格となる。そうすることで、法人内部にある資産の含み損を実現させることができる。企業グル

ープ内再編成の場合（親会社から子会社へ資産が移転されるような場合）であれば、移転された資産がグループ内に留まっているにもかかわらず、損失が実現してしまう。または、組織再編取引に入る前に、それに相応しくない（と納税者が考える）資産だけ、個別の取引で譲渡して、含み損等を実現させることや、組織再編成に反対する株主の株式だけが、組織再編成とは別の取引として、組織再編成の相手方の法人に売却されるといったことも考えられる。

　あるいは、減価償却資産の帳簿価額が時価よりも低い場合、法人がいったん解散した後で、再度、その資産を出資して別法人を設立することで、以前より高い減価償却費を計上するようなことが可能となる。既に述べた組織再編成の形式主義的側面からも、この取引は適格組織再編成にはならない（ただし、残余財産の分配が適格現物分配に、その後の法人設立が適格現物出資に該当する場合は、損失の控除は繰り延べられることになる）。

　アメリカ法には、上のような解散に続く再設立行為を適格組織再編成として扱う規定（内国歳入法典 368 条(a)(1)(D)）があり、主として課税庁側がこの規定の適用を主張する。しかし、これまでわが国の現行法には、非適格取引を適格に取り込むような規定が用意されていなかったため、個別規定の解釈で意図的な適格外しに対処することは困難であったと思われる。

　このような適格外しに対しては、132 条の 2（組織再編成に係る行為または計算の否認規定）の適用があるのかどうかが、重要な争点となりうる。IDCF 事件第一審判決（東京地判平成 26 年 3 月 18 日判時 2236 号 25 頁）では、分割において「分割後も当事者間の完全支配関係が継続することが見込まれる」（旧令 4 条の 2 第 6 項 1 号（現行令 4 条の 3 第 6 項 1 号））という要件（完全支配関係継続見込み要件）が局所的に充足されていないことについて、「組織再編成の組み合わせ方や組織再編成に係る他の具体的な事情……を総合考慮すると、分割の前後を通じて『移転資産に対する支配』が継続しているということができ、〔旧令 4 条の 2 第 6 項 1 号〕の趣旨・目的に明らかに反すると認められるときは、法 132 条の 2 の規定により、完全支配関係継続見込み要件が充足されないことの原因となっている行為又は計算を否認することができる」と述べている。

　なお、平成 22 年度改正で導入された適格現物分配あるいは完全支配関係企業グループ内における資産譲渡の制度は、適格外し防止規定としてある程度機能する可能性がある。仮に金銭等が交付された組織再編成であっても、取引が現物分配であった場合は、金銭等の分配部分が別の取引として扱われた結果、残りの部分が適格現物分配となり、62 条の 5 第 3 項により、損益が繰り延べられる可能性があるし、現物分配以外の場合で、金銭等の交付により組織再編成が非適格になったとしても、完全支配関係がある内国法人に対する譲渡損益調整資産の譲渡に該当した場合は、61 条の 11 第 1 項により、損益の計上が繰り延べられるからである。

3. 対価の柔軟化と三角組織再編成

Lecture

(1) 交付金とキャッシュアウト・マージャー

　会社法において組織再編成の対価は株式に限られません。かつての商法の時代とは異なり、金銭その他の資産の交付が許容されています（平成17年改正における「対価の柔軟化」と呼ばれています）。例えば、吸収合併の場合、商法上の対価は存続会社の株式のみでしたが、会社法では、金銭、親会社株式、社債なども対価とすることができるようになりました（会749条1項2号等）。吸収分割、株式交換でも同様です（会758条4号・768条1項2号等）。対価の柔軟化によって、会社法上、企業買収は以前よりも容易になったといえます。

　このうち金銭のみを対価として行う合併は、キャッシュアウト・マージャー（cashout merger）あるいは**交付金合併**と呼ばれ、少数株主の排除（締め出し）に利用されることもあります。しかし、法人税法は、平成29年度改正前まで、適格組織再編成の対価について、金銭等の交付を原則として一切認めていませんでした（ただし、後述する三角合併等の場合における親法人株式を除きます）。したがって、キャッシュアウト・マージャーは、原則として非適格合併になります。社債を対価とする適格組織再編成も、現行法人税法には用意されていません。

　例えば、A社がT社をキャッシュアウト・マージャーによって吸収する場合、金銭を交付されてすべてのT社株式を手放したT社株主に「**投資の継続**」を観念することはできません。このようなT社株主は、保有していたT社株式を現金で売却したのと同視できますから、課税されるべきです。

　一方で、キャッシュアウト・マージャーではなく、対価のほとんどがA社株式でありながら、ごく一部の対価が金銭であった場合はどうでしょうか。A社がT社株主に合併を承諾してもらう代わりに、少しばかりの金銭を手渡すということは考えられないことではありませんが、その場合でも、**現行法は非適格合併としてT社とT社株主に課税します**。この扱いは、仮にT社株主のごく一部だけが金銭を受領し、残りの大部分のT社株主にはA社株式だけが

交付された場合であっても変わりません（アメリカの組織再編税制は、このような金銭対価を比較的緩やかに認めていますから、日本のルールはやや窮屈に感じられます）。

ただし、平成29年度改正で、特定の場合に限り金銭等の交付が認められました。これは組織再編税制に関する原則の一部を修正したとも考えられる重要な改正なので、後で少し詳しく触れることにします（☞完全子法人化等のための対価の特例―スクイーズアウト税制・p.316）。

(2) 三角合併

対価の柔軟化によって、いわゆる三角合併を行うことが可能となりました。三角合併とは、合併法人の株式ではなく、その**親会社の株式を対価とした合併**のことです。例えば、A社がT社を吸収合併するときに、T社株主への対価として、A社株式ではなく、A社の親会社であるP社の株式を交付するような場合です。これは三角吸収合併の例ですが、同じように三角型の吸収分割（分割承継法人の親会社株式を対価とする吸収分割）なども可能となりました。

法人税法は、組織再編税制導入時より、親法人株式を適格組織再編成の対価として認めてきませんでしたが、会社法がこれを解禁したことで、法人税法における**適格要件が一部変更**されました。すなわち、平成19年度改正により、

4-12 【三角合併】

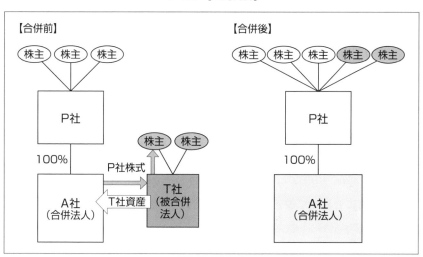

（これまでの組織再編税制の枠組みを基本とした上で）適格合併、適格分割または適格株式交換の対価として、合併法人等の100％親法人（合併等の直前に合併法人等の発行済株式の全部を直接に保有するという直接完全支配関係があり、かつ合併等の後も直接完全支配関係が継続することが見込まれている法人）の株式のみが交付される場合も、適格組織再編成として認められることになったのです。さらに、令和元年度改正において、合併法人等の発行済株式の全部を間接に保有する関係がある法人（例えば、いわゆる祖父会社）の株式も対価として認められることになりました（2条12号の8、令4条の3第1項等）。企業グループの構造が親子会社という二層関係にとどまらず多層化してきた実態を反映し、間接保有にも「支配の継続」を認めた改正であり、これまでよりM&Aを促進する効果を有することになると思われます。

なお、この100％親法人の株式の呼び方について、合併の場合は「合併親法人株式」、分割の場合は「分割承継親法人株式」、株式交換の場合は「株式交換完全支配親法人株式」とされています。

P社は外国法人であることも考えられます。その場合の取引は、外国法人P社による（内国法人A社を通じた）内国法人T社の取得という要素を帯びることになります。P社がT社を取得する一番手っ取り早い方法は合併です。しかし、外国法人と内国法人の合併が認められるかどうか、旧商法下では議論があり、認められないという考え方がどちらかといえば主流でした。仮に理論上は可能であったとしても、合併登記の受付が困難であるなど実務上の問題もありました。しかし、対価の柔軟化によって三角合併が認められるようになったので、この議論は実益を失いました。

上記の三角合併は、経済的には、P社とT社が株式交換を行い（この段階でT社はP社の完全子法人となります）、その後で、A社がT社を吸収合併する行為と同視することができます。その場合、株式交換と吸収合併をいずれも適格で行うことは可能です。したがって、立法論としては、三角合併を適格として扱う余地は十分にあったのですが、P社が外国法人である場合、一般に国境を跨いだ株式交換はできないと解されてきました。会社法の改正を受けて、法人税法もそれに合わせて改正を行い、三角合併を適格で実行することができるようになったのです。

このように適格組織再編成の対価として、親法人株式も交付できるようにな

ったのですが、子法人株式（A社株式）と親法人株式（P社株式）の両方を混ぜて対価とすることは認められていません。合併でいえば、交付できる対価は、合併法人株式と合併親法人株式の「いずれか一方の株式」（2条12号の8）であり、両方を交付すれば非適格となります。

▶三角合併の適格性

（ⅰ）間接的な投資の継続性

　三角合併の適格性は、「投資の継続性」から説明することも可能である。**Lecture** の例（A社がT社を吸収合併するときに、T社株主への対価として、A社の親会社であるP社の株式を交付するような場合）であれば、合併後の旧T社株主は、合併対価としてのP社株式を保有することで、A社（旧T社）への投資を継続しているからである。

　この投資の継続は、親法人であるP社を経由して行われているので、間接的なものである。したがって、三角型の組織再編成を適格とすべきかどうかという理論は、間接的な投資の継続性を認めるか否かという判断と深く関わることになる。

　さらにいえば、合併親法人株式である必要性、すなわち、適格となるために、対価がなぜ100％親法人の株式でなければならないのかということについても、間接的な投資の継続性から検討されるべきである。

（ⅱ）間接的な事業関連性要件

　同様に、実定法上の要件である事業継続要件や事業関連性要件などについても、それが間接的なものでよいとされるか否かが、問われることになる。例えば、P社は、A社を通じて間接的にT社の事業を引き継いだのであるから、このような間接的な事業の引継ぎが、適格要件との関係で検討されてよいはずである。実際、アメリカ法では、課税繰延を認める理論的根拠として、間接的な投資や事業の継続性があげられている。

　しかし、わが国の組織再編税制では、事業関連性等の判断は、あくまでも実際に合併を行うA社とT社の間で行われる。したがって、A社が形式的な事業しか行っていない場合はもとより、A社の行っている事業がT社の事業と無関係であれば、たとえP社とT社の事業が相互に関連するものであっても、共同事業再編成としての三角合併は非適格となる（規3条1項）。平成19年度改正は、対価の柔軟化に対応するものであるが、対価以外の適格性の判断については、これまで通り合併法人たるA社と被合併法人たるT社の間で行う（その判断にP社の状況が影響を与えることはな

い）ということである。

したがって、例えば、外国法人Ｐ社が、Ｐ社と同種の事業を営んでいる内国法人Ｔ社を取得しようと考え、三角合併を行うためだけに内国法人Ａ社を設立した場合、Ａ社が実質的な事業を行っていなければ、いかにＰ社とＴ社の事業が相互に関連性を有するものであっても、三角合併は非適格となる（もし、Ｐ社とＴ社の間で国境を跨いだ合併ができたとすれば、事業関連性要件は満たされているにもかかわらず、それを三角合併の方法で実行すれば、非適格になるのである）。つまり、Ｐ社によるＴ社の取得は課税されることになる（これら三角合併等に関する国税庁の見解については、「共同事業を営むための組織再編成（三角合併等を含む）に関するQ&A―事業関連性要件の判定について（平成19年4月）」を参照）。

(iii) 1株未満の端数に応じて交付される金銭

平成20年度改正により、Ａ社が合併によりＴ社株主（Ａ社およびＴ社を除く）の有するＴ社株式の数の割合に応じて交付すべきＰ社株式の数に1に満たない端数が生ずる場合、その端数に応じて金銭が交付されるときは、当該端数に相当する部分はＰ社株式に含まれるものとして、Ａ社、Ｔ社およびＴ社株主の各事業年度の所得の金額を計算することになった（令139条の3の2第1項）。

この改正によって、端数株に応じて金銭が交付されても、Ｐ社株式以外の資産が交付されないという非適格資産交付の禁止要件（2条12号の8）に反しないことが明確になったのである。

▶親法人株式を交付した子法人への課税

親法人株式を交付した子法人への課税問題は、三角合併等、三角型の組織再編成に特有のものである。通常は、対価となる株式を発行する法人（Issuing Corporation）と、対価を交付して対象法人を取得する法人（Acquiring Corporation）は同一であるから、株式を交付する行為は、（適格・非適格にかかわらず）**資本等取引**として課税の対象外である（22条5項）。

しかし、三角合併の場合、（Ｔ社の資産等を取得して）対価であるＰ社株式を交付するのはＡ社であり、発行法人（Ｐ社）と取得法人（Ａ社）が異なる（Ａ社は自社の株式を交付しているわけではない）。また、Ａ社は三角合併を行うためにＰ社株式を保有している（あるいはそのために取得する）必要がある。したがって、Ａ社の有するＰ社株式に**含み損益**が生じている可能性があり、その場合には、**資本等取引でない以上、資産を譲渡したときと同様に含み損益への課税が問題となるのである**。

このことについて61条の2第6項では、法人が自己を合併法人とする適格合併により交付した合併親法人の株式の譲渡対価は、その直前の帳簿価額とすることが規定されている（自己を分割承継法人とする適格分割の場合は61条の2第7項、株式交換等の場合

は同条 10 項により、同様の扱いとなる）。つまり、適格合併等の対価として、100％親法人の株式だけが交付される場合には、帳簿価額による譲渡として、親法人株式を交付した子法人には、譲渡損益が生じないことになる。

ただし、合併法人（A 社）が、当該合併等にかかる契約日において、対価として交付する親法人株式（P 社株式）を既に保有している場合は、61 条の 2 第 23 項によって、当該株式を時価でいったん譲渡し（この段階で課税がある）、かつ時価で再取得したとみなして、所得の金額を計算することになる。また、合併等の契約日後に、適格合併等によって帳簿価額で親法人株式の移転を受けた場合でも、当該移転を受けた日において、親法人株式を譲渡し、かつ再取得したという擬制が行われる。同項が適用された後、適格取引として、61 条の 2 第 6 項が適用される場合は、この再取得をしたとみなされた後の帳簿価額が使用される。

要するに、たとえ三角合併が適格とされても、子法人が合併契約日前から保有していた親法人株式の含み損益、および当該契約日以後に簿価取引（帳簿価額を引き継ぐ取引）で取得してきた親法人株式の含み損益は、三角合併の段階で課税の対象とされてしまうのである。この課税を受けないのは、子法人が契約日に親法人株式を保有していなくて、かつ契約日以後に適格合併等によって取得しない場合（すなわち、時価取引等によって取得した場合）である。

4. 課税上の効果

Lecture

（1）適格組織再編成と非適格組織再編成の効果
（ⅰ）適格組織再編成の効果

組織再編成に関する課税上の項目で重要なのは、①資産を譲り渡した側における課税、②資産の譲渡しと引き換えに取得した対価の取得価額、③資産を譲り受けた側における課税、④譲り受けた資産の取得価額です。さらに⑤として、これら①～④までの課税結果が、相互に整合性がとれているかどうか（例えば、みなし配当課税を受けた金額と法人側で減少した利益積立金額とが等しいか、欠損金等の租税属性をどこまで引き継がせるかなど）についても考えておく必要があります。

ここでは、T 社が A 社に適格吸収合併された（交付金はなし）という簡単な

例を用いて、適格組織再編成の課税上の効果について説明します。なお、T社の株主はすべて個人株主で、T社がA社へ移転した資産には、含み益があったとします。

まず、T社については、**移転した資産（および負債）が帳簿価額で引き継がれた**とされるので、この段階での含み益に対する課税はなく（62条の2第1項）、将来、A社による資産の譲渡等のときまで、課税は繰り延べられます。

T社株主に対するみなし配当課税はなく（所法25条1項1号）、交付金の支払がないので、譲渡所得課税もありません（相特37条の10第3項1号）。T社株主におけるA社株式の取得価額は、従前のT社株と同額とされます（所令112条1項）。つまり、T社株の取得価額がA社株の取得価額に置き換えられるのです。

次に、A社は自社の株式を発行して資産を譲り受けているので、資本等取引となり課税はありません（22条5項）。A社における資産の取得価額は、上記のようにT社における帳簿価額を引き継ぎます（62条の2第1項）。

さらに、A社は、**T社の利益積立金額も引き継ぎ**（2条18号、令9条2号）、移転資産の帳簿価額から、当該利益積立金額を減額した金額が、A社における資本金等の額の増加額となります（2条16号、令8条1項5号ハ）。また、一定の欠損金の引継ぎも認められています（57条2項・58条2項）。

なお、A社の既存の株主には、この適格合併から課税上の効果は生じません。

（ii）非適格組織再編成の効果

上記と同様の取引が非適格であった（金銭その他の資産の交付もあった）という前提で、非適格組織再編成の課税上の効果について説明します。

まず、T社については、資産を時価で譲渡したとされるため、含み益について課税されます（62条1項）。T社は、A社株式を取得して直ちにT社株主へ交付したとされる（同項）ので、A社株式の交付に関するT社への課税はありません。

次に、T社株主について、①A社株式および金銭その他の資産の価額と、②T社の資本金等の額のうち、その交付の基因となった株式に対応する部分とを比べ、①が②を超える金額が、みなし配当として課税されます（所法25条1項1号、所令61条2項1号）。T社の利益積立金額部分は、A社に引き継がれずに消滅するため、その全額がみなし配当課税の対象となります。

さらに、Ｔ社株主は、Ｔ社株式を譲渡したとされるので、**株式譲渡益課税**も受けることになります。譲渡所得にかかる収入金額は、Ａ社株式および金銭その他の資産の時価から、みなし配当とされた部分を控除した額です（租特37条の10第3項柱書）。この計算によって、仮にＴ社株式に関する譲渡損が出てきたとしても、その金額は生じなかったものとされます（租特37条の10第1項）。これは、現行法上、個人株主に株式譲渡損に関する損失控除が原則として認められていないからです。Ｔ社株主における**Ａ社株式（およびその他の資産）の取得価額は、時価となります**（もし、抱合株式があった（Ａ社がそもそもＴ社株式を保有していた）場合は、譲渡損益を計上せず（61条の2第3項）、譲渡損益相当額を資本金等の額に加減算する（令8条1項5号）ことになっています）。

　ただし、Ｔ社株主に対するこの譲渡所得課税は、Ａ社株式以外（三角合併の場合はＡ社の合併親法人であるＰ社株式以外）の資産が交付された場合に限られます（租特37条の10第3項1号）。**譲渡所得課税がない場合のＡ社株式の取得価額は、Ｔ社株式の帳簿価額にみなし配当課税額を加えた金額となります**（所令112条1項）。

　対価としてＡ社株式だけが交付されていれば、譲渡所得課税が繰り延べられる理由としては、未だＴ社株主による「投資の継続」が存するからだといわれています。あるいは、会社法上の合併であるため、自己株式を対価とする資産取得と区別しているという説明もあります。それでも、みなし配当課税までが免除されないのは、合併によってＴ社とともにＴ社の利益積立金額が消滅してしまうため、合併時がみなし配当課税を行う最後の機会となるからです。

　合併によって資産は時価で譲渡されたとして扱われ（62条1項）、同時にＡ社は、Ａ社株式および金銭その他の資産を対価に、Ｔ社の資産を受け入れているのですから、Ａ社における資産の取得価額は時価に等しくなります。Ａ社にとって、これは資本等取引（Ａ社株式を対価とする部分）および資産の有償取得行為（金銭その他の資産を対価とする部分）となります。したがって、Ａ社に課税はありません。もっとも、交付したその他の資産（非適格資産）に含み損益がある場合は、それに対する課税を受けます。Ａ社の資本金等の額は、受入資産の価額から、交付した金銭その他の資産の価額を減額した金額だけ増加することになります（令8条1項5号）。Ａ社は、Ｔ社の利益積立金額や繰越欠損金等を引き継ぐことができません。

なお、適格合併の場合と同様に、A 社株主には、この合併から課税上の効果は生じません。

(2) 合併による繰越欠損金の引継ぎ

　継続企業を前提とした場合、所得が生じた事業年度に課税しておきながら、損失が生じた（所得がマイナスになった）事業年度について、法人税をゼロにするというのでは、十分な扱いとはいえず、**法人税負担の平準化の観点から欠損金の繰越控除が認められている**ことについては、既に述べた通りです（☞繰越欠損金・p.180）。このように繰越欠損金の制度は、ある納税者における期間を通じた課税の中立を目指しているのですから（57条1項に関する度重なる改正により、利用できる欠損金の「量」や「期間」に変更が加えられていることはさておき）、欠損金の利用が認められるのは、原則として欠損金を生じさせた当該法人のみということになります。

　したがって、ある納税者の「期間を跨ぐ」損益の通算、すなわち繰越欠損金の利用を認めることが公平な課税であるからといって、その欠損金を「人格を跨いで」利用することまでが、常に認められているわけではありません。合併の場合のような「人格を跨ぐ」欠損金の利用については、別の考慮が必要になるのです。

　もし、合併によって常に被合併法人の欠損金が引き継げるなら、赤字続きで多額の繰越欠損金を有する法人は、課税上の観点からは、被合併法人として大変魅力的に映ることになります。本来、赤字続きで純資産がマイナスになっているような欠損法人の価値は、ほとんどゼロに等しいはずなのに、その法人の有している繰越欠損金自体が（とりわけ毎期多額の法人税を納めているような黒字法人にとって）課税上の価値を有することになるのです。そこで、**繰越欠損金の引継ぎを目的として、黒字法人が赤字法人を吸収合併する**という取引が実行されることになります。

　この点に関して、組織再編税制導入前のリーディング・ケースである最判昭和43年5月2日民集22巻5号1067頁［行田電線株式会社事件］は、「法人の各事業年度における純益金額、欠損金額のごときは、企業会計上表示される観念的な数額にすぎず、被合併会社におけるこれら数額は、もとより商法103条に基づき合併の効果として合併会社に当然承継される権利義務に含まれる

ものではない」という前提のもと、「結局、合併による欠損金額の引継、その繰越控除の特典の承継のごときは、立法政策上の問題というべく、それを合理化するような条件を定めて制定された特別な立法があってはじめて認めうるものと解するのが相当」であるとして、合併法人による繰越欠損金の引継ぎを否定しました（赤字法人の方が黒字法人を吸収するいわゆる「逆さ合併」が問題となった、広島地判平成2年1月25日行集41巻1号42頁では、132条が適用されて繰越欠損金の損金算入が否定されました）。

組織再編税制は平成13年度改正で導入されていますから、上記最高裁判決が述べる「条件を定めて制定された特別な立法」に該当すると考えられます。したがって、行田電線株式会社事件の問題は、立法的には一応解決されたことになります。57条2項が、適格合併の場合の引継ぎを認め、さらに同3項が一定の場合にそれを制限しているからです（ただし、ヤフー事件控訴審判決（東京高判平成26年11月5日訟月60巻9号1967頁）が、「そもそも、繰越欠損金自体には資産性はなく、それが企業間の合併で取引の対象となり得るのは、租税法がその引継ぎを認めることの反射的な効果にすぎない」とした上で、行田電線株式会社事件の最高裁判決を引用していることには注意が必要です）。

(3) 課税繰延のメカニズム（取得価額の扱い方からみた課税繰延の類型）

適格組織再編成の課税上の効果として、既に述べたように課税繰延があります。以下では、組織再編税制を含めて実定法が採用している課税繰延の方法について、主として取得価額の扱い（処理方法）に注目して、類型化してみます。

(ⅰ) 第1類型——取得価額圧縮型

取得価額圧縮型については、圧縮記帳のところで既に述べました（☞圧縮記帳・p.179）。例えば、A社が1000万円の国庫補助金を獲得して、1500万円の資産を購入した場合、取得した資産の取得価額を補助金の額だけ減額（圧縮）します。そうすることで、毎年の減価償却費が低く抑えられ、結果として、毎年の所得が多く計上されるという形で課税繰延という効果が生じるのです。

(ⅱ) 第2類型——取得価額引継型・第3類型——取得価額置換型

資産等の「帳簿価額による譲渡」として扱われる適格現物出資（62条の4第1項）や適格合併（62条の2第1項）では、取得価額が引き継がれる（第2類型）あ

るいは置き換えられる（第3類型）といった方法で、法人段階と株主段階の課税が繰り延べられます。

例えば、B社が取得価額100万円、時価500万円の土地を現物出資して、C社を設立し、そのすべての株式を取得したとします。この取引が適格現物出資に該当した場合、C社における土地の取得価額は、B社の取得価額（100万円）を引き継ぐことになります（令123条の5）。そして、株主となったB社が取得したC社株式の取得価額は、B社が出資した土地の取得価額（100万円）に置換えられます（令119条1項7号）。

適格合併の場合も同様です。例えば、D社がE社に吸収合併され、D社の株主は、それまで保有していたD社株式を手放すとともに、新たにE社株式が交付された場合を考えてみましょう。合併直前のD社の資産の取得費は1000万円、時価は7000万円、D社の株主の1人であるFさんの保有するI株の取得価額は100万円、時価は500万円だった（Fさんと同じような株主が他に9人いた）とします。

この取引が適格合併に該当すれば、D社にもFさんらにも課税はなく、E社が取得した資産の取得価額は、D社の取得価額であった1000万円を引き継ぎ（令123条の3第1項）、Fさんらにおけるe社株式の取得価額は、それまで保有していたD社株式の取得価額である100万円に置き換えられることになります（所令112条1項）。

(iii) 第2類型の注意点

上記のような取得価額引継型の場合、取得価額が資産に付随する形で移転する（取得価額が人格を跨いで移転する）ので、課税繰延が終わる段階で、**納税義務者**（課税される法人等）が変わるということには注意が必要です。すなわち、前述の取得費圧縮型の例では、課税繰延があっても、含み益について最終的に課税されるのは（当初から資産を保有している）A社ですが、上記の現物出資（あるいは合併）の例で、最終的に課税されるのはB社（あるいはD社）ではなく、C社（あるいはE社）となります。

このような状況について、C社（あるいはE社）はB社（あるいはD社）の「靴を履く」ことになったと表現されることがあります。同じことは、一定の相続や贈与等によって含み損益のある資産が移転するときに、所得税法60条1項によって、当該含み損益に対する課税が繰り延べられる場合にも生じます

（つまり、相続等による所得税法上の課税繰延は、第2類型ということになります）。

▶適格現物分配の効果

　適格現物分配が行われた場合の課税上の効果について、簡単に触れておく。A社がB社の全株式を保有する親法人であり、B社からA社への資産の配当が適格現物分配に該当した場合、帳簿価額による資産の譲渡を行ったとして、資産の含み損益に対する課税が繰り延べられる（62条の5第3項）。したがって、B社に対して含み損益課税はない。B社の利益積立金額は、当該資産の（時価ではなく）帳簿価額に相当する金額だけ減額される（ただし、資本剰余金の額の減少に伴うもの並びに分割型分割によるものおよび株式分配を除く）（令9条8号）。

　A社における現物の取得価額は、B社のそれを引き継ぎ（令123条の6第1項）、同額の利益積立金額が増加する（令9条4号）。帳簿価額による譲渡からA社が受けたとされる収益（B社による資産の帳簿価額）は、A社の益金に算入されない（62条の5第4項）。その後、もしA社が当該資産を時価で第三者へ譲渡した場合は、取得価額と時価の差額が（A社において）課税対象となる。

▶株式交換等の効果と時価評価課税

（i）**株式交換の効果**

　株式交換・株式移転に関する課税上の効果は、合併や分割とはやや異なる。以下では、A社とT社株主の間で株式交換が行われたという前提で、各当事者の課税について簡単に説明する。

　A社については、適格・非適格に関わりなく課税はない。A社が株式を発行する行為は、資本等取引に該当すると考えられるためである（22条5項）。また、株式交換の当事者でないA社株主に対しても、原則として課税問題は生じない。

　T社株主については、適格の場合はもちろんであるが、非適格の場合でも、対価としてA社株式以外のものが交付されなければ、課税は繰り延べられる（61条の2第9項、所法57条の4第1項）。これは、非適格の場合でも、T社には利益積立金額がそのままの形で残り、将来におけるみなし配当課税の可能性が失われないからだと思われる。

　T社については、株式交換が非適格に該当する場合、T社が非適格株式交換等の直前のときにおいて有する「時価評価資産」の評価益または評価損が、（T社の）益金の額または損金の額に算入される（62条の9第1項）。ここでいう「時価評価資産」

とは、固定資産、土地、有価証券、金銭債権および繰延資産のことである。ただし、事務負担軽減の観点から、帳簿価額 1000 万円未満の資産等が、時価評価の対象から除かれている（令 123 条の 11 第 1 項 4 号）。取引が適格株式交換に該当する場合は、T 社に対する含み損益課税はない。

（ii）非適格となった場合の時価評価課税

　株式交換が非適格となった場合、T 社が保有する一定の資産の含み損益について課税（時価評価課税）されるのは、非適格株式交換に続く適格合併等による課税繰延を防止しているからだと考えられる。仮に株式交換が非適格でも、T 社と A 社との間には完全支配関係が構築される。非適格株式交換の段階で T 社資産の時価評価課税をしておかねば、それに続く T 社と A 社の適格合併（完全支配関係企業グループ内再編成）によって、含み損益を有する資産が帳簿価額で合併法人に移転するからである。

　それでも、非適格となった場合の T 社に対する課税方法に問題がないわけではない。株式交換の具体的な内容は、T 社株主と A 社との間で行われる T 社株式と A 社株式の交換行為であるから、法人税法の視点からみれば、T 社はその行為の直接の当事者ではない（一方で、会社法上は、T 社は株式交換契約の当事者である）。したがって、株式交換が適格になった場合はもとより、非適格になった場合でも、法人税法上、行為の当事者とは考えられない T 社は、原則的には、課税関係の外に置くべきである。

　合併や分割では、対象法人の資産が移転しているため、非適格の場合、62 条によって、これを譲渡として扱うことには理由がある。しかし、株式交換の場合、対象法人たる T 社は、何も移転していないのに、株式交換が非適格となれば、あたかも資産を譲渡したかのような課税（一種の未実現課税）を受けるのである。

　金銭買収と比較をしてみても、時価評価の適用がいかに厳しい課税であるかわかる。すべての対価を金銭として、A 社が T 社株主から全 T 社株式を購入しても、（株式交換という取引形式をとらない限り）T 社資産の時価評価は行われないからである。本来、中立であるべき税制が、株式を対価とした企業買収を阻害しているともいえる。この時価評価課税については、何らかの形で課税時期をもう少し遅らせる工夫が必要であろう（例えば、非適格株式交換に続いて行われる合併等に関する適格要件を厳しく設定するなど）。

　ただし、平成 22 年度改正でグループ法人税制が導入されたことにともなって、株式交換の直前において T 社と A 社との間に完全支配関係があった場合には、たとえ株式交換が非適格であっても（例えば、対価として金銭を交付した場合など）、T 社資産は時価評価の対象から除かれることとなった（62 条の 9 第 1 項カッコ書）。また、平成 29 年度改正に導入されたスクイーズアウト税制において、一定の修正が施されて

いる（☞「株式交換等」という概念の創設・p.318）。

▶株式移転において自己株式に割り当てられた株式の取得価額

　A社を株式移転完全親法人とし、T社を株式移転完全子法人とする適格株式移転において、T社が株式移転の時に保有していた自己株式（T社株式）がある場合、この自己株式に対して割当てを受けたA社株式の取得価額は、いったいいくらにすべきだろうか。この問題は、T社がA社株式を譲渡するときに顕在化する。

　東京地判平成23年10月11日訟月59巻4号1095頁は、「本件株式〔A社株式〕は、T社が本件株式移転により割当てを受けた株式移転完全親法人であるA社の株式であるから、本件株式の原価の額の計算に用いられる本件株式の一単位当たりの帳簿価額の算出の基礎となる本件株式の取得価額は、株式移転完全子法人であるT社の株式である本件自己株式の本件株式移転の直前の帳簿価額に相当する金額であるということになる」という前提のもと、2条21号、施行令8条1項等の規定によれば、「法人が自己の株式を取得した場合には、法人税法上、資本金等の額が減少することになる反面、資産としては計上されないことになるから、当該自己株式については、消却したのと同様に扱われることとなっているものと解されるのであって、このように、法人税法上資産としての価値がないものとして扱われている自己株式については、その帳簿価額は、法人税法上は存在せず、零円になると解される。したがって、本件自己株式の本件株式移転の直前の帳簿価額は、零円であると解するのが相当である」とした。

　したがって、割り当てられたA社株式の取得価額もゼロになり、T社がA社株式を譲渡した場合、控除できる取得価額はゼロであり、譲渡対価がそのまま課税されることになる。

▶欠損金の引継ぎに関する「みなし共同事業要件」

　57条2項は、適格合併が行われた場合または完全支配関係がある法人の残余財産が確定した場合、一定の範囲で繰越欠損金の引継ぎを認める規定である。すなわち、適格合併が行われた場合または完全支配関係がある法人（100％子法人等）の残余財産が確定した場合、被合併法人等（被合併法人またはその残余財産が確定した法人）が有する未処理欠損金額は、合併法人等（合併法人またはその残余財産が確定した法人との間に完全支配関係があるその株主等である法人）において、その合併等事業年度（合併法人等の合併の日の属する事業年度または残余財産の確定の日の翌日の属する事業年度）前の各事業年度に生じた欠損金額とみなされる。つまり、被合併法人等の未処理欠損金額は、合併法人等に引き継がれ、合併法人等の合併等事業年度以後の各事業年度において繰越控除されることとなる（57条2項）。

　そして、57条2項に続く同条3項は、支配関係が生じてから5年を経過しない適格

合併について、欠損金の引継ぎを制限する規定である。具体的な要件は施行令112条3項に委任されている。

施行令112条3項各号が適格合併について規定する要件は、①事業関連性要件（1号）、②事業規模要件（2号）、③被合併事業の同等規模継続要件（3号）、④合併事業の同等規模継続要件（4号）、⑤特定役員引継要件（5号）の5つである。そして、①〜④までを満たすか、あるいは①と⑤を満たせば、欠損金を引き継ぐことができる。

これら①〜⑤の要件は、「みなし共同事業要件」と呼ばれる。共同事業を営むための要件としての「共同事業要件」（令4条の3第4項等）が別にあるから、そのように呼ばれるのであろう。しかし、両者は性質において別物である。「共同事業要件」は適格合併となるための要件であり、「みなし共同事業要件」は、適格合併となった後に欠損金を引き継ぐための要件である。

欠損金の引継ぎに「みなし共同事業要件」が要求される理由は、企業グループ内の合併との関係から説明することができる。共同事業を営むための合併と企業グループ内の合併では、適格要件が異なり、前者は後者より厳しい。一方でどちらの場合でも、適格合併になれば、原則として欠損金を引き継ぐことができる。したがって、合併の前に（株式の買収などを行って）完全支配関係ないし支配関係を構築してしまうことで、後者の緩やかな適格要件の適用を受けながら（「共同事業要件」を回避しながら）、欠損金を引き継ぐことが可能になる。そのような行為を防ぐために、前者の場合の要件（「共同事業要件」）と同じような要件（「みなし共同事業要件」）を課すことにしたのである。

ただし、「共同事業要件」と「みなし共同事業要件」では、その内容が全く同じではない。例えば、後者には上記③と④があり、前者にはない。③と④は、支配関係ができた後に事業規模が変われば欠損金を引き継がせないという内容である。つまり、事業の状態が従前の形で継続する（大きく変化しない）ことが、欠損金引継ぎの実質的な根拠になっている。

▶合併無効の効果

無効事由のある合併について、当該合併を無効とする判決が確定したとしても、合併そのものに伴って生じた納税義務には影響がないとするか、それとも合併そのものが遡って無効となり、それに伴う課税も根拠を失うと考えるかという問題がある。このことについて、大阪高判平成14年12月26日訟月50巻4号1387頁は、消滅会社復活に際しての端株や取締役等の扱いを例にとりつつ、効果は遡及しないことを明らかにした。

合併無効判決によって、合併は将来に向かって無効となり、いわば新たに会社の「分割」が行われることになると解したのである。このような考え方は、判決当時の旧商法110条（「合併ヲ無効トスル判決ハ合併後存続スル会社又ハ合併ニ因リテ設立シタル会社、其ノ社員及第三者ノ間ニ生ジタル権利義務ニ影響ヲ及ボサズ」）の解釈として通説とされてい

た。そして、租税法律関係においても、一般の私法関係の場合と同様に、この考え方がとられたということになる。

旧商法 110 条の内容は、現行会社法 839 条に引き継がれている。そして、その文言は（カッコ書を除くと）「会社の組織に関する訴えに係る請求を認容する判決が確定したときは、当該判決において無効とされ、又は取り消された行為は、将来に向かってその効力を失う」となっているから、旧 110 条に関する通説的見解の内容をより明確に示しているようにみえる。したがって、現行法下においても、本判決の持つ意義は失われていないことになる。

▶組織再編成に係る一般的否認規定

組織再編成に係る行為または計算の否認を目的とした否認規定が存在する（132 条の 2、所法 157 条 4 項、相法 64 条 4 項）。すなわち、組織再編成に関する行為または計算で、不当に税負担を減少させるものについて、これらを広範に否認する権限が、税務署長に対して認められているのである。

132 条の 2 等の規定は、組織再編税制の導入と同時に創設された。そして、その適用範囲は、132 条等とは異なり、同族会社に限定されない。しかし、このような一般的否認規定は、個別的否認規定の充実があってはじめて有効に機能する。これらの規定の中にある「不当に」の内容を明確にする意味でも、現段階以上に組織再編成に関する規定を整備して、納税者の予測可能性・法的安定性を担保する必要がある。

132 条の 2 は、組織再編税制導入時において、他の規定と一緒に制定された経緯がある。つまり、制定当時かなりの数の個別的課税要件規定（個別的否認規定を含む）が既に存在していたのであって、状況は同族会社の行為計算否認規定（132 条）の場合とは大きく異なる（132 条の創設当時（大正 12 年）はこの規定が適用されうる場面が相対的に数多く存したといえる）。このような状況では、132 条の 2 が適用されるべき場面は相対的に制限されるべきである。

これとは反対に、132 条の 2 は「使う」ことを前提に創られた規定であって、滅多に使わないという意味での伝家の宝刀にする必要はないという見解や、132 条の 2 は租税回避に対する牽制や威嚇のために存在するのではないという見解もある。たしかに、「せっかく創った規定を使わないのでは宝の持ち腐れになる」、「伝家の宝刀は抜いてこそ意味があるのであって、絶対に抜かれないのであれば威嚇効果もないに等しい」という考え方はありえるだろう。また、規定なしに租税回避を否認するのではなく、明文の規定に基づいて否認するのであるから、租税法律主義の見地からいっても、問題がないようにみえなくもない。実際に 132 条の 2 という一般的否認規定が存在する以上、解釈上、この規定の適用可能性を一切否定するようなことはできない。

しかし、租税法律主義は納税者の予測可能性を確保するためにある。それが実現さ

れてないまま、不確定概念に基づき、いつ発動されるのかわからない一般的否認規定によって「切り捨て」られる事態は避けねばならない。規定を創ったからといって、適用に慎重となるべき性質のものとそうでないものの区別は必要であり、重要なのは、132条の2の適用に関するできるだけ明確な基準の構築である。

予測可能性との関係では、事前照会に対する文書回答制度が有益である（「『事前照会に対する文書回答の事務処理手続等について』の一部改正について（事務運営指針）」（課審1-14等、平成14年6月28日）参照）。この制度が充実することで、一定の予測可能性は向上することが予想される。ただし、これはあくまでも課税庁側の見解であって法律ではないから、その見解に従わずに取引を行って課税されても、納税者としては、さらに税務争訟を起こせることに注意しておく必要がある。

▶法人税法132条の2に関する最高裁の見解──ヤフー事件
（i）事案と判旨

ヤフー事件最高裁判決（最判平成28年2月29日民集70巻2号242頁）は、132条の2の不当性に関する重要な判決である（ヤフーの子会社であるIDCFを上告人とする同日の判決（最判平成28年2月29日民集70巻2号470頁）でも、132条の2にいう不当性要件について、全く同じ判断枠組みが示されている）。

この事件の論点を単純化して述べるなら、欠損金のある法人（IDCS）を被合併法人とする適格合併において、57条3項の委任を受けた旧施行令112条7項5号（現行法では同条3項5号）の要件を文言上は満たしているにもかかわらず、132条の2の適用が可能であるか否かということであった。すなわち、合併法人であるヤフーの代表取締役Aが合併の約3ヶ月半前に（ソフトバンクの子会社であった）IDCSの取締役

4-13 【ヤフー事件の事案】

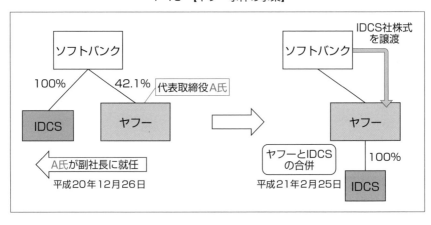

副社長に就任したこと（本件副社長就任）自体は、合併法人による欠損金の引継ぎを認める個別規定の要件を満たしていたのであるが、それにもかかわらず、132条の2を根拠として、欠損金の引継ぎを否認することができるかが問われたのである。

　最高裁は、132条の2にいう「法人税の負担を不当に減少させる結果となると認められるもの」とは、「〔組織再編税制〕に係る各規定を租税回避の手段として濫用することにより法人税の負担を減少させるものであることをいうと解すべきであり、その**濫用の有無の判断に当たっては**、①当該法人の行為又は計算が、通常は想定されない組織再編成の手順や方法に基づいたり、実態とは乖離した形式を作出したりするなど、不自然なものであるかどうか、②税負担の減少以外にそのような行為又は計算を行うことの合理的な理由となる事業目的その他の事由が存在するかどうか等の**事情を考慮した上で**、当該行為又は計算が、組織再編成を利用して税負担を減少させることを意図したものであって、組織再編税制に係る各規定の本来の趣旨及び目的から逸脱する態様でその適用を受けるもの又は免れるものと認められるか否かという**観点から判断する**のが相当である」と判示した（判決文引用について、太字・下線は著者、以下同じ）。すなわち、132条の2の適用に関する「濫用」の有無の判断にあたって、考慮する事情（考慮事情）および観点を示したのである。

　判決は、続けて「**本件副社長就任は、組織再編成を利用して税負担を減少させることを意図したものであって、適格合併における未処理欠損金額の引継ぎを定める法57条2項、みなし共同事業要件に該当しない適格合併につき同項の例外を定める同条3項及び特定役員引継要件を定める施行令112条7項5号の本来の趣旨及び目的を逸脱する態様でその適用を受けるもの又は免れるものと認められるというべきである**。そうすると、本件副社長就任は、組織再編税制に係る上記各規定を租税回避の手段として濫用することにより法人税の負担を減少させるものとして、法132条の2にいう『法人税の負担を不当に減少させる結果となると認められるもの』に当たると解するのが相当である」として、この事件の事実に対する132条の2の適用を肯定した。

（ii）考慮事情と引直し課税

　上記①②が、濫用の有無の判断にあたって、必ず考慮すべき事情（不当性要件該当性を肯定するために必要な要素）であるとするならば、①②でいう不自然性や合理的事業目的の不存在は、132条の2における不当性の実質的な要件として機能することになる。その意味で、最高裁の示した濫用基準は、下級審の見解より基準としての明確性に優れるといえる。それと同時に、下級審（東京地判平成26年3月18日訟月60巻9号1857頁、東京高判平成26年11月5日訟月60巻9号1967頁）の示した基準に縛りをかけている（132条の2の適用範囲に縛りがかかっている）として評価することができよう（☞組織再編税制の立法趣旨—核となる概念・p.271）（☞合併による繰越欠損金の引継ぎ・p.294）。

もっとも、判決は、132条の2について「税負担の公平を維持するため、組織再編成において法人税の負担を不当に減少させる結果となると認められる行為又は計算が行われた場合に、それを正常な行為又は計算に引き直して法人税の更正又は決定を行う権限を税務署長に認めたものと解され、組織再編成に係る租税回避を包括的に防止する規定として設けられたもの」と述べているにもかかわらず、当事者が行った取引をどのように引き直したのかについて（換言すれば、「正常な行為又は計算」が何であったかについて）は明示していない。

　たしかに、57条3項（個別的課税要件規定）の解釈によって欠損金の引継ぎを否定するのであれば、引直しをする必要はない。しかし、そうではなくて、ここは「組織再編成に係る租税回避を包括的に防止する規定」として132条の2を適用する場面なのであるから、判決自身が認めるように「正常な行為又は計算に引き直〔す〕」過程、すなわち通常の取引を示す必要があったといえる。ただし、132条に関する最近のユニバーサルミュージック事件判決〔☞ p.339〕においても、最高裁は引き直しの過程を示していない。

　引直し課税を行っていないとすれば、租税回避否認に関する通説的な理解とも異なることになる。また、判決文中において「租税回避」の定義を行っていないことにも、注意を要する。「租税回避」という用語が否認をするためのマジックワードになることは避けるべきであろう。

(iii) 濫用基準

　最高裁が採用した不当性に関する上記「濫用基準」は、132条の不当性に関する「経済的合理性基準」（☞不当性の判断基準・p.336）とは一見異なるものであるようにもみえる。しかし、仮にそうだとすれば、今後は、同じ「法人税の負担を不当に減少させる」という文言であっても、これに該当するかどうかという判断基準（不当性の判断基準）は、規定ごとに異なりうることになる。すなわち、132条・132条の2・132条の3・147条の2は、それぞれ同族会社、組織再編成、通算法人（グループ通算制度）、外国法人の恒久的施設帰属所得という領域において「法人税の負担を不当に減少させる」ような行為または計算を防止するための規定であるが、何が不当に該当するかは、それぞれの領域ごとに異なりうるのであって、それを前提とした上で「不当」という文言の解釈が行われうるということである。

　ただし、法人税法上の同じ文言を異なって解釈する方法は、法的安定性・予測可能性を重視する立場から批判の対象とされるであろう。132条に関する最近の最高裁判決をみる限り、濫用基準と経済的合理性基準の差異をできるだけ小さくしようとする努力がみて取れる（☞直近の最高裁判決—ユニバーサルミュージック事件・p.339）。したがって、両者の差異は、あってもそれほど大きくない（本質的なものではない）といえるのかもしれない。

濫用基準に関しては、外国税額控除余裕枠の流用に関する最判平成17年12月19日民集59巻10号2964頁［りそな外税控除事件］との比較も重要である。外国税額控除に関して、一般的否認規定はない。そのような状況で、最高裁は、納税者が行った取引について「外国税額控除制度をその本来の趣旨目的から著しく逸脱する態様で利用して納税を免れ」るものと判断し、「本件取引に基づいて生じた所得に対する外国法人税を法人税法69条の定める外国税額控除の対象とすることは、外国税額控除制度を濫用するものであり、さらには、税負担の公平を著しく害するものとして許されない」と判断した。

　りそな外税控除事件判決とヤフー事件判決との大きな違いは、前者が一般的否認規定のない状況で濫用を課税の根拠としたのに対し、後者は一般的否認規定の解釈において濫用該当性を判断しているという点である。換言すれば、前者は69条という外税控除に関する個別の規定（個別的課税要件規定）の解釈、後者は132条の2という一般的否認規定の解釈を行っているという点である。

　したがって、それぞれの最高裁の見解において、種類の異なる濫用基準の存在を肯定するとしても、当然、前者の場合（一般的否認規定の存しない場合）の濫用の方が、厳しく判断されるべきである。すなわち、濫用基準によって納税者の行為が否認されるべき領域は、前者の場合の方が、後者に比べてさらに制限されるべきである。そうでなければ、租税回避の領域においてわざわざ一般的否認規定を創設した意義も薄れることになろう。

（iv）税負担減少の意図

　ヤフー事件において最高裁は、濫用の有無の判断にあたって税負担減少の意図を要求している。同族会社の行為計算を否認する際に、租税回避の意図が必要であるとは解されていないから（その理由は概念としての租税回避に回避意図が含まれないからである）、ヤフー事件判決における「意図」の要求は、132条の場合と異なるようにみえる。

　しかし、そのような「意図」の存否の審査は慎重になされるべきである。税負担減少の意図の存在を安易に認定することは、「当事者としては、そのような意図を有する以上、否認規定が発動されることも予想できたはずだから、法132条の2等の規定を適用しても、租税法律主義違反にはならない」という考え方に繋がる危険性を有するからである。

　なお、調査官の解説では、ヤフー事件最高裁判決が、租税回避の意図を要求するだけでなく、規定の本来の趣旨目的からの逸脱も必要としていることをあげて、「租税回避を意図して組織再編税制に係る各規定の趣旨、目的から逸脱する態様でその適用を受けるなどした場合にのみ法132条の2の不当性要件に該当する」と述べている。税負担減少の意図の存在だけで、132条の2等の規定を適用しても、租税法律主

義違反にならないという考え方を採用していないことは明らかであろう。

（ⅴ）法人税法施行令112条の趣旨

ヤフー事件では、施行令112条7項5号（現行施行令同条3項5号）に規定される特定役員引継要件の充足が問題となった。この点について、最高裁は、「〔施行令112条7項〕2号から4号までの事業規模要件等が充足されない場合であっても、合併法人と被合併法人の特定役員が合併後において共に合併法人の特定役員に就任するのであれば、双方の法人の経営の中枢を継続的かつ実質的に担ってきた者が共同して合併後の事業に参画することになり、経営面からみて、合併後も共同で事業が営まれているとみることができることから、同項2号から4号までの要件に代えて同項5号の要件（特定役員引継要件）で足りる」と述べている。

これは、施行令112条7項2〜4号と同項5号とが、同等あるいは代替的に扱われる説明として、必ずしも説得的なものとは言い難いが、この規定の趣旨として、特に「双方の法人の経営の中枢を継続的かつ実質的に担ってきた者が共同して合併後の事業に参画すること」を最高裁があげたことには、一定の意義がある。

（ⅵ）欠損金の価値の考慮と欠損金の売買

現代の企業の合併において、欠損金の引継ぎを認める57条2項があるにもかかわらず、税務上の欠損金の価値が全く考慮されないということは考えにくい。

例えば、被合併法人が有する欠損金の税務上の価値を全く考慮せずに合併対価を決めて（そうすることで132条の2の適用がされることもなく）、結果として、合併法人において当該欠損金が利用できたとすれば、合併対価は安過ぎたことになろう。この場合、合併法人に不当な利益が生じることになる。したがって、合併において欠損金の税務上の価値が考慮されたことだけを理由として、132条の2を適用すべきではない（ただし、欠損金に関して、期限切れまでの時間とそれまでの法人の収益性を考慮して、その税務上の価値を正確に算定することは容易なことではないであろう）。

もっとも、最高裁は、そのままでは期限切れとなる多額の欠損金の全額活用を意図して短期間に計画的に実行された組織再編成と認定しているから、税務ストラクチャー上の理由だけをもって欠損金の引継ぎを否定したわけではない。そのような認定のもと、最高裁は、ヤフー事件の合併について、どちらかといえば、組織再編成というより欠損金の売買に近いと考えた可能性もある。

（ⅶ）包括的否認規定と一般的否認規定

ヤフー事件では、下級審判決の段階を含めて「包括的否認規定」という文言が使用されている。しかし、「包括的」という文言から、「一般的否認規定」を超えた広範な否認が可能になると読み取るべきではない。

判決は、組織再編税制の導入を検討した際の政府税調の見解（「基本的考え方」）に倣って用語を使用しているだけだと思われる。「基本的考え方」の「第五　租税回避の

防止」という箇所には、「組織再編成の形態や方法は、複雑かつ多様であり、資産の売買取引を組織再編成による資産の移転とするなど、租税回避の手段として濫用されるおそれがあるため、組織再編成に係る包括的な租税回避防止規定を設ける必要がある」という記述が存するからである

これとは反対に、「包括的」に「一般的」以上の意味を見出し、そのことを理由として、132条の2の場合は、132条より広範な否認が可能となるという考え方もありえる。すなわち、組織再編成に関する租税回避については、同族会社の行う租税回避よりも強い否認権限が課税庁に認められているという考え方である。

もし、そうであるなら（判決が「組織再編成に係る租税回避を包括的に防止する規定」と述べる以上）、組織再編成に係る行為等が「租税回避」と認定された段階で、132条の2に基づく広範な否認の対象になってしまう。そうなると、ある行為等が「租税回避」に該当するか否かが決定的な意味を持ちうることになるが、その場合は、予測可能性の観点からも、租税回避の内容を必ず明らかにしておかねばならない。しかし、判決は、租税回避の定義について何ら述べていない。そのことからみても、判決文が**「包括的」という文言を使ったからといって、「一般的」より広い射程を132条の2に認めるべきではないと考えられる。**

▶ヤフー事件判決後の裁判例

132条の2に関するヤフー事件より後の裁判例として、東京地判令和元年6月27日訟月66巻5号521頁［TPR事件］（控訴審：東京高判令和元年12月11日訟月66巻5号593頁）がある。この事件の争点は、①特定資本関係が合併法人の当該合併に係る事業年度開始の日の5年前の日より前に生じている場合（特定資本関係5年超の場合）に132条の2を適用することができるか否か、②本件合併が132条の2にいう「法人税の負担を不当に減少させる結果となると認められるもの」にあたるかの2点であった。

①は、文言上は特定資本関係5年以下の場合が適用対象となる57条3項が適用されない合併についても、132条の2が適用されうるかという問題でもある。これについて裁判所は、57条3項が同条2項に関する否認とその例外の要件をすべて書き尽くしたものとはいえないことを重視して、特定資本関係5年超の組織再編成について一般的否認規定である132条の2の適用が排除されているとはいえないとした。したがって、個別的否認規定の存在によって一般的否認規定の適用が排除されるケースは、きわめて限られることになる。そうだとすれば、予測可能性の観点から、どのような場合に一般的否認規定が発動されるかが問われる。納税者としては、せっかく個別的否認規定をクリアしても、最終的に否認される可能性が残るからである。しかし、本判決の射程は必ずしも明らかでない。

②に関して判決は、「基本的考え方」（☞政府税制調査会の示した「基本的考え方」・

p.271）を参照して、完全支配関係がある法人間の合併の場合でも、他の2類型の合併と同様、合併による事業の移転および合併後の事業の継続が想定されているとした上で、ヤフー事件判決における判断基準に基づいて132条の2の適用を肯定した。これは、明文にない適格要件を「基本的考え方」から導き出したことに等しい。このような方法で裁判所が立法趣旨を「基本的考え方」に求めたことは注目に値する。

　ただし、裁判所における「基本的考え方」の読み方に疑問がないわけではない。判決に従えば、たとえ完全支配関係がある法人間の合併であっても、従業者の引継ぎや事業の継続がなければ、欠損金の引継ぎについて、132条の2の適用を受ける可能性が残る。ここでも、結局、どのような場合に一般的否認規定の発動があるのかが問われることになる。

▶ 課税繰延の第4類型——取得価額無関係型

　Lecure では、取得価額の扱いに注目して課税繰延を類型化してみたが、取得価額を調整しない課税繰延もある。グループ法人税制における課税繰延がそれに該当する（☞課税繰延の方法・p.234）。

　例えば、P社がグループ内のS社（P社の100％子会社）に対して、取得価額2000万円、時価5000万円の土地を時価で譲渡（第1譲渡）し、その後、この土地の時価が6000万円になったところで、S社がグループ外のQ社に当該土地を時価で譲渡（第2譲渡）したとする。

　第1譲渡の段階で、P社に生じた3000万円の譲渡利益額は、同額の計算上の損失を計上することでいったん相殺され、この時点におけるP社に対する課税はない（61条の11第1項）。重要なのは、S社における土地の取得費が5000万円となり、P社の3000万円を引継がないという部分である。そして、第2譲渡があった段階で、P社は従前の譲渡利益額に相当する3000万円を益金に算入する（同条2項）。

　すなわち、第2譲渡までP社への課税が繰り延べられる。そして、第2譲渡の段階で、S社には、通常の譲渡の場合と同様に1000万円の譲渡益が生じることになる。したがって、S社はP社の靴を履いていないことになる。

▶ Column　課税繰延と非課税
（ⅰ）課税繰延から生じる税引後手取額の増加

　課税繰延は、永久に課税されないという意味での非課税とは異なり、いつかは課税されるのであり、ただそれが早いか遅いかの違いに過ぎないようにみえる。つまり、sooner or later の問題であって、now or never の問題ではないということである。たしかに、課税繰延そのものは、実現の問題と同じく、「いつ課税するか」というタイミングの問題である。

しかし、貨幣の時間的価値基準（time value of money rule）に従って判断すると、このタイミングの問題には、非課税の側面があることがわかる。ここでは、以下の事例を使ってそれを検証してみる。

＜Aについて＞

年度	取引	市場価格	取得価額	実現利益	認識利益	不認識利益	税額
甲	X株購入	40	40	—	—	—	—
乙	Y株とX株との交換（組織再編成）	X株：100 Y株：100	X株：40 Y株：40	60	0	60	0
丙	Y株売却	200	40	160	160	0	160×20% =32

丙年における最終的な税引後手取額：200－32＝168

＜Bについて＞

年度	取引	市場価格	取得価額	実現利益	認識利益	不認識利益	税額
甲	X株購入	40	40	—	—	—	—
乙	X株売却	100	40	60	60	0	60×20% =12
	Y株購入	88	88	—	—	—	—
丙	Y株売却	176	88	88	88	0	88×20% =17.6

丙年における最終的な税引後手取額：176 － 17.6 ＝ 158.4

　AとBは、甲年に、市場において一定量のX株を40で購入した。X株の市場価格は徐々に上昇し、乙年に100になった。この年に、Aは保有するすべてのX株と交換に、同じく市場価格100に相当する分量のY株を取得した。この株式交換が、適格組織再編成に該当するなら、この段階での課税はなく、Aの保有するY株の取得価額は、X株の取得価額40に置き換えられることになる。

　Aは、保有するY株の価値が乙年の2倍の200になった丙年において、これを売却した。丙年におけるAの課税利益は、160（200－40）である。税率を20%と仮定すると、税額は32（160×20%）、最終的な税引後手取額は168（200－32）となる。

　一方のBは、乙年にX株の価値が100になったところで、これを売却した。そして、課税後の収入金額でY株を購入し、乙年からみて株価が2倍になったとき（すなわち丙年）に、これを売却した。乙年の売却益は60（100－40）、税額は12（60×20%）であるから、課税後の収入金額は88（100－12）である。

乙年にBは、当該88で購入できる分量のY株を取得したので、Y株の取得価額は、その取得コストである88となる。丙年において、Bが保有するY株の価値は、2倍の176（88×2）になり、この段階でY株を売却したのであるから、売却益は88（176－88）、税額は17.6（88×20%）、最終的な税引後手取額は158.4（176－17.6）となる。つまり、BはAに比べて9.6（168－158.4）だけ最終的な手取額が少なくなる。

（ii）課税繰延の持つ非課税効果

　乙年において、交換取引からAに対して生じた利益は、損益を認識しないという課税繰延規定がなければ、実現利益として課税されるべきものである。その利益が当該規定により認識されなかったため、原則通り実現利益に課税されたBに比べ、Aは9.6の得をした。

　Aの再投資金額100のうち40は、甲年にX株を購入したときのコストであるから、この部分は課税後利益から成る。Bの再投資額88のうちの40も同じである。そこで、この40を除いた部分、すなわちAの60の再投資（課税前利益による投資）と、Bの48の再投資（課税後利益による投資）とを比較してみる。

　AもBも、Y株の価値が2倍になった段階で売却しているから、Aの60の投資部分からの収入金額は120、Bの48の投資部分からのそれは96になる。

　Aは課税前利益からの投資を行っているから、収入金額120の全額が、売却益として課税対象となる。なぜなら、利益を算定するに際に、収入金額から控除できる取得価額（すなわち課税後利益から構成されるコスト）がないからである。そこで、税額は24（120×20%）、税引後手取額は96（120－24）となる。

　一方のBは、96の収入金額のうち、コストとして控除できる取得価額が48あるから、課税対象となる売却益は48（96－48）、税額は9.6（48×20%）、税引後手取額は86.4（96－9.6）となる。

　ここで注意すべきことは、Aの税引後手取額である96という数字が、Rの課税前の収入金額と等しいということである。つまりY株の売却という形で、双方とも投資を終了させた丙年において、課税された後のAの手取額と、課税される前のBの収入金額が等しいことになる。もちろん、Bはこの後で課税されるから、9.6という税額分だけAより損をすることになる。これが、AとBの差である9.6の持つ意味である。

＜取得価額を除いた部分におけるAとBの再投資の比較＞

	再投資額	丙年における収入金額(1)	控除できる取得価額(2)	課税対象額(3) (1)－(2)	税額(4) (3)×20%	税引後手取額 (1)－(4)
A	60（課税前利益）	120	0	120	24	96
B	48（課税後利益）	96	48	48	9.6	86.4

　以上のように、Aに課税前利益60を使った投資を認め、そこから生ずる利益120に課税することは、課税後利益48を投資したBについて、当該投資からの利益48

に一切課税しないことに等しい。つまり、課税前利益からの再投資を認めるということは、たとえ、そこからの利益に全額課税しても、原則である課税後利益からの投資に引き直して考えるなら、当該課税後利益からの投資を非課税として扱っていることになる。この意味において、課税繰延には非課税の効果があるといえる。

5. スピンオフ税制とスクイーズアウト税制等

Lecture

(1) 独立して事業を行うための組織再編成——スピンオフ税制

(i) 単独新設分割型分割

平成29年度改正では、独立して事業を行うための分割等を適格組織再編成と扱う税制が導入されました。この改正により、これまで非適格分割とされてきた上場会社の単独新設分割型分割等が、（要件を満たす限り）適格扱いを受けることができるようになりました（2条12号の11ニ）。

上場会社の単独新設分割が、「企業グループ内再編成」と「共同事業再編成」のどちらにも該当しない結果、適格組織再編成の枠から除外されていることは、制度の欠陥であるとして、組織再編税制が導入された当初（平成13年度改正時）より、批判の対象とされてきました。したがって、平成29年度改正は、企業の機動的な経済活動を阻害しないように上記のような立法の不備を修正したといえるでしょう。

このような分割型分割の具体例としては、次のようなものが考えられます。

上場会社であるA社（分割法人）が行っている事業の1つである甲事業を、分割型分割によって新たに設立するB社（分割承継法人）に移転し、対価であるB社株式のみが、A社の各株主に、A社株式の持株数に応じて交付されるような分割です（これを【事例4-8】とします）。

この分割によって、B社（甲事業）はA社の支配から完全に切り離され、A社とB社は兄弟会社のように、これまでのA社の株主達によって支配されることになります。

4-14 【事例4-8の図】

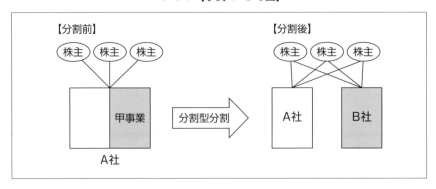

【事例4-8】を2条12号の11ニに則して説明すると、一の法人（A社）のみが分割法人となる分割型分割に係る分割法人のその分割前に行う事業（甲事業）をその分割により新たに設立する分割承継法人（B社）において独立して行うための分割として政令で定めるものとなります（令4条の3第9項）。

　そして、当該政令で定める要件として、①分割の直前に、分割法人と他の者との間に当該他の者による支配関係がなく、かつ分割後に、分割承継法人と他の者との間に当該他の者による支配関係があることが見込まれていないこと、②分割前の分割法人の役員等のいずれかが、分割後に分割承継法人の特定役員となることが見込まれていること、③分割により、分割法人の分割事業に係る主要な資産および負債が、分割承継法人に移転していること、④分割法人の分割直前の分割事業に係る従業者のうち、総数のおおむね80％以上に相当する数の者が、分割後に分割承継法人の業務に従事することが見込まれていること、⑤分割法人の分割事業が、分割後に分割承継法人において引き続き行われることが見込まれていることが設定されています。

　この税制の名称にも使われる「スピンオフ（spin-off）」とは、法人分割の一形態としてアメリカで使用されてきた用語であり、【事例4-8】でいえば、(a)B社がA社から完全に切り離されていること（B社がA社の子会社として留まっていないこと）、および(b)分割の対価であるB社株式が持株数に応じて分配されていること（比例的な分配であること）が、ここでいうスピンオフの特徴といえます。すなわち、法人内部で行っていた事業を分割によって当該法人から切り離すと同時に、分割対価である株式を株主に比例的に分配するのです。

分割によって企業価値が上がった（例えば、コングロマリット・ディスカウントが解消された）と市場が判断すれば、株主の保有する株価の合計（A社株式とB社株式の時価合計）は分割前より上昇することになるので、株主利益の向上のために、このようなスピンオフが主張されることもあります。

（ⅱ）株式分配（独立して事業を行うための株式分配）

【事例4-8】は、分割型分割により事業を独立させる例でしたが、100％子会社において行っている事業を親会社から独立させる場合でも、法人の一部門（例えば支店形態）で行っているのか、子会社形態で行っているのかの違いだけであり、かつ独立させた後の形は同じ場合がありえます。

例えば、上場会社であるA社の100％子会社であるB社が、甲事業を営んでいて、A社が各株主にすべてのB社株式を現物分配したとします（これを【事例4-9】とします）。

この場合の出来上がりの形は、【事例4-8】と同じになります。

4-15 【事例4-9の図】

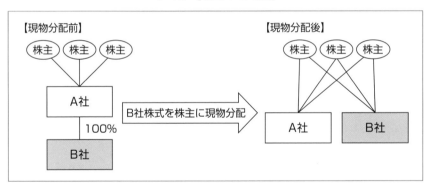

平成29年度改正では、このような完全子法人の全株式を分配する現物分配を「株式分配」と定義し（2条12号の15の2）、そのうち一定の要件を満たしたものを「適格株式分配」とすることにしました（同条12号の15の3）。条文に則していえば、株式分配とは、現物分配のうち、完全子法人（現物分配の直前において現物分配法人により発行済株式等の全部を保有されていた法人）の発行済株式等の全部が移転するものです。つまり、株式分配とは現物分配（同条12号の5の2カッコ書）の特殊な形態です。

これまで現物分配の分野では、グループ法人税制の一環として、子会社が孫会社株式を親会社に現物分配する場合に限って課税繰延が認められていました（☞適格現物分配とグループ法人税制・p.282）。例えば、P社の100％子会社A社、A社の100％子会社B社（P社からみれば孫会社）があり、A社が保有するすべてのB社株式を適格現物分配によってP社に移転した場合には、平成29年度改正前においても、課税繰延扱いが認められていました（62条の5第3項）。このような取引も一種のスピンオフです（また、分割の分野では、企業グループ内再編に該当するのであれば、要件を満たした場合に適格分割として扱われる可能性がありました）。

　今回の改正によって、A社が上場会社であるような場合（個人株主を含む互いに無関係な多数の株主を有する法人であるような場合）にも、同様の扱いが認められるように、62条の5第3項の文言に「適格株式分配」が追加されました。すなわち、**適格組織再編成として認められるスピンオフの範囲が広がったと**いえます。

(iii) 単独新設分社型分割または単独新設現物出資に続く株式分配

　これまで述べてきた「独立して事業を行うための組織再編成」には、①単独新設分割型分割、②株式分配の二種類がありました。①では、上場会社のような法人が1つ存在する状態（開始状態）から、適格単独新設分割型分割によって、一気に2つの法人が（分割前と）同じ株主の元にぶら下がっているという状態（最終形態）が出現します。一方で②の開始状態は、既に完全親法人と完全子法人という2つの法人が存在しているという状態であり、ここから適格株式分配を通して、①と同じ最終形態へと移行します。

　もっとも、②の開始状態は、単独新設分社型分割や単独新設現物出資によって作ることもできます。

　つまり、①の開始状態から、単独新設分社型分割等でいったん②の開始状態を作り、それから株式分配によって最終形態へと移行するという3つ目のパターンがありえるのです（これを**【事例4-10】**とします）。

　これは、いってみれば、①と②の複合型あるいは中間型です。ただし、平成29年度改正前は、分社型分割等の後に完全支配関係が継続しないことが見込まれる場合は、当該分割等が非適格になっていたため、平成29年に施行令4条の3第6項1号ハ（分社型分割の場合）および同条13項1号ロ（現物出資の場

合）を改正して、その後に適格株式分配を行うことが見込まれている場合には、「適格株式分配の直前の時まで」完全支配関係が継続していればよいことになりました。最終形態では、必ず完全支配関係が継続していないことになるから、株式分配の直前までそれが継続していれば、分社型分割等を適格として扱うための措置といえるでしょう。

4-16 【事例4-10の図】

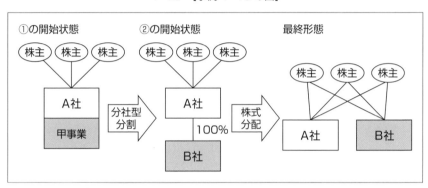

(iv) 適格株式分配が見込まれている場合の適格要件の緩和

　平成30年度改正では、上記単独新設分社型分割や単独新設現物出資に限らず、完全支配関係がある法人間で行われる**合併等**（合併、分割、現物出資、株式交換及び株式移転といった当初の組織再編成）の後に、**適格株式分配等を行うことが見込まれている場合**でも、当該合併等の株式保有関係に関する適格要件については、**その適格株式分配の直前の時までの関係により判定する**こととされました（令4条の3第2項・6項・13項・18項等）。株式分配が適格であっても、それを行うことで、当初の組織再編成が非適格になってしまうことを防ぐための改正だと思われます。

　例えば、P社がA社とT社の全株式を保有している状態で、A社がT社を吸収合併するとします。この合併が適格かどうかについて、合併後にP社とA社との間に完全支配関係が継続することが見込まれているかという適格要件（合併の株式保有関係に関する適格要件）が判断されることになりますが、合併後にA社を完全子法人とする適格株式分配（例えば、P社の完全親法人Q社に対するA社株の分配）を行うことが見込まれている場合には、その合併の時

からその適格株式分配の直前の時まで、P社とA社との完全支配関係が継続することが見込まれていれば（株式分配後に完全支配関係が継続していなくても）、当初の合併に関する上記適格要件は満たされていることになります（令4条の3第2項2号柱書）。

（2）完全子法人化等のための対価の特例——スクイーズアウト税制
（i）株式交換等および吸収合併における対価要件の緩和

親会社が、少数株主の存する子会社から当該少数株主を締め出して、完全子会社化したいと考えた場合、株式交換等が利用されることがあります。

例えば、P社（親会社）はS社（子会社）の80％の株式を保有していますが、残りの20％の株主からS社株式を取得してS社をP社の100％子会社にしたいと考えています。そこで、P社とS社で株式交換を行い、S社の少数株主に対価として金銭を交付したとします（これを【事例4-11】とします）。

4-17 【事例4-11の図】

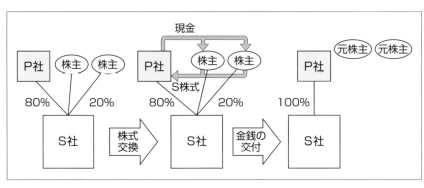

対価として、P社株式を交付すれば、S社の少数株主はP社の株主となりP社グループに残ることができますが、金銭を交付したために、これらの株主達はP社の株主にもなれず完全に締め出されることになります。株式交換の代わりに、P社がS社を吸収合併して、S社の少数株主に対価として金銭を交付した場合でも同じような締め出しが行われたことになります。ただし、対価として金銭等を交付すれば、その段階で組織再編成は原則として非適格とされてきました（☞非適格要件・p.281）。

しかし、平成29年度改正によって、株式交換等および吸収合併の対価に関する適格要件については、株式交換等完全親法人または合併法人が株式交換等完全子法人または被合併法人の発行済株式の2/3以上を有する場合、その他の株主に対して交付する対価を除外して、当該適格要件を判定することになりました。すなわち、親会社であるP社がS社株式の2/3以上を保有していれば、少数株主への対価として金銭を使用して締め出しを行っても（これまでのように）対価に関する適格要件に抵触して非適格になることはないのです（株式交換等について2条12号の17カッコ書、吸収合併について同条12号の8カッコ書）。

　平成29年度改正前においても、株式交換や合併に反対する株主からの買取請求に基づいて対価としての金銭等を交付した場合、（現行法と同様に）それらは非適格要件である金銭等の交付とはされていませんでした。ただ、買取請求を行う株主というのは、いわばお金さえ払えば出て行ってくれる株主のことです。

　しかし、一般にはすべての少数株主が買取請求をするわけではありません。そこで金銭対価等を用いた株式交換等や合併によって、これら少数株主（お金を払うといっても出て行こうとしない株主）の強制的な退場（締め出し）が必要となる場面が登場するのですが、そのような株式交換等や合併は、これまで非適格とされてきました。平成29年度改正は、それらの組織再編成を適格としたのです。

　つまり、平成29年度改正は、【事例4-11】のような締め出しを通じた完全子会社化を税制の面からバックアップする内容といえます（合併による締め出しについても同じです）。少数株主の締出しは、スクイーズアウト（squeeze out）といわれるので、平成29年度改正で導入されたこのルールは、「スクイーズアウト税制」と呼ばれることがあります。

　この改正は、これまでの非適格要件を大幅に緩和して、適格組織再編成の一部に株式以外の対価（その典型は金銭）を認めたと考えることが可能です。条文自体は、上記の通り株式交換等完全親法人または合併法人が、株式交換等完全子法人または被合併法人の発行済株式の2/3以上を有する場合、対価要件の判断において、少数株主に交付された部分を考慮しない（何を交付しようと適格性の判断に影響を与えない）という作りになっていますが、その実質的な

内容は、金銭対価の容認であると考えられます。

(ⅱ)「株式交換等」という概念の創設

株式交換や吸収合併を利用した完全子会社化と同じことは、全部取得条項付種類株式の端数処理、株式の併合の端数処理、株式売渡請求を使っても可能です。例えば、100株を1株に併合するとすれば、旧株を100株未満しか保有していない少数株主が有することになる新株は1に満たない端数となり、これに相当する金銭を交付する（会234条4項）といった方法です。そこで、平成29年度改正では、これらの手法を使った完全子会社化等について、株式交換と同様に、組織再編税制の一環として位置づけることにして、その名称を、これまでの「株式交換」に「等」を付けて「株式交換等」としています（2条12号の16）。つまり、株式交換よりも取引の範囲が拡大されたことになります。

そして、「適格株式交換等」に該当するための要件は、これまでの株式交換と同様であり、かつ前述したように子会社株式のうち2/3以上の保有がある場合は、対価要件が緩和されるという作りになっています（2条12号の17）。したがって、緩和された対価要件のもとでも、非適格株式交換等とされた場合は、（これまで通り）子会社の有する資産について時価評価課税があります（62条の9第1項）（☞非適格となった場合の時価評価課税・p.298）。この扱いは、株式交換「等」として拡大された範囲の取引にも適用されます。

この改正により、株式交換、全部取得条項付種類株式端数処理、株式の併合端数処理、株式売渡請求という法形式を用いた少数株主の「締め出し」が、組織再編成の一類型として存在するようになったと考えることも可能です。

(ⅲ) レッドカードの大幅な緩和

平成29年度改正前の組織再編税制では、原則として一切の交付金の支払が認められていませんでした。これまでの法人税法において交付金の支払は、組織再編成を一発で非適格にするという意味で、いわばレッドカードだったのです。

しかし、平成29年度改正はそれを大幅に緩和しました。対価の1％でも非適格としてきたものを1/3までは適格になりうるとしたのです。立案担当者の解説では、「組織再編成前に特定の株主が対象会社を支配している場合において、その特定の株主に対象会社が吸収される合併が行われるとき又はその特定の株主の対象会社に対する持株割合が減少しないときは、組織再編成によ

り少数株主に株式以外の対価が交付されたとしても、その特定の株主が株式の所有を通じて対象会社の資産を支配している状態に変わりがないといえる」（「平成29年度税制改正の解説」（財務省HP）318頁）としています。

つまり、**支配の継続は、特定の支配株主についてだけで判断すればよい**ということですから、組織再編税制導入時における課税繰延の根拠としての「支配の継続」概念から変化したようにもみえます。もし変化がないとするならば、改正法は、特定の支配株主（被合併法人等の株式の2/3以上を保有する株主）が存する場合、「支配の継続」と対価の問題（株式か株式以外か）を区別して考えているといえそうです。

なお、合併や株式交換等は、会社法上の特別決議を必要とするので（会309条2項12号等）、対象法人の発行済株式の2/3以上を有していれば、締め出しが会社法上可能となり、それを**法人税法がバックアップするための改正であった**ということはできます。

Next Step

▶単独新設分割型分割の適格要件

適格分割の定義規定は2条12号の11であるが、平成29年度改正では、（それまでのイからハに続けて）新たな類型として「ニ」が追加された。そこでは「分割法人の当該分割前に行う事業を当該分割により新たに設立する分割承継法人において独立して行うための分割として政令で定めるもの」と規定されている。

ここでいう政令は、施行令4条の3第9項であるが、特に重要なのは、同項の1号と2号であり、3号（主要資産等移転要件）・4号（従業者引継要件）・5号（事業継続要件）は、既存のルールと比べて、特に新しいというわけではない。なお、共同事業再編成の場合に要求される事業関連性要件や事業規模要件については、単独新設分割という性質上、要求されていないと考えられる。以下では、主に1号と2号について説明する。

まず、施行令4条の3第9項1号は、カッコ書を除くと「分割の直前に、分割法人と他の者との間に支配関係がなく、かつ、当該分割後に、分割承継法人と他の者との間に支配関係があることが見込まれていない」という内容である。つまり、(a)分割前において分割法人、(b)分割後において分割承継法人に、それぞれ50％超の持分を有する株主が存在しないこと（(b)については見込まれていないこと）が要件となっている。

このうち、(b)が、「大綱」の③にある「独立して行う」に、特に対応する部分である。分割後において分割承継法人に50％超の持分を有する株主が存在すれば、もはや「独

立して事業を行っている」とはいえず、むしろ、分割前に分割法人において営まれていた事業が、分割によって、分割承継法人を支配している株主に譲渡されることに似るからであろう。

　なお、(a)の段階で、仮に50%超の持分を有する株主が存在すれば、既存の「企業グループ内再編成」の吸収分割のルールで対処可能であると思われる。すなわち、新しくルールを作って対処する必要はない。ゆえに、改正法は、(a)の部分においても、分割前の支配株主の不存在を要件としているのであろう。

　次に、施行令4条の3第9項2号は、これまでの特定役員引継要件（同条8項2号等）に相当するものであるが、分割承継法人の特定役員となるのは、分割法人の役員に限られず、「重要な使用人」でもよいとされている。その理由として、取締役の人数を減らすとともに、重要な使用人を事業の責任者としている事例が一般化しつつあることがあげられている。

　この規定によって、ルールの柔軟性は増すが、一方で、どのような者が「重要な使用人」に該当するのかについて、微妙な判断を強いられる場合がありえよう。特定役員については、施行令4条の3第4項2号に「社長、副社長、代表取締役、代表執行役、専務取締役若しくは常務取締役又はこれらに準ずる者で法人の経営に従事している者をいう」という定義があるが、「重要な使用人」については、そのような定義が今のところ見当たらないからである。立案担当者の解説では、個別に総合的に判断するとしつつも「通常、支店長、本店部長、執行役員といった者が該当する」とされているが、規定による明確化が望まれる。

　また、たとえ按分交付であっても、分割法人の株主等に分割承継法人の株式の一部のみが交付される分割は適格分割にならない（令4条の3第9項柱書カッコ書）。スピンオフ取引として、分割事業の分割法人からの完全な切り離しが要求されているということであろう。なお、平成29年度改正において、適格分割型分割の定義のうち、いわゆる按分交付要件を示した部分（2条12号の11カッコ書）が、「*当該株式が分割法人の発行済株式等の総数又は総額のうちに占める当該分割法人の各株主等の有する当該分割法人の株式の数……の割合に応じて交付されるものに限る*」（斜体部分が新たに追加された）という形で整備されたことにも注意を要する。

　上記の各要件を満たして、適格分割型分割に該当した場合は、それ以外の適格分割型分割と同様、資産および負債について帳簿価額による引継ぎをしたものとして扱われる（62条の2第2項）。つまり、分割の段階で資産および負債の含み損益には課税されず、それらの帳簿価額は分割承継法人に引き継がれる。

▶独立して事業を行うための株式分配の適格要件

　100%子法人株式の株式分配のうち次の(a)〜(e)までの要件（令4条の3第16項）に該当

するものは、2条12号の15の3に定義される適格株式分配に該当するため、株式分配法人における子法人株式の譲渡損益が計上されない（62条の5第3項）。ただし、現物分配により現物分配法人の株主の持株数に応じて子法人株式のみが交付されるものに限られる（2条12号の15の3カッコ書）。

すなわち、(a)株式分配にかかる現物分配法人が、株式分配前に他の者による支配を受けず（他の者との間に支配関係がなく）、かつ、(b)株式分配後に、子法人が継続して他の者との間に支配関係があることが見込まれていないこと（令4条の3第16項1号柱書）、(c)子法人の特定役員のすべてがその株式分配に伴って退任をするものでないこと（同項2号）、(d)子法人の従業者のおおむね80％以上がその業務に引き続き従事することが見込まれていること（同項3号）、(e)子法人の主要な事業が引き続き行われることが見込まれていること（同項4号）である。

ここでは特に、(c)において、特定役員が1人でも残留していれば要件を満たすというところに注意しておきたい。なお、株式交換に関する施行令4条の3第20項2号、株式移転に関する同条24項2号も同じルールである。

▶スピンオフが適格組織再編成となる根拠

スピンオフを適格とする理論上の根拠として、立案担当者の解説では、「グループ最上位の法人（支配株主のない法人）の実質的な支配者はその法人そのものであり、その法人自身の分割であるスピンオフについては、単にその法人が2つに分かれるような分割であれば、移転資産に対する支配が継続しているとして、適格性を認めうる」という説明をしている（「平成29年度税制改正の解説」（財務省HP）317頁）。しかし、「法人の支配者が法人そのもの」ということを理解することは容易ではない。通常の理解からは、上場会社のように多数の無関係な株主によって支配されている法人には、支配株主が存しないという意味で、「支配者がいない」ということはできても、「法人そのものが法人を支配している」という理屈はたてにくい。

この点、立案担当者は、法人そのものが支配者という論理を導くにあたり、「グループ経営の場合には、グループ最上位の法人がグループ法人及びその資産の実質的な支配者であるとの観点に立って判断しているという側面もあり（例えば、適格組織再編成における株式の保有関係に関する要件）、この考え方を踏まえれば」としているが、根拠としてややわかりにくい。「側面もあり」という表現などからも説明に苦慮していることがみてとれる。

▶株式分配法人の株主に関するみなし配当および譲渡損益

（i）法人株主の場合

株式分配が行われた場合、分配を行った法人だけでなく、分配を受けた株主への

課税もありえる。まず、**みなし配当**とされる部分がある。すなわち、（その子法人株式を含む）交付を受けた資産の合計額が現物分配法人の資本金等の額のうちその現物分配法人の株式に対応する部分の金額を超える金額が、配当とみなされる（24条1項3号）。

適格株式分配の場合、みなし配当の額は生ぜず（24条1項3号）、また剰余金の配当からも除かれる（23条1項1号）。配当でないから源泉徴収も行われない。

次に、**株式譲渡損益課税**がある。株式分配法人の株主は、旧株（現物分配法人の株式）のうち、その交付を受けた子法人株式に対応する部分について、譲渡を行ったものとみなされる（61条の2第8項、譲渡原価について施行令119条の8の2第1項）。**Lecture** に示した【事例4-9】でいえば、A社の株主が、A社株式のうち、交付を受けたB社株式に対応する部分を譲渡したとされる（その部分のA社株式を手放して、代わりにB社株式を取得したとして扱われる）のである。

ただし、現物分配法人の株主の持株数に応じて子法人株式のみが交付される「**金銭等不交付株式分配**」（61条の2第8項）の場合には、旧株の譲渡損益の計上が繰り延べられる（同項）。換言すれば、有価証券譲渡益の計算上（同条1項の適用上）、対価と原価をいずれも完全子法人対応帳簿価額とすることで、譲渡時の損益に対する課税を将来に繰り延べる方法がとられているのである。

一方で、金銭等不交付株式分配以外の場合、譲渡対価は、交付を受けた完全子法人の株式その他の資産の価額から、みなし配当の額を控除した金額となる（61条の2第1項）。金銭等が交付された場合は、非適格株式分配になるのでみなし配当が生じるが、その部分をまず対価の額から控除するのである（☞株主に対する譲渡損益課税─みなし配当の先取り・p.214）。これらが法人株主の扱いである。

（ⅱ）個人株主の場合

個人株主の場合も、上記法人株主の扱いと結論はほぼ同じであるが、条文の内容が少し異なる。まず、適格株式分配に該当する場合、配当所得から除外され、かつみなし配当にも該当しない（所法24条1項・25条1項3号）。適格株式分配に該当しない場合、法人株主と同様、みなし配当が生じる（所法25条1項3号）。

次に、株式分配により完全子法人の株式以外の資産の交付を受けた場合、完全子法人の株式を含むその交付を受ける金銭の額および金銭以外の資産の価額の合計額から、配当等の額とみなされる部分を除いたものが、一般株式等に係る譲渡所得等に係る収入金額または上場株式等に係る譲渡所得等に係る収入金額とみなされて、譲渡益課税が行われる（租特37条の10第1項・3項3号・37条の11第1項・3項）。完全子法人の株式の取得価額は、その取得の時におけるその有価証券の取得のために通常要する価額となる（所令109条1項6号）。

ただし、株式分配により完全子法人の株式のみが交付された場合には、株式分配

による価値の移転部分に対しては**譲渡益課税は行わず**、交付された完全子法人の株式については既に所有していた株式（株式分配を行った法人の株式）との間で、**取得価額の付替え計算を行う**（所令113条の2第1項）。

▶現物分配法人の外国法人株主に外国子法人株式が交付される場合

現物分配として株式分配を行う法人（親会社）は内国法人でも、その100%子会社が外国法人であり、かつ分配を受ける株主に外国法人がいれば、外国法人株式（子会社株式）が外国法人株主に（内国法人から）分配されることになる。そのような株式分配が適格株式分配になると、既に触れたように、61条の2第8項により旧株（内国法人である現物分配法人の株式）に対する課税繰延が認められることになる（☞法人株主の場合・p.321）。しかし、そのような扱いでは、外国法人株主が当該外国法人株式を譲渡等した場合に、わが国で課税することが執行上困難になることが予想される。

したがって、内国法人である現物分配法人の外国法人株主の持株数に応じて外国子法人株式のみが交付される場合には、61条の2第8項による課税繰延を認めず、旧株の譲渡益に対して課税することにした（令184条1項18号）。

一方で、この取扱いは、恒久的施設管理外国株式（外国法人の恒久的施設において管理する株式に対応して、金銭等不交付株式分配により交付を受けた完全子法人の株式）が交付される場合には適用しないとされている（令184条1項18号カッコ書）。わが国で課税できる状況が保たれている限りは、（内国法人の場合と同様に）繰延を認める措置だと思われる。

▶持分の一部を保持したスピンオフ（パーシャル・スピンオフ）

令和5年度税制改正の大綱によると、令和5年4月1日から同6年3月31日までの間に産業競争力強化法の事業再編計画の認定を受けた法人が、同法の特定剰余金配当として行う現物分配で完全子法人の株式が移転するものは株式分配に該当し、そのうち次の要件に該当するものが、適格株式分配となる予定である（租税特別措置法の改正として予定されている）。

すなわち、①その法人の株主の持株数に応じて完全子法人の株式のみを交付するものであること、②その現物分配の直後にその法人が有する完全子法人の株式の数が発行済株式の総数の20%未満となること、③完全子法人の従業者のおおむね90%以上がその業務に引き続き従事することが見込まれていること、④適格株式分配と同様の非支配要件、主要事業継続要件および特定役員継続要件を満たすこと、⑤その認定に係る関係事業者または外国関係法人の特定役員に対して新株予約権が付与され、または付与される見込みがあること等の要件を満たすことである。

この改正により、持分の一部を保持したまま、法人が事業や子会社を切り離す（切り

出す）ことが行いやすくなる。その結果、例えば、親会社による子会社の信用力の補完、子会社の従業員となる者への配慮、ブランドなど無形資産の継続的利用、子会社を上場させるための時間の確保、将来における子会社株式売却による利益の確保などが期待できることになる。企業にとっては適格株式分配となる可能性が増えるので、多様なスピンオフを税制が後押しすることになるだろう。

ただし、これは租税特別措置法上の扱いであり、組織再編税制における課税繰延要件一般が変更されたわけではない。期間も今のところは 1 年間限りである（大綱からは明らかでないが、当該期間内に産業競争力強化法の認定を受ければ、スピンオフ自体は令和 6 年度以降でも適格株式分配になりえると読むことが可能である）。今後、この措置が恒久化されるかどうかが注目される。

▶交付金を受け取ってもみなし配当課税なし

適格合併に係る被合併法人の株主については、金銭その他の資産の交付を受けた場合でも、みなし配当課税が行われない（24 条 1 項 1 号カッコ書、所法 25 条 1 項 1 号カッコ書）。この扱いには若干の疑問が残る。

そのような株主が受領したものの中身には、理論上、被合併法人の利益積立金額から払い出されたと考えるべき部分がある。みなし配当課税と株式譲渡損益課税の関係では、61 条の 2 第 1 項 1 号や租税特別措置法 37 条の 10 第 3 項がみなし配当の金額を除いていることからもわかるもわかるように、みなし配当先取りが原則的なルールである。したがって、交付金を受領してみなし配当課税がない理由が求められる。

交付金を支払っても適格合併に該当するのだから、交付金の支払のない適格合併と同様にみなし配当は生じないというだけではやや説得力を欠く。改正前は、適格合併には交付金の支払はありえなかったので、このような問題を考える必要はなかった。しかし、改正法のもとでは、締出しでない合併なら 1 ％でも交付金を支払えば非適格となり、みなし配当課税が行われることとの整合性が問われることになる（誰かが金銭を受け取ったために、交付金をもらっていない他の株主まで非適格とされる扱いとの整合性が問われるのである）。

少し視野を広げて、平成 29 年度改正を、これまでの組織再編税制の枠組みの中であえて理解しようとするならば、スクイーズアウトという別のタイプの組織再編成の類型が、既存の類型に新たに付け加えられたということになろうか。新たな別の類型なので、既存の分割型分割、現物分配、株式交換等とは異なるルールが設定されたということになる。しかし、その場合でも、課税繰延の根拠としての「支配の継続」や「投資の継続」の中身を明確にしていく作業は続けなければならない。そうでなければ、個々の取引において、適格要件に関する納税者と課税庁の理解が一致しにくくなり、訴訟等で争われる場面が増えることが予想される。

▶少数株主に対するみなし配当課税等の有無

スクイーズアウト税制のもとで、金銭を交付された少数株主に対するみなし配当および譲渡損益課税の有無について簡単にまとめておく。

まず、合併の場合、既述の通り適格合併ならばみなし配当課税はない。したがって、対価要件を緩和して適格合併の範囲を拡大した平成29年度改正の影響は大きい。適格合併において金銭等の交付を受けた株主に対しても、みなし配当課税は行われないからである。一方で、非適格合併なら、これまで通りみなし配当課税がある（24条1項1号、所法25条1項1号）。なお、株式交換の場合は、そもそもみなし配当が生じない（24条1項、所法25条1項）。

全部取得条項付種類株式の端数処理、株式の併合の端数処理の場合は、みなし配当課税が行われない（令23条3項9号・10号、所令61条1項9号・10号）。株式売渡請求の場合は、そもそも自己株式の取得ではないので、当然にみなし配当課税の対象外となる。

次に、合併、株式交換等、全部取得条項付種類株式の端数処理、株式の併合の端数処理、株式売渡請求のいずれの場合でも、金銭交付を受けた少数株主に対する株式譲渡損益課税は行われる（61条の2第1項・9項、所法57条の4第1項、租特37条の10第1項・3項1号・37条の11第1項・3項等）。平成29年度改正により、適格株式交換等であっても、金銭等の資産が交付されたものは、所得税法57条の4に規定する譲渡所得の特例から除かれることになった。同様に61条の2第9項（旧8項）が改正され、金銭等が交付された場合は課税繰延扱いを受けることはできなくなった。

なお、平成29年度改正により、「金銭等不交付合併」「金銭等不交付株式交換」という名称が導入された。前者は、合併法人またはその親法人の株式以外の資産が交付されなかった合併（61条の2第2項）であり、後者は、株式交換完全親法人またはその親法人の株式以外の資産が交付されなかった株式交換（同条9項）をさす。三角型の適格合併や適格株式交換において、金銭が交付される場合が生じることになったので、課税繰延扱いを受けるのは、金銭不交付の場合に限るという内容にするために、この概念（名称）を導入したのではないかと思われる（61条の2第6項・10項）。

61条の2第9項については、さらに平成30年度改正で「特定無対価株式交換」という概念が導入され、株式交換の段階で株式譲渡損益課税を受けないのは、金銭等不交付株式交換または特定無対価株式交換の場合であることが、同項により明らかにされた。なお、ここでいう特定無対価株式交換とは、株式交換を行った法人の株主に、株式交換完全親法人の株式その他の資産が交付されなかった株式交換で、当該法人の株主に対する株式交換完全親法人の株式の交付が省略されたと認められる株式交換のことである。

▶企業グループ内の分割型分割に係る支配要件等の緩和

平成29年度改正では、スピンオフ税制およびスクイーズアウト税制以外にも組織再編税制に関する幾つかの見直しが行われた。その1つとして、企業グループ内の分割型分割に係る支配関係等の継続要件の緩和がある。

平成29年度改正前は、分割前に分割法人と分割承継法人との間に同一の者による完全支配関係があるケースでは、分割後に「分割法人と分割承継法人との間に当該同一の者による完全支配関係が継続すること」が要求されていたが、改正後は、分割後に「当該同一の者と分割承継法人との間に当該同一の者による完全支配関係が継続すること」となった。つまり、同一の者と分割法人との間の完全支配関係が要求されないことになったのである（令4条の3第6項2号）。

上記は完全支配関係のある場合であるが、支配関係のある場合でも同様に、「当該同一の者と分割承継法人との間に当該同一の者による支配関係が継続すること」で要件が充足されることになった（令4条の3第7項2号）。

分割型分割を通して、分割法人から一定の資産等を分割承継法人に移転した後、両法人を支配していた同一の者（両法人の親法人）が、分割法人株を譲渡しても適格性に影響を及ぼさないことになったので、実質的には分割法人内部にある資産等の売却（購入者の希望する資産だけを分割法人に残した売却）が適格分割を利用して実行可能になった。

このような分割についてアメリカの組織再編税制では、資産の選択的売買に類似するとして課税繰延が認められていない。しかし、日本は、アメリカとは異なって吸収分割という制度（選択的に資産等を移転できる制度）を既に認めているのであるから、今回のこの改正により租税回避の危険性が高まったとは、一概にはいえないであろう。ただし、適格吸収分割のあり方を再検討すべきという立法論はありえる（☞吸収分割と合併・p.274）。

▶共同事業を行うための合併等における株式継続保有要件の改正

平成29年度改正前において、共同事業を行うための株式継続保有要件（共同事業を行うための合併、分割型分割、株式交換、株式移転（合併等）に係る適格要件）の内容は、①株主数が50人未満の場合に限り、②交付を受けた合併法人等の株式の全部を継続して保有することが見込まれている株主の有する被合併法人等の株式の数が発行済株式の80%以上でなければならないということであった。

平成29年度改正は上記①②の双方を変更した。すなわち、株主数が50人以上かどうかにかかわらず、合併等により交付される合併法人の株式等のうち支配株主に交付されるもの（対価株式）の全部が支配株主により継続して保有されることが見込まれていることになった（令4条の3第4項5号・8項6号イ・20項5号・24項5号）。

したがって、被合併法人等の発行済株式の50％超を保有する支配株主がいない場合は、株式継続保有要件を満たす必要はなくなったことになる。ただし、この改正の理由は「大綱」等からは明らかでない。支配株主がいる場合、支配株主が合併等の対価としての株式を保有し続けなければ、もはや支配や投資が継続しているとはいえないとする一方で、支配株主がいない場合は、そのような継続性に関する判断材料がないので、要件として設定されていないということなのかもしれない。

　いずれにしても、被合併法人等の支配株主が対価である株式を継続保有することで引き続き合併法人等に係わっていくことが、適格性の判断において重視されているということはできよう。そして同様の考え方は、スクイーズアウト税制にもみてとることができる。支配の継続は特定の支配株主（被合併法人等の株式の2/3以上を保有する株主）についてだけで判断すればよいとされているからである（☞レッドカードの大幅な緩和・p.318）。

▶株式交付税制（株式対価 M&A を促進するための措置）

　令和3年度改正によって、株式等を対価とする株式の譲渡に係る所得の計算の特例（株式交付税制）が創設された。株式交付税制とは、株主が有する株式（以下、「所有株式」）を発行した法人（T社）を株式交付子会社とする株式交付により、その所有株式（T社株式）の譲渡をし、その株式交付に係る株式交付親会社（A社）の株式（A社株式）の交付を受けた場合に、一定の要件のもとで当該譲渡に係る課税を繰り延べるものである（租特37条の13の3第1項・66条の2第1項）。

　対象法人（T社）の株主が個人である場合、株式の譲渡がなかったとみなして、当該譲渡に係る事業所得、譲渡所得および雑所得の課税が繰り延べられ（租特37条の13の3第1項）、対象法人の株主が法人である場合、当該譲渡した株式の譲渡に係る収益の額を譲渡原価の額とすることで、譲渡利益額または譲渡損失額が計上されないこととなる（租特66条の2第1項）。

　ただし、対価として交付を受けた資産の価額のうち株式交付親会社の株式の価額が80％以上である場合に限ることとし、株式交付親会社の株式以外の資産の交付を受けた場合には株式交付親会社の株式に対応する部分の譲渡損益の計上が繰り延べられる。

　上記割合が80％未満である場合は、株式交付税制の適用はなく、原則に戻ってその株主に関する取引全体が通常の譲渡として扱われることになる。例えば、交付を受けた資産の価額のうち株式交付親会社の株式の価額が70％であった場合、所有株式（T社株式）のすべての含み損益について課税が及ぶことになる。上記割合が80％未満であるかどうかの判定は、株主ごとに行われる。その意味では、各株主は課税繰延扱いが受けられるか否かについて、他の株主の動向を気にする必要はない。

　株式交付親会社株式に加えて交付を受けた金銭等がある場合、課税繰延扱いを受け

るのは、所有株式のうち、その株式交付により交付を受けた当該金銭等の価額に対応する部分以外に限られる（相特66条の2第1項、相令25条の12の3第1項）。法人株主と個人株主で条文操作は異なるが、課税繰延に関する考え方はほぼ同じである。それを一言で述べるなら、交付された対価を①適格対価である親会社株式と②非適格対価である金銭等に分けて、②に関する部分についてのみ損益を認識して課税する一方で、①に関する部分について課税を繰り延べるというものである（もし、金銭等の交付がなければ、所有株式のすべての部分について課税が繰り延べられることになる）。そして、株式交付親会社株式の取得価額は、株式交付により譲渡した所有株式の取得価額（法人株主の場合は、帳簿価額）に、その株式交付に係る株式交付割合を乗じて計算した金額となる（相令39条の10の2第3項1号・25条の12の3第4項）。

　株式交付税制は、営業譲渡、合併、株式交換といったM&Aに関する他の制度と比べて、次の点が異なる。まず、組織再編税制の対象外である営業譲渡を選択した場合、仮にすべての対価が金銭ではなく取得法人であるA社の株式であったとしても、対象法人であるT社の譲渡対象資産の含み益について課税が及ぶ。

　次に、組織再編税制の適用対象である合併や株式交換の場合、当該合併等に反対する株主は、（株式買取請求権の行使は認められているが）株式自体を保有し続けることはできない。また、対価に金銭等を使用すれば原則として非適格組織再編成になってしまう。そうなると、T社株主にとっては保有するすべてのT社株式の含み益について課税が及ぶ。また、合併が非適格となった場合、T社からA社に移転した資産等の含み益に課税が及ぶ。繰越欠損金等の租税属性の引継ぎも認められない。株式交換が非適格となった場合は、T社が保有する資産等について、その移転がないにもかかわらず時価評価課税がある。

　一方で、株式交付税制の適用がある場合、対価の2割まで金銭等の交付が認められている。現金が交付されたT社株主は、当該金銭対価を受領した部分について課税されるが、それ以外の部分（いわゆる適格対価として株式交付親会社株式が交付された部分）については課税繰延扱いを受ける。また、株式交付税制の要件を満たさず、この制度の適用がない場合（いわゆる非適格株式交付とされる場合）でも、株式交換が非適格となった場合のようなT社資産等に対する時価評価課税はない。さらに、各株主には株式交付に応じることなく、T社株式を保有し続けるという選択肢もある。

　株式交付には部分的株式交換の要素があるにもかかわらず、課税繰延の要件は株式交換よりも緩やかである。株式交付によって、A社とT社には親子会社としての支配関係（2条12号の7の5）がいったん築かれ、その後に合併などの組織再編成が行われる場合、適格要件が、株式交付を行わずに最初からA社とT社が合併するとき（共同事業再編成に係る要件）より緩やかになる。さらにいうと、当初の株式交付でA社がT社の発行済株式の2/3以上を保有することになれば、スクイーズアウト税制を使ってA

社以外の T 社株主を追い出すこともできる。

　このように株式交付税制には株式交換税制等と比べて使い勝手がよい面がある。これらは、租税特別措置法における株式交付税制の課税繰延要件が、法人税法上の組織再編税制より緩やかであることから生じている。株式交付税制は、株式対価 M&A を阻害しないことを目的とした制度であるが、租税特別措置法に規定があることからもわかるように法人税法における組織再編税制の一部を構成するものではない。ただし、株式交付として実行された取引であっても、立案担当者の見解によると、現物出資として法 132 条の 2 の適用が可能とされているので注意が必要である（この点については裁判所の判断が待たれる）。

▶事後的対価の修正

　M&A が実行された後、当初の対価が高すぎたことが判明したために修正が行われた場合、課税上の扱いが問題になることがある。対象会社の株式について公開買付けを行った後に、対象会社において不適切な会計処理が行われていたことが判明したが、株式の買付者と売主である対象会社の大口株主らとの間で訴訟上の和解（本件和解）が成立して「解決金」名目の金銭（表明保証条項違反に対する補償金）が支払われたときに、この解決金の法的性質は損害賠償金であって、売買代金の減額分の支払ではないと判断した東京地判令和 2 年 8 月 6 日税資 270 号順号 13437 がある。

　この事件の買付者（原告）は法人であったので、解決金が損害賠償金であれば、それを受領した事業年度の益金となる一方で、売買代金の減額分の返還であれば、受領時の益金とはならず、公開買付時に遡って修正できる可能性があった。買付者は、周到に和解条項案を考えた上で、対象法人株式の取得対価が過大であったという内容を和解条項に入れることに成功したが、裁判所は、「本件解決金の法的性質を判断するに当たっては、本件和解条項の文言とともに、その解釈に資するべき他の事情として本件和解に至る経緯等を参酌した上で判断することが必要である」とした上で、損害賠償金にあたると判断した。

　なお、M&A 取引では（上記事件のような事後的修正を行うのではなく）、事前にアーンアウト条項（M&A 取引の実行後一定の期間において、買収対象とされた事業が特定の目標を達成した場合には、買主が売主に対して予め合意した算定方法に基づいて買収対価の一部を支払うという条項）を付けて事態に対処するという方法がある。ただし、公開買付に際してアーンアウト条項を付けることが可能なのかについては、さらに検討が必要である。

アメリカで法人を分割する形態としては、スピンオフの他にも、スプリットオフ（split-off）とスプリットアップ（split-up）がある。これらは、いずれも親会社が（既存もしくは新設の）子会社株式を親会社の株主に分配する行為であり、課税繰延扱いの対象となる（わが国でいう適格組織再編成になりうる）。スピンオフについては既に触れたので、ここでは残りの2つについて簡単に説明しておく。

スプリットオフの場合でも、親会社が保有する子会社株式を自社の株主に分配する点は、スピンオフと同じである。ただし、子会社株式が、（すべてまたは一部の）親会社株式との交換において分配される点が異なる。

例えば、ホテル・チェーンとレストラン・チェーンをそれぞれ独立した部門として営んでいたP社に対して、それぞれ50%ずつの持分を有する2人の株主AとBが存在したとする。P社がホテル部門の資産等を出資して新たに子会社Sを設立し、その際に取得したすべての子会社株式（S社株式）をAに対して、Aの所有するすべてのP社株式との交換において分配するような場合がスプリットオフにあたる。分配の後、AはS社株式のすべてを、BはP社株式のすべてをそれぞれ所有することになる。これは比例的でないスプリットオフを利用して、非按分型分割を行う例であるが（☞非適格要件・p.281）、A・Bのそれぞれに対して、その保有するP社株式の一部との交換において比例的にS社株式を分配する場合もスプリットオフである。

スプリットアップとは、2つ以上の子会社株式を保有する法人が、すべての子会社の株式を自社の株主に分配して、自らは清算してしまうという分割のことである。例えば、上記スプリットオフの事例で扱ったP社が、スプリットオフをする代わりに、ホテル部門の資産等を出資して新たに子会社S1社を、レストラン部門の資産を出資して新たに子会社S2社をそれぞれ設立し、P社の清算手続の過程で、すべてのS1社株式をAに、すべてのS2社株式をBに分配するような場合がスプリットアップにあたる。分配の後、AはS1社株式のすべてを、BはS2社株式のすべてをそれぞれ保有することになる。これは比例的でないスプリットアップの例であるが、比例的な分配をして、AとBのそれぞれが、S1株式とS2株式のそれぞれについて50%ずつ所有するようになる場合も同じくスプリットアップである。

Key Points 4−Ⅲ

- ●組織再編成とされる具体的な取引は、合併、分割、現物出資、現物分配、株式交換等、株式移転である。分割には分社型と分割型がある。
- ●組織再編成には出資と分配の要素がある。
- ●組織再編成には適格と非適格があり、適格組織再編成になった場合は、課税が将来に繰り延べられ、一定の租税属性も引き継がれる。非適格組織再編成となった場合は、組織再編成の形態に応じて、資産等の含み損益に対する課税およびみなし配当課税がある。また、株式譲渡損益に対する課税がある場合もある。

- 課税繰延の根拠は「支配の継続」と「投資の継続」である。
- 法人税法上の組織再編成は大きく分けて企業グループ内再編成と共同事業再編成がある。
- 適格となるための要件（適格要件）としては、①主要資産等移転要件、②従業者引継要件、③事業継続要件、④事業関連性要件、⑤事業規模要件、⑥役員引継要件、⑦株式継続保有要件がある。組織再編成の種類によって要求される要件が異なるが、一般に、企業グループ内再編成よりも共同事業再編成の方が適格要件は厳しい。
- 適格要件を満たしても、金銭その他の資産（非適格資産）が交付されると原則として組織再編成は非適格になる。
- 親法人株式を対価とした適格組織再編成として適格三角合併等がある。ただし、親法人の事業内容等は適格性の判断に影響を与えない。
- 組織再編成に係る行為または計算の否認を目的とした包括的ないし一般的な否認規定（132条の2）が存在する。この規定に関する重要な先例としてヤフー事件最高裁判決がある。
- 平成29年度改正において、独立して事業を行うための分割等を適格組織再編成と扱う税制（スピンオフ税制）が導入された。この改正によって、上場会社の単独新設分割型分割が適格扱いの対象とされるようになった。
- 同じく平成29年度改正において、完全子法人化等のための対価の特例（スクイーズアウト税制）が創設された。この改正によって、一定の場合、適格組織再編成において対価としての金銭その他の資産の交付が許容されることとなった。
- 令和3年度改正において、株式を対価としたM&Aを促進するための租税特別措置として株式交付税制が導入された。

Chapter 5

事業体の
種類と課税

I 事業体課税を受けるエンティティと導管型のエンティティ

1. 事業体課税を受けるエンティティ

Lecture

(1) 概説

　事業体とは簡単にいえば独立した実体を持つ組織体のことです。租税法で扱う事業体には幾つか種類がありますが、法人はその典型例の1つです。他には組合や信託といったものがあります。事業体は英語ではエンティティ（entity）といいます。

　通常、事業体には、その**構成員**が存在します。法人（株式会社）の構成員は**株主**であり、組合の構成員は**組合員**です。これらの構成員は持分権者と呼ばれることもあります。株主や組合員は、それぞれ法人や組合に対して自らの持分を有しているからです。

　事業体の選択が、課税において問題になるのは、どのような事業形態をとるかによって、**構成員を含めた事業体全体としての租税負担および課税のタイミングが異なってくる**ためです。例えば、法人という事業体を選択すると、事業体レベルでの課税（法人税）と構成員レベルでの課税（配当課税）という二段階の課税を受けることになります。

　これは、先に触れた法人税と所得税の統合とも関係します。統合が行われる限りにおいて、二段階課税は排除されますが、その一方で、統合がなされるまでは、株主段階における課税が繰り延べられることがあります。また、構成員段階における課税、とりわけ構成員における損失控除（損益通算）の可否が、事業体の選択では重要な要素になります。

　以下では、事業体レベルで課税を受けるエンティティと、受けないエンティティ、すなわち、いわゆる導管型のエンティティを対比させながら、現行法に

おける課税方法の差異について説明していきます。導管型のエンティティでは、パス・スルー・エンティティ（組合型エンティティ）の他に、分配利益損金算入型エンティティ（ペイ・スルー・エンティティと呼ぶ論者もいます）についても触れることにします。

(2) 法人課税の特色

　事業体レベル課税の典型は**法人段階で課税を受ける**という意味での法人課税のことですが、それは、次のような特色を有しているといわれています。①法人税の納税義務を負う、②二段階課税を受ける、③事業体（すなわち、法人）からの利益の分配が、構成員の段階で「配当」と性質決定される、④損失の分配はできない。

　もっとも、これらには若干の留保が付きます。例えば、①について、公共法人（2条5号）は法人税の納税義務を負わないし（4条2項）、公益法人等（2条6号）は収益事業から生じた所得に限り課税されます（4条1項・6条）（☞公益法人課税・p.362）。また、②については、部分的統合として配当控除制度が存在することは、既に扱いました（所法92条）（☞現行法における統合・p.21）。

　このように留保付きではありますが、法人課税を受けるエンティティ（その典型は2条9号に規定される「普通法人」です）の理解については、おおむね上記①～④の特色を念頭に置くとよいでしょう。

　なお、普通法人のうち特定同族会社は、特殊な法人形態であり、留保金課税制度のもとで特別の扱いを受けることについては既に述べました（☞特定同族会社の特別税率（留保金課税）・p.56）。

Next Step

▶同族会社の行為計算否認規定

(i) 同族会社の定義

　同族会社だからこそできる租税負担軽減行為等について、これを一般的に否認する規定（同族会社の行為計算否認規定）が、所得税法157条や相続税法64条と同様に、法人税法にも置かれている（132条1項）（この規定の趣旨については、最判昭和52年7月12日訟月23巻8号1523頁［山菱不動産事件］参照）。

　ここでいう同族会社とは、3人以下の株主並びにこれらと政令で定める特殊の関係

のある個人および法人が、発行済株式総数または総額の 50%を超える部分を保有しているような会社のことである（2 条 10 号）。特殊な関係のある法人かどうかの判断に際しては、議決権も考慮される（令 4 条 3 項 2 号）。既に扱った特定同族会社は、同族会社の一形態である（☞特定同族会社の特別税率（留保金課税）・p.56）。なお、日本の法人のほとんどは同族会社であることについては、既に触れた（☞法人数の内訳・p.7）。

(ii) 憲法 84 条および憲法 14 条との関係

132 条は「税務署長は」で始まり、「できる」で終わる。そして、税務署長ができるとされているのは、「税務署長の認めるところにより、その法人に係る法人税の課税標準若しくは欠損金額又は法人税の額を計算すること」である。したがって、この規定は、納税者の行った取引等を引き直す（すなわち、租税回避を否認する）広範な裁量権を税務署長に認めた規定と解することができる。

そして、そのような否認の要件として、「法人税の負担を不当に減少させる」ということが要求されている。ここでいう「不当」とは一種の不確定概念であるが、最高裁は、憲法 84 条にいう課税要件明確主義に反しないとしている（最判昭和 53 年 4 月21 日訟月 24 巻 8 号 1694 頁）。

また、同族会社に対してのみ行為計算の否認規定を設けたことは合理性があり、憲法 14 条にも違反しないとされている（東京高判昭和 53 年 11 月 30 日訟月 25 巻 4 号1145 頁）。同族関係によって会社経営の支配権が確立されている同族会社においては、法人税の負担を不当に減少させる目的で、非同族会社では容易になし得ないような行為計算をするおそれがあるからである。

(iii) 不当性の判断基準

不当性の判断基準として通説は、行為または計算が経済的合理性を欠いている場合に否認を認めるとする立場である（「経済的合理性基準」と呼ばれる）。そこでいう経済的合理性を欠いている行為または計算とは、純経済人（あるいは純粋経済人）として不合理・不自然なものをさす（東京高判昭和 26 年 12 月 20 日行集 2 巻 12 号 2196 頁[明治物産事件控訴審]（上告審は最判昭和 33 年 5 月 29 民集 12 巻 8 号 1254 頁）、前記最判昭和 53 年 4 月 21 日訟月 24 巻 8 号 1694 頁およびその原審である札幌高判昭和 51 年 1月 13 日訟月 22 巻 3 号 756 頁、東京高判平成 27 年 3 月 25 日訟月 61 巻 11 号 1995 頁[IBM事件控訴審]参照）。最高裁は、令和 4 年 4 月 21 日判決民集 76 巻 4 号 480 頁[ユニバーサルミュージック事件]において、経済的合理性基準を採用している（☞直近の最高裁判決—ユニバーサルミュージック事件・p.339）。

通説以外の見解としては、非同族会社では通常なしえないような行為または計算をもって、法人税の負担を不当に減少させるものとする考え方がある（東京地判昭和 26年 4 月 23 日行集 2 巻 6 号 841 頁[明治物産事件第一審]参照）。憲法 14 条に関する合

憲性の判断（前記東京高判昭和53年11月30日）では、必然的に同族会社と非同族会社との課税負担の公平が検討されることになるが、不当性の判断においては、必ずしも非同族会社との比較に縛られないというのが通説の考え方である。非同族会社が行う取引との比較が困難な場合でも、通説の示す経済的合理性基準であれば機能しうる（福岡高宮崎支判昭和55年9月29日行集31巻9号1982頁）。

（ⅳ）租税回避に関する一般的否認規定と法人税法132条

　わが国には、租税回避を一般的に否認する規定は存在しない。一方で、通説は法132条等の同族会社の行為計算否認規定を「租税回避をかなり一般的に否認することを認める規定」あるいは「やや一般的な否認規定」として捉える。ただし、この規定は創設規定であり、かつ同族会社についてのみ定めていると解するべきであるから、同族会社以外にこの規定を適用する場合には、租税法律主義の建前から別途明文の規定が必要になる。

　また、昭和36年7月5日の税調答申（「国税通則法の制定に関する答申（税制調査会第二次答申）」）において、一般的否認規定（同族会社に限らず広く租税回避一般を否認する規定）の導入が提唱されたが、現在においても、そのような形での一般的否認規定ないし包括的否認規定は導入されていない。

　132条が導入された大正12年当時から現在までの歴史を概観すると、個別的課税要件規定が整備されるにつれ、この規定の出番が少なくなっていることがわかる。例えば、役員に対する過大な定期同額給与の損金算入を否認する場合は、132条1項ではなく、34条2項を適用することになろう。一般的否認規定は、不確定概念を使った規定方法となるなど条文の内容がどうしても概括的にならざるをえず、優先順位としては、原則として個別的課税要件規定を先に適用すべきである。

　また、租税法律主義の観点からも、租税回避の否認は、できる限り課税要件が明確な立法により行われるべきであり、そのような立法による対処が進んでいけば（つまり、個別的課税要件規定が適宜創設されていけば）、それに伴って一般的否認規定の適用場面は当然に減ってくる。

　132条は、大正12年に創設され同15年、昭和15年、同22年等の改正を経た後、昭和40年の法人税法の全文改正を経て現在に至っている（創設当初は逋脱目的が要件とされるなど現行規定と内容も異なっていた）。そして、その間に起こった132条に関する裁判例をも踏まえると、法人税法をとり巻く環境は大きく変わった。すなわち、個別的課税要件規定の充実を含めて、租税法の条文の規律密度は、この規定の制定時より格段に高まっているのである。

（ⅴ）適用の効果と対応的調整

　132条は、納税者の行った行為等を税務署長が引き直して課税することを認めるが、そのことは、私法上の取引まで再構成されて法効果に影響がでることを意味しない。

例えば、同族関係にあるA社とB社の間で、A社からB社へ対価100万円で売買が実行されたが、132条が適用されて、税務署長により対価150万円の売買であると引き直された場合、それによってA社の益金は増額するが、A社がB社に対してさらに50万円を請求できる私法上の権利が生じるわけではない。

この点について、最高裁は、「法人税法132条に基づく同族会社等の行為計算の否認は、当該法人税の関係においてのみ、否認された行為計算に代えて課税庁の適正と認めるところに従い課税を行なうというものであつて、もとより現実になされた行為計算そのものに実体的変動を生ぜしめるものではない」という見解を示している（最判昭和48年12月14日訟月20巻6号146頁）。したがって、私法関係が影響を受けないだけでなく、「当該法人税の関係においてのみ」が引き直されるのであるから、所得税など他の税目との関係においても原則として影響がないことになる。

上記最判昭和48年12月14日では、132条に基づく更正処分において、法人の行為計算が否認され、その否認額が、法人から役員に対する役員賞与と引き直されて、法人の益金に算入されたとしても、当該役員に対する所得税の関係（源泉徴収の納税告知処分）には影響を及ぼすものではないとされた。

このように私法や他の税目が影響を受けないことは、132条の適用に限ったことではなく、租税回避等が否認された場合には、一般に起こりうることである。例えば、C社がその役員に支払った1000万円の給与のうち、300万円部分の損金算入が、34条2項の適用によって（不相当に高額であるとして）否認されたとしても、私法上の給与の支払が700万円になるわけではなく、また所得税法との関係でも、役員は1000万円の給与を支給されたとして扱われる。

なお、平成18年度改正で132条に3項が追加された。この規定の文言から、その内容を理解することはかなり難しいが、立案担当者の解説（「平成18年度税制改正の解説」（財務省HP））によると、改正の趣旨は以下の通りである。

「所得税法第157条や相続税法第64条の規定の適用による所得税、相続税又は贈与税の増額計算が行われた際に、反射的に法人税の課税所得等を減少させる計算を行う権限が税務署長に法律上授権されているかは必ずしも明らかではありません。……所得税法及び相続税法の適用関係に係る明確化措置として、所得税法第157条や相続税法第64条の規定の適用による所得税、相続税又は贈与税の増額計算が行われる場合に、税務署長に法人税における反射的な計算処理を行う権限があることを明定することとされました。」

この説明から、132条3項は、いわゆる対応的調整のための規定であると理解できる。例えば、所得税法157条の適用によって、法人の収益のすべてを当該法人のオーナー株主の所得として課税（所得税の課税）をする場合、そのまま何も調整しなければ、法人の収益に対する課税（法人税の課税）が残ってしまう（1つの経済的利益に対

して所得税と法人税がかかることになる)。そこで、対応的調整のために、「反射的に法人税の課税所得等を減少させる計算を行う権限」を税務署長に認めたということである。

(vi) 直近の最高裁判決──ユニバーサルミュージック事件

132条に関する最近の重要な最高裁判決として、最判令和4年4月21日民集76巻4号480頁[ユニバーサルミュージック事件]がある。事案は、同族会社である内国法人U社が、グループ全体の組織を再編成する一連の取引の一環として、同じグループに属するフランス法人から借入を行ったところ所轄税務署長が132条を適用して否認したというものであった。まず判決は、不当性要件について、(i)「同族会社等の行為又は計算のうち、経済的かつ実質的な見地において不自然、不合理なもの、すなわち経済的合理性を欠くものであって、法人税の負担を減少させる結果となるものをいう」と述べて、最高裁として通説である経済的合理性基準を明確に採用した。これは本判決の大きな意義の1つである。

次に判決は、(ii)「同族会社等による金銭の借入れが上記の経済的合理性を欠くものか否かについては、当該借入れの目的や融資条件等の諸事情を総合的に考慮して判断すべきものである」として、借入に関する経済的合理性の判断基準を示した。そして、(iii)「本件借入れのように、ある企業グループにおける組織再編成に係る一連の取引の一環として、当該企業グループに属する同族会社等が当該企業グループに属する他の会社等から金銭の借入れを行った場合において、当該一連の取引全体が経済的合理性を欠くときは、当該借入れは、上記諸事情のうち、その目的、すなわち当該借入れによって資金需要が満たされることで達せられる目的において不合理と評価されることとなる」とした上で、(iv)「当該一連の取引全体が経済的合理性を欠くものか否かの検討に当たっては、①当該一連の取引が、通常は想定されない手順や方法に基づいたり、実態とはかい離した形式を作出したりするなど、不自然なものであるかどうか、②税負担の減少以外にそのような組織再編成を行うことの合理的な理由となる事業目的その他の事由が存在するかどうか等の事情を考慮するのが相当である」とした。

上記(ii)は「金銭の借入れ」、(iii)は「組織再編成に係る一連の取引の一環として」の「企業グループに属する他の会社等から金銭の借入れ」に関する基準であるようにみえる。仮にそうであれば、それら以外の取引については、(ii)(iii)とは別の基準(本最高裁判決の縛りを受けない基準)が存在しうることになる。

また、(iv)はヤフー事件判決の内容(当該判決の示す2つの考慮事情)に非常に近い。ただし、考慮事情はほぼ同じでも、ヤフー事件最高裁判決が示した「観点」、すなわち「行為又は計算が、組織再編成を利用して税負担を減少させることを意図したものであって、組織再編税制に係る各規定の本来の趣旨及び目的から逸脱する態様でそ

の適用を受けるもの又は免れるものと認められるか否かという観点」については、ユニバーサルミュージック事件判決には見当たらない。この部分が、濫用基準との差異なのかもしれない。いずれにしても、132条に関する経済的合理性基準と132条の2に関する濫用基準は全く異質なものではなく、同じ不当性の判断基準としてむしろ類似することを、最高裁は(iv)において示しているようにもみえる。

　続けて判決は、上記(ii)～(iv)を踏まえた上で、(v)「本件組織再編取引等は、通常は想定されない手順や方法に基づいたり、実態とはかい離した形式を作出したりするなど、不自然なものであるとまではいえず、また、税負担の減少以外に本件組織再編取引等を行うことの合理的な理由となる事業目的その他の事由が存在したもの」と判断して、(vi)「本件組織再編取引等は、これを全体としてみたときには、経済的合理性を欠くものであるとまでいうことはできず、本件借入れは、その目的において不合理と評価されるものではない」と結論づける（さらに、本件借入れに係るその他の事情を考慮しても「借入れが不自然、不合理なものとまではいい難い」としている）。また、この結論に至る過程において、本件組織再編取引等の目的には「被上告人〔U社〕に対して多額の利息債務を負担させることにより、被上告人の税負担の減少をもたらすことが含まれていたといわざるを得ない」としながらも、それ以外の事業上の目的を複数あげて「本件組織再編取引等を行う合理的な理由となる」と評価している。

　なお、判決において「組織再編」という語が使用されているが、これは132条の2が対象とする組織再編成と同義ではない。また、組織再編税制は国境を越えた合併など国際的な組織再編成を対象としていない。

　最初に述べたとおり本件は、同族会社が行った借入に対する132条の適用可否が争われた（そして納税者が勝訴した）事案である。ただし、現行法には、過大支払利子税制（租特66条の5の2・66条の5の3）があるので、本件のような取引における支払利子に関する損金算入は制限されることになる。なお、国側が（法132条ではなく）移転価格税制の適用を争っていたら結論が変わっていたかもしれない。本件最高裁判決は、論者によって読み方が異なる可能性があり、調査官解説が待たれる。

2. 導管型のエンティティ

Lecture

(1) 分配利益損金算入型とパス・スルー型

　法人課税の特色としての前記①～④（☞法人課税の特色・p.335）に対して、

導管型エンティティの１つである分配利益損金算入型エンティティは、法人税の納税義務を負うけれど、**利益を配当すれば損金に算入できるので、その限りで二段階課税は排除されます**（配当しない部分については法人税が課されます）。これは、支払配当損金算入方式という統合の一種です（☞その他の方式・p.24）。

　法人課税の場合と比較しても、利益の分配は配当と**性質決定**され、損失の分配はできない点は同じですから、分配利益損金算入型エンティティと法人課税を受けるエンティティとの最大の差異は、前記②の「二段階課税を受ける」か否かとなります（同様のことは、100％インピュテーション方式を採用した場合にもいえます）。

　同じく導管型のエンティティであるパス・スルー・エンティティとは、エンティティが構成員に対して実際の分配をするかどうかにかかわらず、エンティティ段階の損益が構成員にパス・スルー（pass through）する事業体のことです。統合方式の分類でいえば、組合方式をとる事業体といってよいでしょう。法的には事業体が法人税を負担しないので（構成員段階のみの課税なので）、二段階課税を受けません。事業体が獲得した利益の額およびその性質は、当該事業体を通過して（パス・スルーして）原則としてそのまま構成員に帰属します。これは損失についても同様です。したがって、①〜④のすべてにおいて、法人課税を受けるエンティティとは異なる扱いを受けることになります。

　分配利益損金算入型とパス・スルー型をみてもわかるように、導管型のエンティティには、バリエーションがあることに注意すべきです。導管性には、程度あるいは種類が存在しうるのです。また、法人格の有無は、導管型のエンティティになるか否かの決め手にはならないことにも、気をつけておくべきでしょう（例えば、特定目的会社（☞特定目的会社と投資法人・p.342）には法人格があります）。

　導管型のエンティティ、とりわけパス・スルー・エンティティに対する課税ルールは、現行法上はまだ十分に整備されているとはいい難く、今後の法整備（そして裁判例の積み重ね）が望まれる領域だと思われます。

(2) 民法上の組合

　民法上の組合は、４条１項に法人税の納税義務者として規定されている内国法人、公益法人等、および人格のない社団等のいずれにも該当しません（法基通

1-1-1)。したがって、**法人税の納税義務を負うことはありません**（人格のない社団等については☞法人の種類および納税義務の範囲・税率・p.53）。

　組合の財産は、民法668条によって総組合員の共有（合有）に属するので、例えば、組合員が個人である場合、組合の損益は、組合員にパス・スルーして、所得税の課税を受けると考えられています。すなわち、パス・スルー型のエンティティとしての課税ルールが適用されるのです。

　ところが、現行所得税法および法人税法は、組合員に対する明確な課税ルールを持っていません。換言すれば、組合の損益がどのように組合員へパス・スルーされ、課税されるかといったことに関する具体的なルールが法律レベルでは存在しないのです。さらに、組合契約の成立、組合からの脱退、持分の譲渡、組合の解散等に関する明確な規定もありません。これらは、現行法が早急に解決すべき問題点といえます（匿名組合契約についても同種の問題が存するといえます）。

　なお、マンションの管理組合は民法上の組合ではなく人格のない社団等に該当するとした上で、マンションの共用部分および敷地の各一部を賃貸する行為を収益事業と認定して管理組合に法人税を課した事案があります（東京地判平成30年3月13日訟月65巻8号1228頁）。

Next Step

▶特定目的会社と投資法人

　特定目的会社（Special Purpose Company、SPCと略される）は、資産の流動化に関する法律（資産流動化法）により、また投資法人は、投資信託及び投資法人に関する法律（投資信託法）により、設立される法人である（資産流動化法2条3項、投資信託法2条12項）。前者は**資産流動化型**、後者は**資産運用型**の集団投資スキームといわれる。

　これらのエンティティは、法人格を有しているとはいえ、その実態は、（特別法によって投資先を限定された）投資に対する利益を、個々の投資家に分配する導管に過ぎない。そのため、一定の条件の下で、利益（配当可能利益）の額の90%超を配当した場合、配当部分に法人税が課せられないことになっている（租特67条の14・67条の15）。

　したがって、導管型のエンティティといえる。つまり、配当された部分において、（分配利益損金算入型としての）支払配当損金算入方式が採用されているのである。もっとも、（90%超の配当をしても）配当されなかった部分は、法人税の課税対象となる。

▶特定目的信託および特定投資信託

　平成12年における資産流動化法および投資信託法の改正により、特定目的信託および特定投資信託の制度が導入された。これらの信託については、受益者に分配されるまでの課税繰延が大きくなり過ぎることが懸念されたため、どちらも信託であるにもかかわらず、その所得は法人税の課税対象に含まれることとされてきた。平成19年度改正において法人課税信託の制度が採用された後の現行法においても、この扱いは原則として引き継がれている（2条29号の2柱書・同号ニ・ホ ☞法人課税信託・p.354）。

　平成19年度改正によって、法人税法上、特定投資信託という名称は存在しなくなったが、租税特別措置法では依然として使用されている（租特68条の3の3）。現行法において、信託段階で法人課税を受ける特定投資信託とは、投資信託（投資信託法2条3項）のうち、集団投資信託に該当しないものを意味することになろう（2条29号の2柱書・同号ニ ☞集団投資信託・p.353）。

　もっとも、特定目的信託は特定目的会社と同様の、また特定投資信託は投資法人と同様の集団投資スキームを、信託の形で行っていると考えられるため、これらの場合と同じように、利益（分配可能利益あるいは分配可能収益）の額の90%超を分配した場合は、分配部分に法人税が課せられないことになっている（租特68条の3の2・68条の3の3）。

　配当されなかった部分については、受託者の段階で法人税が課されることになる。そのままでは、信託収益の受益者が実際に分配を受けるまで、課税が繰り延べられるからである。

▶組合課税に関する通達

　組合課税については、通達に幾つか定めがある。組合員が個人の場合、組合事業に係る損益の帰属時期について通達は、「任意組合等の組合員の組合事業に係る利益の額又は損失の額は、その年分の各種所得の金額の計算上総収入金額又は必要経費に算入する」としつつ、「ただし、組合事業に係る損益を毎年1回以上一定の時期において計算し、かつ、当該組合員への個々の損益の帰属が当該損益発生後1年以内である場合には、当該任意組合等の計算期間を基として計算し、当該計算期間の終了する日の属する年分の各種所得の金額の計算上総収入金額又は必要経費に算入するものとする」と定める（所基通36・37共-19の2）。

　そして、損益の計算について通達は、次の3つの方法を定める。すなわち、①当該組合の事業に係る収入金額、支出金額、資産、負債等を、その分配割合に応じて各組合員のこれらの金額として計算する方法、②当該組合の収入金額、その収入金額に係る原価の額および費用の額並びに損失の額をその分配割合に応じて各組合員のこれらの金額として計算する方法、③当該組合について計算される利益の額または損失の額をその分配割合に応じて各組合員に按分する方法である（所基通36・37共-20）。

しかし、これら通達の定めだけでは、実際の課税ルールとして不十分である。例えば、AとBという2人の組合員が互いに10万円ずつ出資して作った組合が、(i)100万円の利益を獲得し、(ii)その後でそれぞれに20万円を分配し、(iii)さらにその後で、Aが持分を50万円でCへ売却したとする。通達では、(i)および(ii)の段階で、Aの持分の価値（所得税法上の取得費）がどのように変化するのかについて、明確な定めがない。したがって、(iii)でAの持分譲渡に関する損益の額を確定する際に、困難が生じる場合が考えられる。

▶組合とリース取引（裁判例と個別的否認規定）

組合を通して行ったリース取引が、課税上問題となり、裁判で争われるケースが近年増えている。これらの取引はいずれも、初年度に多くの減価償却が認められている資産を、組合が一部借入金を利用して購入し、それをリースすることで、**減価償却費とリース料の差額を各組合員の費用あるいは損失として計上する**といった内容である。注意すべきは、組合がパス・スルー・エンティティであるからこそ、各組合員が既に有している（あるいは有する可能性のある）所得との相殺（すなわち損益の通算）が可能になるという点である。

以下、この種のスキームを簡単なモデルで説明してみる。甲と乙はそれぞれ2億円を出資してA組合を作り、この組合を通じて、法人税法上、即時償却が認められる（資産を購入した初年度に取得価額の全額について減価償却が認められる）資産αを16億円で取得した。購入資金のうちの3/4にあたる12億円は資産αを担保とした有限責任借入（債務者が資産価値以上の返済義務を負わない借入）によって賄われた。つまり、甲と乙の出資金の合計である4億円と借入金の12億円でαを購入した。そして、甲と乙は、A組合を通して、この資産αを年間2億円のリース料でB社にリースした。

この取引から、甲と乙には、それぞれ1億円の収入と8億円の減価償却費がもたらされる。すなわち、甲と乙は、それぞれ2億円しか出資していないにもかかわらず、そしてその金額以上の実質的な債務を負うことがないにもかかわらず、**差し引き7億円の控除を資産購入の初年度において享受できる**（既に有している他の所得と相殺することができる）ことになる。

この種のスキームに関して、フィルム・リース事件として有名な大阪高判平成12年1月18日訟月47巻12号3767頁［パラツィーナ事件］は、取引が仮装行為であることを理由として、組合員による映画フィルムの所有権取得を認めなかった。また、上告審である最判平成18年1月24日民集60巻1号252頁は、映画が組合の事業の用に供しているとはいえないから、31条1項にいう減価償却資産にあたらないとした。最高裁は、組合が映画の購入資金の約3/4を占める借入金の返済について実質的な危険を負担しない地位にあるという事実を重視したが、減価償却費に関しては、**自己資金部分（残り**

の約 1/4 に該当する部分）を含む全額を否認している。

これに対して、航空機リースに関する名古屋地判平成 16 年 10 月 28 日判タ 1204 号 224 頁は、組合が私法上有効に成立していること、航空機リース事業には経済的合理性があったこと、節税目的があっても、それだけで取引が課税上否認されるべきではないことなどを理由として、納税者を勝訴させた（控訴審である名古屋高判平成 17 年 10 月 27 日税資 255 号順号 10180 でも納税者は勝訴し、判決は確定した）。

これらリースを使った節税スキームが問題になるのは、そもそも組合課税に関する明確な課税ルールがわが国に存しないことに原因の一端がある。しかし、そのことを別にしても、仮にこれらの取引が「否認されるべき租税回避」であるのなら、速やかに個別的否認規定が作られるべきであったといえよう。

そして、その後の平成 17 年改正で一定の立法上の手当（租特 41 条の 4 の 2・67 条の 12 等）がなされることになった。例えば、租税特別措置法 67 条の 12 第 1 項について簡単に述べるなら、法人が特定組合員に該当する場合で、かつ組合事業について債務を弁済する責任の限度が実質的に組合財産の価額とされている場合等には、その法人の組合損失額のうち、その組合事業に係る出資の価額を基礎として計算した金額（調整出資金額）を超える部分の金額に相当する金額（組合損失超過額）が、その事業年度の所得の金額の計算上、損金の額に算入されないこととなった。

▶有限責任事業組合

平成 17 年から導入された有限責任事業組合（日本版 LLP（Limited Liability Partnership））、すなわち、有限責任事業組合に関する法律 3 条 1 項に規定される有限責任事業組合契約によって成立する組合も、民法上の組合と同様に、パス・スルー・エンティティであると解される。

民法の組合との主たる違いは、**出資者が出資額までしか責任を負わない**ということである。なお、有限責任事業組合の組合員である法人の当該事業年度の組合事業による損失の金額が、当該法人の調整出資金額（租令 39 条の 32 第 2 項）を超える場合、その超える部分の金額に相当する金額（組合損失超過額）は、当該事業年度の所得の金額の計算上、損金の額に算入されないとされる（租特 67 条の 13 第 1 項）。

▶匿名組合による損失等の分配

匿名組合が、任意組合と同じように費用や損失の分配を行えるのかは、必ずしも明らかではないように思える。商法上、営業から生じる利益を分配することは匿名組合の要素とされるが（商 535 条）、損失については、通常は出資が計算上減少するだけであって、生じた損失は後に利益をもって塡補した後でなければ利益の配当を請求できないとされている（商 538 条）。

また、所得税基本通達 36・37 共-21 の 2 は、「営業者が匿名組合員に分配する利益の額は、当該営業者の当該組合事業に係る所得の金額の計算上必要経費に算入する」としているので、匿名組合を（利益の分配をエンティティ段階で損金算入する）分配利益損金算入型エンティティとして捉えているようにみえる（ただし、それ以外の理解が不可能というわけではない）。分配利益損金算入型エンティティであれば、（特定目的会社等と同様に）損失の分配はできないと考えるのが一般的である。

　もっとも、これまで租税法は、配当の概念を商法（および会社法）から借用しながら、蛸配当のような商法違反の配当も租税法上の配当として扱ってきた（最判昭和 35 年 10 月 7 日民集 14 巻 12 号 2420 頁［鈴や金融事件］）、したがって、仮に、商法上、匿名組合には（任意組合のような）損失等の分配が許されていないとしても、実際にそれが実行された場合、租税法上は損失等の分配として課税規定を適用することになるという考え方は十分ありえる。

　なお、当事者が契約で損失等の分担について取り決めた場合、その契約自体を否定できる根拠規定は、所得税法や法人税法には見当たらない。最判平成 27 年 6 月 12 日民集 69 巻 4 号 1121 頁（匿名組合契約に基づき航空機のリース事業に出資をした個人組合員が、当該事業につき生じた損失のうち当該契約に基づく同人への損失の分配として計上された金額を不動産所得に係る損失に該当するとして所得税の申告をしたことが問題となった事例）では、匿名組合から損失等の分配が行われたことを前提として、裁判所が判断を行っていると考えることが可能である（ただし、判決文がそのような判断をしたと明言しているわけではなく、これとは別の理解もありえる）。

　この問題については、平成 17 年度改正で導入された租税特別措置法 67 条の 12 に関する理解がヒントを与えてくれるように思える。既に述べたように、この規定は、多額の減価償却が認められている資産を、組合が借入金を利用して購入してリースすることで、減価償却費とリース料の差額を各組合員の損失等として計上するようなスキーム（名古屋地判平成 16 年 10 月 28 日判タ 1204 号 224 頁で利用されたようなスキーム）を防止するために、租税特別措置法 41 条の 4 の 2 とともに、平成 17 年度改正で導入された個別的否認規定である。そして、この規定がターゲットとしている「特定組合員」には、匿名組合の組合員も含まれうるという作りになっている（「匿名組合契約等にあっては、匿名組合契約等に基づいて出資をする者及びその者の当該匿名組合契約等に係る地位の承継をする者とする」となっている）。

　したがって、この規定の創設にあたっては、匿名組合からの損失等の分配があることが前提となっていると理解する方が自然である。匿名組合による損失等の分配が可能であるからこそ否認の必要性が生じたのであって、そもそも損失等の分配が認められないのであれば、否認規定を作る必要もなかったと考えられるからである（基本通達 14-1-3（昭 55 直法 2-15、平 17 課法 2-14 改正）も参照。なお、この通達の内容を是認する裁判例と

して、東京地判平成 29 年 10 月 12 日税資 267 号順号 13075（控訴審：東京高判平成 30 年 6 月 28 日税資 268 号順号 13159）がある）。

　租税特別措置法 67 条の 12 は、組合員が法人である場合の規定であるが、一方で、組合員が個人である場合の同法 41 条の 4 の 2 には、匿名組合の組合員が含まれていない。では、組合員が個人の場合は、匿名組合からの損失等の分配が認められていないと解するべきだろうか。もしそうならば、組合員が個人の場合と法人の場合で扱いが異なることになってしまう。

　立案担当者の解説では、法人税については匿名組合契約も損失制限の対象とされる一方で、所得税について除外されている理由として、個人の組合員が営業者から分配される利益は基本的には雑所得と扱われ、損失について損益通算が認められていないので、あえて損失制限の対象とする必要性が乏しいからだと説明されている。

　したがって、組合員が個人の場合でも、租税特別措置法 41 条の 4 の 2 の創設にあたっては、匿名組合からの損失等の分配が行われるということが前提になっていたという理解が可能となる。なお、現行所得税基本通達 36・37 共−21（平 17 課個 2–39 改正）は、匿名組合契約を締結する者で当該匿名組合契約に基づいて出資をする「匿名組合員」が当該匿名組合契約に基づく営業者から受ける利益の分配を雑所得としている（ただし、匿名組合員が組合事業を営業者と共に経営していると認められる場合を除く）。

▶米国 LPS の法人該当性

　米国デラウェア州の法律に基づいて設立された LPS（リミテッド・パートナーシップ）が行う不動産賃貸事業に、日本の居住者（納税者）が出資して LPS の構成員（パートナー）となった場合、LPS が行う当該賃貸事業から生じた損失の金額を納税者の所得の金額から控除することができるか否かが争われた事例がある（最判平成 27 年 7 月 17 日民集 69 巻 5 号 1253 頁）。問題の本質は、リースに関する各事例（☞組合とリース取引（裁判例と個別的否認規定）・p.344）とほぼ同じであり、エンティティ（LPS）に生じた損失が構成員にパス・スルーして、構成員の有する他の所得と損益通算できるかどうかである。

　この事件における LPS は、アメリカではパス・スルー・エンティティとしての扱いを受けていた。しかし、この裁判で問題となったのは、このような外国法に基づいて設立された組織体が 2 条 4 号および所得税法 2 条 1 項 7 号に定める外国法人に該当するか否か、すなわち日本法における法人該当性であった。法人に該当するならば、損失のパス・スルーはないから、当然、損益通算もできないことになる。

　そして最高裁は、法人該当性について、まず①当該組織体に係る設立根拠法令の規定の文言や法制の仕組みから、当該組織体が当該外国の法令において日本法上の法人に相当する法的地位を付与されていることまたは付与されていないことが疑義のない程

度に明白であるか否かを検討し、これができない場合には、次に、②当該組織体が権利義務の帰属主体であると認められるか否かについて、当該組織体の設立根拠法令の規定の内容や趣旨等から、当該組織体が自ら法律行為の当事者となることができ、かつ、その法律効果が当該組織体に帰属すると認められるか否かという点を検討するという基準を設定した。そして、主として②の基準に基づき、本件のLPSは権利義務の帰属主体であると認められると判断して、法人該当性を肯定したのである。

　この事件で争われたのは、平成17年より前の所得であるから、前述した個別的租税回避否認規定（租特41条の4の2）を適用することはできなかった。現在では、上記の規定があるので、同種の案件について判決が現行実務に与える影響は少ないと思われるが、それでも最高裁が外国法に基づいて設立された組織体に対する法人該当性の基準を示した意義は大きい（なお、米国のLLC（有限責任会社）については、東京高判平成19年10月10日訟月54巻10号2516頁が、法人該当性を肯定している。また、準拠法を外国法とする契約における法人税法上の「取得」の解釈が問題となった事案として、東京地判平成28年7月19日訟月63巻10号2237頁参照）。

　①でいう「疑義のない程度に明白である」に該当してそこで決着がつく場合が、現実の争訟事案ではそれほど多くないとするならば、基準としては②がより重要になろう。実際、本件では②により判断されている。ただし、①、②の双方で用いられる「設立根拠法令の規定」に依拠する論拠や合理性あるいは必然性が、少なくとも判決文そのものからはそれほど明らかではない。

　しかも、アメリカ法では同じ組織体（LPS）が法人に該当しないとされていることを、最高裁がどう考えているのかもはっきりしない。アメリカ租税法においても、法人該当性は大きな問題であり、種々の変遷を経た結果、現在では納税者の選択を認める制度（チェック・ザ・ボックス）が原則となっている。法人該当性とは、それほど微妙な判断が要求されてきた分野、あるいは誰もが納得する基準を作るのが難しい分野であり、同様の視点から、今回の日本の最高裁が示した基準の中身が問われることになろう。

　さらに、この基準により判断した結果が、損益通算という所得税の領域だけでなく、国際課税の領域（外国税額控除や条約適用の可否）に影響を与えうるという問題がある。仮に最高裁の基準によって法人該当性は判断できても、それに続く問題が控えているのである。なお、この判決の後、国税庁は（なぜか英文のみで）米国LPSの扱いや日米租税条約の特典を受ける権利について「The tax treatment under Japanese law of items of income derived through a U.S. Limited Partnership by Japanese resident partners」と題する自らの見解をHPで公表しているが、最高裁の見解と必ずしも一致しているようにはみえない。

▶外国法に基づいて設立されたパートナーシップ持分と適格現物出資

　内国法人が、英国領ケイマン諸島に設立された特例有限責任パートナーシップの持分を英国完全子法人に現物出資した場合の適格現物出資（2条12号の14）該当性について、現物出資の対象資産は何か、当該資産は施行令4条の3第9項（現行10項）にいう「国内にある事業所に属する資産」にあたるかについて争われた裁判例として、東京地判令和2年3月11日判タ1482号154頁［塩野義製薬事件］（控訴審：東京高判令和3年4月14日判例集未登載）がある。

　判決は、上記パートナーシップがわが国の組合に類似した事業体であるという前提のもと、現物出資の対象となった持分の内実は、パートナーシップの事業用財産の共有持分とリミテッド・パートナーとしての契約上の地位とが不可分に結合されたもの（1個の資産）と捉えた上で、（法基通1-4-12を引用しつつ）そのような1個の資産の経常的な管理が行われていた事業所とは、パートナーシップの事業用財産のうち主要なものの経常的な管理が行われていた事業所であるとした。そして、そのような管理がわが国以外の地域に有する事業所において行われていたことを理由として、「国内にある事業所に属する資産」にあたらない（したがって、適格現物出資に該当する）と判断した。

　裁判所は、パートナーシップがわが国の組合に類似した事業体であると考え、主として日本の私法に基づき「不可分に結合されたもの」と判断したようにみえる。一方で、ケイマンのパートナーシップ法および当事者の契約内容が、裁判所の判断に影響を与えていることも明らかであり、別の国や地域の法あるいは異なった契約内容であれば、結論は異なりえたであろう。

　ここでも問題なのは、わが国が組合課税に関する明確な税法上の規定を持たないことである。そのような状況下においても裁判所は具体的な事案を処理しなければならず、その際にいったい何に依拠すべきなのかが問われることになる。依拠するものが異なれば、自ずと結論（課税の有無）に影響を与えるからである。納税者の予測可能性の観点からも、早急に立法化（精緻な組合課税ルールの創設）を望みたい。

　この事件では、適格現物出資該当性が争われ、それに該当するという結論になったので、裁判所としては、後に現物出資の対価が譲渡された場合、あるいは現物出資が非適格となった場合の課税について述べる必要がなかった。一方で、これらの課税結果と判決が適格現物出資に該当するとした理由とを整合的に述べることには困難が伴う。しかし、立法化においては、まさにそのような整合性が要求されることになる。

● 事業体には大きく分けて、事業体課税を受けるエンティティと導管型のエンティティがある。前者の典型例が法人（普通法人）である。

● 導管型のエンティティには、分配利益損金算入型とパス・スルー型があり、民法上の組合は後者の典型例である。前者の例としては、特定目的会社等がある。事業体の選択は租税回避とその否認にも関わる。

● 同族会社は、特殊な法人形態であり課税上特別の扱いを受ける。その１つが同族会社をターゲットとした租税回避否認規定（同族会社の行為計算否認規定）の適用である。

● 組合については法律上の明確な課税ルールが存在しない。通達はあるが十分な内容とはいえないため早急に立法化が望まれる。

● 組合を通して行ったリース取引について、結論の異なる幾つかの裁判例があり、個別的否認規定の創設につながった。また、外国法に基づいて設立された組織体の日本法における法人該当性について、近年の最高裁判決がある。

II 信託と公益法人

1. 信託

(1) 信託のイメージ──信託における課税上の問題とは何か

　信託というのは、そもそも英米法に起源があり、さらに歴史的には税金を安くするために利用されてきたという経緯もあります（信託は税制と切っても切れない関係にあるのです）。ここで英米の信託について詳しく述べることは避けますが、英米でいう信託とは、簡単に言えば以下のようなイメージで捉えることができます。

　親から遺産によって多くの土地を取得したa夫は、その土地を上手に運用してさらに資産を増やしました。若いときから仕事一筋のa夫は還暦を前にして、30歳以上年下のb子と結婚して、娘cが生まれました。それから10年経ち、a夫は自分の死んだ後のことを心配し始めました。死ぬ前に愛娘cに財産の多くを残してやりたいけれど、仮に多額の現金を贈与しても、まだ10歳のcはそれをうまく管理できません。そこで、信用できる弁護士のdに、a夫の有する土地の多くを譲渡し、それを運用して（必要な経費を控除した後）、cが成人するまで毎年500万円をcに与え（成人後は土地そのものをcに与え）、残りの運用益はb子に与える（ただしb子が再婚した場合はこの限りでない）という依頼をしました。

　このようなスキームを信託によって行ったとすれば、aが委託者、bとcが受益者、dが受託者となります。租税法の視点からは、信託が設定された段階、信託が収益を獲得した段階、それが受益者に分配された段階のそれぞれにおいて、課税するかどうか、するとしたら誰にどのように課税するかといった問題が生じます。さらにいえば、信託設定時から状況が変化した場合（上の例でいえばb子が再婚した場合）や信託が終了した場合にも、課税上これをどう扱うかといった問題が生じます。

(2) 信託に対する新しい課税ルール

　信託法2条1項によれば、信託とは、信託契約や遺言等によって、「特定の者が一定の目的に従い財産の管理又は処分及びその他の当該目的の達成のために必要な行為をすべきものとすること」とされています。

　信託そのものには法人格はありません。しかし、信託を利用した経済活動等は存在しますから、それらに対する課税は必要です。一般に信託を使った活動に関する課税（誰が、いつ、どのように課税されるか）においては、委託者、受益者、受託者といった各当事者および信託そのものが、当該活動においてどのような役割を果たしているかについて考えることが重要です。同様に、課税繰延にどのように対処すべきかという視点も大事です。

　平成18年12月に（大正11年以来84年ぶりの改正を経て）新しい信託法（平成18年法律第108号）が成立・公布されたことに伴い、平成19年度税制改正においては、それまでの信託に対する課税ルールが大幅な変更を受けました。この改正の骨子は、新しい信託に対応した課税規定の整備と、それらの信託を利用した租税回避行為の防止ということになります。

　現行法人税法が前提としている信託の種類は、①受益者等課税信託（12条1項・2項）、②集団投資信託（2条29号）、③法人課税信託（同条29号の2）、④退職年金等信託（12条4項1号）、および⑤特定公益信託等（同項2号）です。以下では、平成19年度改正で大きな影響を受けた①～③を主に取り上げて説明を行うことにします。

　そのなかでも、最も大きな変更といえるのは、③の法人課税信託の創設といえるでしょう。平成19年度改正前は、原則として信託そのものが課税対象となることはありませんでした。しかし、新しい信託法では、目的信託（受益者の定めのない信託）や自己信託（自己を受託者とする信託）等が認められることになったため、新しい信託類型を利用した法人税回避を防止するなどの目的から、一定の信託については法人課税を受けることになりました。

　なお、④の退職年金等信託および⑤の特定公益信託等では、受益者課税は行われず（12条1項ただし書、所法13条1項ただし書）、また法人課税信託としても扱われません（2条29号の2柱書）。ただし、④は、受託者段階で、退職年金等積立金に対する法人税の対象になります（84条）（☞ **Column 退職年金等積立金に対する法人税**・p.61）。

(3) 受益者等課税信託

　信託財産は、信託の設定時に委託者から受託者へ移転するのですから、信託から生じる利益は、本来的には、その財産の所有者である受託者において課税するのが正しいようにみえます。しかし、信託からの利益を受ける権利を有しているのは、受益者であって受託者ではありません（信託法2条6項・7項・同8条）。

　そこで、租税法では、受益者としての権利を現に有する者が、信託財産に属する資産および負債を有するものとみなされ、かつ、当該信託財産に帰せられる収益および費用は、当該受益者の収益および費用とみなされることになっています（12条1項、所法13条1項）。つまり、課税されるのは、受託者ではなく受益者というわけです。

　また、たとえ信託の受益者でなくても、信託の変更権限を現に有し、かつ信託財産の給付を受けることとされている者（例えば、そのような権限を有する委託者）は、租税法上は受益者とみなされます（12条2項、所法13条2項）。これら受益者あるいは受益者とみなされる者（受益者等）が存在し、それらの者が課税の対象となるような信託が、上記①の受益者等課税信託です。なお、上記②〜⑤に該当する信託は、明文で受益者等課税信託から除かれています（12条1項ただし書、所法13条1項ただし書）。

　受益者等課税信託では、信託収益（および費用）が現実に分配されなくても、それが生じた段階で受益者が課税の対象となります。したがって、これは導管型のエンティティのうちパス・スルー・エンティティに対する課税と同じ種類の方式といえます（もちろん、受益者は信託の構成員ではないし、そもそも信託は組合のような組織体とも違うのですが、課税方法だけに着目すれば、一応そのように述べることもできるでしょう）。

(4) 集団投資信託

　上記②の集団投資信託に該当するものは、一定の(a)合同運用信託、(b)証券投資信託等、(c)特定受益証券発行信託とされています（2条29号）。これらはいずれも、集団投資スキームに利用される信託です（一般に集団投資スキームとは、多くの出資者等から集めた資金により事業運営や有価証券等への投資を行い、その収益を出資者等に分配する仕組みのことを意味します）。そのため、受益者等課税信託

とは異なり、信託が収益を獲得した段階で、受益者（この場合は投資者）に課税されることはなく（12条1項ただし書、所法13条1項ただし書）、また受託者に対する課税もないまま、それが受益者に分配された段階で課税されます（23条1項2号、所法23条1項・24条1項等）。

　したがって、これも導管型のエンティティと同じように捉えることができます。しかし、受益者等課税信託と比較すると、分配があるまで課税をしない集団投資信託には、（収益獲得時から分配時まで）課税繰延が生じていることになります。つまり、制度が課税繰延を認めているのです。これは、一定の集団投資スキームを税制が優遇しているともいえます。

　上記(a)と(b)は、改正前から課税繰延扱いが認められてきましたが、平成19年度改正において、(a)のうち委託者が実質的に多数でないものは、集団投資スキームとしての性格がそれだけ薄まるため、集団投資信託から除外されることになりました（2条26号）。

　上記(c)は、新しい信託法によって認められるようになった類型で、課税繰延に対処するために一定の要件が設定されています。すなわち、信託事務の実施について税務署長による承認が義務づけられ、未分配利益の額や利益留保割合が一定限度に制限され（換言すれば、利益の分配が強制され）、各計算期間は1年を超えてはならず、かつ受益者の存しない信託に該当してはならないという要件です（2条29号ハ）。これらの要件が満たされる限り、過度の課税繰延は生じないことになるからです。一方で、要件を満たさない場合は、次で述べる法人課税信託として扱われます（同条29号の2イ）。

　なお、集団投資信託が併合または分割され、それまでの受益者に対して、新たな受益権の交付が行われた場合でも、当該受益権以外の資産が交付されないのであれば、受益者の有していた旧受益権に関する課税は繰り延べられます（61条の2第15項・16項）。

(5) 法人課税信託

　平成19年度改正前は、（特定目的信託や特定投資信託のような一定の例外を除いて）原則として信託そのものが課税対象となることはありませんでした。しかし、平成19年度改正は、新しい信託法に対応する形で、一定の信託に対して、受託者を納税義務者として法人税が課せられることになりました。これを法人

課税信託といいます。この場合の信託は、もはや導管型ではなく、実質的には事業体課税を受けるエンティティと同じように扱われます。

　平成19年度改正によって導入された法人課税信託は、大きく(a)受益証券発行信託（2条29号の2イ）、(b)受益者等が存しない信託（同条29号の2ロ）、(c)法人を委託者とする一定の信託（同条29号の2ハ）に分類できます（なお、同条29号の2ニ・ホによって、法人課税信託として扱われる一定の目的信託および投資信託については☞特定目的信託および特定投資信託・p.343）。法人として課税する理由として、(a)については課税繰延に対処するため、(b)については受益者段階で課税できないため、そして(c)については法人税回避を防止するためと考えられます。

　(a)は、特定受益証券発行信託等の集団投資信託に該当しない受益証券発行信託のことであり、既に集団投資信託のところで述べました（すなわち、要件を満たさない受益証券発行信託のことです）。

　(b)は、新しい信託法によって、受益者の定めのない信託（目的信託など）が可能となったことから、生じうる信託です。例えば、遺言による目的信託で、委託者の相続人が委託者の地位を承継しない（信託法147条）場合、（目的信託であるため）受益者が存しないだけでなく、委託者がいなくなるから受益者とみなされる者も存しなくなります（12条2項、所法13条2項）。しかし、たとえ受益者等が存在しなくても、信託からは収益や費用が発生しうる以上、信託そのものを法人のように扱って課税する方法を創設したのだと思われます。ただし、(b)に該当するのは目的信託に限られません（☞租税法上の受益者不存在信託と信託法上の目的信託・p.356）。

　(c)に該当するのは、㋐法人が事業の重要な部分を信託し、かつ当該法人の株主を受益者とするもの（2条29号の2ハ(1)）、㋑存続期間が20年を超える自己信託等（同(2)）、㋒収益の分配割合の変更が可能である自己信託等（同(3)）の3つです（☞法人税回避を防止するための法人課税信託・p.358）。

Next Step

▶法人課税信託の受託者

　法人課税信託の納税義務者は、受託者たる法人または個人である（4条1項・4項）。ただし、受託者の固有資産に帰せられる所得と、信託財産に帰せられる所得とは、それぞ

れ区別して法人税が課される（4条の2、所法6条の2）。両者の間で損益通算はできないし、固有部分と受託部分とでは事業年度も異なりうる（13条1項）。

　つまり、法人課税信託とは、受託者を納税義務者としながらも、実質的には信託自体に課税をしている制度なのである。信託には人格がないため、納税義務者としては受託者の方が相応しいと考えられたのであろう。

　法人課税信託の受託者である法人（その受託者が個人である場合にあっては、当該受託者である個人）で、4条の2の規定により、当該法人課税信託に係る信託資産等が帰属する者とされる法人のことを「受託法人」という（4条の3）。法人税法上、法人課税信託の受託法人を通常の事業法人と同じように扱うために、幾つかの規定が置かれている。

　その主なものは、次の通りである。法人課税信託の信託された営業所等が国内にある場合には、当該法人課税信託に係る受託法人は内国法人とされる（4条の3第1号）。信託の併合は合併とみなされ（同条4号）、信託の分割は分割型分割に含まれる（同条5号）。法人課税信託の受益権は株式または出資とみなされ、受益者は株主等に含まれる（同条6号）。受託法人は、法人課税信託の効力が生ずる日に設立されたものとされ（同条7号）、信託の終了があった場合には、受託法人の解散があったものとされる（同条8号）。信託収益の分配は資本剰余金の減少に伴わない剰余金の配当、法人課税信託の元本の払戻しは資本剰余金の減少に伴う剰余金の配当とされる（同条10号）。

▶租税法上の受益者不存在信託と信託法上の目的信託

　信託法には「受益者の定めのない信託の特例」について規定がある（信託法258条〜261条）。これは、受益者の定め、または受益者を定める方法の定めのない信託、すなわち受益権を有する受益者の存在を予定しない信託（受益者を確定しえない信託）であり、したがって信託財産は、信託行為で定められた信託の目的の達成のために管理処分等がなされることになっている。このような信託は、わが国でも英米法にならって「目的信託」と呼ばれる。

　信託法上の「受益者の定めのない信託」（目的信託）と租税法上の「受益者等が存しない信託」（受益者不存在信託）は、文言こそ似ているが、概念としては同じではない。租税法上の概念は信託法のそれよりはるかに広い。すなわち、目的信託は、受益者不存在信託の一部を構成するに過ぎない。例えば、目的信託としていったん設定してしまえば、その後、信託の変更によって受益者の定めを設けることはできないし（信託法258条2項）、反対に、受益者の定めのある信託において、信託の変更によって受益者の定めを廃止することもできない（同条3項）。

　これに対して受益者不存在信託には、信託設定時に存在しなかった受益者が後になって出現する場合、あるいは信託設定時に存在した受益者が後になっていなくなる場合の両方が含まれる。4条の3第8号・64条の3第2項・3項、相続税法9条の4第1項

や同法 9 条の 5 などは、前者のような場合を想定した規定であり、同法 9 条の 4 第 2 項などは、後者のような場合のための規定ということができる。

4 条の 3 第 8 号を例にとって説明してみよう。新たに受益者が存することとなり、受益者不存在信託でなくなった場合は、法人の解散として扱われる（同号）。ただし、その場合の受託法人は、受益者等に対して、信託財産に属する資産および負債の帳簿価額による引継ぎをしたとされるので（64 条の 3 第 2 項）、当該受託法人に対する含み益課税（キャピタル・ゲイン課税）はない。

新たに受益者となった者は、信託財産に属する資産・負債を帳簿価額により引き継ぐとされる（64 条の 3 第 3 項、所法 67 条の 3 第 1 項）。つまり、法人段階における含み益は、受益者へと引き継がれる形で課税繰延を受け、かつ受益者にも受贈益課税はない。その理由は、受益者が受託者の課税関係を引き継ぐためであると説明される。このことから、設定時の法人課税が受益者への代替課税であったことがわかる。

▶導管理論の修正──導管は詰まることがある

目的信託は、平成 18 年の信託法改正（施行は平成 19 年 9 月 30 日）によって新たに認められた信託であるが、それ以外の多くの受益者不存在信託は、信託法改正以前から実行可能であり、それに対する租税法の規定も存在した。例えば、受益者が特定していない、または存在していない信託については、旧所得税法（平成 19 年度改正前のもの）13 条 1 項 2 号によって、委託者が信託財産を有するものとみなされた（旧信託法においては、受益者が特定・現存することまでは必要ないものの、受益者を確定しうることは必要であるとされていて、まだ生まれていない孫などがこれに該当した）。そして、そのような信託について、受益者が特定し、または存在するに至った場合は、旧相続税法（平成 19 年度改正前のもの）4 条 2 項 3 号により、受益者となった者が、そのときにおいて信託の利益を受ける権利を委託者から贈与により取得したとみなされることになっていた。

簡単にいえば、信託財産に帰属する収益等は、受益者が特定されていれば受益者に、そうでなければ委託者に帰属するとして課税されたのである。このような取り扱いの背景には、信託とは、そこから生じる収益や費用（信託収益等）を委託者から受益者に伝える「導管」のようなものであり、かつその導管は詰まることがないという考え方（「導管理論」と呼ばれる考え方）が存したといってよい。したがって、信託収益等が受益者に届いていないと考えられる場合は、（まだ収益等が導管を通ってないとして）委託者に対して課税されることになっていたのである。旧法のもとで、受益者が特定していない信託等が委託者課税を受けていたのも同じ理由による。

しかし、このような課税方法は、実質的に信託財産に対して何の支配権も有さず、また信託収益に対して何の利益も期待できないような委託者にとっては、非常に不合理な課税結果をもたらすとして、批判の対象とされてきた。

これに対して、平成19年度改正法では、みなし受益者課税とともに、法人課税信託の制度が導入され、導管理論は大幅に修正された。受益者不存在信託に関していえば、法人課税信託として、受託者を納税義務者としてはいるとはいえ（4条・4条の2）、実質的には信託自体に課税をしているのと等しいのであるから、委託者と受益者の間に信託収益等が留まっている（導管が詰まっている）ことを前提に、当該収益等に対して課税しているといえるだろう。

▶法人税回避を防止するための法人課税信託

Lectureの「**(5) 法人課税信託**」部分で述べたように、(c)の「法人を委託者とする一定の信託」には、㋐法人が事業の重要な部分を信託し、かつ当該法人の株主等を受益者とするもの（2条29号の2ハ(1)）、㋑存続期間が20年を超える自己信託等（同(2)）、㋒収益の分配割合の変更が可能である自己信託等（同(3)）という3つがあるが、これらはいずれも、法人税回避を防止するための法人課税信託と考えられる。以下では、これら㋐～㋒について簡単に説明する。

法人事業の重要な部分が信託されて、その受益権が当該法人の株主に交付された場合、株主に事業からの収益が帰属するとみなされると、当該事業からの所得に対して、これまで課せられていた法人税の課税が抜け落ちることになる。すなわち、これまで法人段階と株主段階で2回課税されていたものが、上記のような事業信託を行うことで、1回だけの課税になってしまうので、それに対処するために、このような信託を法人課税信託として扱うのが、上記㋐である（☞法人課税信託と信託の分割・p.359）。

㋑による課税の趣旨（あるいは、具体的にどのような租税回避が想定されているのか）については、ややわかりにくい。法人がその事業の一部を自己信託、すなわち委託者である法人自らが受託者となる信託とすれば、上記㋐の場合と同じように、当該事業部分に対する法人課税が抜け落ちる。たとえ㋐のような重要な事業でなく、また受益者が法人の株主とは異なっていても、長期間にわたって、法人税が課税されない状態は適当でないという前提のもと、㋑において課税するということであろう。また、法人が自己を受託者とするかわりに、当該法人の子会社などを受託者としても、同様の法人税回避が可能になるため、そのような特殊関係者を受託者とする信託（自己信託等）も、㋑として課税される。

㋒が想定している租税回避とは、自己信託等で受益権を子会社等に取得させ、損益分配を操作して、黒字事業の利益を赤字の子会社等に付け替えることで、当該事業に対する法人税の課税を回避するような行為だといわれる。それが法人課税信託として扱われることで、子会社において赤字と黒字を相殺（損益通算）することができなくなり、上記のような法人税の回避が防止されることとなる。

もっとも、このような行為が、本来的な意味で租税回避にあたるのかどうか、他にも

同様の行為は実行可能なのではないかといったことについて、さらに検討する必要があろう。なお、一般に、グループ通算制度を使えば、異なる法人間の損益の相殺が可能になるが、受託法人は、グループ通算制度の選択をすることが許されていない（64条の9第1項、令131条の11第1項）。

▶法人課税信託と信託の分割
（i）具体例

2条29号の2ハ(1)（上記(あ)による課税）が念頭に置いている取引の具体例としては、以下のようなものが考えられる。A社のなかにα部門があり、この部門に属する財産について信託を設定し、その受益権がA社の株主に交付された場合、株主に信託からの収益が帰属するとみなされてしまうと、これまでA社段階でかけられていた法人税が抜け落ちてしまう。そのような不都合を防ぐために、法人課税信託としての課税を行うのであるから、課税する場合の税率は法人税の税率でなければならないことになる。

5-1 【事業の重要部分の信託で委託者の株主等を受益者とするもの】

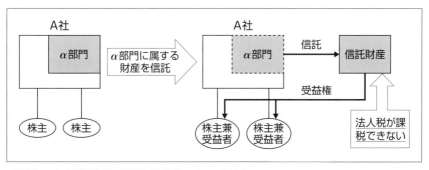

・「平成19年度税制改正の解説」（財務省HP）309頁より

α部門の信託は法人課税信託になるため、この信託設定は、4条の3第9号により受託法人に対する出資とみなされる。この場合は現物出資である。しかし、A社の株主が（同条6号により株式とみなされる）信託受益権を有しているため、適格現物出資（2条12号の14）にはあたらない（被現物出資法人の株式が現物出資法人に留まっていないからである）。適格現物出資でない以上、α部門にあった資産の含み益には信託設定段階で課税があると思われる。受益権の分配については、株式（4条の3第6号）の分配とみなされるため、A社株主が対価を支払っていなければ、配当課税を受ける可能性がある。

(ⅱ) 分割型分割該当性

　上記の信託設定行為については、分割型分割（2条12号の9）と考えることができ、またそれを前提として、法人税法上の要件（同条12号の11）を満たせば、適格分割型分割（同条12号の12）として扱うことができるようにもみえる。

　しかし、そのような解釈には一定の困難が伴う。法人税法は分割の定義を会社法から借用していると考えられるため、会社法上の会社分割でない取引を法人税法で分割とするためには、そのための規定が必要となる。4条の3第5号は、そのような規定である。この規定によると「信託の分割は分割型分割に含まれる」とされている。信託法2条11項では「『吸収信託分割』とは、ある信託の信託財産の一部を受託者を同一とする他の信託の信託財産として移転することをいい、『新規信託分割』とは、ある信託の信託財産の一部を受託者を同一とする新たな信託の信託財産として移転することをいい、『信託の分割』とは、吸収信託分割又は新規信託分割をいう」と定義されている。

　これを受けて、4条の3第5号も「信託の分割は分割型分割に含まれるものとし、信託の分割によりその信託財産の一部を受託者を同一とする他の信託又は新たな信託の信託財産として移転する法人課税信託に係る受託法人は分割法人に含まれるものと、信託の分割により受託者を同一とする他の信託からその信託財産の一部の移転を受ける法人課税信託に係る受託法人は分割承継法人に含まれるものとする」と規定する。

　条文はわかりにくい書き方となっているが、これらを上記α部門の信託にあてはめるなら、受託者を同一とする信託となっていないため、信託法上の信託の分割にはならず、したがって、法人税法上も分割型分割とならないことになる。これは、どちらかといえば借用概念を徹底させた解釈であり、議論の余地はあろう。

　仮にα部門の資産を切り出して子会社としてのα社を設立し、その株式をA社の株主に分配するという分割型分割を行った場合、これが適格分割（2条12号の11）に該当するならば、（その後のα社の獲得利益については法人税がかかるが）分割時におけるA社およびA社株主への課税はない。つまり、同じようなことを（信託ではなく）法人の分割で行えば、適格分割として課税繰延を受ける可能性があるのに、信託を用いると課税されるということになる。

　これを不合理であると考えるならば、立法で解決すべきである。もっとも、4条の3第6号で、法人課税信託の受益権は株式とみなされ、かつ法人課税信託の受益者は株主等に含まれるとされているのであるから、上記の例は分割型分割にあたると解釈する余地もありえるだろう。これはどちらかといえば借用概念にとらわれずに、信託の分割でないものを法人税法上の分割型分割として扱う解釈である。

▶目的信託に対する受益者不存在信託としての課税

（ⅰ）目的信託に関する信託法の改正

　平成18年の信託法改正によって、公益信託以外でも目的信託が認められることとなった。目的信託に関しては、以前から資産流動化スキームのためSPCの株式を慈善信託で保有するという需要、（自分の死後を見越して）自らの永代供養のための信託やペットを飼育してもらうための信託といった需要などがあると指摘されていた。

　ただし、信託行為の内容によっては、信託財産の管理・処分を受託者の下で拘束することが可能となり、国民経済上の利益という観点からの合理的・効率的な財産の利用や物資の流通が妨げられるおそれがあるため、存続期間は20年が限度とされている（信託法259条）。つまり、目的信託は20年以内に必ず終了する信託である。

　目的信託が認められた背景の一部には、公益法人制度改革があった。従来、目的信託は公益信託に限って認められてきたが、一般社団法人、一般財団法人を広く認める一方で、公益認定は別枠で行うという公益法人改革が実行されたことの影響で、目的信託についても、（公益信託になれるかどうかに関する）公益性の判断は別に行う前提で、その設定を認めるに至ったのである。

（ⅱ）公益信託または受益者不存在信託

　公益信託が法人税法上の特定公益信託等（12条4項2号）に該当すると、受託者段階での法人税の課税はない（同条1項ただし書）。また、特定公益信託の信託財産とするために支出した金額は、37条6項により、特定公益増進法人に対する寄附金（37条4項）の場合と同じ損金算入限度額制限を受けることになる。通常、公益信託として主務官庁から許可されるものは、すべて特定公益信託の要件に合致しているといわれる。

　もっとも、目的信託が公益信託に該当することはそれほど簡単ではない。目的信託が公益信託とならず受益者不存在信託（法人課税信託）となる場合、受託法人は、66条5項6号によって、明文で軽減税率が排除されている。つまり、その規模や性質に関係なく、普通法人として扱われ、中小法人とも人格のない社団とも異なる扱いを受ける。

　英米法にならって創設された目的信託の利用拡大は、今後に期待されている。しかし、平成19年における信託税制の改正において、何らかの配慮（例えば、目的信託の利用を促進するような措置）がなされているようにはみえない。目的信託という独立のカテゴリがあるわけではなく、受益者不存在信託として課税されるからである。

（ⅲ）非営利型の一般法人との比較

　上記のことは目的信託と一般法人との比較においてもいえる。一般社団法人および一般財団法人のうち、2条9号の2により「非営利型法人」と定義されるものは、公益法人等となり（2条6号）、収益事業から生じた所得に対してのみ課税される（4条1項）。非営利法人は、非営利性が徹底された法人または共益的事業を行う法人とし

て理解することができる（☞公益法人の定義と分類・p.362）が、目的信託のうちには、これらの性質を有するものがあると考えられる。

　しかし、目的信託には、非営利型というものが（条文上）用意されていないから、法人課税信託となった場合、常に普通法人としての課税となる。すなわち、信託設定時に受贈益課税を受け、期中の利益については、既述のようにどんなに小規模な目的信託であっても、中小企業に認められている軽減税率（66条2項）ではなく、基本税率である23.2%（66条1項）が適用される。したがって、一般法人と比較した場合、目的信託は現行法において不利に扱われていることになる。

（ⅳ）税制による阻害の可能性

　このような制度設計では、目的信託の普及に税制が足枷となるおそれがある。要するに、目的信託は、中小企業、人格のない社団、非営利型法人（一般法人）などに認めている租税法上の扱いを認めないことから、結果として利用しにくい制度になってしまったのである。

　なお、立法化の過程においては、目的信託が脱税あるいは租税回避に利用されるという危惧が指摘されているが、具体的にどのような脱税や租税回避が予定されていたのかは明らかでない（仮に明らかなら個別的否認規定で対処すべきである）。

　もし、目的信託を今より促進すべきというポリシーを採用するのであれば、将来的には、受益者不存在信託から目的信託を切り離して、別の課税ルールを作るという方法も視野に入れるべきであろう。

2. 公益法人課税

Lecture

（1）公益法人の定義と分類

　平成20年12月1日から施行された公益法人制度改革3法（いわゆる「一般社団・財団法」、「公益法人認定法」、「整備法」）への対応が、平成20年度の法人税法改正で行われました。その内容は、**公益法人等への課税方法と寄附金の優遇等**に大別されます。前者は、公益ないし非営利的な活動を行う法人そのものへの課税ルールであり、後者は公益的活動を行う法人へ寄附をした者への控除枠を拡充する制度です。

　法人税法上、公益法人等とは、**別表第2に規定される法人**であり、以下の3

つに分類することができます。すなわち、①公益社団法人および公益財団法人、②非営利型の一般社団法人および一般財団法人、③別表第2に規定される公益法人等のうち①②以外のものです（2条6号）。

5-2 【分類】

公益法人等	①公益社団法人および公益財団法人	
	②非営利型の一般社団法人および一般財団法人	ⓐ公益的非営利型法人 ⓑ共益的非営利型法人
	③上記①②以外の公益法人等	宗教法人など

5-3 【非営利型法人の要件】

類型	要件
非営利性が 徹底された法人 （2条9号の2イ、令3条1項）	1　剰余金の分配を行わないことを定款に定めていること。
	2　解散したときは、残余財産を国・地方公共団体や一定の公益的な団体に贈与することを定款に定めていること。
	3　上記1及び2の定款の定めに違反する行為（上記1・2および下記4の要件に該当していた期間において、特定の個人または団体に特別の利益を与えることを含みます）を行うことを決定し、または行ったことがないこと。
	4　各理事について、理事とその理事の親族等である理事の合計数が、理事の総数の3分の1以下であること。
共益的活動を 目的とする法人 （2条9号の2ロ、令3条2項）	1　会員に共通する利益を図る活動を行うことを目的としていること。
	2　定款等に会費の定めがあること。
	3　主たる事業として収益事業を行っていないこと。
	4　定款に特定の個人または団体に剰余金の分配を行うことを定めていないこと。
	5　解散したときにその残余財産を特定の個人または団体に帰属させることを定款に定めていないこと。
	6　上記1から5までおよび下記7の要件に該当していた期間において、特定の個人または団体に特別の利益を与えることを決定し、または与えたことがないこと。
	7　各理事について、理事とその理事の親族等である理事の合計数が、理事の総数の3分の1以下であること。

・国税庁HP「一般社団法人・一般財団法人と法人税（平成26年3月）」より

①は、一般社団法人または一般財団法人のうち、その申請に基づいて、行政庁から**公益認定を受けた法人**です（公益法人認定法2条1号・2号・4条・5条）。課税上の扱いは、民間が担う公益活動を租税法が後押しするという立法目的を反映したものとなっています。

②は一般社団法人および一般財団法人のうち、2条9号の2が規定する「非営利型法人」に該当するものです。具体的には、(a)その行う事業により利益を得ることまたはその得た利益を分配することを目的としない法人であってその事業を運営するための組織が適正であるものとして政令で定めるもの（2条9号の2イ、令3条1項）、(b)その会員から受け入れる会費により当該会員に共通する利益を図るための事業を行う法人であってその事業を運営するための組織が適正であるものとして政令で定めるもの（2条9号の2ロ、令3条2項）の2つです。

(a)は**公益的非営利型法人**、(b)は**共益的非営利型法人**といわれることがあります。両者とも、営利企業とは異なった課税上の扱いを受けるのですが、後者に関しては、（公益的とは異なり）共益的であるにもかかわらず、公益法人等としての扱いを受けることについて注意を要します。

(2) 課税される範囲と税率

公益法人等は、収益事業から生じた所得に対してのみ課税されます（4条1項 ☞法人の種類および納税義務の範囲・税率・p.53）。上記①と②の公益法人等が課税される場合、資本金1億円以下の普通法人と同様の税率が適用されます（66条1項・2項、租特42条の3の2）。上記①と②のなかには、非営利型でない一般社団法人および一般財団法人は含まれていないことに注意して下さい。非営利型に該当しない一般社団法人および一般財団法人は、普通法人としてすべての所得に課税されます。

収益事業の詳しい内容は施行令に規定されており（令5条1項）、特に上記①に関しては、一定の公益目的事業が、あらかじめ収益事業から除外されています（同条2項1号）。

また、①は、収益事業に属する資産のうちから、公益目的事業のために支出した金額が収益事業に係る寄附金の額とみなされ（☞みなし寄附金・p.165）、損金算入限度額までの損金算入が認められています（37条5項、令77条の3）。これに対して、②は、このようなみなし寄附金の適用対象から明文で除外されてい

ます（37条4項・5項）。つまり、①は②より、課税上有利に扱われているのです。

(3) 特定公益増進法人に対する寄附金の優遇等——寄附をする側に対する課税ルール

　民間が公益を担うという観点からは、公益法人等へどれだけ寄附をしやすくするかということも重要です。上記①の公益社団法人や公益財団法人は、寄附金控除に関して、公益の増進に著しく寄与する法人（特定公益増進法人）として扱われます（令77条3号）。特定公益増進法人等への寄附金は、一般の寄附金とは別枠で損金算入限度額が計算されるので（37条4項）、寄附する側としては、一般の寄附金の控除限度額を気にせずともよいことになります（☞国や公益法人等への寄附金と損金算入限度額・p.164）。同様の観点から、個人による寄附についても、所得税において優遇措置がとられています（所法78条2項3号、所令217条3号）（☞個人による公益法人等への寄附・p.366）。

　また、個人が法人へ資産を贈与または遺贈した場合、通常は、所得税法59条1項1号により、みなし譲渡として課税されることになりますが、それでは公益法人等への寄附がしにくくなることから、一定の要件を満たしたとして国税庁長官の承認を受けた場合、上記①②（ただし、公益的非営利型法人のみ）の法人（およびその他の公益を目的とする事業を行う法人）に対する財産の贈与または遺贈は、国または地方公共団体に対し財産の贈与または遺贈があった場合と同様に、所得税法59条の適用上、なかったものとみなされます（租特40条1項）。

Next Step

▶公益法人等の収益事業への課税

　公益法人等のうち上記②（非営利型法人）については、収益事業が営利企業と競合することへの配慮から、その収益事業からの所得に、中小法人と同様の課税が行われていると思われる。そのことは、一般社団法人および一般財団法人のうち非営利型に該当しないものが、すべての所得について中小法人として扱われることからも推測できる。

　そのように考えると、公益法人等のうち上記③に該当するもの（①②以外の公益法人等）に対して、課税対象所得の高額部分に普通法人よりも低い税率が適用されていること（66条3項）を合理的に説明することはやや困難となる。公益性をどこまで強調できるかにもよるが、普通法人と③に関する課税中立性の観点から、③の課税対象所得には普通法人と同様に課税する（あるいは別表第2に記載される法人ごとに個別に判断する）

という立法はありえるだろう。今後の検討課題といえよう。

なお、③の一例として宗教法人をあげることができるが、宗教法人（上告人）の行うペット葬祭事業を収益事業に該当するとした最高裁判決がある（最判平成 20 年 9 月 12 日訟月 55 巻 7 号 2681 頁）。この判決では、「本件ペット葬祭業においては、上告人の提供する役務等に対して料金表等により一定の金額が定められ、依頼者がその金額を支払っているものとみられる。したがって、これらに伴う金員の移転は、上告人の提供する役務等の対価の支払として行われる性質のものとみるのが相当であり……いわゆる喜捨等の性格を有するものということはできない。また、本件ペット葬祭業は、その目的、内容、料金の定め方、周知方法等の諸点において、宗教法人以外の法人が一般的に行う同種の事業と基本的に異なるものではなく、これらの事業と競合するものといわざるを得ない」ということから、「本件ペット葬祭業は、法人税法施行令 5 条 1 項 1 号、9 号及び 10 号に規定する事業に該当し、法人税法 2 条 13 号の収益事業に当たる」と解している。

事業に伴う財貨の移転が、役務等の対価の支払として行われる性質か、それとも喜捨等の性格を有するものかという基準だけでなく、宗教法人以外の法人が行う事業と競合するか否かという視点が、特に重要であったのではないかと思われる。

他に収益事業の範囲が問題となった下級審裁判例として、東京高判平成 7 年 10 月 19 日行集 46 巻 10=11 号 967 頁 [寶松院事件]、東京高判平成 16 年 3 月 30 日訟月 51 巻 7 号 1911 頁 [帝京大学事件]、東京高判平成 16 年 11 月 17 日判自 262 号 74 頁 [流山事件]、東京地判平成 24 年 1 月 24 日判時 2147 号 44 頁 [カロート事件]（控訴審：東京高判平成 25 年 4 月 25 日税資 263 号順号 12209）、東京地判平成 28 年 3 月 29 日税資 266 号順号 12835 [ホームレス支援ホンモロコ事件]（控訴審：東京高判平成 28 年 10 月 25 日税資 266 号順号 12922）、福岡地判平成 31 年 3 月 6 日訟月 66 巻 2 号 219 頁 [社会福祉法人有料老人ホーム事件]（控訴審である福岡高判令和元年 7 月 31 日訟月 66 巻 2 号 261 頁も同趣旨）等がある。

▶個人による公益法人等への寄附

個人が、国や地方公共団体、特定公益増進法人等に対し寄附金を支出した場合、それらの寄附金の額の合計額（所得金額の 40％が上限）から 2000 円を控除した金額が、所得税法 78 条 1 項の寄附金控除として所得から控除される。これが原則的なルールである。

平成 23 年（12 月）の租税特別措置法改正で、上記の原則的なルールとの選択により、寄附金額の 40％までを税額控除するという新しい制度が導入された（租特 41 条の 18 の 3）。条文の作りとしては、同年の改正によって、まず認定特定非営利活動法人等（いわゆる NPO 法人等）に対して、特定非営利活動に係る事業に関する寄附をした場合に税

額控除の制度が導入され（租特41条の18の2）、その対象に、公益社団法人、公益財団法人、学校法人、社会福祉法人等が加えられるという形になっている。寄附金に対して、それまでの所得控除だけでなく、税額控除までを認めたのは、草の根の寄附を促進するためである。

　具体的には、個人が支出した所得税法78条2項に規定する特定寄附金のうち、一定の要件を満たす公益社団法人・公益財団法人等に対するもの（所得控除による寄附金控除の適用を受けるものを除く。以下、「税額控除対象寄附金」という）について、次の(a)の金額が(b)の金額を超える場合、その年分の所得税の額から、その超える金額の40％を控除することとなった。ただし、その控除する金額が、個人のその年分の所得税の額の25％に相当する金額を超えるときは、当該25％に相当する金額が控除の限度額となる（租特41条の18の3第1項）。

(a)　その年中に支出した税額控除対象寄附金の額の合計額

(b)　2000円

　要するに、「寄附金（所得金額の40％が限度）－2000円」＝「Aの金額」とした場合、(あ) Aの金額を所得控除する方法と、(い) Aの金額×40％を税額控除する方法（ただし所得税額の25％が限度）のうち、どちらか有利な方を寄附者が選択できるようになったのである。この税額控除は、確定申告書に、その控除を受ける金額についてのその控除に関する記載があり、かつ、その金額の計算に関する明細書およびその計算の基礎となる金額その他の事項を証する書類の添付がある場合に限り適用される（租特41条の18の3第2項）。

▶ Column　地方公共団体への寄附とふるさと納税

　個人が地方公共団体に対して行う寄附として、近年話題となっている「ふるさと納税」がある（地税37条の2第1項・2項・314条の7第1項・2項、所法78条1項・2項1号）。これは、都道府県・市区町村に対する寄附金のうち、2000円を超える部分については、一定限度額まで、原則として個人住民税および所得税から全額が控除される制度である。

　したがって、例えば、地方公共団体Aに住む納税者甲が、地方公共団体Bに対してふるさと納税を行えば、2000円を除いて（限度額の範囲内で）甲の税負担額に何ら変わりはない。加えて、地方公共団体の中には、ふるさと納税をしてくれた者に対して、寄附額の3割程度の返礼の品物を送るところが少なくない。

　これらの事実は、本来的な「寄附」という概念から大きく逸脱している。寄附とは本来、対価のない無償の給付であり、仮に税制による後押しがあるとしても、（二重課税排除のために行われるような）税額控除ではなく、いくらかの自己負担という意味での「持ち出し」を伴う所得控除の形をとるのが普通である。

　ふるさと納税に関する書物やサイトの中には、上記2000円を単なる手数料と位置づけ、その金額さえ支払えば、「返礼」という形で、事実上無料で地方の特産品等を入手で

きると説明するものがある。さらに、あるポータルサイトでは、ネット通販と見間違うばかりに返礼品をリストアップするだけでなく、希望者多数のため手配できなくなった品物等については「売り切れ」を意味する「sold out」が表示されているものさえある（ふるさと納税については、これ以外にも、住民自治の理念からの逸脱という指摘もある）。

　しかし、まさにこの返礼と税額控除という2つの効果によって、ふるさと納税は爆発的な人気を得た。総務省は、「ふるさと納税の実績額」をはじめ「関連資料」をHP上で公表しているが、それによると、いかに大きな規模でふるさと納税による寄附が行われているかがわかる。また、ふるさと納税による寄附金控除の適用を受けるためには、確定申告を行う必要があったが、平成27年4月1日以後に行われる寄附について（給与所得者等が寄附を行う場合）、確定申告が不要となる「ふるさと納税ワンストップ特例制度」が導入された。この制度も寄附額をさらに増加させた一因と考えられる。

　ふるさと納税の制度は、これまでの寄附金控除の概念とは大きく異なるものであり、また、返礼の割合が相当程度以上に高いものは慎むべきであるが、一方で、これまでの寄附金控除ではなしえなかった種々の経済的効果を生んでいる。自治体の知名度を上げること、地方の産業を活性化させること、たとえ形式的であったとしても、公益部門への寄附を納税者に体験させる大きな契機となったことは、評価の対象とされてよいのかもしれない。少なくとも、種々の被災地を援助するために、ふるさと納税が活用されたことは、大いに評価されるべきであろう（なお、法人が地方公共団体に行う寄附についても一定の税額控除を認める「企業版ふるさと納税」の制度が、平成28年度改正において導入されている）。

- 信託に関する課税上の論点とは、信託が設定された段階、信託が収益を獲得した段階、収益が受益者に分配された段階のそれぞれにおいて、誰にどのように課税するかといったことである。特に収益が受益者に分配されるまでの課税繰延が問題となりうる。

- 法人税法が前提としている信託の種類は、受益者等課税信託、集団投資信託、法人課税信託、退職年金等信託、特定公益信託の5つである。平成19年度改正により、信託法改正を受けた新しい信託税制が導入されたが、特に法人課税信託が重要である。法人課税信託として課税する目的の1つは、信託を利用した租税回避の防止である。

- 租税法上の受益者不存在信託と信託法上の目的信託の範囲は異なり、前者が後者より広い。受益者不存在信託としての課税があるため目的信託は普及しないおそれがある。

- 公益法人制度改革を受けて平成20年度改正により公益法人等に関する課税ルールが整備された。具体的には、公益ないし非営利的な活動を行う法人そのものへの課税ルールと、公益的活動を行う法人へ寄附をした者への控除枠を拡充するルールである。

- 公益法人等は、①公益社団法人および公益財団法人、②非営利型の一般社団法人および一般財団法人、③別表第2に規定される公益法人等のうち①②以外のものに分類される。③の一例として宗教法人がある。

- 公益法人等は、収益事業から生じた所得に対してのみ課税される。公益社団法人および公益財団法人等については、さらにみなし寄附金の制度がある。

- 特定公益増進法人等への寄附金は、一般の寄附金とは別枠で損金算入限度額が計算される。民間が公益を担うという観点から、公益法人等への寄附を推奨する措置である。

文献ガイド

　法人税法の学習のために役立つ書籍等（主として 10 年以内に刊行されたもの）を以下で簡単に紹介しておきます。これらは本書の参考文献でもあります。

＜体系書・基本書＞
金子宏『租税法〔第 24 版〕』（弘文堂・2021 年）

清永敬次『税法〔新装版〕』（ミネルヴァ書房・2013 年）

谷口勢津夫『税法基本講義〔第 7 版〕』（弘文堂・2021 年）

増井良啓『租税法入門〔第 3 版〕』（有斐閣・2023 年）

水野忠恒『大系租税法〔第 4 版〕』（中央経済社・2023 年）

＜法人税法に関する教科書＞
岡村忠生『法人税法講義〔第 3 版〕』（成文堂・2007 年）

川田剛『基礎から学ぶ法人税法〔七訂版〕』（大蔵財務協会・2022 年）

成松洋一『法人税法 理論と計算〔十八訂版〕』（税務経理協会・2022 年）

本庄資・藤井保憲『法人税法 実務と理論』（弘文堂・2008 年）

三木義一編著『よくわかる法人税法入門〔第 2 版〕』（有斐閣・2015 年）

＜演習書・判例集＞
岩﨑政明『ハイポセティカル・スタディ租税法〔第 3 版〕』（弘文堂・2010 年）

金子宏・佐藤英明・増井良啓・渋谷雅弘編著『ケースブック租税法〔第 6 版〕』（弘文堂・2023 年）

佐藤英明編著『租税法演習ノート〔第 4 版〕』（弘文堂・2021 年）

中里実・佐藤英明・増井良啓・渋谷雅弘・渕圭吾編『租税判例百選〔第 7 版〕』（有斐閣・2021 年）

＜課税実務関係書（立案担当者の解説を含む）＞
財務省 HP「税制改正の解説」（https://www.mof.go.jp/tax_policy/tax_reform/outline/index.html）

太田洋・伊藤剛志編著『企業取引と税務否認の実務〔第 2 版〕』（大蔵財務協会・2022 年）

松尾公二編著『法人税基本通達逐条解説〔十一訂版〕』（税務研究会出版局・2023 年）

武田昌輔編著『DHC コンメンタール法人税法』（第一法規・加除式）

武田昌輔編著『DHC 会社税務釈義』（第一法規・加除式）

武田昌輔『法人税回顧六〇年』（TKC 出版・2009 年）
渡辺淑夫・山本守之『法人税法の考え方・読み方〔四訂版〕』（税務経理協会・1997 年）

事項索引

す

せ

判例索引

渡辺徹也（わたなべ・てつや）

　早稲田大学法学学術院教授。京都大学大学院法学研究科博士後期課程修了・京都大学博士（法学）。九州大学大学院法学研究院助教授、同教授等を経て、2014年より現職。

　著書に『企業取引と租税回避』（中央経済社・2002）、『企業組織再編成と課税』（弘文堂・2006）、『ベーシック税法』（第7版・有斐閣・2013〔共著〕）、『租税法演習ノート』（第4版・弘文堂・2021〔共著〕）等がある。

スタンダード法人税法〔第3版〕

2018（平成30）年3月30日　初　版1刷発行
2019（平成31）年3月30日　第2版1刷発行
2023（令和5）年4月15日　第3版1刷発行
2024（令和6）年4月15日　同　2刷発行

著　者　渡辺徹也

発行者　鯉渕友南

発行所　株式会社　弘文堂　101-0062　東京都千代田区神田駿河台1の7
　　　　　　　　　　　　　TEL 03(3294)4801　振替 00120-6-53909
　　　　　　　　　　　　　https://www.koubundou.co.jp

装　丁　笠井亞子
印　刷　三美印刷
製　本　井上製本所

ISBN978-4-335-35925-5